U0031599

無聲的入侵
中國因素————在————澳洲

克萊夫·漢密爾頓 Clive Hamilton————著
借助周安瀾 Alex Joske 的研究
江南英——譯

SILENT INVASION
CHINA's Influence————in————AUSTRALIA

◎編輯說明

一、書中所使用的專有名詞或有兩岸用語差異，凡引自中國媒體、澳洲華文媒體、華文社群媒體，則大致予以沿用，如澳大利亞、悉尼、納米科技等；除此之外則以台灣譯名為準，如澳洲、雪梨、奈米科技等。

二、書中出現的華裔人士漢名，主要來自本書索引的英中對照；另外，編輯部亦盡力查明並補充原先沒有對照的人名，力有未逮之處則以（音譯）標示。

三、文中出現的〔 〕為編輯部所加，主要是補充人物的職稱、來歷以及頭銜所指稱的人名。

四、內文隨頁注為譯者與編輯部所補充。書後注釋以星號標示的參考資料亦為編輯部所整理。

目　錄
Contents

推薦序

吳介民

中國「銳實力」侵入西方國家之前，中共早就把手伸進香港與台灣。中國對國際宣稱，港台屬於它的核心利益。中共在港台的統戰人員，經常毫不遮掩如同進出自己家門。但是，中國對西方國家就相對小心很多。在港台，中國可以使用「同文同種」為掩護，但在西方國家便較難訴諸語言文化親和力。然而，當我們仔細觀察中國在全球投射影響力的作為，不難發現其背後是同一套手法的各種變形，主旋律就是：利誘與脅迫，讓你上鉤之後再予取予求。也就是「以商業模式做統戰」：一個具有高度控制力的數位化極權國家駕馭了商業行為，以之遂行政治目的，它的控制力不僅限於國內，還投射到全球。

澳洲的故事最值得警惕。中國利用華裔社群，向政治人物捐款，影響其政治立場。早在 2016 年，就有消息浮出檯面，工黨明星參議員鄧森因為接受華裔商人黃向墨的捐輸，逐漸被滲透，而改變了他對南海問題的態度。鄧森違反工黨的官方立場，表示「南海問題是中國的內政」。這段為中國南海政策辯護的講話錄音被澳洲媒體揭露之後，鄧森辭去參議院工黨副黨鞭的職位，最後被迫在 2018 年初辭去參議員職務。鄧森事件鬧得沸沸揚揚，澳

洲迅速通過了「政治獻金法」，之後黃向墨被澳洲拒絕入境。

　　黃向墨如何在中國發跡，如何在澳洲「大撒幣」建立政商關係，如何與中共統戰系統拉上線，這些在本書都有詳細描述。《無聲的入侵》提供更多豐富、引人入勝的「統戰諜報」。除了政界，商業圈、媒體、大學與研究機構、文化領域、安全部門，中國影響力操作無所不在。這幾年，中國滲透澳洲的情資不斷被揭露，幾乎成為中國銳實力入侵西方國家的教科書材料。

　　讓人好奇的是，本書作者克萊夫・漢密爾頓是倫理學教授，原本並非所謂中國專家。他在序言中開門見山說，2008年北京奧運聖火傳遞到坎培拉時，他受到震撼教育，讓他走上這條揭發「中國銳實力」的路。本書使用大量中文文本，作者自己坦承，他這份研究工作獲得澳洲華僑社群的鼎力襄助，因為他們擔心「效忠於北京金錢誘惑」的力量會顛覆掉澳洲的自由與法治，最後讓所有華裔澳洲公民同歸於盡。

　　正是在節骨眼上，構成了本書的刺點與爭議。眾所週知，中國政府利用了華僑社團與新移民介入澳洲政治（在紐西蘭、加拿大、美國等地皆如此），成立「中國和平統一促進會」，直屬中共中央統戰部，「和統會」本質上是個反獨促統的統戰組織，但工作範圍實際上更廣。澳洲有將近百分之五的人口是華裔，其中有超過四成是在中國大陸出生的新移民。因此，北京就以華僑關係作為進入當地主流政商關係的節點。就此而言，中共同樣在利用「同文同種」、「愛國華僑」做掩護。因此，當你批評有華僑涉入中國統戰時，就很容易落入中共設計的圈套，指責你「恐中」、「反

華」、甚至是「種族主義者」。如同在台灣揭發中國影響力,被貼上「反中」標籤。

因此,在澳洲,當人們剛開始揭發中國影響力的時候,小心翼翼,不敢過於露骨,怕引起反華的批評。而且,謹慎區分中共與中國、中國政權與中國社會。因為共產黨善於在境外玩弄西式民主的遊戲規則,尤其在澳洲這種實踐多元文化價值的國家。中共緊咬住西方國家對人權與平等價值的堅持,使西方人在批評中方的「在地協力者」時投鼠忌器,而引起自我審查。這正是本書作者面臨的困境。《無聲的入侵》先是遭遇出版界自我審查而找不到出版商,好不容易出版之後,馬上被嚴厲檢視。澳洲反種族歧視專員 Tim Soutphommasane(自述本身也有華裔背景)在報紙投書指出:本書使用「染紅澳洲」、「熊貓擁抱者」、「中國在澳洲第五縱隊」、中國「無聲入侵」將澳洲納為「朝貢國」等用詞太過煽情,「這樣的語言挑起反中或恐中的種族情緒,召喚出昔日對黃種人淹沒弱勢白澳的陳年恐懼,幾乎是黃禍論的重演。」(這個批評有無道理,留給讀者閱讀後自行判斷。)

漢密爾頓本人對這種批評早在預料之中,當然是極力反駁。但是,針對這本書是否帶有種族情緒的論戰駁火,便深化了澳洲的社會分歧,本身即是銳實力的展現。因為銳實力,不同於「軟實力」,並不是要贏取你的認同與好感,而是把你的社會對立給擴大,讓你自亂陣腳,搞得雞犬不寧。

反觀台灣,情況如出一轍,早期我們提出「中國因素」時,立刻被反問:為何不批評「美國因素」?為何放過「美帝」?但是,

台灣如同澳洲，承受「美帝」和「中帝」的影響，完全是在不同檔次：「美帝」沒有要拿掉澳洲或台灣的民主與自由；「美帝」對台灣沒有領土野心；「美帝」也沒有培養「愛字頭團體」在香港或台灣內部搞分裂、搞暴力威脅。

在台灣，「中國因素」已從一個被審查的詞彙，逐漸成為主流媒體的日常用語。但一般人仍對中國影響力操作一知半解。《無聲的入侵》明白告訴我們，所謂中國因素並不是台灣或香港的獨特現象，中國影響力擴及全世界，它所引發的焦慮也是全球的。

（作者係中央研究院社會學所副研究員，著有《尋租中國：台商、廣東模式與全球資本主義》（2019，臺大出版中心），合編《吊燈裡的巨蟒：中國因素作用力與反作用力》（2017，左岸文化）等書。

序言

Preface

　　2008 年 4 月 24 日，北京奧林匹克運動會的聖火，來到了全球接力的最後一站，澳洲的首都坎培拉。我前往聯邦議會大廈外的草坪，打算去給西藏抗議者默默的支持。當時我完全不知道自己會碰上這等事。成千上萬的中國留學生早已到達，情緒高張、咄咄逼人。當火炬接近時，聲援西藏的抗議者人數已被大大地壓了過去，並且遭到揮舞著紅旗的中國學生鋪天蓋地的包圍和辱罵。某些剛好路過的一般澳洲人事後抱怨當時受到推擠，並遭到拳打腳踢。有人還對他們說，他們沒有權利待在那兒。現場的警力太少，根本無法維持秩序，我害怕會發生暴動，導致有人被痛毆，或甚至更糟。

　　那天發生的事讓我感到震驚。這些人都是從哪裡來的啊？他們為什麼如此抓狂？我也感到受辱。他們怎麼敢來到澳洲民主的象徵——我們的聯邦議會——門前，阻止合法的抗議活動，讓我和幾百個前來表達意見的人感到備受威脅？

　　我沒有任何答案，地球照常運轉，每個人似乎都忘了這件事。但是，這個事件留在我心底，成了一個揮之不去的惱人問題。八年後的 2016 年 8 月，參議員鄧森[1] 捲入了一場政治風暴（導致

11

他在一年後離開聯邦議會）。此後幾個星期裡，許多內幕陸續曝光，其中包括我們主流政黨的最大金主，原來是一小撮中國巨富和非常有錢的澳洲華裔商人。他們用錢收買了大量的影響力；我們的政治人物和他們的往來很不尋常，這些都有照片為證。

中國和澳洲民主，再一次碰撞。我認為，有大事正在進行。我決定展開調查並寫一本書，好讓澳洲人明白我們的國家正在發生什麼事。

一開始，我完全沒有想到要出版此書會這麼不容易。當我提議要寫這本書時，我平常來往的艾倫及安文出版社馬上就興致勃勃，我們很快簽好合約。等到修改好的書稿就要送去排版時，艾倫及安文出版社卻告訴我他們要叫停了。他們害怕遭到北京或中共在澳代理人的報復。艾倫及安文不願出版的消息公開後，吸引了全球媒體報導，但沒有人要接手出版，其他出版社被嚇得避之唯恐不及。幸運的是，哈迪—格蘭特圖書公司的桑迪·格蘭特接受了挑戰。桑迪曾在1987年出版《捕諜人》，差點遭到英國政府查禁。[2]

1　鄧森（Sam Dastyari, 1983-），從2013年到2018年擔任澳洲參議員，是工黨的明日之星，卻因為捲入收受中國富豪捐款的醜聞而下台。

2　《捕諜人》（*Spycatcher: The Candid Autobiography of a Senior Intelligence Officer*, 1987），英國前軍情五處副處長彼得·萊特（Peter Wright）與記者保羅·格林葛拉斯（Paul Greengrass）合著的自傳，因書中指控軍情五處處長羅傑·荷利斯（Roger Hollis）是蘇聯間諜而遭到英國政府試圖阻止該書在澳洲出版，當時代表出版社打贏官司的律師麥肯·滕博爾（Malcolm Turnbull）就是剛剛卸任的澳洲總理。

「那美國佬呢？」

當我向一些人提及正在寫一本書，討論中國的黨國勢力如何在澳洲漸趨強大時，這是他們的第一個反應。他們說：那松樹谷觀測基地呢？[3] 而且，我們還不是像個小奴才一樣陪著美國去打伊拉克戰爭？我們已經放棄了自己的獨立地位了，不是嗎？所以，中國有什麼大不了的？

我希望這些人讀一讀這本書，弄明白兩者迥然不同。我們為了與美國保持同盟關係，也許真的犧牲了一些獨立性——主要是國防政策方面——雖然犧牲到什麼程度還可以再討論。但是，經過幾十年的「美國殖民」，我們真的有感到日常生活或民主自由受到這個外國強權的限制嗎？

對於伊拉克2003年以後的悲慘處境，我們和美國要共同承擔罪愆；但是，在幾十年的密切關係中，這個大盟友從來沒有威脅過要奪走我們的自由。美國從來沒有在澳洲擁有過像中國那樣的經濟槓桿，而且即使我們不聽從它的指揮，它也沒有威脅過要傷害我們。美國從來沒有危及澳洲建立在民選政府之上的民主制度，美國政府也從來沒有使用金錢來收買我們的政治家。美國從來沒有試圖侵蝕我們的法治，也從來沒有試圖動員海外美國人社群來反對澳洲的政策。美國政府從來沒有壓迫澳洲境內的不同意

3　松樹谷（Pine Gap）是一處由澳洲和美國共管的衛星地面觀測站，位於澳洲國土中央的戰略位置，讓全球三分之一區域得以進入美國間諜衛星的偵測範圍內。

見，即便是嚴厲批評美國的觀點。有人能夠想像，美國政府會利用我們的法律去威嚇出版商放棄一本批評美國的書嗎？在這樣的同盟之內，因為公民社會欣欣向榮，所以女權與同志權利都能有所提升，少數族群的權利也都能得到保障。

1989年柏林圍牆倒塌，讓西方的人民鬆了一口氣，因為我們不再受到冷戰思維的烏雲所籠罩，我們的社會也不再因為意識形態的歧異而紛亂。還會有誰想回到那種處境呢？但是在亞洲，冷戰從未結束。我們看到的實情是，東歐共產政權的崩潰，反而使中國的意識形態戰爭進行得更加激烈，也使其列寧式政黨越發鞏固，尤其是在習近平主席治下。

西方世界有許多人，特別是在1980年代毛澤東思想褪色之後，把中國視為一個友善的巨人，為了內部無法克服的挑戰而感到困擾，雖然嘴巴上還是掛著「走狗」及「帝國主義野心狼」之類的政治套話，但只不過是一種戲劇性修辭而已。可是現在中國已經成了世界上第二大經濟體（有些指標已是第一），如果還對「中央王國」屈尊俯就，那就太危險了。中國使出的障眼法，讓我們看不見北京乃是以極端認真的態度來對待與西方的敵對。亞洲的冷戰，可能不再是共產主義對抗資本主義的形態，但仍然是西方對抗蘇聯的那一套，穩穩地植根於更深層的鬥爭之中，非得分出勝負才行。

1 染紅澳洲
Dyeing Australia red

2016年年底，當我開始研究著述此書時，有一小批人主張，中國共產黨正在系統性地滲透、影響和控制澳洲最重要的機構。他們說，中共的最終目的是拆散我們與美國的同盟，並且把澳洲變成一個朝貢國。我知道澳洲是有問題，但這樣的主張未免太牽強。等我開始深入探究這個問題——包括與幾十位澳洲、中國及其他各地的專家學者及近身觀察者進行交流之後——足以支撐這些說法的證據似乎越來越實在了。

根據一位熟知內情的人士（名字後敘）指出，一切始於2004年8月中旬，中國把駐在全世界的使節召回北京，開了一次秘密會議。中共總書記胡錦濤告訴與會者，黨的中央委員會做出了決定，從此以後，澳洲應被包括在中國的「大周邊」區域。提供情報的人直視著我說：「這件事意義重大。」中國一直特別關注在陸地上與其接壤的國家——即「大周邊」——希望可以不受到這些國家的威脅。

把注意力投入於控制鄰國，起源於中國一直都感到自己很不安全。當然，過去澳洲是被視為遠隔重洋，遙不可及。但是現

在澳洲要被當作一個鄰國，置身中國的大周邊區域。在中國的眼裡，它的領土現在已遠遠擴展到其陸地邊界以南，幾乎包括了整片南海。它最近占據了數個南海島礁，又在島上建設軍事基地，使其邊界最南端延伸到逼近婆羅洲（馬來西亞）西北海岸。

於是，2005年2月，中國外交部副部長周文重到了坎培拉，在中國大使館與高級官員的會議上，傳達了中共中央委員會的新戰略。他告訴他們，把澳洲納入中國大周邊的第一個目標，是為了確保未來二十年中國經濟持續增長期間，澳洲可以成為一個可靠且穩定的原料供應基地。更長遠一點的目標，則是在美澳同盟之間打進一支楔子。在座官員的任務，便是想辦法如何能夠最有效地實現目標，也就是我的情報來源所稱的「在經濟上、政治上、文化上，以各種方式，全面地影響澳洲」。

這項計畫將涉及兩國高級領導人經常會見，「形成私人友誼，私下交換意見」。中國也將利用經濟手段迫使澳洲對某些事務讓步，包括軍事和人權。密切的私人關係再加上威脅施予懲罰，這是中國一貫的犯案手法。北京希望把澳洲變成「第二個法國」，「一個敢對美國說『不』的西方國家」。

我們知道所有這些，是因為我的情報來源陳用林是中國駐雪梨領事館政治事務的一等秘書，他出席了上述會議，看到了那些文件。[1]幾個月後，2005年6月，陳用林走出領事館，尋求澳洲的政治庇護。當時，他所謂中華人民共和國在澳洲的目標和行動，難以讓人置信；然而，隨著時間的過去，累積各式各樣來源所提供的證據後，顯示他的警告是正確的。

　　陳用林明白指出，「中共基本上是按既定的戰略部署，按部就班地對澳洲進行全方位的滲透。」[2]澳洲（還有紐西蘭）被視為「西方陣營的軟肋」，已經成為中共黨國的練兵場，用以測試各種滲透及顛覆的方法。陳指出，因為澳洲環境開放、人口相對較少、有大量中國移民，又堅守多元文化主義，所以我們不容易發現並抵禦這種威脅。總歸一句話，我們不設防。

　　已經有少數中國事務專家、政治記者、戰略分析家和情報人員認知到澳洲的主權受到北京侵蝕。其中部分人士因害怕遭到報復而不願公開發言，但也有一些人提出明白的警告。察覺到警訊的人士發現自己正面對一個強大的遊說集團：這些成員重疊的政商菁英緊抱著對自己有利但卻過時的中國想像，把它當作一個現世的黃金國（El Dorado），認為我們的經濟命脈與之休戚相關。支持這些「擁抱熊貓派」的還有媒體、大學、商界遊說集團及聯邦議會裡的親中人士，一旦有人敲響警鐘，他們就迅速指責這些人的動機乃是排外或反華。我們接下來就會談到許多這類人。

　　本書後面的章節，將描述與記錄我們的主權逐漸遭到剝奪的過程。我們之所以允許這樣的情形在眼前發生，是因為我們被一種想法所迷惑，那就是只有中國能保障我們的經濟繁榮，也因為我們不敢站起來抵抗北京的霸凌。這樣一來我們就得問一下：澳洲的主權價值幾何？我們要給國家的獨立性，訂定多少價格？實際上這是一個我們每天都在回答的問題，而且，答案是「不多」。

　　我認為，一旦澳洲人知道，有一個複雜的控制影響體系，由中國共產黨指派的組織監管，它正在滲透並形塑我國的諸多機構

——從學校、大學、專業人士社團到媒體；從礦業、農業及旅遊業各產業，到港口、電網等戰略資產；從地方議會、州政府，到坎培拉的聯邦議會各黨派——那麼大多數人就會跟我一樣，完全改變想法。

中國在澳洲民眾心目中的形象一直是：發展迅猛，成功減貧，意識形態僵固，超級過敏但基本上沒有惡意。我們可以再加上這個信以為真（其實是相當誇大）的說法：2008年全球經濟衰退，是中國獨力拯救了我們，其後我們也一直是靠中國才有繁榮的景氣。這是澳洲的「中國遊說集團」——由生意人、政客、政策顧問、公務員、新聞記者和時事評論員所組成的鬆散同盟——一直在極力鼓吹的觀念。

近年來，因為看到了中澳關係的某些負面影響，澳洲民眾開始焦慮不安。荷包滿滿的中國買主從澳洲人手中把房子買走。中國移民的速率快到社會無法消化，以致雪梨的某些區感覺不再像澳洲。華裔（和其他亞裔）學生壟斷了優質名校的名額。中國觀光客把嬰幼兒奶粉買光了好帶回家，導致缺貨以及價格上漲。還有中國的億萬富翁，在我國的政治人物身上投資，為他們自己購買了巨大的影響力。

不幸的是，「中國人」這個詞經常被不加區別地使用，以致所有的華裔澳洲人都遭到抹黑。對於中共黨國在澳洲的勢力日漸增強最為警醒的人當中，有一群正是視自己為澳洲人的華裔澳人，也就是把澳洲當作自己的家並對其效忠的人。他們憂心忡忡地看著這一切，有一種大難臨頭的預感：一波又一波的中

國人蜂擁而至──出身曖昧且與黨關係密切的億萬富翁，扮演北京喉舌的媒體老闆，從小就被洗腦的「愛國」留學生（但仍希望在此居留），由中國大使館設立的親北京社團安排來澳的專業人士。其中有許多人對「心繫祖國」深感認同，一如中共喜歡說的那樣。

在我撰寫本書的過程中，曾和許多華裔澳人交談，他們非常擔心中共的勢力正在澳洲國內的一百多萬華人當中持續增長。他們擔心，一旦英裔澳人明白發生什麼事了，就會開始加以抵制。他們深知排華暴動曾席捲印尼及馬來西亞等國；他們能夠想見，即使自己並不愛中國政權，也覺得自己是忠誠的澳洲人，但還是會受到此類反撲的牽連。澳洲價值守護聯盟這個華人社團的目標即是抵制北京的影響力，創辦人胡煜明是這麼說：「如果我們不阻止這種情況，等白人動手，我們就會倒大楣。」

我寫了這本書，一定會被講成種族歧視和排外，這是任何警告中國共產黨在澳洲投射影響力的人，都會被安上的罪名。這樣的指控要成立，就得先將中共等同於中國人，如此一來，反對中共就是排斥中國人。（中共正希望我們這樣想。）這樣的抹黑雖然荒唐，卻能在澳洲成功地製造寒蟬效應，因為澳洲人普遍對於可能挑起種族對立的事情感到戒慎恐懼。然而，有些人希望大家不要注意到中共的所作所為，於是利用了這種心態。他們利用了我們或可稱之為對排外的仇視，以及害怕被說成是種族主義。不過，確實有一點真的要擔心：偏激分子會利用本書來誹謗所有華裔澳人。當我向一位華裔朋友表達我的憂慮時，她告訴我，我們

需要正視中共在此地的惡形惡狀。「我們需要你出版這本書，我們在同一條船上。」

像她和胡煜明這樣的華裔澳人，懂得珍惜這裡的自由、開放和法治，他們想讓所有澳洲人知道，那些在澳華人，無論入籍與否，只要把中華人民共和國的利益放在首位，就和他們毫無瓜葛。他們看到了，隨著每年的流逝，忠於澳洲的華裔澳人，無論在數目上或影響力上，正被那些忠於北京、視中華人民共和國為其母國及其真正家園的在澳華人所淹沒。

你會注意到，我寫的是「忠於北京」，而不是「忠於中國」。全天下旅居外國的人士及其子女，若對其母國懷有深情本無可厚非。但是，正如我們即將看到的，在澳「愛國」華人受幾十年宣傳的制約，竟相信「中國」和「北京」，即共產黨鐵腕統治下的政權，是同一件事。對剛剛到達西方的許多中國人來說，國家及政府的區分，是最難理解的概念之一；而對民主社會來說，這一區分是至關重要的。當他們確實掌握了這一區別，就願意成為黨國的批評者，而不會感到自己是在叛國。他們甚至會成為愛中國但討厭中共政權的異議人士。

當我向胡煜明談及他那些「忠於北京」的同胞時，他糾正我說，他們是「忠於金錢」。依其之見，那些聽命北京的生意人會這樣做，沒有人是因為他信共產黨那一套；他們之所以奉命行事，是因為沒有官方作為靠山，他們根本無法在中國經商。而且，若是不為黨服務，他們在澳、在中的生意很可能會被中國政府盯上，進而給自己「找麻煩」，比如政府會煽動民眾來抵制他們。

　　在澳洲為中國辯護的人都知道，中國的國家機器是在壓迫人民。他們知道它牢牢地控制著媒體，箝制言論自由，允許踐踏人權，不准向黨提出挑戰。但他們設法把這一切都擱置一邊，只著眼於中國帶來的經濟機會，通常是因為如果他們採取「樂觀看法」，那麼就會得到物質利益。他們為壓迫之舉找理由，告訴自己事情沒有傳說中的那麼嚴重，或他們也無能為力，又或，遺憾歸遺憾，反正又影響不到我們。最後一項並非事實，而且一天比一天更非事實。正如我們將會看到的，中國這個壓迫的國家機器，正在讓澳洲逐漸感受它的存在，除非澳洲人開始把它頂回去，保護我們的權利和自由，否則我們很快就會發現，一切都太遲了。如果我們不這麼做，我們的機制就會腐敗到無法相信他們在涉及中共利益時，將以澳洲為優先。

　　有些人依然相信，中華人民共和國正在走向民主，壓迫只是一個過渡階段。然而所有證據都指出，這只是一廂情願的看法。中國的民主理念和民主組織在1989年達到最高點之後，從來沒有像今天這樣地虛弱。文化大革命的壓迫結束後，就屬今日的中國最為壓迫，而且在習近平主席治下更是變本加厲。有些人說，即使如此，現代中國最重要的特色就是驚人的經濟增長，使得億萬人民擺脫了貧困和悲慘的境遇。他們說，相較於此一成就（當然有其歷史意義），中共施行的壓迫根本小到微不足道了。還真的有人相信，要達到這樣的成就，威權主義的統治必不可少。因此，我們應該讚美此一成就並從中獲利，而不是拿西藏自治或人權律師被捕來說三道四。還有，他們在南海島礁上建設軍事基

地，我們反正也管不了，還不如繼續埋頭賺錢吧。我希望，讀者看到本書最後，能夠明白這些論調對我們的民主是多麼地危險。

2 中國如何看待自己在世界上的角色
How China sees itself in the world

　　隨著1990年代的來臨，中國共產黨不得不面對自己就要下台的可能性。毛澤東主席在1976年去世後，人民開始正視毛的大躍進（1958-62）和文化大革命（1965-75）所帶來的大災難。隨著真相大白於天下，人民開始心生不滿，導致共產主義和共產黨的合法性產生動搖。對黨來說，共產主義已經可有可無，但放棄權力萬萬不能。黨進退失據，不知道要主張什麼、目標在哪裡。這項挑戰在1980年代被稱為「三信危機」——對社會主義的信心危機、對馬克思主義的信仰危機、對共產黨的信任危機。當意識形態和精神上出現真空，恐怕會有別的東西前來填補時，黨又該如何動員人民去支持它？

　　從1970年代末到1980年代初，中國最高領導人鄧小平逐步放棄許多教條，推行改革開放政策。就在此時，西方思想進入中華人民共和國，影響了一些知識分子和許多學生，希望政府能夠進行自由的民主改革。蓬勃發展的民主運動，在1989年北京的天安門廣場抗議事件中達到頂峰。

　　對這樣一個在人民心目中已經喪失統治權威的黨來說，民主

思想是一項嚴重的威脅。隨著危機加劇，究竟該如何因應，黨內各派激烈鬥爭。總理李鵬代表的強硬派，得到黨內最有影響力的元老鄧小平的支持，占了上風，派出了坦克。中共官方開始鎮壓異議思想，此後更是一再強化。正如（據稱是）史達林所說：「思想比槍炮更強大。我們不會讓敵人有槍炮，為什麼要讓他們有思想？」

　　然而，領導層知道，血腥的鎮壓之後，如果黨要生存，總得重新獲得統治權威才行。天安門鎮壓幾個月後，又有另一波強震衝擊了黨領導。1989 年 11 月柏林圍牆倒塌，東歐的共產主義政權土崩瓦解，社會主義的強大堡壘蘇聯自身也解體了。從北京看來，這樣的訊息再明白不過：歐洲的共產主義完蛋，是它自己的弱點造成，因為它容許「開放政策」（glasnost），也就是更開放的政府，更多的言論自由。

　　那麼，拚死掙扎的中共，該如何說服人民它有權威可以實行統治？1990 年代的經濟增長和繁榮多少有恢復其合法性，但是還不夠；一來經濟成果要花一段時間才能讓全民都享受到，二來一個共享的意識形態比個人利益更能夠把一個國家給凝聚起來。於是在 1990 年代初，中共以驚人的速度，圍繞著新的國家敘事，打造了一套新的意識形態。這套意識形態的核心，被以下兩書的書名給掌握了：汪錚的《勿忘國恥：中國政治與外交關係中的歷史記憶》和白邦瑞的《2049 百年馬拉松》。[1] 這兩本書所傳達的訊息，對澳洲的未來含義深遠，亦與一些最敏銳的中國觀察家所提出的論點互相呼應。

「被洗腦」

兒童的觀念比成年人來得更容易塑造。教育運動比再教育運動來得更容易有效。於是，中共開始透過教育來創造一整個世代的愛國者，施教的範圍從幼稚園到大學，施教的內容從中國的歷史到中國的天命。天安門廣場屠殺後兩年的1991年，愛國主義教育活動熱烈開展。黨的總書記江澤民親自規畫新的大敘事。[2] 基本訊息很簡單：中國在列強的壓迫下百年來受盡了屈辱。十九世紀中葉的鴉片戰爭後百年間，中國備受列強欺凌。雖然封建統治者是如此腐敗，卻有許多英勇的中國人民保家衛國，不惜犧牲。中共領導了反帝鬥爭，1949年解放了全國，證明「中國人民不可欺」。（事實上，共產黨是把抗日戰爭留給對手國民黨去打，而1945年最終打敗日本的是同盟國。）故事接著說，1949年開始，黨就讓中國走上了一條輝煌之路，要復興昔日泱泱大國的榮耀———如中國是世界上最偉大的文明。

這套新敘事從根本上重新闡釋了中國歷史。之前的數十年，中共編織的是階級鬥爭的故事：反對封建、反對壓迫人民的反動派殘餘勢力。現在，它講述了一個中國如何反對列強欺凌的故事。它不再是一個把中國被壓迫人民與全世界被壓迫人民團結起來的國際主義故事，而是一個使中國人民反對世界上其他國家的民族主義故事。如果天安門一代自認是中共的受害者，新的一代則會自認是殖民主義的受害者。新的愛國者將他們的憤怒朝外，而非朝內。

於是1991年8月，手握大權的中國國家教育委員會頒布了一項法規，要求所有學校改造歷史課，以強調中國的目標是「粉碎國際敵對勢力『和平演變』的圖謀」。這將是「學校教育面臨的一項十分重要的緊迫任務」。課程大綱開始就說，「中國現代史，是一部中國逐漸淪為半殖民地、半封建社會的屈辱史。」然而，中國人民在中國共產黨的領導下，從事了爭獨立、求社會進步的鬥爭。在《勿忘國恥》一書中，汪錚寫道：「中國史——『國恥教育』——已經變成國家教育體系中最重要的科目之一。」[3] 對中國國恥的信念，對「民族偉大復興」的信念，正是理解今日中國在世界上的角色的關鍵。

黨透過愛國主義教育活動，著手去團結全國，並「凝聚群眾愛國熱情，去從事建設有中國特色的社會主義的偉大事業」。黨便是如此在人民心目中重建合法性，成為中國人民熱望的化身，要超越國恥的「痛苦與屈辱」但絕不遺忘，並且要再次變成強國。他們不再是受害者，他們將是勝利者。

從1990年代初，每一個開始上學的孩子，都要接受密集不懈的愛國教育，一直持續到他們離開高中或大學。過去，要想上大學，考生必須通過思想政治課的考試：聚焦在馬克思主義、毛澤東思想和中共政策。根據一位觀察家指出，學生一貫抗拒馬克思主義的課程，卻更願意接受愛國主義教育。[4] 汪錚在他的著作末尾點出，愛國主義教育活動很能夠解釋為什麼「中國民眾的社會運動，從1980年代的對內、反腐、反專制的民主運動，迅速轉變為1990年代對外、反西方的民族主義運動」。[5]

當我向身在中國的知識分子問及年輕的一代，有人不屑地哼了一聲，「被洗腦了」。也有人告訴我，某些年輕人一直都跟這種如影隨形的宣傳保持距離，但這種人實在鳳毛麟角。愛國主義教育的成功，可以幫助我們理解為什麼2008年4月那天的坎培拉，當奧運聖火經過聯邦議會大廈時，數萬名中國留學生會以如此狂熱粗暴的方式來表露他們對中國的愛。

黨即是國

灌輸教條的活動，建立在一種新形成的中國民族自豪感之上，使得中共在放棄了革命、階級鬥爭及無產階級國際主義等馬克思主義學說之後，得以維持牢牢控制的列寧式政黨框架，繼續加強其統治。而且它還沒有停步。中國教育部長陳寶生在2016年宣布，教育系統處在「黨意識形態工作的前沿陣地」，他並警告說，「敵對勢力」正在試圖「滲透」國家的學校，「搞亂你的未來」。[6]

愛國主義教育活動旨在重塑中國人民的國史敘事，最密集進行的地方一直是在學校，但其好戰愛國主義的訊息早已超出教室之外。從1990年代初，這項活動就擴展成一場「全國範圍的動員」。正如汪錚所寫：「愛國主義，以及國家歷史和記憶，已經變成黨國系統意識形態教育最重要的主題。」[7]在1994年的正式政策文件中，黨宣布愛國主義思想就要變成「我國社會的主旋律」。[8]事先控制人民的思想，就不必事後控制人民的行為，而黨堅持

不懈地在人民心目中灌輸愛國思想。

今天你在中國，無論到了何處，都有東西提醒你中國這百年來在殘暴的日本人和傲慢的西方人手下所承受的屈辱，以及中國人民如何在共產黨的領導下展開復興。紀念碑、紀念堂、古蹟及博物館到處都是，全在強化新的敘事。凡是工作涉及推進該項運動的人——學校裡的教師、軍隊裡的官兵、公家機關裡的雇員——都必須參加定期課程，旨在增強其愛國熱情。

當黨領導決定愛國主義教育必須成為「社會主義精神文明建設的基礎工程」，其受眾也包括海外華人。[9] 在澳洲，正如別處，隨著中國經濟力量和財富的增長，這種新愛國主義已變得更加危險。這種建立在歷史屈辱感之上的強大民族自豪感，再加上無法分清國家與政府的不同，解釋了為何許多海外華人，包括華裔澳洲公民，仍忠於中華人民共和國並捍衛其行動，即使這些行動與澳洲的價值觀和利益有所衝突。

1990年代初起，從要求忠於黨到要求忠於國，這一轉變之所以成為可能，是因為對中共來說，黨即是國。增強這個同一性對此一運動至關重要，但這個同一性並非由此一運動打造出來，而是巧妙地利用了一股中國民族主義及中國例外論的強烈歷史感。汪錚寫道，「關於中國屈辱的百年，許多中國人共享了一種強烈的集體歷史意識，這是形成中國國族認同的中心因素。」[10] 總的來說，對中國例外論及民族命運的這一信念，並沒有隨著華人移居世界他處而棄之身後，它要花很長時間才能消退。

儘管黨持續努力幾十年，然而無法分辨國家與政府的現象並

沒有在中國全面普及。當中國人民大學教授陳先奎，一位忠貞的
共產黨員，撰文稱「在當代中國，愛黨與愛國本質上是完全一致
的」，在網民中引發了震耳欲聾的反對聲音。[11]發表陳先奎文章
的民族主義八卦報《環球時報》，隨即用一篇社論反駁批評者，
指控主張愛國與愛黨不等同的人是「被洗腦的公共知識分子」。

今天，除了中共的牢牢掌控，正是民族主義凝聚著中國社
會，使共產黨的統治具有合法性。黨不只象徵了也代表了國家。
對江澤民主席來說，不強烈表達自己愛國主義思想的人就是賣國
賊，「國家的渣滓」。[12]江澤民的這項運動，在2013年習近平接
任主席後，馬上便被習全盤接收了。

當然，也有人反對中共這樣利用民族自尊，其中最激烈的莫
過於劉曉波。這位中國文學評論家以其滔滔雄辯為人權發聲，獲
得了2008年的諾貝爾和平獎。他把當代中國的愛國主義思想稱
為「以訴苦指控為主的怨婦式民族主義」。[13]他寫道，二十一世
紀的頭十年，中共政權之所以能在民眾的各個階層，煽動起這種
「攻擊型擴張型的好戰愛國主義」，靠的是描繪在外國人手下漫長
的屈辱史，以及民眾對復仇的渴望；所有這一切，都建立在確信
中國曾統治天下而產生的一種歷史虛榮感之上。劉曉波診斷，這
是一種在極端自卑與極端自大之間交替的民族心理。[14]

不再是病夫

2008年的北京奧運對中共是一個大好良機，正可增強「黨

即是國」的同一性，並把民眾對黨國的認同提到更高的程度。贏得主辦權，然後奪得最多金牌，變成了全國的執念，展現了最醜陋的民族自尊心。用一位中共體育官員的話說，「為祖國贏得奧運的榮耀是黨中央指定的神聖任務。」[15] 劉曉波看法不同，「金牌的耀眼閃光變成了獨裁者們鞏固政權和煽動狹隘民族主義的工具。」[16]

根據汪錚所言，北京奧運的極端愛國主義有著更深的心理根源。[17] 十九世紀，奧圖曼帝國因其衰敗之態，曾被形容為「歐洲病夫」。當外國壓迫下的中國紛擾不安，有人借用此詞，稱中國為「亞洲病夫」。到了二十世紀，中國有許多人將之解讀為一種侮辱，認為是針對中國人貧弱的體質和不健康的狀況。北京奧運會將是個向世界展示的機會，表明這個輕蔑的稱號錯了，中國人的體能可以與世界上的最強者競爭。北京奧組委甚至發表了一篇文章，題目就是「從『東亞病夫』到『體育強國』」。中國在奧運的勝負茲事體大，失敗是不可想像的。當中國人體育上勝了，在民族榮光的高潮中，歷史恥辱就被洗刷掉了。從坎培拉奧運聖火事件的激情到 2008 年北京奧運的熱烈，都源自於此；當我們明白前來宣洩其愛國憤怒的學生，一直是洗腦運動的對象，在這洗腦過程中他們得知了甚至其血肉之軀也是恥辱的來源，這一切就得到解釋了。

當中國金牌總數名列第一時，眾人打從心底爆發出愛國的興奮感。八年後的 2016 年里約奧運，對這項文化史一無所悉的澳洲游泳選手馬克‧豪頓不屑地說，他的中國對手孫楊是使用禁藥

的作弊者（這位中國冠軍在2104年因服藥遭到禁賽三個月）。豪頓隨即受到中國網民狂發極端民族主義的謾罵、威脅，大部分是在他的臉書和推特專頁上。據說豪頓的微博帳號收到了超過24萬3000條憤怒的留言。[18]有人盼他被袋鼠撞死，也有人祝他在2020年殘障奧運會一路順風。據信，惡評多數來自生活在澳洲的華裔人士。豪頓成了靶子，如劉曉波所描述的「用流氓腔調毫無顧忌地傾瀉語言暴力、民族仇恨和好戰情緒，已經成為中國大陸網路的一大特色」。國營八卦報《環球時報》也來幫腔，攻擊位在南半球的澳洲曾是「英國不想要的罪犯」安置之地，現在又被「白人優越論」和「野蠻氣味」所污染。[19]

　　除了豪頓—孫揚事件，愛國華人在澳洲收看2016年里約奧運轉播時還發現很多地方必須抱怨。第七頻道所轉播的開幕式，在中國隊入場時剛好進廣告，忿忿不平的愛國者於是跑到社群網站上，抱怨電視台種族歧視、侮辱中國。還有工作人員不小心在計分牌上把智利（Chile）的國旗放到中國（China）的名字旁邊，然後反華陰謀論就大行其道。（如果第七頻道不小心把奧地利Austria的國旗放在澳洲Australia名字旁邊，澳洲人只會覺得好玩而嘲笑他們。）

　　雪梨發生過的最奇怪抗議之一，是針對第七頻道的疏忽。「建築、林業、礦業及能源工會」有六位會員來到電視台外，揮舞著中國國旗要求電視台道歉。該工會的一份聲明引用了工會幹部周宇雷（音譯）的話，稱第七頻道的行為無知又歧視。[20]有人不免會問，澳洲的主要建築工會為何要操心電視轉播中的一個小錯？

31

正如我們即將看到的，國內工會乃是中共所滲透的重點組織之一。[21]

某些中國作者注意到了這些偏差的愛國主義，他們評論道，那些中國人的動機在於其強烈而隱晦的自卑情結，只有靠他國的讚美才能得到救贖或安撫。汪錚寫道，「一旦得不到讚美，或者只有達到某些標準才會被讚美，原本的自傲就突然變成怨恨、憤怒及更深的不安全感。」[22]這樣的激情如果失去控制，也是會威脅到中共的。

「扭曲的愛國主義」

中共在製造愛國狂潮的過程中發現自己騎虎難下。過去二十五年來，中國人從各種接觸得到的媒體上被灌輸了愛國教育，導致社會各階層養成了強烈的受害感與民族仇恨，對於外國人的任何怠慢或輕視都要過度反應。每當台灣看來又向獨立邁進一步，網路上的「小粉紅」便對台灣網站發動攻擊，這些行動雖然未經批准卻能彼此協調。[23]2012年，中日在釣魚島（尖閣群島）的緊張升級，於是幾十個中國城市發生了民族主義騷亂。[24]雖然抗議似乎是官方所允許的，卻有日本餐廳和超市被毀，日本車被砸，一家松下工廠被燒。警察控制不住暴民，一夥人攀上廣州一家賓館樓頂，揮舞旗幟，高唱國歌，大喊「日本鬼子，滾出中國」。

政府失去了控制，於是採取嚴厲措施。但民眾的憤怒也逼著政府明白表態，中共高層只好表現出比實際上更強的決心，去抵

抗「日本帝國主義」。習近平主席一直在煽動民族主義，他現在不得不兌現自己的大話，以示說話算數，如此一來，其他國家就必須面對一個較為強硬的中國。

2016年國際仲裁法庭對南海的裁決出來之後，官方媒體預期會發生未經批准的抗議活動，於是警告群眾不要參加預定在肯德基外頭舉行的抗議。此時一些抗議民眾已經對肯德基的顧客說三道四了一番，罵他們「不愛國」。《中國日報》在一篇社論中區分了正確的愛國主義與「給我們的社會和國家帶來傷害的『愛國行為』」。[25] 在網上貼出自己砸毀蘋果手機照片的年輕人，被稱為從小由激進民族主義餵大的「憤青」，這可毫無諷刺的意思。當北京更起勁地推行其擴張主義計畫時，或許預估到會發生進一步的失序，於是中共在2017年初宣布，群眾鬧事的情況應事先預防，以「處理好保護群眾愛國熱情與維護社會大局穩定的關係」。[26]

連極端民族主義的《環球時報》也發現必須對愛國的好戰心態澆一些冷水，雖然這份報紙一直以來都在極力煽動這種心態。當2016年12月有一位反日抗議者被法辦，《環球時報》便提出警告說「扭曲的愛國主義」很危險。[27]

在澳洲這樣的國家，仍有一部分華人社群忠於中華人民共和國，於是這些偏執的危險情緒和受挫的民族自尊，也被有樣學樣地搬過來了。有位來自上海的資深學術評論家解釋給我聽，「中國人認為，只要愛國就可以無所不為。」

偉大復興

澳洲記者溫友正講過他出席一次杯觥交錯的宴會所發生的事。宴會上，一位億萬富翁的兄弟口吐真言，「到時候，這天下都是中國的。」[28] 文中這位富翁所持有的嵐橋集團公司，現在控制著達爾文港。這種情緒在中國並不罕見。它反映出一股野心，而不只是單純地表達愛國。屈辱的一百年在 1949 年結束了，接下來是百年馬拉松，在這場馬拉松裡，中國將恢復世界中心的地位。自 1993 年至 2003 年間擔任中國國家主席的江澤民，發明了一項新口號，「中華民族的偉大復興」，意圖打造中國乃是世界強國的歷史記憶。[29] 胡錦濤主席繼續這一「有歷史意義的事業」，提醒人民要記住外國的欺凌，胡並宣布「中華民族的偉大復興，已經變成每一代中國人努力去實現的堅定目標」。但是，胡錦濤的戰略是按照《孫子兵法》的古老智慧和前輩鄧小平的教導，把雄心包藏起來，等待中國強大到可以照著它的意思行動，這個策略被稱為「韜光養晦」。

在 2012 年末習近平登基出任下一屆主席後，習宣布他最大的企圖，就是實現「中華民族偉大復興」的中國夢。中國不會再韜光養晦，而是要施展國家剛得到的實力，一示天下。雖然習近平本人並未明說他的中國夢內涵，但學界認為它代表的是「復興中國昔日輝煌」，包括經濟優勢，以及使中國成為世界霸主。[30]

習近平的「中國夢」一詞，有人認為是從軍方一位著名的鷹派那裡借來的，他就是退役人民解放軍大校、軍事學者劉明福。

劉的著作——以英文出版的《中國夢：後美國時代的大國思維與戰略定位》——「將國家戰略定為恢復中國昔日輝煌，並取代美國成為世界領袖。」[31] 在二十一世紀的第一個十年，中國必須旨在超越美國，「成為世界第一強國」。[32] 劉明福這本2010年出版的著作在中國成了全國性的暢銷書，它所號召的群眾已經準備要擁抱一套全球大敘事，其中天朝大國將復興，中國會回到它作為世界中心的正當地位，然後，透過文化、語言、價值觀來散播和諧；這樣的帝國，用另一位學者的話說，「重視秩序勝過自由，重視道德勝過法律，重視菁英治理勝過民主和人權」。[33]

美國資深戰略思想家白邦瑞說，習近平和人民解放軍有深遠的關係，透過出任軍委會主席，他可以「與中國軍方的民族主義『超級鷹派』保有密切的聯繫」。[34] 他的中國夢特別關注的是「強軍夢」。而鷹派的影響，在西方被嚴重低估。鷹派在習近平時代取得了主導地位，他們認為這位領袖同情他們對中國史的觀點；在他們看來，隨著這場始自1949年的百年馬拉松逐漸開展，中國將使美國黯然失色，成為主宰世界的經濟強國、政治強國，最終是軍事強國，然後百年來的屈辱就可以得到洗刷。

習近平的崛起，使那些偏愛帝國觀點的人士得到信心，如此一來，中國以傳統的天下概念來主宰全世界就名正言順。雖然也可以做別種解釋，不過「天下」或「普天之下」一詞指的是世界，這個世界被中國皇帝所統治，萬物皆以其為核心。這不僅是一個古代的概念，正如汪錚所觀察的，「中國人有一種天命是在他們身上的強烈感覺，並為其古今的成就而極端自豪。」[35, 36]

這些看起來就是習近平「中國夢」的根源，我們不難看出，此一宏大願景引導著中國在全球各地更強勢地插手干預，從一帶一路倡議的巨大投資，到中共價值觀在西方機構的滲透，到海軍的迅速擴張，再到南海的積極併吞。這或許有一部分是吹牛，但劉明福2015年親自聲言，中國這頭「睡獅」已經醒來，而且「習近平就是獅群的領頭獅，他敢於在任何時候進行戰鬥」。[37]菁英階層的鷹派相信，2008年美國的金融危機，是其自身制度的腐敗所導致，它標誌著一個轉折點，自此以後「中國領導的世界秩序」已變得勢不可擋。他們可能是對的。百年馬拉松也許只要八十年就可以完成。

所有這一切，對亞洲最老資格、最敏銳的觀察家之一，新加坡總理李光耀來說，是一目瞭然。他說，「中國的打算，是做世界最強國。」[38]中國遵行的是長期「和平崛起」戰略，但是西方一般都不懂。意思是說，中國要成為世界霸權，但靠的不是直接與美國軍事對抗，而是透過劉明福所謂「非征服性的文明」來追求經濟優勢，天長日久，就會得到同樣的結果。[39]北京判斷，美國為了維持其臃腫的軍隊花費了鉅額開支，自己最好不要耗盡資源去比這個。白邦瑞描寫了中國的策略，是用其他手段在軍事上打敗美國。即使如此，中國軍費一直在快速增長，重點在控制海洋。對其鄰國的壓力，日漸上升。

中共高層知道，若公開其長遠雄心會引發抵抗，於是，它把其深長戰略掩藏起來，拿出的表面說法是和平經濟發展、與世界交往。然而，時不時地，秘密會洩露出來。2015年，中國國務

院僑務辦公室（國僑辦）副主任何亞非對高級幹部進行演講。[40]
後文會講到，國僑辦是中國最高行政機關國務院的一個領導機
構，其主要工作是動員海外華人為北京的目標服務。[1]他的演講稿
不知怎麼上了國務院新聞辦公室的網站。何亞非的主題是，需要
向全世界傳播「中國聲音」。他講了六方面，首先是西方媒體主
導了國際輿論，需要「殺出一條血路，打破西方的壟斷和輿論霸
權」。然後是，需要用「中國特色價值體系」取代美國及西方發
明的重要思想，諸如「自由、民主、平等人權」等，還有「軟實力」
和「文明衝突」等。

　　把軟實力等等學界用語和基本人權堆在一起，都算成同一類
東西叫「西方思想」，要用中國價值體系來取代，就已經讓人很
不舒服。但何亞非講話中真正暴露出來的重點，是他要高級幹部
小心海外華人受眾的「缺乏浸染」：「如果一味強調以我為主、自
話自說……就很難取得良好的對外傳播效果。」何亞非曾任外交
部副部長，這樣一位中共高幹的心聲，難道我們能當成只是他個
人脫軌的愛國熱情？還是他不小心把牌亮出來了？他表達的乃是
真實雄圖，至少是中共掌權派的雄圖，相關證據多不勝數，本書
後面的章節中還會進一步披露。[41]

　　然而在澳洲這兒，一些最老練的人物卻完全中了宣傳的計。
其中一位是工黨前總理保羅・基廷，他向我們保證：「中國不像
以前的蘇聯，並不打算散播一種國際意識形態，也不是一個意識

1　國務院僑務辦公室，簡稱國僑辦，成立於1978年1月。到了2018年3月21日，
　　因應中共中央深化黨和國家機構改革方案，已被中共中央統一戰線工作部合併。

形態強權。中國是一個偉大的民族國家，但它基本上只打算在自己的境內過活。」[42]你就把這話說給其他人聽吧，說給一覺醒來發現中國軍隊占據了自己傳統水域的島嶼那些國家聽，像越南、菲律賓，或者說給領土一直被占據的西藏人聽。正如我們將看到的，基廷時常跟著中共宣傳學舌。

　　某些人在中國的學者並不像人在西方的那些「中國的朋友」，他們十分擔心習近平之下的中國新近出現的必勝信念，一如大衛·凱利這位更有洞察力、也更資訊充足的中國分析家所指出的情況。[43]他們主張，中國尚未成熟到足以勝任世界領導者，黨及媒體的必勝信念很危險。當然這些批評得是遮遮掩掩的。有人將這種情況與1930年代德國的必勝信念相提並論。中國非但不該擺出「救世主」的樣子，反而應該專心於發展國內。凱利等人所主張的「現實主義的」態度，才是「一個在目前形勢下更可持續的大國戰略」。

　　然而，鷹派吉星高照，蒸蒸日上。劉明福宣稱中國人是「世上最優秀的民族」，中國將以其偉大文明，變成「世界上的領導國家」，「無可爭議的全球領袖」。[44]中國觀察家傑米爾·安德利尼提出了一個本世紀重大的未知數：

> 中國偉大復興的邏輯，本質上是復仇主義的，並假定該國在能力、影響力甚至領土上，距離恢復正當地位尚有一段漫長的路。世界上其他人要面對的危險問題是，什麼時候中國才會覺得自己完全復興了，而對於不屬於中華民族這個大家

庭的人，那會是個什麼樣的情景。[45]

中國對澳洲的領土主張

美國的唐納‧川普總統首次會見習近平後不久，告訴一位記者，習主席對他說「其實朝鮮半島過去是中國的一部分」。[2]川普這樣好騙是毫不意外，但韓國人知道習近平打的是什麼主意。朝鮮半島從來不是中國的一部分。聲名卓著的大報《朝鮮日報》刊出十分尖銳的社論，指「這番胡說八道的根源，是強烈的霸權式民族主義」，這可以回溯到朝貢體系還存在的時代。[46]中華人民共和國對南韓的壓力，「動機不過就是一個惡霸想法，他認為韓國反正應當俯首稱臣」。

其他亞洲國家深知，中國說它對南海及其島嶼的「歷史權利」高度曖昧，胡拼亂湊。中國聲稱早在兩千年之前就發現、命名、探索和利用了整個南海，說這是它擁有主權的基礎，然後又用1947年把南海大部分給畫進來的九段線重新加以申明。有位專家檢視了此一情況，得出結論說，「這樣一個主張，不僅沒有國際法的基礎，也缺乏中國自身歷史的基礎。這是胡說八道。」[47]然而，歷史的胡扯也擋不住中國的鷹派。於是，他們不接受、不承認海牙仲裁法院的裁定；仲裁認定，即使中國所謂歷史上曾在

2　川普的原文是「He then went into the history of China and Korea. Not North Korea, Korea.」某些台灣媒體或是翻成「韓國」或是翻成「南韓」，但從文脈與事實而言，他指的是整個朝鮮半島。

南海捕漁一說屬實，此事也與中國對島嶼的領土主張無關。[48]

澳洲頂尖的中國事務專家之一、也是澳洲人文學院前任主席費約翰（約翰‧費茨傑拉德），總結中共的思維如下：

> 對於有領土糾紛的地方，北京會回溯數百年，好針對它可以用武力「收復」的領土、領海，來主張歷史上曾經擁有。既然一個國家不能侵略它自己，於是中國高層認為，只要主張是收復「失土」，人家就不可以說他們侵略了任何人。[49]

澳洲人若相信，為了證成其領土野心而編造出來的這些歷史，只局限於中國的傳統影響圈，那就錯了。中國正在利用假歷史來調整自己的定位，以便未來對澳洲提出領土主張。2003年胡錦濤主席在澳洲聯邦議會發表演講，他一開始就提出一段聳人聽聞的篡改史實。

> 中國人民始終對於澳大利亞人民懷有友好感情。早在十五世紀的二〇年代，中國明朝的遠洋船隊就曾經到過澳大利亞的海岸，在漫長的歲月中，許多中國人飄洋過海，陸續來到澳大利亞這一片古老的南方大陸，他們把中華文化帶到這裡，同當地人民和睦相處，為澳大利亞經濟社會和多元文化的發展做出了積極貢獻。[50]

胡錦濤的論述，可能是來自英國人加文‧孟席斯在《一四二

一：中國發現世界》所寫的假造歷史，書中聲稱由周滿船長率領
的一支艦隊周遊世界，停靠過所有的主要大陸，並且和當地人有
所往來，其中包括新南威爾斯的伊甸。孟席斯論述中的證據漏
洞，甚至在該書出版之前，就開始被人指出來，[51]2006年，澳
洲廣播公司的調查報導節目《四角方圓》有一集就狠狠打擊了孟
席斯及該書的信譽。[52]孟氏為了證實自己的論斷所製作的地圖，
也已顯示是偽造的。在檢測與揭穿孟氏歷史的主張這件事情上，
中國學者與西方學者同樣努力。[53]簡而言之，並沒有證據顯示
明朝船隊曾靠近澳洲。（在榨乾一四二一之說的殘餘價值之後，
孟氏便轉向別的目標，發掘了沉沒之城亞特蘭提斯。）3

　　澳洲聯邦議會圖書館2008年發表一篇評論指出，雖然胡錦
濤主席沒有使用「發現」這個詞，但他提出一個澳洲史的反敘事，
其中歷史的開端乃是中國人到達了澳洲海岸，從事一系列象徵性
活動，命名、繪圖和定居等，而在中共的思維，這些活動具有法
律意義。[54]

　　胡主席這天外一筆對某些人起了作用。幾天後，自由黨的參
議員大衛·約翰斯頓對中澳和諧合作大感興奮，提出應重寫歷史

3　加文·孟席斯（Gavin Menzies, 1937- ），退役英國海軍軍官，民間歷史學者。在
　他聲譽鵲起的第一本著作《一四二一：中國發現世界》書中，鄭和不僅比哥倫
　布早了七十年發現美洲，也比庫克船長早了三百年抵達澳洲。他在第二本著作
　《一四三四：中國點燃義大利文藝復興之火？》，則主張文藝復興的傳奇來自中
　國艦隊帶給義大利人的知識；到了《失落的亞特蘭提斯帝國》，孟席斯主張亞特
　蘭提斯真的存在，是個海上帝國，而且時間早於地理大發現一千年以前。歷史
　學界對孟席斯的主張普遍抱持否定，視之為「野史」。

書，記載中國船長「極富歷史意義的探索及發現之旅」，並「同意胡錦濤主席所說，一四二一年中國船隊確實抵達了我們的海岸」。[55]

雖然孟氏的「歷史」已經被徹底揭穿，但胡主席在聯邦議會講演後兩年，中國大使傅瑩仍告訴國家新聞俱樂部，「澳洲一直在中國的世界航海圖上」。[56]同年，中共中央對外宣傳辦公室旗下一網站稱，早在詹姆斯・庫克或阿伯爾・塔斯曼之前幾百年，鄭和的船隊有可能已經到達澳洲西北部。[57]如果我們認為中國不再聲稱他們早已到過澳洲，請聽中國前外交部長李肇星 2016 年到澳洲國立大學的演講，他聲稱早在元朝時代（十三、十四世紀）一位探險家就發現了澳洲。沒有人挑戰這個編造的澳洲歷史。

3 僑務與海外華人

Qiaowu and the Chinese diaspora

> 隨著華僑華人在海外地位的提升，族群意識的覺醒，他們
> 有意願也有能力匯聚力量，為推動中國的發展與進步，……[1]

動員海外華人

國務院僑務辦公室副主任何亞非的這些話，暴露出海外華人被期待能夠發揮關鍵作用，以實現中共全球稱霸的野心。從2000年開始嘗試，到了2011年黨已經全面改變對待海外華人的態度——不再保持距離，而是「擁抱每一個華裔外國人，就像自己人一樣」。[2]

中共為了動員超過五千多萬的海外華人，發展出一套極其細緻又多方面的計畫，由資源充沛的機構針對海外華人加以執行。所謂海外華人，包括生活在澳洲為數超過百萬的華裔人士。

紐西蘭華裔學者杜建華，以其煞費苦心的博士論文為基礎，進行了一項重要研究，仔細描述了上述圖謀的發展過程、目標、計畫和策略。[3]要了解正在澳洲發生之事，此書乃不可或缺的文

本。杜建華只有在設法接觸大量北京秘密文件之後，才能詳盡地描述中共對海外華人的政策及實踐。[4]對海外華人的管理被稱為「僑務」，可以說是「一場規模宏大的行動，要在社會上的每一個層次吸納、收編海外華人，以鼓勵或阻止手段來控管其行為及認知，以適應中共想要的形勢及結構」。[5]

閱讀了杜建華讓人大開眼界的描述，我才明白，自己並未充分理解中共的海外目標。我本來以為，滲透和指導澳洲華人的種種規畫，其首要目標在於反制和消滅異議與批評的聲音。但除了這個「消極」的目標之外，還有一個積極的目標——利用僑民改造澳洲社會，使我們都同情中國，易於讓北京控制。然後，澳洲就會幫助中國變成亞洲霸主，最終成為世界霸主。

我們應該循著僑務政策這一套脈絡去理解，比如說，華人富商透過獻金和人脈，在我們的政治制度中所獲得的影響力。文件中披露，長期來說，僑務工作還涉及了動員華裔作為投票部隊，把忠於中華人民共和國的華裔候選人送進聯邦議會和高級公職。[6]

事實上，北京把澳洲和紐西蘭視為西方世界的「軟肋」，測試其戰略的理想地點；那就是，拆散美國的全球布局，以幫助習近平的中國夢實現。正是由於這一原因，中共一反2000年代以前的政策，現正鼓勵中國人向外移民。[7]這也有助於解釋，為何北京如此賣力地逼迫像澳洲這樣的國家，將放寬外勞限制當作自由貿易協議的一部分。越多忠於北京的中國人生活在澳洲，中共對坎培拉的影響就越大。

根據2006年一份中國國務院的內部文件指出，離開中國的

非法移民多於合法移民。[8] 對此，中國「做了些努力來反對非法
移民」（包括追捕貪官和遭到指控的貪官貪商）；雖然也有人說，
中國當局其實是睜一隻眼閉一隻眼。[9] 根據杜建華書中所載，
2000 年代早期，「斐濟的首都蘇瓦有至少四十家『只服務華人』
的妓院，雇用了持停留簽證或學生簽證進入的中國人，一邊兼職
賣淫，一邊試圖弄到澳洲入境簽證。」[10]（2017 年有七十七名據
說從事賣淫的中國人遭到斐濟驅逐出境。[11] 當時中國警方非法
把人戴上頭罩從住處帶走，押上飛機，引發了侵犯斐濟主權的問
題。）杜建華研究了手中的檔案資料，認為北京對非法向外移民
不是太在乎。雖然「低端階層、未受教育」的非法移民在道德及
價值觀方面讓人有些擔心，但黨仍然要求幹部必須關切非法移民
的需要，因為在一、二十年後，他們就會被接納成為海外華人社
群的一部分，到時對黨就會有用。

　　在詳細審視僑務問題之前，值得簡要回顧一段澳洲史，以看
清我們現在面臨的問題。

鮑勃・霍克的禮物

　　沒有人能夠預見到，1989 年鎮壓天安門抗議者的事件，會
對澳洲產生那麼大的影響。正如我們將看到的，這影響深遠。不
過，讓我們從出動坦克鎮壓學生這項決定，所產生的直接後果開
始談起。

　　當時鮑勃・霍克總理為這一野蠻行徑的景象所深深震撼，含

著眼淚告訴在澳洲的中國學生，他們不會被送回國；他的決定，
導致四萬兩千名中國人獲得永久居留權，再加上他們的近親，一
共十萬名左右的中國移民。大多數澳洲人像我一樣，都認為這是
一樁善行——畢竟，把他們送回一個同學被殺或被關的國度，這
樣的責任誰願意擔負呢？

　　但現實並不像表面上看起來的那樣。霍克不顧官員強烈反對
所下的獨斷決定，繼續在全國產生影響。一位了解當時實際行動
的公務員，給我解釋了某些鮮為人知的事實。首先，有四分之三
的學生並不是來澳洲的大學攻讀，而是來接受幾個月的短期外語
培訓。[12] 他們可以打工，每週至多二十小時，但這項規定可說
完全沒有強制執行，許多人是全職工作。

　　移民部門的公務員認為，中國來澳人數增加，是提供遊學／
留學服務的業界把中國學生視為搖錢樹的一種手段，成千上萬中
國人透過這種方式來澳洲打工，代價則只是語言課程的註冊費。
移民部門想對短期語言班的學生實施更嚴格的入學考試，卻被教
育部門的官僚所壓倒：管教育的眼前只看到一桶金子。而近半數
的學生都滯留到簽證過期。

　　霍克一答應發給學生居留的臨時簽證，數千名申請人便湧入
移民部門，要求獲得避難身分。申請人想要獲得永久居留權，並
最終成為公民。移民部門過去設計的制度，一年只能應付幾百個
難民申請，這下子被擠爆了。根據華人社區傳出的證言表示，有
些以前從不活躍的學生，為了使自己的難民申請顯得有說服力，
也開始參加民運團體，出席抗議遊行，並揮動標語牌，一邊讓朋

友為他們拍照，以茲證明。移民部門不得不設法照章批准大部分
申請。

為什麼霍克和我們大多數人都相信，1989年6月4日在澳的
中國學生是民運人士，當他們的簽證到期後，一旦回國就會面臨
迫害？事實上，民運人士或甚至只是民主支持者，是比較不容易
被放出中國、到國外留學的。據估計，當時在北美的中國學生只
有百分之十是積極反對中共。[13]然而那邊也像澳洲一樣，幾乎
允許他們所有人都變成永久居民；把他們送回去，似乎不人道。
而實際上，他們大多數都是經濟移民。

在數千名獲准避難者當中，一些是真的民主支持者需要保
護，其中一些人到現在仍繼續抵制中華人民共和國在澳的影響。
但是，霍克在天安門事件後的決定，對許多人來說，是一筆大風
颳來的橫財；本來他們是不可能獲准留下來的。雖然其中一些人
變得更加積極參與反中共活動，但也有許多其他人，或是支持鎮
壓或是對此無動於衷，也被允許留下來了。有位人士親眼目睹以
下情況，他告訴我，每年6月4日華裔澳洲人的一些團體會聚在
一起，喝酒慶祝天安門廣場鎮壓讓他們獲得了永久居留權。中共
很快就明白，這些海外華人並未轉而反黨，還可能變成盟友，在
海外報效祖國。某些得到政治庇護的人，在日後北京試圖把澳洲
改造成朝貢國的活動中，成了最成功的代理人。

有些人，像霍克內閣的教育部長約翰‧道金斯，把天安門
慘案後湧入的移民，當作是讓澳洲的技術基礎「在智能上迅速
地提升了一點」；另一些人，像倡導開放移民的詹姆斯‧賈普，

則樂見此舉把「一整個新中產階級」搬到「老朽且有限」的澳洲中產階級頭上；可是，霍克此一決定的長期實質效果，是奠定了基礎，供北京改造澳洲，以適其願。[14]此舉如何進行，將在後文中探討。首先我們得明白，是什麼在驅動著現代中國，其真實野心為何。

在澳洲的統一戰線

很多僑務工作，是由中共中央統一戰線工作部（簡稱統戰部）「基於馬列主義的群眾路線戰術、技術和策略」予以執行。[15]統戰部所針對的目標是華人社會組織、華文媒體、學生社團，專業人士社團和商界菁英。雖然統戰部是黨的機構，但是所有的政府機關都要遵循僑務工作的目標。[16]國務院僑務辦公室（是政府機關而非黨的機構）負責起草僑務政策及計畫，並執行針對海外華人的政策。中共中央宣傳部（其海外運作可參考中國研究學者安一瑪麗‧布雷迪[1]的闡述）[17]也對該項運動至關重要。[18]本來已經在權力中心的統戰部，在習近平主席治下更顯重要；習近平稱統一戰線乃是實現中華民族偉大復興的「重要法寶」。[19]統一戰線在澳洲的完整面目及有關活動，本身就需要一本書才足以描述，因此本章僅能指出一些較為重大的活動。至於統戰活動在

---

1 安一瑪麗‧布雷迪（Ann-Marie Brady, 1966-），紐西蘭政治學者，專攻中國政治，目前任教於基督城坎特伯雷大學。2017年因發表中國滲透外國政界的論文而多次遭到住家入侵與騷擾事件。

紐西蘭的情況已經有布雷迪詳細記錄，某些方面比在澳洲更有進展，遭遇的抵制也更少。[20]

在澳華人的社會組織及專業人士社團，還有華語媒體，是指導華人、促進中國「軟實力」的主要工具。中國和平統一促進會（和統會）是統戰部的一個核心機關。[21]該會在澳洲的分支是澳洲中國和平統一促進會（澳洲和統會），統領幾十個澳洲的華人組織。[22]該會的行政職是由大使館信任的人士出任，以推進中華人民共和國的利益。澳洲和統會創立於2000年，因應中共新一波的統戰工作，目標在於蓋過老字號的華人社團；這些老社團的華人未必完全忠於北京。創辦此類老社團的人士，來自僑務分析家蔑稱為「三把刀」的身分；他們是在餐館、市場和服裝業工作的華僑，教育程度不高，是拿菜刀、剃刀和剪刀的人。[23]「三把刀」會被排除，取而代之的是「六大師」——律師、工程師、醫師、會計師、大學教師及科學家——這些人將由新的組織團結起來，共同散播中國的新活力。

億萬家產的政治金主周澤榮和黃向墨都在澳洲和統會占據高位，但2000年創立時的會長是邱維廉。邱在學生時代就是一個激進的毛派分子，在馬來西亞的故鄉遭受迫害，後來變成新南威爾斯州的傑出公民，是自由黨的重要金主，能和該州顯貴親切交談。他也是一位忠誠的中共幹部，2015年去世時，自由黨要人菲利普·魯道克不僅在葬禮上致詞，也在聯邦議會發表悼詞。新南威爾斯州州長巴里·奧法雷爾獻了一個花圈。邱的骨灰安放在北京八寶山革命公墓，這是特別為革命英雄和高官（包括習近平

之父習仲勛）準備的安葬之地。邱的遺體上覆蓋了專程從澳洲帶
去的澳洲和統會會旗。中共中央政治局七名常委之一，中國和平
統一促進會會長，政協主席俞正聲，給邱的告別式送來了花圈。
統戰部和僑務辦公室的高官，也來告別。《人民日報》稱讚邱維
廉為「促進中國和平統一大業做出了不可磨滅的貢獻」。[24]

　　中華人民共和國不需要直接控制在澳的幾十個統戰組織，而
是傾向於以金錢、大使館的支持以及與祖國的聯繫，來引導和幫
助它們。中國大使館及各大城市領事館的文化參贊及教育參贊，
就是將時間花在這些工作上。[25] 他們運用的心理技巧和社會技
巧已發展了幾十年，所以通常不需要明確的強迫。杜建華寫道，
如此一來，僑務工作便是「一件有效工具，能深入細緻地控制及
操縱行為，然而，僑務在表面上看起來又是寬厚溫和、樂善好施
和有益的」。[26] 不能用這種方法去說服的團體，如法輪功信眾和
西藏自治的支持者，則以強硬壓迫的手段來對付，包括公開譴
責、列入黑名單、網路攻擊及人身騷擾。

　　在澳洲，像澳洲和統會這樣的統戰組織，做著北京的工作，
讓中共得以隱藏其指導之手，擺出一副友好的公關面目。這樣一
來，許多政界要人就一直樂於與其交往，接受榮譽職位、出席盛
大的集會等等，讓他們的耳朵裡充斥著幽微的北京宣傳。

　　澳洲和統會的贊助人包括高夫‧威特拉姆、麥肯‧弗雷澤、
鮑勃‧霍克這三位前總理。名譽顧問則包括：曾任澳洲自由黨聯
邦部長、現在為中國進行遊說的尼克‧波爾卡斯，新南威爾斯州
工黨名人梅瑞迪斯‧貝格曼，以及一些州議員與聯邦議員，兩大

黨都有。王國忠是新南威爾斯州工黨與中國億萬富翁之間的關鍵環節，[27] 他曾被工黨提名參選新南威爾斯州州議會，也是澳洲和統會的名譽顧問，且似乎深入參與該會。現在聯邦議會中工黨影子內閣的財政部長克里斯・鮑文來自新南威爾斯右翼，他也是澳洲和統會的贊助人，或者該說他曾經是，直到2016年鄧森事件（後文討論）之後，鮑文的名字就從網站上消失。鮑文迄今為止順利保持低調，但他與中國的關係既深又廣。[28]

　　澳洲和統會的活動中，有教導孩童「中國文化」，有參與多元文化的活動，還有2015年與中國駐雪梨總領事館聯合舉辦「中國人民抗日戰爭勝利」大會。（實際上，是美國的原子彈在1945年打敗了日本，但這與中國政府的敘事不太好配合。）[29] 新南威爾斯州前州長邁克・巴爾德經常出席該會的活動。2015年，該會說服他那一屆政府，以中國國旗的鮮紅色點亮雪梨歌劇院，來慶祝中國春節。當澳洲人因我們多元文化的開闊心胸而備感歡欣，《人民日報》並沒有錯過此舉的寓意。「悉尼歌劇院披上了中國紅」，該報引述一位得意洋洋的總領事，宣稱中國文化正如何被澳洲人所吸收。[30]

　　雪梨市議會把原本稱為農曆新年（Lunar New Year）的慶祝活動，改名為中國春節（Chinese New Year）慶祝活動；等同於剝奪了其他亞洲文化使用農曆的權利，包括越南文化和韓國文化。中國春節成為統戰工作在澳洲一個高調張揚的活動。在杜建華所發現的秘密文件中，國僑辦建議利用傳統節日來宣傳與形成人脈，特別是如此一來便能把懷疑北京的老華僑納入懷抱，以使他們能夠

一起促進中華人民共和國的利益。[31]在習近平主席治下，文化部作為開路先鋒，注入金錢與人力以建設中國的軟實力，成功地讓全世界的中國春節慶祝活動由2010年的六十五次，暴增到2015年在一百一十九個國家的九百次。[32]

根據費爾法克斯傳媒的記者溫友正披露，近年在澳洲的中國春節慶祝活動，以傳統的舞龍舞獅、放煙火、吃餃子、發紅包為特色，高達數百萬美元的活動經費來自北京的國僑辦，但透過駐在雪梨的南海傳媒集團付款。[33]如今中國春節活動已經衝出了雪梨的唐人街，在每個大城市舉辦，2017年，雪梨都會區便舉行了八次，墨爾本舉行了五次。[34]

過去幾十年來，這些慶典是為了呈現東亞文化所受到的歡迎並表彰華裔澳人社群的貢獻，如今卻成了中國共產黨的宣傳展示，讓中共在雪梨的代理人有機會對我們的政治領袖施加更大的影響力：我們的政治領袖則成群結隊前往參加，通常由總理領頭。政治人物出席中國春節慶祝活動可以說是不小心上了當，但澳洲企業也趕來湊熱鬧，好證明自己支持多元文化，對一百多萬華裔澳人招手。2017年，澳洲廣播公司的電視頻道在節目之間插播了幾十條中國春節的廣告，完全被北京僑辦玩弄於股掌之間。

2016年4月，一個叫做「澳大利亞維護和平與正義行動委員會」的團體，召集了六十位社團領袖，參加一項以「（在悉尼）凝聚維護中華民族核心利益的力量」為題的研討會，所謂核心利益，即北京對南海諸島的領土主張。[35]該委員會的名譽主席是雪梨商人錢啟國，他在各個統戰機構都很活躍。[36]

　　當澳洲總理滕博爾首次在2016年正式訪華時，華人「社團領袖」便聚在一起敦促他「堅定地捍衛中國在南海的主權」。[37] 發言人林斌語帶威脅地警告對抗祖國的危險。消息靈通的觀察家溫友正指出，這些社團領袖和黃向墨的澳洲和統會、中國大使館是有關係的。此事對滕博爾的壓力，又因為《今日悉尼》和周澤榮的《澳洲新快報》等中文報紙的推波助瀾而更加放大。[38]

　　華人社團聯合會（維州華聯會）是墨爾本的主要社團之一，它毫不客氣地提出其目標：

> 在宣傳中華文化的同時華聯會還時時不忘維護祖國的尊嚴和利益，及時組織各種會議對反對中國的團體及行為進行反擊，遠在重洋之外念國的耿耿胸懷始終火熱。[39]

　　該會成員手持澳洲護照，然而其火熱的愛國情感卻是對另一國。維州華聯會招待了來自上海、廣東僑辦的代表團，並時常動用與墨爾本領事館的關係來舉辦愛國活動，例如2016年紀念「抗日戰爭」，與會者要「緬懷先烈，勿忘國恥」。[40] 我們已經看到，中共為了自己的目的，對國恥感受煽風點火。

　　維州華聯會的主席蘇俊希，2016年競選墨爾本副市長時（與菲爾・克利爾瑞搭檔，未當選），稱墨爾本前任華裔市長和副市長乃是她的榜樣。[41] 她說，該會是「一個培養政治領袖的基地」，她還強調前兩位市長就「來自華人聯合會」。[42] 蘇在2016年7月參加了一場遊行，抗議海牙仲裁法院對南海主權問題的裁決，並

登台發表演講。中國官媒《人民日報》則以讚許的語氣引述她的談話：「南海諸島是中國的固有領土，中國對南海諸島的管轄權一直都在，歷史是不能夠被推翻的。」[43]

蘇俊希參加的這場墨爾本集會，約有三千名海外華人前往示威以表達支持北京。他們揮舞著中國國旗，高喊「和平」。遊行是在事前兩天才放出消息，據說是「由墨爾本的一百六十九個華人社團所組織」。[44]不出所料，抗議活動的主辦單位有向中國大使館申請許可並獲得批准。[45]主辦者宣稱，海牙裁決「使我們中國人民義憤填膺！」──不過其中許多人是澳洲公民。

華裔澳人的抵抗

2016年9月，統戰團體計畫舉辦音樂會，歌頌「毛澤東充滿魅力的人格和英雄氣慨」。一些華裔澳人強烈反對讚頌這位「最恐怖的中國暴君」。對他們來說，頌毛會與他們珍愛澳洲的價值乃水火不容。音樂會原本預定要在雪梨及墨爾本市政廳舉行，但網路上發起了連署請願，又有人計畫遊行抗議，可能會惹出一番風波，於是音樂會就取消了。

2017年2月，反共的華裔澳人又發起抗議，反對預定上演的芭蕾舞劇《紅色娘子軍》，一齣讚美紅軍、美化共產黨的文革時期樣板戲。伽利略・蓋特納[2]替主辦單位雪梨邁爾基金會緩頰，

2　伽利略・蓋特納（Carrillo Gantner, 1944- ），澳洲表演藝術界名人，墨爾本國際藝術節主席，出身自經營百貨商場有成的邁爾家族，雪梨邁爾基金會現任主席。

說此劇已經「不再是一種政治宣傳」。但有些華裔澳人還活生生地記得「往日的噩夢」，他們可不這麼認為。[46] 習近平也不這樣想；他指示黨，要把中國文化對外傳播，當成一種軟實力。組織抗議活動的齊家貞是一位作家和前政治犯，她說此劇挑起仇恨、鼓吹屠殺。她警告說，中國正利用文化交流滲透進西方社會。[47] 是次抗議未能阻止該劇演出。

澳洲的華人社團被忠於北京的人逐步徹底接管，這讓傳統的華裔澳人社群產生了警覺。為了逃離迫害而移民的人，還有單純為了自由生活而移民的人，覺得自己在人數上被壓倒了。但他們並沒有被打敗。2016年9月，痛恨中共黨國影響力日增的華裔澳人，發起了一場新的「保衛澳洲家園」運動。「澳洲價值守護聯盟」認為，若一個人決定要在這個國家生活，那麼，用創辦人胡煜明的話說，「你就應該同意澳洲的價值觀。」[48] 他堅定地反對僑務政策的目的，以及僑務政策這樣混同「中國」和中共：「若你不喜歡這個國家的價值觀，一直想把別的地方當作自己的國家，那你就回去啊。」

這樣的重話，會讓我們之中的某些人聽了不舒服。所以對我來說，聽胡煜明談論澳洲華人社群的那一個半小時，真是太精采了。我們在當代藝術博物館的咖啡廳會面，望過環形碼頭，可以看到雪梨歌劇院。胡煜明有許多頭銜，當時他還是佩拉瑪塔市議會的自由黨議員。他向我描述了中華人民共和國雪梨領事館如何操縱海外華人的活動，以及華人富商如何聽從領事館的吩咐，因為對他們有利可圖。耐人尋味的是，當我問起這些生意人捐給澳

洲政黨的大筆獻金，他說：「才沒有什麼個人捐款。」不管怎樣，反正領事館總是參與其中。

與華裔澳人多次會面後，我開始體認到華人社群一直瀰漫著一種低度的恐懼。他們被有權有勢的人期待去忠於「中國」，因為這些人有辦法懲罰他們。澳洲人對於參加遊行這種事覺得很習慣，也不會擔心事後遇到什麼不測。但是對澳洲的華人而言，要公開抗議北京政策卻需要勇氣，需要下定決心接受可能的後果。他們知道會被照相、加以辨認、然後把名字送往中國大使館。他們可能會收到「有力人士」的警告電話。他們會被拒絕發給簽證，無法回中國探視生病的母親。或是他們的弟兄在中國的生意會被警察查抄。他們的名字、個資及行蹤會留在某個名單上，隨時可能冒出來。

我問胡煜明，忠於北京的人士接管澳洲僑務一事，是否已經勢不可當，他答道：「還來得及阻止。」但他認為，英裔澳人必須醒過來，認清本國發生的事情。他與一小批人結成同盟，以彰顯澳洲的「華人社團」不只一種，並給予「澳洲白人」他們正需要的醒悟。

爭奪中國本色

杜建華讀到的黨內文件，把兩類人分開：生活在海外的中國公民（華僑）和具有中國血緣的外國公民（華人）。然而這兩種都被當成中國人，對祖國負有責任，所以黨發展出一些方法，去

加強海外華人的「中國本色」（Chineseness）和族群親近性。[49] 中共領導很敏感，不希望有人知道它在操縱海外華人的忠誠度，[50] 因此，僑務政策的真正目的，用杜建華的話來說，必須「小心翼翼深藏不露」。[51]

中共特別關注在海外學習或經商的年輕一代。相較於更早些的華人移民，他們與「祖國」的親近性和紐帶通常比較強，他們不覺得自己是與祖國斷了聯繫的少數分子，而是作為中國的一部分生活在另一國家。[52] 他們是實現中共國際目標的絕佳新生力量，若他們在商業或科技上相當傑出，那就更好了。

《金融時報》駐中國記者傑米爾・安德利尼主張，習近平最愛說的那句話，應該要更精確地譯成「中華種族（race）的偉大復興」。[53] 這就是中國人民所聽到的，無論他們是不是漢族。（在大陸有92%的人口屬於漢族。）一些研究中國的學者認為這不準確，最佳的譯文是「中國人民（people）的偉大復興」。傑夫・韋德說，「中華民族」（Chinese nation）的概念是二十世紀發明出來，「以合理化中國人對歐亞大陸其他民族的統治和控制」，包括西藏和新疆，而且經常也涵括了海外華人。[54] 即使如此，「民族」這個概念可以根據上下文，而意指國籍（nationality）、人民（people）、族群（ethnic group）或種族（race）。北京現正鼓吹中國人民的概念，來為漢人統治非漢人地區正名。

不管要翻譯成什麼，大多數人也都會同意中國研究學者貝淡寧的說法，他寫道，「要當中國人就是要屬於一個種族」這一觀念，已在當代中國根深柢固。[55] 像李克強總理這樣的高層領導人每每

說出令人不安的話，他說對祖國的家國情懷已「融入了每一位炎黃子孫的血脈」。[56] 還有習近平也談到，「中國人的血脈中」沒有侵略的基因，此話所蘊含的種族本質論，令人感到憂心。[57]

2017年6月《環球時報》中文版刊出一篇文章，進一步證明中共期望澳洲的華裔人士優先效忠祖國，即便這些人是澳洲公民。[58] 該報指出，中國國內情報部門指責澳洲打算「策反」海外中國人（更具體地說，是讓他們換邊站，為澳洲當間諜）。報導中使用了「華人」一詞，意指具有中國血統的每一個人。所以說，北京擔心的是澳洲公民會被策反，倒過來向澳洲效忠。

生活在海外的第一代移民及其子女也被設定為召募對象，即使這些子女不會說普通話，對中國幾乎一無所知。連西方家庭收養的中國嬰兒，也是實現中國夢要召募的目標。[59] 一些澳洲華裔兒童會在週末上中文學校，在那裡接受中共的世界觀。暑假則有免費的夏令營，把十幾歲的青少年送回中國待兩週，潛移默化，以加強其中國本色、灌輸中共觀點。

其他發展中國家，看到最優秀、最聰明的人出國，都會哀嘆人才流失；但早在1980年代，中共就以另一種眼光看待此事。人才可以待在國外，但這些人才的產出沒有理由不能貢獻給祖國，特別是在科技領域。這些人才可以接觸到更好的實驗室、同事與資源，比留在國內的貢獻還更多。於是，正如中共前總書記趙紫陽所說，為何不「在國外儲備人才」？[60] 2001年，中共制定了「海外報效祖國」政策。杜建華寫道：「從海外報效祖國，是出於某些根深柢固的中國道德觀以及對中國的忠心；這些移民代

表了一種新的、典型的、流動的現代『中國本色』。」[61]（在第九章、第十章，我們將看到這項政策如何在澳運作。）

關鍵在於如何使海外的華人人才保持愛國心。這一點並不太難；因為這些人才從幼兒園起，就開始接受系統化的愛國主義教育活動所洗腦。自由主義者期望中國學生到海外留學之後心胸會變得開放；針對這一點，證據顯示海歸派的「好戰愛國主義並不比沒出過國的人輕微」。[62]因此，習近平主席2015年在一次統戰幹部會議上，自信滿滿地講，如果中國留學生決定留在海外，也沒有問題。他說，在國外他們能夠「以多種形式為國服務」。[63]

中國法律禁止雙重國籍，要求公民全心全意忠誠。然而這條法律和中共的目標無法調和，中共希望的是保持和加強海外華人與祖國的聯繫。於是實際上，大量持澳、美及他國護照的中國人，仍保留中華人民共和國的護照，可在祖國與新入籍國之間毫無障礙地來往。中共的目的，是勸說和引誘海外華人效忠北京。隨著越來越多華裔澳人進入政界（此舉本身應該予以支持），澳洲憲法第四十四條（2017年的聯邦議會吵吵鬧鬧就是為了它）將益發重要。這一條規定任何人「若效忠、順從或依附某一外國，或身為某一外國的臣民或公民，或有權享受某外國臣民或公民的權利及特權」，就不能進入聯邦議會。

過去幾十年來，中共的權力菁英重新建構了「中國本色」，以強化其統治，並拓展其全球影響力。它這樣做，靠的是基於血緣、文化和鄉愁來提倡一種「共同的族群意識」，而海外華人也日益感到認同。[64]《龍的傳人》這首暢銷歌曲，也是黨的卡拉

OK最愛，歌頌「黑眼睛、黑頭髮、黃皮膚」的人。杜建華寫道，僑務工作「意欲滲透海外華人的社區和個人，逐漸灌輸民族主義、愛國主義和血緣所帶來的感情，這樣的感情與對北京的政治認同相互契合」。[65] 我們已經知道這樣操作對1990年代和2000年代的新一波華人移民有效得多，他們不像更早時候的移民潮是為了逃脫政治壓迫，他們是一方面既與祖國保持聯繫，又要在世界各地獲得成功。

1989年天安門廣場屠殺後，僑務工作備受重視，分到的資源也比以前多得多。海外華人社群爆發出的民主情感與民主運動，使黨高層覺得受到威脅。它立即開始計畫如何對付學生：赦免那些曾參與反中共抗議但想返回中國的人；不把留在澳洲的人當成敵人，而是寶貴的資源，能被動員起來促進中國的利益；攻擊難以管教的分子，使其邊緣化。[66] 當我們把1989年在澳華人的反抗情緒，與2008年京奧時所洋溢的民族主義及親黨感情，兩相比較之下，就會明白為了贏得此地華人民心的上述策略是多麼地成功。

積極鼓吹中華民族的單一身分認同，追求跨越國界來「凝聚一個民族」，有違澳洲的多元文化政策：把新來的移民團體融進澳洲社會，同時又認可文化多樣性。新公民理應效忠於澳洲，然而，中共卻贏得許多華裔澳人對中國的忠誠。只要它還可以繼續這樣做，那麼把華裔澳人融入一個多元但團結的社會裡，這樣的努力很可能會失敗。

華人的韓森主義

有一次我與一位忠於澳洲的華裔澳人談話,他說,在他的交際圈裡,右翼民粹人士寶琳・韓森頗受到支持,我大吃一驚。我提醒他,韓森在1990年代打出名號,是因為她語帶威脅地警告說,澳洲已經被亞洲人淹沒了,因此還激起了一股針對亞洲臉孔的種族主義狂潮。然而有些華裔澳人卻覺得韓森很有魅力,因為她直截了當地捍衛「澳洲價值」。

「中國人哪」,我已經聽了好多次,「是世上種族歧視最嚴重的人」。在國王十字路口開咖啡店的一位華裔老闆,因拒絕雇用黑人而遭到媒體公開批評。有人同情他,因為他不知道在澳洲是不可以做這種事情的。還有,中國人自古以來就自視優於亞洲其他人。他們不同情穆斯林,卻可以欣賞韓森刺耳的攻擊。雖然極少有人會投票給韓森,但她號召把不愛國的居民給踢出這個國家,反共人士都覺得她說的很對,北京在澳的代理人、活動分子、支持者都應該趕快送上飛機,運回他們的祖國。

對這些華裔澳人來說,「共產黨」要比穆斯林激進分子強大許多,而且他們有長期的計畫去逐漸施展影響力。在華裔澳人看來,比起韓森主義引發的種族歧視,這股敵對強權才是更大的威脅。比起在路上受到騷擾,他們更怕中國領事館。事情比我們想的要來得複雜。1990年代末期,雪梨領事館利用韓森造成的威脅感,試圖把華人社群統戰到領事館的勢力之下。

控制新聞

我們應該容許外國政府在澳洲秘密持有無線電台，並播送共產黨的宣傳嗎？在美國，這是非法的──擁有無線電台的生意人必須登記為「外國代理人」。根據2015年英國路透社的一份調查，發現有一個全球無線電台網絡橫跨了十四個國家，包括澳洲；它們的股份結構都是超過半數由中國政府經辦的中國國際廣播電台所持有。中國問題事務專家費約翰稱此一電台是「中宣部的國際媒體分支」。[67]

由杜建華所發現的文件披露，接管西方的華語媒體，乃是控制海外華人的大戰略中一個精心規畫的部分，而控制海外華人則是僑務工作的「核心目標」；近年來，隨著習近平主席號召增加中國的「軟實力」，僑務工作更顯重要。[68] 為了引誘媒體採取親共立場所提供的誘因包括「補助、現金挹注、分享內容以及基礎設備、技術及資源方面的支援等」。[69] 拒絕屈從者則以進一步的行動來對付，務必要將它們拉攏過去或使其關門大吉，手段包括威脅其廣告商和發行商。

杜建華報告說，墨爾本總領事在2000年召集華語媒體領袖開會，嚴厲警告他們不得發表任何同情法輪功的文章。[70] 不跟黨路線走的記者，就放進黑名單，不准參加官方活動和親中華人民共和國的集會。如果官方預期有反中共的活動要舉行，他們就會舉辦自己的活動，來分散公眾的注意。比如，在雪梨歌劇院舉辦「盛大節目」，時間剛剛好是六四天安門屠殺十七週年紀念。

西藏流亡政府的首席部長2017年8月訪問坎培拉時，前往澳洲國立大學演講，華裔學生預約了許多座位，但又不出席，使得演講廳空了一半。

　　獨立華語媒體得特別有決心、有資源，才能頂住持續不斷的強大壓力。幾乎沒人做得到。唯一沒有被中共接管或幹掉的有實力的報紙，是法輪功支持的《大紀元時報》，它現在是北京背上的一根刺，經常受到網路攻擊。在美國的《大紀元》記者曾經受到肢體攻擊，電腦也有被砸。[71]2010年有人開車行經該社在布里斯班的辦公室前持槍射擊；有人認為這是中共支持者所為。[72]

　　現在，澳洲也有一個華語無線電台網，它們從不批評中國，一切按照黨的路線播報：從南海問題到香港的民主抗議活動，以及達賴喇嘛。這些電台屬於一家墨爾本公司，環球凱歌國際傳媒集團，該集團是由中國國際廣播電台透過旗下公司所操控，中國國際台可能還補助了大筆經費。[73]環球凱歌在紐西蘭也很活躍，當地領事館對於操控華語媒體，比起在澳洲更加肆無忌憚。[74]

　　環球凱歌集團背後的人叫姜兆慶。姜氏1988年來到澳洲（或許受益於霍克總理邀請中國留學生留在澳洲之舉）。[75]他在1999年設立了澳洲第一個全天候播報的華語廣播電台，3CW，此後更打造了一個華語媒體帝國，包括八份報紙和許多無線電台。[76]從此，姜變成一個傑出的華裔澳人；2007年，維多利亞州政府頒給他傑出多元文化獎。[77]

　　根據《新華網》2004年的一篇報導說，「海外華人協會」代表團訪問了吉林，出席統戰部安排的一項活動，姜亦在代表團

中。[78]2006年，他出席了海外華人媒體在北京的聚會，以紀念
中國《反分裂國家法》頒布一週年；這項頗受爭議的法案規定，
若台灣試圖從大陸分裂出去，那麼大陸就會動武去打它。[79]《新
華網》報導姜與三位華裔澳人代表一起宣布「他們堅決擁護《反
分裂國家法》，熱切盼望祖國早日統一。」[80]

　　2016年，在愛國華人舉辦的「講好中國故事，傳播好中國聲
音」論壇上，姜兆慶說，要講好中國故事，就一定要「立足於中
國觀點、中國態度、中國立場」。[81]他說，華語媒體就像他在澳
的媒體一樣，「具有與國際媒體同台競技的資本，要充分發揮海
外優勢」。

　　有人說，中國只不過是要把國家形象投射到海外，它做的事
情和別的國家沒兩樣。然而，如費約翰指出，兩者其實並不等同：
「英國廣播公司並不打算壟斷資訊，也沒有恐嚇、威脅、封殺批
評者，它也不會透過欺騙和取巧來秘密行事。」[82]位於澳洲的愛
國媒體集團，也和中國媒體一樣，從官方新華通訊社得到暗示：
什麼東西可以接受，什麼東西必須禁止。一些華語無線電台讓中
國國際台檢審它的嘉賓，看看這些人士的政治立場是否過關。費
約翰說，「在墨爾本，有一位中國國際台的員工是北京來的，他
坐在接受聽眾來電的廣播節目後台，若打進來的聽眾話鋒轉到政
治上不太妙的方向，他就出手干預。」[83]

　　澳洲華語電台和幾乎所有中文報紙的新聞和社評都是由北京
所寫的，有些還真的就是在北京寫的。一份親北京刊物的某位編
輯承認，「澳洲幾乎所有中文報紙，都只發表中國政府想讓它們

發表的東西。」[84] 而這份忠誠是有回報的：媒體老闆會得到特別的商機。

澳洲那些不跟黨走的媒體，承受了強大的壓力。領事館對華裔人士的企業施壓，要求撤出廣告。商界及社區組織若備有不聽話的出版品，就會受到威脅，包括威脅他們在中國的家人。[85] 會遇到這些事情的不只是華人公司。雪梨的蘇菲特飯店也受到領事館的壓力，要求停止向客人提供《大紀元時報》。[86]

我們要注意的是，澳洲親北京的新聞數量增加了，華裔澳人對這種新聞的需求也增加了，因為相較於其他澳洲人，他們往往更是把看報紙當成日常生活中重要的一部分。某些人覺得中共在澳宣傳如此張揚，令其煩悶；其他人則表示歡迎，認為這樣一來就可以反制西方人對中國政治的報導。他們喜歡讀一讀中國崛起的國力，以及中國在全世界日益增長的民族存在感。西方媒體批評中華人民共和國侵犯人權，批評它對台灣咄咄逼人，讓他們讀了很不痛快。

在澳洲的華語媒體傳播，就跟世界各地的一樣，它們的中共宣傳使愛國僑民得知北京在各個問題上的立場，並接受其指導自己的思想及行動。雪梨科技大學媒體專家孫皖寧說，「幾乎沒有明確的證據顯示，這種『在地化』的政治宣傳有直接影響到講中文的聽眾。」[87] 然而對澳洲社會所產生的影響則是，有一大批公民的世界觀是在北京塑造，他們的忠誠會優先獻給中華人民共和國，而這樣的認知得到鞏固與拓展。在中國當局看來，在政治上動員海外華人社群，對該國向全世界施展影響至關重要。

　　對於如何限制北京在澳洲國土上，「扮演當澳洲人之間討論問題時的權威角色」，費約翰和孫皖寧的看法如下。費約翰將這種情況稱為「外國勢力對澳洲主權的挑戰，而這項挑戰可能很嚴峻」。[88]對限制言論自由的社群媒體平台提出法律上的挑戰是可行的。孫則主張，主流媒體應更努力反映華人（和其他人）的觀點，但北京正可以拿此說來卸責。畢竟，北京政權也能對主流媒體施壓。費爾法克斯媒體每個月刊出《中國日報》提供的稿件插頁，以換取一大筆它急需的資金。《觀察媒體》報導，澳洲廣播公司一直在審查自己新聞，以便得到華人消費者的青睞。[89]費約翰直截了當地說，「澳廣對於中國在其國內外壓制媒體的戰略提供了不明說的支持。我們的國營電台如此面對中國，等於告訴全世界：我們對價值觀和核心利益的堅持，其實是可以討價還價的。」[90]

　　澳洲的公廣集團「特別廣播服務機構」（SBS），理論上應該帶給各個少數族裔「平衡且公正的」新聞。但有一些華裔澳人向我提到，好幾位特廣的中文主播承認自己是中共黨員。他們抱怨，電台的政治立場是親中華人民共和國的，有時還直接播放中國官媒所提供的新聞，並未另行整理。舉個例子：李衛國在特廣華語電台工作長達十年，曾任記者和主播，他是主要統戰團體澳洲和統會的青年委員會主任；[91]現在他在澳洲廣播電台擔任製作人。[92]

中國聲音

反對共產黨統治中國的華裔澳人，憂心忡忡地看著僑務工作在澳洲日益坐大。我在雪梨市艾斯菲爾德會見其中三位，此地是雪梨華人社群的中心。在一家外表看起來髒亂但食物精美的餐館，我們進門上了樓，胡煜明訂好了一間包廂，再加上他的兩位朋友。

成進平（音譯）是一位斯文的公務員，他決定「站出來」，參加反對《紅色娘子軍》表演。他本來是澳洲華人專業人士俱樂部的主席，直到幾年前一票親北京的新人突然加入俱樂部，然後就投票換下老的理事會，安插了一個與領事館有聯繫的新理事會。他說，領事館一直打算控制所有華人組織，許多歷史悠久的華人社團都遭到這種政治突襲，中箭落馬。獨立社團所餘甚少。正如成進平所說，「他們用民主來摧毀民主。」

張曉剛告訴我，他現在之所以公開表明立場，是因為共產黨正在入侵我們的家園——澳洲。在他開始發聲之後，中國便拒發簽證，使他無法探視生病的母親。他也證實我在華人社群一直看到、聽到的情況：「民眾害怕領事館。」

我們最好聽一聽把北京招數都看在眼裡的陳方安生怎麼說。她自1993至2001年擔任香港政務司司長，任期橫跨1997年中國向英國收回香港前後。她是首位統領全香港公務員的華人，人稱「鐵娘子」。香港主權轉移後，她繼續留任。因為她相信北京會遵守「一國兩制」的協議，尊重香港的獨立。

　　陳方安生與我在會員限定的香港會所共進早餐，她告訴我，當年太天真，竟期望中共允許港人自治。她詳細描述了北京使用何種策略，去滲透、壓迫和強制香港的各機構：用錢來控制非政府組織以壓制異議，把支持者塞入大學董事會，成立宗親會，控制媒體，壓迫商界。北京視港人為拒絕接受中國統治的叛亂分子。而且，它越來越沒有耐性。陳方安生已經變成它背上的一根芒刺。她不去大陸訪問，因為恐怕會被綁架、被失蹤。2015年，五位香港書商（其中一人是瑞典公民）被中國國家安全部門綁架，[3] 施以精神上的折磨，讓民運界大為震驚。[93] 在這樣一個無視人權和法律的政權之下，她知道自己在香港並不安全。

　　但陳方安生接下來會看到什麼情況呢？約翰‧布拉姆拜──維多利亞州前州長、澳中商會主席，經常鼓吹兩國應更加密切來往──在2017年告訴《新華網》，香港回歸中國十分成功，有「很多值得慶祝」的地方。[94]

　　2016年10月，陳方安生和香港大律師、民運領袖李柱銘來訪澳洲，以向我們示警。坎培拉的中國大使館未能成功逼使部長及議員們不見他們。陳方安生接受記者彼得‧哈特徹爾採訪，她警告說，中國正在滲透澳洲，而澳洲人不懂「黨國的這些陰謀」。[95] 她看到了中共如何顛覆社會組織、非政府組織、媒體和政府

3　作者指的是銅鑼灣書店在2015年10月至12月之間陸續失蹤的五名工作人員，包括母公司巨流傳媒的股東桂民海與呂波、業務經理張志平、銅鑼灣書店經營者李波以及店長林榮基。擁有瑞典籍的桂民海在泰國、李波在香港境內、其餘三人都是在中國境內遭到綁架。

自身。它正在興辦孔子學院，控制華語媒體和收買候選人。我們不要有幻想：中共所領導的中國，確實「有一套精心考慮過的長期稱霸戰略」。

　　會見了澳議員和外長後，陳及李又去紐西蘭，預定會見副總理比爾‧英格利希。[96]然而，就在會見前一晚，英格利希取消了約定，說此舉「在外交上太敏感」，這種說辭就表示他屈服於中國大使館的壓力。紐西蘭表現出它比澳洲更容易答應北京的要求。早在2002年，奧克蘭國際機場就讓步，撤掉一張法輪功會眾付費豎起的廣告牌。奧克蘭大學也取消了維吾爾族領袖熱比婭的訪問，直到民眾強烈抗議後才回心轉意。[97]中國研究學者布雷迪說，中國不再需要「逼迫紐西蘭接受其軟實力活動及政治影響。紐西蘭政府早已積極地討好它」。[98]

無遠弗屆的中國法律

　　中國國家安全部被發現派特務到澳洲來恫嚇嫌疑人，[99]這是違反澳洲法律的。國安部也發生過綁架外國人、關在中國秘密監獄的事，這就是澳洲公民彭建東在1993年的遭遇：彭氏在澳門被綁架，然後被帶回大陸，以捏造的罪名關押。[100]問題出在他與一家關係到鄧小平姪女的公司產生了糾紛。香港法庭後來判他無罪，但他已被奪走八億澳幣的資產。[101]4

　　我們也知道國安部付錢給幫派，或者給予其他獎賞，讓他們替國安部做不乾不淨的事。在2014年和2017年，台灣的民主抗

議者遭到累犯「白狼」率眾攻擊，有些報導稱白狼為「惡名昭彰的黑道」，「中國統戰政策的馬前卒」。[102]中共與黑幫長期以來都有聯繫。鄧小平曾說過，黑社會愛國的還是很多，而另一位高官也呼籲中共與之合作。[103]5《南華早報》以前常常報導，中共如何利用罪犯在香港為政治目標進行活動。杜建華指出，據說中華人民共和國的外交官會與罪犯培養關係，以監視、滲透各社團。[104]華人幫派社團在澳洲存在多年，已有證據顯示它們與中國領事館有聯繫。

中共對國際法所採取的態度是：對自己有利，就搬出國際法；對自己不利，就無視或譴責國際法。2017年，北京認為國際法對自己有利，要求國際刑警組織發布紅色通緝令，對付中國億萬富翁郭文貴；他在美國得到政治庇護後，繪聲繪影地揭露中共幹部貪污情況，層級高達政治局。國際刑警組織發出的通緝令，讓警政部門可以跨國合作，而針對郭文貴的通緝令，則是他的指控在《紐約時報》見報三天後發出。但是國際刑警的介入，立刻引起各界懷疑：因為2016年11月，國際刑警組織第一次由

4　具有澳洲公民身分的彭建東在深圳開公司，並於深圳證券交易所成立後上市，旋因涉及貪污（又有說是挪用公款）在澳門被綁架回深圳，遭法院判處十六年有期徒刑並驅逐出境。中國相關報導都說彭建東並沒有坐牢，但實情是他六年之後才離開中國，這段期間有一說是坐牢，也一有說是囚禁。接手彭建華公司的人是鄧小平的姪女丁芃。

5　作者此處引自杜建華一書，但沒有指出高官是誰。鄧小平說黑道也有愛國者是在中英針對香港進行談判期間，時任中國公安部長陶駟駒便是負責招安香港黑道的官員，陶曾公開講過，「黑社會不是鐵板一塊，當中有些人也是愛國愛港的。」

中國國安官員擔任主席，時任公安部副部長的孟宏偉。[6]正如一位觀察家所說，國際刑警組織「已成為一種工具，使中國政府的影響力得以擴展，涵蓋身處海外的那些不安分的中國公民」。[105]

儘管推動澳中引渡條約的人士為消除公眾的疑慮再三地保證，然而若是批准該條約，中國的手就會伸進這個國家。2017年，自由黨執政當局計畫要批准此一引渡條約，然而處理欠妥，更暴露出對澳洲影響深遠的一些隱憂。條約是2007年霍華德政府簽訂的，一直擱置，直到滕博爾內閣在2017年3月提交聯邦議會批准（從技術上來說，還是可以不予批准）。滕博爾打算用批准合約這樣的善意，迎接來訪的李克強總理。兩週之前，我問過一位資深公務員，為什麼政府要去推動這件事？他答道，他不懂為什麼澳洲一開始要同意這項條約；但是，應該要予以批准，「因為它已經在那邊了」。也應該清一清了。而且，任何一位澳洲檢察長都沒有義務必須同意任何引渡要求，因此還是有很多道安全閥的。

外交部長朱莉・畢紹普以為，引渡條約在聯邦議會一定可以輕鬆過關；於是當前一陣子離開自由黨並自組澳洲保守黨的右派參議員科瑞・貝納迪提出不予批准的動議時，她不太高興。工黨高層在黨團裡試了一下水溫之後，決定支持貝納迪的立場。綠黨和其他人士也附議了。他們之所以採取這種立場，也是因為澳洲

6　孟宏偉在2018年9月底從國際刑警組織所在的法國里昂返回中國後失蹤，10月7日中共中紀委發表孟宏偉涉嫌違法的消息，同一天國際刑警組織收到孟的辭呈並立即生效。10月8日，公安部黨委會議通報孟宏偉收受賄賂、涉嫌違法以及涉周永康案，正接受國家監委監察調查。

律師公會曾經提出建議；公會指出，中國的法律體系一直有政治
介入和貪污問題，而且持續惡化。[106]讓執政當局更加緊張的是，
他們自己內部有一些成員也表示，要站到另外一邊去，反對批准
該條約。其中一位是湯尼‧艾伯特，他當年擔任總理時就決定不
要推動批准條約。

　　由於李克強總理正在澳洲訪問，這件事情的發展使得執政
當局極度難堪。在面臨表決失敗的可能性之後，政府便把批准案
給撤回了。中國大使館對此予以嚴斥，畢紹普則答應繼續努力。
但這件事後來變得難以挽回，因為，李克強訪澳之行開始時，中
國的國安官員拒絕讓雪梨科技大學前往中國交流的學者馮崇義離
開中國。馮副教授擁有澳洲永久居留權，他的妻子和女兒則是澳
洲公民，而他曾著文批評中國在澳洲的影響力日益增長。經過兩
週的審訊，馮終於回到家並發表聲明指出，批准引渡條約將會是
「一個致命的錯誤」。[107]一旦條約得到批准，就會鼓勵中共黨國
編造罪名，染指在澳洲的異議人士。

————————

　　左派和右派一致同意，中國的法律體系不獨立，它是國家的
工具。司法不一定公正，拷打並不罕見，法官在判案時經常受賄
或接受指示。中國法院體系的定罪率是99％（在澳洲刑事法庭是
約87％）。[108]中國的最高法院拒絕接受法院與政治體系分開的
原則，視之為「有害的西方思想」。[109]成千上萬修習法輪功的中

國民眾遭到法院監禁，許多人在獄中被下藥，用外科手術摘取器官，送到中國醫院賣給需要器官移植的富人。[110]2013年澳洲參議院舉辦了聽證會，由持續關心此事的人士和受害者出面作證，之後參議院通過決議，譴責強摘器官。又據報導，2016年昆士蘭州有兩家主要的器官移植醫院拒絕培訓中國外科醫師，因為他們的國家會活摘器官。[111]

討好中國、替中國打圓場的人士，在澳洲政治光譜上大都屬於溫和的中間派。雖然右派常常一看到經濟前景就昏了頭，但是他們比較持續地對中國保持戒心。任何東西只要名字裡面有「共產」，右派就會對它有種反射性的敵意。雖然鄧小平之後的中國，實在找不出什麼集體主義的東西；但是，共產主義本來就是獨裁、壓迫的這種右派信條，在今天的中國倒是有許多明證。它精煉了列寧式的黨國體制，比昔日蘇聯更高一籌；如今在習近平治下，更是如此。

一些左派，則對所謂中國革命還抱持著浪漫的依戀，無視於毛派導致的人間地獄，更不用說1989年至今的強力鎮壓。這種浪漫的情懷影響所及，化為對後毛政權毫無審視的同情。記者兼電影製作人約翰·皮爾吉是其中比較頑固的一位，他在2016年拍的電影《對中之戰即將開打》，把中國描繪成美國侵略下的一個無辜受害者。也許在三、四十年前這還是準確的描寫，但在近二十年，美國盡力促成中國崛起，使之融入全球經濟體系，包括加入世界貿易組織。皮爾吉甚至複誦中共的台詞：經濟發展高於人權被侵犯。[112]7 在1970年代、1980年代許多人都有這種強硬

的反美情緒；但現在，只不過為中華人民共和國欺負鄰國、在非
洲等地擴張其新殖民主義，提供掩護罷了。

────────

　　批准條約一事大敗，暴露出澳洲菁英們十分敏感，承受不了
當事情未能如中國所願時，中國政府和媒體就會發作的毛式歇斯
底里。正如記者弗萊爾‧安德遜所觀察的，雖然目前的聯合政府
和工黨對批准案的立場不同，但雙方都「相當努力地避免直接指
出對於中國司法體系的疑慮，以免外交關係破裂」。[113]好笑的
是，2014年總理辦公室有一份簡報反對推動批准案，部分原因
是，若把這個問題搬上檯面，澳洲人就會開始議論中國的司法體
系，而北京聽到這些批評會很難受。[114]

　　這種「不言戰」的態度，支撐著兩國的關係，使之處於經濟

7　約翰‧皮爾吉（John Pilger, 1939- ）是一位主要在英國拍攝紀錄片的澳洲記者。
　　他的成名作《零年：柬埔寨默默地死去》（Year Zero, 1979），回顧了柬埔寨在
　　1970年代歷經美軍的轟炸、波布與赤棉的恐怖統治與種族屠殺、人民的貧病交
　　迫與西方世界的吝於伸出援手。皮爾吉以批評美、英、澳的外交政策以及澳洲
　　的原住民政策聞名於世。
　　《對中之戰即將開打》（The Coming War on China, 2016）旨在探討美國發展核武
　　對全世界所帶來的危害，尤其是當美國視中國為假想敵之後，兩個擁核國或有
　　可能因南海問題而啟動核戰。
　　作者所說「經濟發展高於人權被侵犯」的說法，應該引自中國學者何新所提出
　　的「發展中國家的人權首先是溫飽權、生存權和發展權」，後來國務院總理李鵬
　　拿去用，說了「人要吃飯，所以人權首先是溫飽權」這句話。

互惠的安全地帶。我們的政客聲稱，他們與中國人交流時會「據理力爭」；但事實上，假意發飆、說句「傷害中國人民的感情」，他們通常就會嚇得閉嘴了，對於所有侵犯人權的事件，對於中共黨國無恥侵入我們社會的情況，隻字也不提。異議作家劉曉波在中國監獄的醫院中過世，中國的網路審查員隨即發動閃電戰，刪除所有悲痛、憤怒的發言，甚至利用影像辨識軟體來封鎖任何形似2010年諾貝爾和平獎頒獎典禮上那把空椅子的圖像。由於澳洲政府的反應不怎麼積極，也沒有審查的必要，它已經自我審查，到劉亡故之後才發聲；而且，只表示遺憾。當然，這種自制和尊重並不是互相的，中共黨國控制的媒體就經常針對我們政府和一般澳洲人民的道德過失開砲，提出嚴苛過分的批評。

引渡條約只是中國對澳洲施壓的另一手段。每一次司法部長考慮拒絕一項引渡要求，中國就會以裝模作樣的表演和經濟威脅對其發動攻擊。澳洲商界的親北京人士會動員起來，施壓政府要求交出北京想要的人，包括被安上莫須有罪名、回國之後就會被抓進監牢的政治異議人士。

事實上，中國自有辦法把那些它想要的人送回國。它能通過各種方式，使人「自願」返回中國。中國警察討論過他們的「說服工作」，其中一位說：「流亡分子就像一隻風箏，人在海外，但線在國內。透過家人和朋友，我們總能找到他們。」[115]2015年，中國警方繞過澳洲政府，秘密非法入境，以勸服董峰（音譯）回到中國承擔盜用公款罪名；他是名公車司機，也是法輪功學員。據報導，他在中國的年邁雙親正受到當局的施壓。[116]

2016年，擁有澳洲永久居留權、已當了奶奶的周世勤，被大連一法院指控貪污。她強烈反駁這些指控，說這些都是搞政治爭端的手法；在中國的商業糾紛中，對手花錢買通法官發出逮捕令並非罕見。[117]但是，等到周世勤的妹妹在中國的資產被凍結，她本人的照片又在各華文媒體刊出，並被稱為罪犯，據周的律師表示，她的精神壓力變得「非常大」，後來她就返回中國了。如溫友正所觀察，「此案凸顯了中國當局在雙邊司法合作的範圍以外，另有鋪天蓋地的施壓手法。」[118]

「他們什麼事情都做得出來，他們不在乎。」

關於與中華人民共和國簽訂引渡條約，澳洲有良知的政治家，不分左右都深感憂慮，這有什麼好奇怪嗎？隨著2017年7月中國通過新的國家情報法，這些憂慮只會加深。駐北京記者羅萬・卡里克指出，雖然條文的用詞就像平常一樣模糊，但這個法案確實會授權中國在澳洲進行情報活動。[119]雖然大家都知道，中國境外的國有企業都設了黨委，但新法更規定這些公司有義務為間諜提供掩護。[120]立法機構號召全體中國人民為國家的情報工作服務。由於中華人民共和國把所有具華人血統的人士都看成「中國人」，這就意味著北京更有可能要求在澳華人協助其間諜活動，無論他們持哪國護照。

在當代中國，法輪功群體遭到的迫害最為嚴重，持續時間最長。外人看了很奇怪，法輪功是牢牢地基於傳統中華氣功，提倡

精神修煉的鬆散組織，又沒有什麼政治訴求，怎麼會激起這麼無情的鎮壓。但由於它吸引到的成員人數比中共還多，而且更加熱心投入，使黨感到威脅，於是在1999年將法輪功定為非法組織。為了追捕逃出國的信徒，中共中央委員會成立了六一〇辦公室（中央防範和處理邪教問題領導小組辦公室），以協調鎮壓行動。這包括監視法輪功活動，沒收成員護照，破壞他們的家人在中國的生意，逼迫新聞媒體不予報導，以及致電地方、州、聯邦各層級政治人物，強力要求他們停止以各種方式支持法輪功。[121]中國留學生也被要求大聲抗議「邪教」。

坎培拉的大使館積極地壓制澳洲的言論自由，只要這言論它聽著不舒服。2002年，澳洲外長亞歷山大‧唐納頂不住壓力，強迫法輪功成員將他們一直以來在中國大使館周圍舉行的和平抗議轉為低調。北京的招數成功，壓下了法輪功在澳洲的聲音，使之成為公共討論的邊緣議題。與此同時，中國來的親北京移民持續湧入，大使館有需要的時候，就可以叫更多人來支援。

杜建華總結其對僑務工作的細緻研究，提出警告說，海外華人在澳洲、紐西蘭及他國增長的人口，「其作用在於形成財務與技術資源，慢慢成為隨時能派上用場的軟實力，以推進、支持北京在全世界的擴張」。[122]海外華人「有潛力變成一支具有高度協調性的民族主義勢力，在政治上動員起來，以其跨越國界的忠誠，對政治、經濟、外交、軍事產生影響」。[123]

2017年12月的本內龍區補選，北京就試圖利用手中掌握的各種槓桿，以便擊敗現任的自由黨眾議員約翰‧亞歷山大。這是

為了懲罰滕博爾內閣引進了反外國干預法。如果工黨的高調候選人克瑞絲汀娜・肯尼利選上了，聯合政府就會喪失在眾議院的多數席次。於是，這次補選就變成積極統戰活動的一個焦點。本內龍區在雪梨的北海岸，特別適合中共活動；因為這個選區擁有最高比例的華裔居民，約為兩成；而且，他們多是新近移民，也有更多親北京人士。

中共所使用的手段包括動員華文媒體（有傳統媒體也有社群網站），惡毒攻擊內閣的「種族歧視」、「反華」立場。[124]一封長達一千七百字的匿名信在華文社群網站廣為流傳，信裡說自由黨「反對中國，反對中國人，反對亞裔移民，反對中國留學生」，號召「用我們華人手中的選票把這個自由黨極右的執政團隊拉下馬」。[125]（該信是由一位統戰工作者所散布，可能是雪梨領事館寫的。）看到所謂「反中」的訊息那麼受歡迎，工黨也隨聲附和中共，指責執政當局「恐中」。選舉那一天，有最多華人選民的郊區，倒向工黨的超過10%，不過亞歷山大最終仍留在位子上。[126]

局勢這樣發展，最感到警惕的就是對澳洲忠心耿耿的華裔澳人。當我在墨爾本會見異議作家齊家貞，她的朋友告訴我，不管你走到哪，黨都想控制你。「他們什麼事情都做得出來，他們不在乎……，你永遠也得不到平靜。」他要坦白告訴其他華裔澳人這句話：「你決定要把這裡當作家園。而如果你還出門抗議、支持共產黨，那麼，澳洲應送你回中國。」

常被譽為澳洲最有權威的中國專家費約翰教授寫道，中共

黨國如此「巨大、有能力、威權主義，漠然無視個人的權利，仇恨自由主義的西方，唯恐失去自己的地位，而且，它還會繼續如此」。[127]這位沉靜睿智的學者最近在文章中大聲疾呼：「北京正試圖滲透和影響澳洲那小型、開放又包容的社會，限制澳洲的言論自由、宗教自由和集會自由，威脅社會的和諧。一旦得逞，將危害澳洲的主權與國安。」[128]

　　某天上午，費約翰與我碰面，在墨爾本出名的小巷中又熱又擠的一間咖啡館，他彷彿不得不把畢生研究所得，派上一個重要得多的用場，而不只是拿來增進對中國研究的了解。他提出警告說，北京的政治宣傳以及國安系統「已經進入澳洲，輕輕鬆鬆地安頓下來」，接著它們就會發揮寒蟬效應了。當我離開小巷，我感到恐懼，害怕澳洲的未來會被一個壓倒性的強權給奪走。而且，老實說，想到中國國安機器勢力深入、行徑猖狂，我也會擔心自己的未來。

[4] 黑錢
Dark Money

黃向墨在中國

在億萬富翁黃向墨的牆上和網站上,他自豪地展示著自己的照片:與澳洲最有權勢的政治人物微笑著交談的照片,包括最近這段期間的所有總理。能夠結交這麼多要人,只有一種方法——掏錢去買。此公到了澳洲不過四、五年,就已經變成華人社群的顯貴、各政黨的最大金主、新南威爾斯州及全國政界的重要玩家。早在2012年12月,他就與前總理、然後很快又要當總理的陸克文會面;這次見面,或許就是由在場的另一位工黨中間人安排的,他就是新南威爾斯州黨部的祕書長鄧森。

黃向墨位居一個影響力網絡的中心,這個網絡擴展到全澳洲的政界、商界和媒體。任何人若質疑他對中共有何重要性,都會被下列事實一掃而空:他是2016年中國駐澳大使馬朝旭歡送宴會上的發言嘉賓;2014年習近平主席來澳進行國是訪問時,他是少數能參加歡迎宴會的華裔澳人社群代表之一。此類殊榮,對澳洲華人社群傳達了明白不過的訊號。

　　當我們了解黃向墨在中國是怎麼變得有錢，為什麼他顯然倉促離國，以及他著手在澳建立影響力的方法，就會清清楚楚看到，我國要保護自己不受中華人民共和國的負面影響，是多麼地缺乏準備。

　　黃向墨1969年出生於廣東省潮州地區玉湖村。（潮州也是後來我們要提到的周澤榮的老家。）他以玉湖為公司命名。他受訪時提到，自己出生在一個貧賤之家，父親在他很小的時候就過世了。[1]根據華文報紙的一篇報導，迫於貧困，他不得不輟學工作。[2]然而又有報導說，他在廣東社會科學院學過經濟；這不太可能，因為那是個做學術研究和培養研究生的機構。後來他去了揭陽，這個廣大而平凡的城市在2000年代經歷了房地產和開發的狂潮。揭陽也在潮州地區，黃向墨在那裡還留著一些生意往來的人脈，不過有些人已經移往澳洲。他在揭陽做到了中國鐵路集團的高級管理職。

　　黃向墨以某種方式獲得了一些資本、商業心法和有影響力的人脈，這某種方式好像是做房地產和開發的生意。公開資料中很少有記載。公司網站和一家政府公司資料庫說，黃在2006年創辦了玉湖公司，但接受記者普瑞姆羅斯·瑞爾丹採訪時，他說自己是2001年創辦了公司（時年三十二歲）。瑞爾丹寫道，「接下來的十年裡，黃向墨在揭陽的生意興隆。2009年，他甚至拿出1億5千萬人民幣，蓋了一個雄偉的寶塔式城門；那是他的朋友、中共市委書記陳弘平的得意作。」[3]

　　發布中國百富榜及慈善榜的胡潤公司列出，黃在2016年的

財富達62億人民幣。[4]據報導，2011年他仍在中國時，已經捐給各種事業總計達3億元人民幣。[5]他在2011年的胡潤慈善榜是中國排名第十大慈善家，2012年是排名第二十二位慈善家。[6]黃提及他的付出時很謙虛，堅持說自己絕對不會以慈善來做交易。他唯一的動機，是同情和「回報社會」。他的目的是「造福民眾」；[7]雖然在揭陽他捐款的對象不是醫院或窮人家的學校，而是捐了一個宏大的城門，還碰巧是市委書記的喜好；市委書記是一個城市最有權勢之人，比市長更厲害。

揭陽樓貪污案太複雜，此處不易詳述，而且相關事實有大部分還是個謎，但為了本書的目的簡述如下。2008年，黃向墨見了揭陽市委書記陳弘平。當時陳一心巴望著給揭陽市建個宏偉的城門。黃同意拿出1億5千萬人民幣，這是一筆很大的數目。[8]我們不清楚是否所有的資金都花在了城門上，或是，其實城門是用公款建的，而這些錢進了某個人的口袋。另一個有名的揭陽商人黃鴻明（兩人沒有關係），也被說服給揭陽樓捐了一大筆錢（可能還有捐錢給榕江觀音閣工程）。

陳弘平是一個迷信的人，極信風水，花了數千萬元人民幣從1600公里外的泰山運來一塊流紋岩巨石，環石建了九根大柱子。《人民日報》後來批評他「信鬼神」。黃向墨似乎也同樣迷信：2012年，他在雪梨近港口的莫斯曼郊區美麗角小山頭，斥資1280萬澳幣蓋了一間別墅，據房地產仲介表示，該地風水極佳。[9]等黃入住了他的豪宅，他的幾個華人商界朋友也在附近買了房，但都在山低處，且品質次一等。

揭陽樓完工於 2009 年中（市委副書記鄭松標全力以赴），在落成典禮的照片裡，陳書記站在黃向墨的身邊，笑容滿面。但很快，一切都以可怕的方式開始瓦解了。2012 年 7 月，陳弘平書記被雙規；這是中共法外反腐的審訊過程，經常有人指稱過程中會使用嚴刑逼供。據報導，反腐機構收到了幾十封信，檢舉陳索賄和其他罪行。幾乎所有被雙規的人，之後都會遭到起訴、定罪、以重罪受到懲罰。陳受審訊後，供稱揭陽常務副市長劉盛發也涉入揭陽樓一案。2013 年 2 月，副市長鄭松標也涉嫌受賄。鄭和劉都被開除出黨，劉以受賄起訴。

2013 年 11 月，與黃向墨有生意往來的黃鴻明被捕，罪名是賄賂陳弘平。陳供稱自己受黃鴻明賄賂，淚眼汪汪地請法庭從寬處理他。

黃向墨沒有公開被點名受調查，也沒有被指控什麼罪名。根據一個中國新聞網站的報導，至少有七家公司捲入了揭陽的貪污。[10] 根據揭陽的一位高官（不具名）表示，「在 2006 年到 2011 年間，揭陽官商勾結最為厲害。」[11]

黃向墨也與萬慶良走得很近，此公於 2004 年至 2008 年間擔任揭陽市委書記，後來又升遷，成了大權在握、油水豐厚的廣州市委書記。萬也因受賄遭調查，他在揭陽及廣東的副手羅歐亦然。萬慶良和陳弘平，據信多年來，一直合夥從事犯罪活動，他們在揭陽所領導的腐敗網絡，最終導致「早年在揭陽共事的一串廣東官員」倒台。[12]

2016 年 9 月，其中最有權勢的官員萬慶良因在揭陽市長任內

索賄，被判終身監禁。2017年6月，陳弘平被判死刑緩期執行，要在獄中度過餘生了。[13]當地媒體對該案大肆報導，繪聲繪影地描述萬慶良和陳弘平如何胡作非為，比如兩人共享一個情婦。費爾法克斯媒體指出，「沒有任何跡象顯示，黃向墨先生對揭陽城門的捐款，應被當作行賄予以起訴。」[14]

2017年2月，黃鴻明向陳弘平行賄一事定讞，判刑兩年十一個月。費爾法克斯的記者溫友正和露茜·邁克肯寫道，一位熟知內情的人士指出，黃向墨聽到有人報信「親近的政治後台將因受賄被查」[15]之後，就逃離了中國。

把揭陽的醜聞放在更大的背景下來看是很重要的，因為很少澳洲人明白中國的制度有多腐敗。典型的看法是，中國是這樣一個威權主義社會，只有在制度的漏洞裡，才會發生貪污。事實上，倒正好相反：整個制度都因腐敗而爛透了，只有在縫隙間，誠實才能存在。

中國的權貴資本主義

後天安門時代，對中國四處貪污的情形最有系統也最徹底的研究，是著名學者裴敏欣的《出賣中國：權貴資本主義的起源與共產黨政權的潰敗》一書。[16]隨著從2012年末新主席習近平的上台，反腐敗的行動加強了。習近平認為，腐敗如此氾濫，會破壞政權的權威及威脅經濟穩定。然而，裴寫道，「反腐運動所揭露出的掠奪、盤剝和無法無天的駭人聽聞詳情，只確認了……一

黨統治下的現代化，造就了一種貪婪無比的權貴資本主義。」[17]

當習近平用一個極為直率的講話發動反腐運動，他本人就揭露了中國的腐敗情形是多麼地根深柢固。系統性的腐敗從縣裡最低管理層，一直蔓延到全國的最高領導層，即政治局的七人常委會，相當於核心內閣了。當周永康被捕時，公眾才知道，負責中國政法系統的這個常委，已經構建了一張網，網內有貪官、商人，還至少有一名黑社會老大；他用這張網，為自己和家人聚集了大量財富。[18]

此一系統性的腐敗出現在1990年代，數據顯示，到了2000年代，花樣更為翻新，程度更為變本加厲，幾個或甚至幾十個官員勾結在一起貪污，有同單位的，也有跨機關的。[19]據裴敏欣說，要在中國做生意和致富，實際上不可能繞過他們。這已經不是一鍋粥裡面的一粒老鼠屎。內含高官、商人、有時也有黑幫頭目的貪污網絡，往往還是當地黨書記所主導的，其範圍之廣，常被人稱為「塌方式腐敗」。[20]裴提到廣東省茂名市的案例：2015年，兩百多名官員被懲處，包括連續三任的市委書記、兩位市長、公安局長和黨的紀律檢查委員會書記（其工作本來就是要根除腐敗的）。[21]

腐敗最常見的形式之一是出售黨政領導的職位，這叫作「買官賣官」。許多省級和市縣級的黨書記，都是靠買官做到現職。靠花錢買到的官帽，價格不等，要看其職位能弄到多少錢，方式包括賤賣國有資產、把合約發包給自己青睞的商人、盜用公款、放縱環境污染，或利用職位賣官。也有市長和黨書記濫設職位，

以便多賣錢。那些買官的人，便成了其恩主的俘虜，於是有了強烈的自利動機要幫忙掩蓋其他貪污行為。整個貪腐集團之所以被破獲，往往是因為抓到了其中一個，經過拷打後扯出來其他人。第一個被抓的，通常是被「群眾」舉報；[22]這些群眾，包括出價失敗未買到官的人，或受了委屈的情婦。

在宣布反腐時，習主席指出，「各種關係網已經發展得更緊更密」，給官商勾結提供了更多的誘因和機會。[23]用裴的話說，中國的每一個商人都明白，「不與政治權力勾結的私人財富，在一個貪婪的政權下，本來就不安全。」[24]風險在於，一個人的靠山若受到懷疑，那他的政治保護一夜之間就會蒸發。除非他還有更有力的靠山，否則就該跑了，趁著調查還沒落到自己頭上之前。這就是諺語所說，「樹倒猢猻散」。

貪官自己不經商，而是留在官位上，用官位讓家人撈油水。許多官員都有情婦，她們也發揮同樣作用，替官員照顧生意，不過也有情婦被甩之後就告發前男友。[25]而商人要建立這些賺錢的關係網，通常是一步一步來，首先與其目標交朋友：請他們到豪華餐廳吃飯、送禮、幫一些服務付帳，例如足部按摩和買春。[26]然後他們可能會送個小紅包，最好是在習慣上都會送禮的春節。

沒有哪個機構能夠免於被腐敗侵蝕。司法體系也曾爆出貪污集團，包括國家的最高法院。商人丁海玉，付了錢給二十五位法官。他以偽造的證據，起訴與他打交道的大部分公司，靠這些貪腐的法官來打贏官司。一位資深法官還幫他捏造證據。[27]丁「把他的公司變成了一個近乎賄賂基金」，讓法官和法院工作人員前

來報銷各種費用。[28]

中國所有的記者，都會被提醒為黨服務的愛國責任，一旦偏離此路線，就會被迅速拉回來。有時，媒體也被允許調查和揭露中大型公司的違法亂紀，包括致命的環境污染案例。但是多年來，《人民日報》及其網路分支的工作人員，卻一直運用他們通過調查得到的材料，去從事另一個目的——勒索這些公司，要求拿錢出來讓他們閉嘴。出逃澳洲的記者吳君梅說，她在污染嚴重的城市武漢做過這類調查：「每一個參與到這個報導裡面的人……都會有一部分所謂業務提成……有的時候你會從工資單裡面看到，哦，這個月好像有一萬多、兩萬。」[29]當地群眾抱怨毒液被傾倒入江的幾十封信件，被用作勒索的素材。其中最惡劣的一間公司，每年付給該媒體11萬9千美元的封口費。據傳北京各大報——習近平、政治局委員和其他權貴讀的報——他們的編輯和記者會收錢，用業配新聞來讚頌這些公司。

買官賣官在軍隊中也相當普遍。應該說，軍中貪污的程度屬於「大爆發」。[30]2015年3月，《新華網》報導，十四位高級軍官被判刑或因貪腐正被調查。[31]從習近平反腐以來，此時被捕的軍方高官已達三十多位，其中一位是權勢顯赫的徐才厚。徐以政委身分自肥，要求想升官的下級交出鉅款。[32]2014年他被捕時，需要幾輛卡車才能載走他家中貪來的財貨。2015年初，郭伯雄被雙規，有十年時間他都是中央軍委兩位副主席之一，也就是軍中第二把交椅，直到他2012年卸任。[33]與前主席江澤民有淵源的郭據說也賣官，少將要賣500萬元人民幣，中將賣1000萬。

腐敗的盛行，使得解放軍中的升遷過程不利於正直者，有利於行賄買官也向下級索賄的人。西方軍事戰略家認為，這樣一來，在實戰中，中國軍隊的表現應該不如預期。或許是考慮到這一點，以及中國正擴張其國際軍事往來，最近解放軍打算改革軍銜制度，以增進戰力。[34]

習近平的反腐

從習近平2012年11月登上中國的大位，他就開始了雷厲風行的反腐運動。像揭陽那樣用骯髒陰謀榨取公眾的案例，已經在全國幾十個城市被揭露。與此同時，習近平兇狠打擊各種形式的異議，包括監禁許多人權律師，逮捕海外異議人士在中國境內的家人。

雖然，反腐運動已經打到黨的最高層，甚至一些政治局委員也被清洗，但那些最有勢力的幹部和高幹子弟還是被保護起來了，包括習近平本人的家族。根據2015年一家巴拿馬律師事務所外洩的金融資料，習近平的家人，以及另七位現任或卸任政委的家人，都有開設海外秘密帳戶。文件顯示，習近平的姊姊及姊夫聚斂大量財富，雖然沒有證據證明習有利用權位幫過他們。[35]中國媒體封殺了所有巴拿馬文件提及中國官員的消息。當彭博社以長篇報導揭露習近平家族的財富之後，中國便拒絕該社記者探訪。後來，彭博社便同意遵守中國的規矩。

某些握有免死金牌的高官（主要是習近平的政治支持者），

可以使他們親信的商人和官員得到一些保護，但人人都生活在恐懼之中，因為政治風向可能會變。反腐運動還有另外的目標：削弱前中國領導人江澤民的勢力，以免江派與習派爭奪政治權力。香港是江派的一個重鎮，據說此地的高幹已成為打擊的目標。[36] 高幹之外，還包括花錢買進中國人民政治協商會議的香港富豪，據說，有些人已經躲起來了。政協委員這個身分既能獲得大人物的待遇，又能接觸到高官，[37] 所以中國億萬富翁都會固定花錢以買得政協身分。[38] 要把關係打進最高層，獲得政協委員資格是最好的辦法，沒有其他平台比得上。不過，我們與其把「關係」當作具中國特色的人際網絡，不如把它想成權貴主義。

那麼，習近平的反腐成功了嗎？官方數據令人瞠目結舌。《中國日報》報導，在2016年的七十三萬四千起反腐敗調查中，共有四十一萬名官員因「違法違紀」被懲處，其中包括七十六名省部級幹部。[39] 某些犯行最嚴重者遭到處決。某些負責調查的官員，本身也與貪腐集團有牽連。反腐運動獲得公眾的強力支持（坐立難安的菁英則不然）。一位知情人士說，現在底層官員更小心謹慎了，高層官員則抬高了價碼，因為被抓到的風險增加，這使得必須出錢的商人懊惱不已。[40] 更有創意的賄賂方法被發明出來，比如直接支付外幣並匯進海外帳戶。某位精明的生意人，雇了一個美國撲克牌老千，讓他在牌桌上大輸給自己想要賄賂的黨領導。這套戲法還有一個額外好處，那就是打敗這樣的高手，對黨領導來說很有「面子」。[41]

裴敏欣主張，列寧式黨國的絕對權力與市場經濟一相結合，

不可避免地要產生腐敗，這也是為何定期反腐總體來說未能粉碎權貴網絡。[42] 馬丁・沃爾夫寫道，「如果市場經濟要與一個合理不貪的政府相結合，經濟上的行為人就需要有法定權利，受獨立法院的保護。但這正是列寧式黨國不能提供的，因為根據定義，黨國高於法律。」[43] 在每一個城鎮，黨書記都比市長、法院院長、公安局長，掌握更大的權力。再加上習近平乃是利用反腐來打擊其政敵，對於粉碎權貴網絡自然沒有幫助。

在此之前二十年賺了大錢的許多中國商人，害怕因腐敗及其他罪行被起訴，就在國外準備避難之所、轉移資產、購買產業、送子女去受教育，設法辦簽證或護照。優先考慮的地點是美國、加拿大、紐西蘭和澳洲，部分是由於這些國家與中國沒有簽署引渡條約。

在澳洲，說中國的貪腐本質上是制度性的這種話，是不禮貌的行為，會被當成種族主義言論，雖然，腐敗的是體制，而且最痛恨這種情況的正是生活在此一體制之下的中國民眾。對於那些和中國商界及政界菁英打交道的人來說，承認在他們禮貌的假面背後藏有骯髒的秘密，只會讓自己感到不舒服，甚至產生道德疑慮；所以，在為最新成交的生意乾杯時，最好還是把這個想法給壓下去。

黃向墨在澳洲

黃向墨似乎是 2011 年左右開始在澳洲定下來。[44]2012 年，

他的玉湖集團在這裡立案。2013年，他似乎永久離開中國，[45] 然後立即著手利用自己的財富在華裔澳人社群中建立地位，並培養更廣泛的政治影響力。

玉湖集團網站回顧了黃是如何快速控制華裔澳人社群。[46] 到2014年，他已經當上澳洲中國和平統一促進會的會長，這個頭銜清清楚楚顯示了他新近獲得的影響力。在澳洲由北京控制的華人組織當中，澳洲和統會是最重要的。只有被坎培拉大使館或雪梨領事館認可的人才能在該會擔任要職。澳洲和統會屬於一個全球網絡，這張網絡裡面有八十多個組織，由中國和平統一促進會掌管。和統會直到最近都是由俞正聲擔任會長，他是政治局常委，也就是中國最有權勢的領導人之一。[47]1 因此，和統會的澳洲分支，是中國對澳統戰工作的中心。[48]

黃向墨同時在許多有影響力的澳洲華人組織中擔任行政職。一個是澳洲廣東僑團總會主席。此會於2013年9月成立時，黃在演說中還提到該會有得到廣東僑務辦公室的支持；（正如我們前面所說的）廣東僑辦是執行中共僑務政策的省級機關。[49]（工黨黨工、也是鄧森幕僚的韓以文，在這兩個組織中都有一席之地。）

被指派出任澳洲和統會要職的每一位華裔澳人，都一定是北京信得過的人，一定會以愛國的方式去行動（雖然真實動機可能是為了錢）。澳洲和統會努力不懈地表態親北京，而且持續批評澳洲兩大黨派在南海等議題上的立場，這顯示出：在澳洲的公共

1　和統會現任會長為汪洋。汪是在2018年3月14日接替俞正聲獲選為全國政協主席，他也是在中共十九大新當選的政治局常委。

討論裡，和統會是扮演北京的可靠喉舌。

根據澳洲和統會介紹黃向墨會長的文章所載，他是受到屢次殷切敦促才接任這個職務的。文章指出，「他在澳洲僑界、政界、商界、學界擁有廣泛的影響力、號召力和極高的威望」，這些年來，他已經捐了總計3億7千8百萬元人民幣。文章又說，當與總理等要人會見時，「黃向墨會長總是強調……海內外中華兒女是同心同德，團結一致的。」[50]事實上，澳洲華人嚴重分裂。

在新的國家裡，黃建立關係的重要一步，是召募了前新南威爾斯州工黨財長，艾瑞克·魯森道爾。從1999年到2004年進入新南威爾斯州參議院為止，魯森道爾是該州工黨黨部祕書長（黨部碰巧位於雪梨唐人街蘇瑟克斯街）。魯森道爾除了是該黨的主要籌款人，也主持該州工黨的競選運動，以及該州的聯邦競選活動。沒有人比他擁有更多和工黨重量級人物的人脈，除了鄧森（等下再談他）。魯森道爾自己也曾與貪污嫌疑擦身而過——此事涉及已鋃鐺入獄的艾迪·奧貝德及其子摩西的貪污案，後來廉政公署查明魯森道爾並無不法[2]——但黃向墨沒有被嚇倒。

2012年11月，黃向墨捐了15萬澳幣給工黨新南威爾斯州黨部。以後四年他慷慨解囊，共178萬進了該黨部帳戶，其中一部分來自黃向墨的各公司、員工、家人或熟人。[51]黃向墨的員工和熟人因為捐出大筆政治獻金而留下紀錄。[52]其中一筆來自吳美娟（音譯），一開始她的身分並不清楚，結果原來她是玉湖的

---

2 艾迪·奧貝德（Eddie Obeid, 1943-）是新南威爾斯州選出的議員，工黨籍，已於2011年退休。

集團祕書。[53]（在加入玉湖、捐出5萬澳幣之前，她的工作是在
麥克斯・布倫納巧克力棒連鎖店擔任咖啡師。[54]）2014年3月，
該黨部收到蘇昭楷（音譯）捐贈的6萬元，他留下的聯絡方式是
Gmail地址和雪梨郊區魯迪斯的一間套房。[55]但蘇先生其實是玉
湖集團的辦公室主任。[56]（申報單指明，錢是專項撥給「鄧森」
的。）

　　2013年3月，仍是州議會參議員的魯森道爾，訪問了玉湖集
團在澳洲的總部。公司的網站稱，黃向墨邀請他訪問，是為了促
進玉湖與澳洲政府的關係。[57]同月，在黃向墨邀請下，他考察
了玉湖在中國的工程案。[58]公司網站說，議員同意「努力促進澳
洲政府與玉湖集團的友好交流與合作」。魯森道爾變成了玉湖的
代言人。2013年5月，他離開議會；2014年2月，他開始了一份
新工作，擔任澳洲玉湖集團的副董事長。[59]2016年，他升任執
行長。

　　魯森道爾辭去了任期還有六年的新南威爾斯州參議員職位，
然後該州工黨把位子交給了王國忠。王國忠是伯伍德的前市長，
似乎是工黨與中國錢之間最重要的聯繫，[60]與黃向墨走得很近。

　　黃向墨迅速與工黨兩位總理吉拉德、陸克文建立了聯繫。
在公開資料裡面，他拜會的第一位澳洲中央級政治人物就是陸克
文，當時是2012年12月（陸克文正密謀重返總理寶座）。作陪的
是鄧森，工黨在新南威爾斯州的祕書長；他與中國商人有不當往
來，以致政治生涯在四年後陷入泥淖，2017年12月正式終結。

　　是次拜會乃洪永裕牽線；此公由2002年起擔任澳洲福建會館

的會長。[61] 洪永裕一直是華裔澳人商界的重要角色，至少從2002年起就與大使館密切聯繫。[62] 在2014到2015年間，洪永裕捐給了新南威爾斯州工黨11萬澳幣（後來他說記不得有捐過）。[63] 他還是澳洲和統會的常務副會長。[64] 洪永裕幫助黃向墨在澳洲打造關係網。[65] 在2012年12月華人社群領袖的一次活動中，黃向墨與訪澳的政治局委員劉延東握手，洪永裕就站在他身旁。[66]

2013年3月，潮州同鄉會和福建會館（黃向墨在這兩個組織都擔任榮譽職）主辦元宵晚宴，在福建會館的會場裡，黃向墨就坐在陸克文及時任財政部長的克里斯・鮑文中間。同席的還有時任外交部長的鮑勃・卡爾、洪永裕、澳洲和統會創會會長及「偉大的愛國者」邱維廉、澳洲潮州同鄉會董事局主席周光明。在澳洲安頓下來幾個月，黃向墨就成功地使自己成為華人當中的顯赫人物。[67]

黃向墨在民族主義八卦報《環球時報》上用中文發表的一篇評論文章（羅萬・卡里克在《澳洲人報》中報導過）寫道，「海外華人參政，要注重實力的積累及運用」，他並寫到金錢的軟實力。「資金是政治的母乳。」[68] 他悲嘆，海外華人向前推進得還不夠，未能參與和影響澳洲的政治。顯然他是有一些想法等著去實行。

除了社會地位、生意進展這些各種政治金主都想達成的目標，要是黃向墨捐款有助於推進中華人民共和國的政策及目標，那也能討好北京。研究顯示，中國成功的企業家「高度同情」共產黨的政治價值觀；畢竟，正是中共的體制才使他們積累了財富和影響。[69]

　　黃向墨迅速攀升的軌跡很容易就看出來。他開始經常被雪梨領事館網站的文章所提及，多次出現在與總領事合影的照片上。2016年提及他的文章是七篇，而2014年僅兩篇，2015年是三篇。這樣看起來，2013年他與大使館、領事館的聯繫似乎極少，除了他捐獻給西草地醫院的儀式上，當時的馬朝旭大使有出席之外。[70]2014年2月，他在雪梨揭開了中國春節活動的儀式，在場也有其他華人社群領袖（包括洪永裕）、領事館的官員和平常那群澳洲政治人物。[71]2016年，他被大使館選中，代表華人社群歡迎新任大使成競業。[72]黃向墨成功了。

　　2014年3月，中共主要黨報《人民日報》採訪了黃向墨，主題是全國人大和正在談判的中澳自由貿易協定。他運用習近平主席的口號，稱「我的『中國夢』就希望祖國能夠不斷強大，能夠增強民族的自信心，也希望祖國能夠和平統一、繁榮發展。」[73]

不分黨派的關係

　　黃向墨是在2012或2013年到澳洲來定居的，據報導，他是在中國捲入一場腐敗醜聞之後匆匆離開。黃向墨駁斥了這種出走的說法，但不管真相如何，他馬上開始用財富打造他在華裔澳人之間的地位，以及在政治人物間培養人脈。前文提到，他在2014年成為澳洲和統會會長，這是在澳洲最高級別的統戰組織。中國事務學者安─瑪麗・布雷迪的研究顯示，在紐西蘭與該會相當的社團，是由中共黨中央所控制，由中國政府來組織、支持、

補貼。[74]

　　儘管黃向墨分辯，他及澳洲和統會和北京或中共無關，但2016年9月，該會四位幹部參加中國和統會在北京召開的第十四次海外和統會會長會議，澳洲和統會的常務副會長田飛代表黃先生作了大會發言。[75] 2017年3月，黃先生接待了由執行副祕書長孫凌雁率領的中國和統會代表團。[76]同月，黃先生又招待了國僑辦主任裘援平。[77]中國總理李克強2017年訪問澳洲時，澳洲和統會也舉辦了群眾公開支持活動。[78]

　　各地的和統會是中國國家在海外的最有影響的「非政府」機構，澳洲也不例外。它們的作用，是幫助中國政府動員、控管各國的華裔人士；中國的國僑辦也一起執行這項任務。[79]

　　一些澳洲的重要人物，已經完全被和統會的公開面目所誤導。舉個實例，鮑勃・卡爾寫道：

　　　　在出席〔澳洲和統會〕週年慶晚會的聯合政府及工黨政治
　　　　人物看來，〔該會〕起的作用一直是慈善組織（譬如說，募
　　　　款送澳洲眼科醫師去西藏），以及一個涵蓋華人社群的傘狀
　　　　組織。無論它與中國統戰部的聯繫有沒有運作，這些聯繫現
　　　　在並不重要。[80]

　　這是對澳洲和統會的功能及活動徹頭徹尾的誤解。該會的慈善活動一直用於掩飾其政治作用。和統會是統戰部的工具，邀澳洲政界要人參與，一直是為了讓中華人民共和國獲得影響力。

黃向墨的政治品味是兼容並蓄的。從到達澳洲以來，他和他的公司已經給工黨和自由黨捐了130萬澳幣。員工、熟人的捐款，總數將近290萬元：180萬給工黨，110萬給自由黨。[81]

黃向墨獲得了工黨政治掮客艾瑞克·魯森道爾的服務後，2015年又聘到了新南威爾斯州前副州長、新州國家黨前任黨魁安德魯·斯托納，這是斯托納離開州議會後幾個月的事。[82]斯托納日後將對農企業的投資提供建議，包括把黃向墨已籌得的20億澳幣基金投入澳洲農業。

黃向墨還與聯邦貿易部長安德魯·羅伯發展了密切的關係。羅伯離開聯邦議會去各中國公司任職之後，黃向墨聘請了羅伯的前新聞祕書卡梅倫·希爾負責處理玉湖的媒體關係。[83]

黃向墨在雪梨科技大學設立了澳中關係研究院，開幕典禮上由時任外交部長朱莉·畢紹普作了二十分鐘演講，顯示這位富翁在內閣團隊中有多麼深入的連結。黃向墨還得意地說，是他親自任命（前任外長）鮑勃·卡爾來擔任研究院院長的。

雪梨科大感恩戴德，所以校方讓黃向墨可以稱自己是「教授」，《人民日報》很快以「澳洲學者」來稱呼他。[84]當然，他微笑著與外交部長合影。2013年8月，玉湖捐了23萬澳幣給畢紹普的自由黨西澳黨部，雖然黃向墨與該州並沒有明顯的商業聯繫或任何聯繫。[85]

畢紹普說，她特別高興看到黃先生出席典禮，她還說中國是一股向善的力量，指出中國除了是我們最大的貿易夥伴，還是「我們最大的移民來源，我們最大的留學生來源和我們最大的國

際遊客來源」。[86]

　　不過，從畢紹普在2016年堅定地呼籲中國在南海問題上承認國際法看來，她似乎並未被中國錢左右。若畢紹普開始改變語氣，那就代表北京的計畫邁進了一大步——從美澳同盟中把澳洲拉走——但現在似乎不太可能。

　　湯尼・艾伯特擔任總理時，黃向墨曾與他合影。滕博爾在2015年9月繼任總理大位，黃免不了需要跟他噓寒問暖一番。這也花不了太久時間：2016年2月，在雪梨的春節慶祝活動上，就有人拍下黃向墨與滕博爾的照片。

　　然而，正是這位中國商人與另一位高級部長的關係，惹出了更多問題。2014年4月，黃向墨在香港主辦一次交流會，討論中澳自由貿易協定，在座的是貿易部長安德魯・羅伯，還有香港的澳洲總領事館幾位代表。

　　除了黃向墨和公司裡的人，玉湖還邀請了兩家中國公司的代表。一個是中國農業發展集團，另一個是中國愛地集團。[87]沿著會議桌中國一側的其餘五個成員，來自玉湖。幾個月後羅伯在對乳業發表演講時，特別美言玉湖農業投資基金。[88]

　　玉湖就交流會的報導指出，「羅伯……期待兩國能在年底完成自由貿易協定的磋商，並最終簽署協議，為八年多來的談判畫上圓滿句號。」然後，黃向墨提到中資企業在澳發展遇到的相關問題，羅伯加以聽取、記錄，其中之一就是工作簽證的困難。[89]

　　這一項特別耐人尋味，因為對貿易協定的主要批評，正是引進中國勞工的相關條款。後來當各工會呼籲對於勞工短缺問題的

解決應導入市場測試時，羅伯斥之為「欺詐、邪惡、種族主義」，並稱工黨「仇外」。[90]

交流會圓滿地結束了。黃向墨會很快籌來大量的金錢，挹注維多利亞州自由黨黨部（羅伯的基地），還有他本人在哥德斯坦選區的競選基金。費爾法克斯媒體2016年5月報導，「玉湖集團的高階主管捐了10萬澳幣給貿易部長安德魯・羅伯的募款單位〔灣邊論壇〕，包括中澳自由貿易協定定案那天捐贈的5萬元。」[91]

並非所有的活動都這麼嚴肅。2013年的墨爾本杯賽馬節，羅伯乃是黃向墨的客人，收了他的門票和殷勤招待。[92]黃向墨已設法變成馬壇要角，為墨爾本杯的賽事頒獎。[93]

2015年2月，羅伯偕同其他笑容可掬的政治人物，出席黃向墨的強力公關活動「奉獻日」，這位大亨及其商場上的朋友開立高額支票，捐給兒科醫學之類的慈善機構。2016年1月，羅伯和工黨領袖比爾・邵頓一同以貴賓身分出席了黃向墨女兒卡瑞娜的婚禮。

到2016年，黃向墨肯定是被北京看好。只有最可靠的人才能夠在黨的喉舌《人民日報》撰文發表意見，而他在7月就發了一篇。他寫道，「文化自信，是華人華僑與中國共產黨能夠『同呼吸、共命運』的共同文化基因。」[94]

一個月前，這位澳中關係研究院的主席在《澳洲金融評論報》發表評論文章。黃向墨隨聲附和北京的威脅：澳洲若支持美國在南海的航行自由任務，勢將引起「中國的強烈反應」。[95]此舉將使澳洲「後悔莫及」。

他進而高度讚揚菲律賓新任總統杜特蒂對中國的「務實」態度，稱之為澳洲應效法的榜樣。菲律賓在2016年5月選出這位持槍的行刑隊長，北京簡直不敢相信自己那麼好運氣，[96]本來北京就一直催促澳洲採取同樣「務實的態度」，而它找到一個人作出順從的發言，那就是鄧森；在那場惡名遠播的對中媒體記者會上，鄧森說出了北京想聽的話。

2016年9月的第一波鄧森事件所產生的破壞性公關效果，可能已經讓黃向墨失寵於北京了。2016年之後，他的名字就沒那麼經常出現在雪梨領事館的網站上。2017年11月發生的第二波鄧森事件——導致滕博爾總理稱黃是一名和中國政府「確實走得非常非常近」的外國人[97]——之後，深陷此事的黃向墨，辭去了澳洲和統會會長一職。[98]

2017年2月，雪梨的中國春節慶祝活動可說已由領事館控制，黃向墨站到了後排觀看慶典，接待總理的任務則由薛水和負責。薛水和的國籍是中國，他在澳洲的房地產事業做得很大，累積的財富似乎來自福建和四川的建築、紡織及食品業。[99]除了擁有各華人社團（包括黃向墨的和統會）的許多名譽頭銜，薛水和也是澳洲中華經貿文化交流促進會（華貿會）的會長，這個統戰機構的高尚目標是那一長串關乎文化、青年、和諧及和平等標準項目。[100]薛水和的兄弟薛水華、薛葉光也是該會的名譽會長。薛水和在自己的簡介中如此描述：該會要「扎根發芽，弘揚中華。」[101]3

周澤榮

　　華人富商並不是在聯邦議會或各州議會有影響力的唯一商業集團，也不是最強大的集團。就算把他們的力量全部加在一起，也遠比不上礦業公司或媒體等企業的影響力。但是礦業和媒體公司所追求的不過就是利潤。既然中共黨國的影響力，正在澳洲最重要的機構當中擴張，那些擔心金權政治越演越烈的人士，就應該要警惕了：華人富商及聽命於他們的政治人物所形成的網絡，可能會打入澳洲的政經體系中。如果說傳統的商業遊說集團關心的只是保護其利潤、推動公司發展，那麼有一些華人富商卻是利用其政界聯繫，達成中國共產黨的目標。

　　雖然周澤榮精於拓展人脈，但他行事低調。儘管如此，他捐給雪梨科技大學 2000 萬澳幣，用於建造法蘭克・蓋瑞設計的商學院大樓，總是會引人注意。（蓋瑞說這棟大樓看起來像「咖啡色紙袋」。）副校長羅斯・密爾本為了說服周澤榮大開其錢包，用上了一條妙計。密爾本知道周澤榮的兒子艾里克正在雪梨科大唸建築，便問這個大學生，他想不想去洛杉磯，與全世界最有名的建築師法蘭克・蓋瑞碰個面。[102]

3　根據《雪梨晨鋒報》2019年2月6日報導，農曆春節期間返回中國的黃向墨已經遭到澳洲政府取消其永久居留權，其入籍申請也遭到拒絕。無法返澳的黃向墨在接受《環球時報》訪問時指責澳洲的決定是根據「莫須有的猜測」，「充滿偏見、毫無根據」；他還說「澳大利亞的歷史，決定了其有著『巨嬰』的先天特性，這是客觀事實，不必自卑。『巨嬰』的成長需要時間，澳大利亞還有很長的路要走，我對此完全理解。」

2009年，周澤榮捐贈了可觀的金額給自由黨、工黨和國家黨，吸引了媒體的注意。就我們能夠看到的，從2007年以來，他捐給兩大黨的金額已有460萬澳幣（290萬給自由黨，170萬給工黨）。[103]他慷慨解囊的時機與聯邦選舉年碰巧一樣。他給的錢源源不絕。2007年到2008年，他捐了將近140萬；2013年到2014年，同樣的數目。[104]2015年到2016年，他捐了86萬，主要是給自由黨，包括20萬給了畢紹普的西澳黨部。[105]沒有別的華裔商人，也許是沒有任何別的商人，對澳洲政黨比他更加大方。[106]如果錢能說話，在澳洲，它越來越常講中文了。

周澤榮是個澳洲公民，卻住在廣州的豪宅。2015年他打破澳洲紀錄，以7000萬澳幣買下賭場大亨詹姆斯・帕克在沃克魯斯的海洋公館，然後又把它敲掉。這位億萬富翁自稱「小生意人」，沒有人知道他是如何在潮州的房地產開發中賺到這些錢；他本人諱莫如深，儘管費爾法克斯記者約翰・加諾特這些年來盡了最大的努力，仍然未果。[107]加諾特報導，有位認識周澤榮的人士觀察到，「1991年，他的潮州老鄉謝非升任廣東省委書記，然後周澤榮就開始吉星高照了」，謝非在這個位子上做了八年。1998年，前總理朱鎔基所提攜的林樹森當了廣州市長，2003年又升為市委書記，周澤榮的吉星就更加高照了。[108]他的朋友林樹森調到貴州之後，周澤榮「要買下一大塊土地就碰上了以往所沒有的困難」。[109]

周澤榮要建立管道、接近從總理以降的澳洲政治人物，當然沒有碰上任何困難。他甚至還有辦法與那些很快就要出名的人士

交朋友。《時代報》的三位記者在2009年指出，「包括日後的總理陸克文、日後的財政部長韋恩‧斯汪、日後的外交部長斯提芬‧史密斯、日後的農業部長托尼‧波克等人，在2004年和2005年的幾場中國行，就有部分是由他出資贊助。」[110] 居外網（中國富人的頂級房地產網站）稱他是「一位A級的社交達人，他在廣州正北的從化有豪宅，裡面常常招待來自澳洲的高層政治人物。」[111] 當周澤榮罕見地答應接受加諾特的採訪，記者發現，來人竟在飛機的空橋上迎接他，然後護送他走過廣州白雲機場之下的隧道，引入一輛正等著的賓利車，送他去周澤榮的莊園（員工說那裡是「城」）。採訪結束時，周澤榮提議要讓加諾特全家去度假、送他一些高檔法國紅酒和一份工作。[112] 加諾特全推辭了，他對當年的同事解釋道，他認為周澤榮是在設一個禮尚往來的陷阱；若他接受這些餽贈，周澤榮就會覺得他「欠」了他。（加諾特的另一篇文章在2016年發表後，周澤榮以誹謗罪控告費爾法克斯媒體；本書出版時此案仍未開庭。4）

奇怪的是，周澤榮似乎與黃向墨的力量極少有關係。雖然在2000年代初，他是澳洲和統會的一位名譽會長，但在黃向墨主其事時（直到2017年11月），周澤榮並沒有任何正式職位。

周澤榮和工黨新南威爾斯州黨部的重要角色走得特別近。2006年，鮑勃‧卡爾成了周澤榮的澳中友好交流協會唯一一位

4　最新發展：澳洲聯邦法院於2019年2月22日針對周澤榮控告費爾法克斯媒體誹謗案，宣判周澤榮勝訴，同時該媒體應支付周澤榮28萬澳幣的損害賠償金。費爾法克斯已表示將提起上訴。

名譽會長。[113]該會與中國人民對外友好協會密切相關；對外友協乃是著名的統戰機構，由中華人民共和國前主席、中國政協前主席李先念的女兒李小林擔任會長。

2004年時，卡爾對周澤榮的女兒溫琪印象非常好，讓她在自己的辦公室實習。在莫里斯·傑瑪接替卡爾擔任新南威爾斯州州長後，她仍然留在州長辦公室；後來，傑瑪離開政界，與溫琪·周合作開了一家顧問公司。溫琪·周現在的工作，是主持周澤榮在雪梨辦的一家中文報紙：《澳洲新快報》，廣州報紙《新快報》的澳洲版，周澤榮在2001年與羊城晚報集團合作買下的。[114]談及母公司《新快報》，周澤榮說，「政府發現這個報紙非常好管，因為我們從來沒有負面報導。」[115]為了準備2008年坎培拉愛國中國留學生「支持聖火傳遞，國旗紅遍澳洲」的盛大集會，周澤榮的《澳洲新快報》匆匆進口了1000面中國國旗。[116]

由鮑勃·卡爾在2004年首發的《澳洲新快報》，也忠實地追隨北京的路線。約翰·加諾特覺得奇怪，一個外國公民如何能在中國辦報紙；但當然，他知道答案。在中國一些由黨所支持的協會中，周澤榮有顯赫的位置，比如廣州市僑商會。他還被選進廣州天河區政協，「一個中國人民的愛國統戰組織」，[117]並被汕頭統戰部舉為「代表人物」。[118]前文講過，在習近平主席治下，統戰部活動更加重要。為換取地位提升及財物獎勵，統戰工作的幹部必須在其影響所及的範圍內宣揚共產黨的觀點，並且報告工作。[119]

費爾法克斯媒體和《四角方圓》節目對中華人民共和國的影

響力進行聯合調查的成果，便是2017年6月澳廣的一集電視節目以及費爾法克斯報紙刊出的一系列專題報導。內容指出周澤榮與統戰組織有聯繫，並追蹤一樁發生在美國的行賄案件與周之間的關係。周澤榮聘請了鬥性十足、專精誹謗案的律師馬克‧奧布萊恩，以誹謗罪控告澳廣、費爾法克斯和記者尼克‧麥肯茲，周說自己「深受傷害，自己的商業信譽、個人信譽、專業信譽在大眾心目中已經或即將遭到破壞、厭惡、嘲笑和輕蔑」。[120] 本書出版時，此案仍未開庭。5

周澤榮的起訴狀說這些節目和報導，把「背叛他的國家澳洲及其利益，服務於外國──中國及中共──利益」算在他頭上。周澤榮似乎很討厭被說成是中共黨員和政協委員，「因此才會去執行中共統戰部秘密遊說的工作」。他找了《澳洲人報》的西蒙‧本森，幫他寫了一篇軟性報導，傳達這位富翁委屈的心聲。他否認了澳洲安全情報組織的評估報告；他相信，費爾法克斯及《四角方圓》的說法是從那裡來的。[121]

費爾法克斯迅速回應，由尼克‧麥肯茲、理查‧貝克爾執筆，拆穿周澤榮稱「完全不知道」什麼是統戰部的說法。他們舉出周澤榮與統戰幹部多次會見、統戰部刊物對他的報導，以及中國政府的檔案稱他是統戰部友好組織的一名成員。[122] 兩位記者透過維基解密意外發現，2007年有一位美國外交官所寫的「敏感」報

5　參考注4。本案尚未宣判，但費爾法克斯媒體敗訴的結果，已引發澳洲媒體對誹謗罪可能導致記者無法盡責報導的疑慮。聯邦議會情報與安全委員會主席安德魯‧哈斯提（Andrew Hastie）也對此表達關切。

告，裡面提到周澤榮說他是一個新組織的會長，該組織叫廣東省僑商協會。這位外交官認為由周澤榮領導的這個新組織，是「中共統戰戰略的一部分」。

周澤榮提告澳廣和費爾法克斯，是急於否認一種說法，即他雇用了「一名中國政府的諜報人員」，給聯合國大會主席賄賂了20萬美元。事情發生在2015年，周澤榮捲入了一樁非常嚴重的行賄醜聞。雪梨社交名媛、美國公民嚴雪瑞，在紐約被美國聯邦調查局逮捕，罪名是支付20萬美元給聯合國大會主席約翰・艾希，讓艾希在周澤榮的廣東豪宅裡正式露一下面。[123] 嚴雪瑞的丈夫俞羅傑（羅傑・烏倫），曾任澳洲資深情報分析家以及駐北京和華盛頓的外交官，後來在情報單位國家評估辦公室工作。[124] 有一陣子，俞羅傑差點就當上了澳洲駐中國大使。他在本書英文版推出時，是香港鳳凰衛視的副總裁（這是一家親北京的媒體），也是一位中國春宮畫的收藏家。

據報導，聯合國對周澤榮捲入賄賂艾希一案發起了調查。[125] 周澤榮堅稱他對嚴雪瑞與艾希之間的交易一無所知。2016年7月，嚴雪瑞認罪，承認行賄艾希總共80萬美元，其中20萬是用來買通他出席「一位中國房地產商（起訴書中稱之為三號共犯）所舉辦」在中國的私人研討會。[126] 她被判刑二十個月。當被問及周澤榮與醜聞的關係時，周的女兒溫琪說，「整個事情是一樁誤解。」[127]

約翰・艾希因此案相關的稅務詐欺而遭到起訴。據報導，就在2016年6月要出庭前幾天，他仍在進行認罪協商；等到出庭

時，他應該會和盤托出。但他不幸意外身亡。他的律師本來說他是犯了心臟病，但後來法醫說，他是在家裡健身，啞鈴不小心砸在脖子上，壓斷了氣管。[128]

澳廣和費爾法克斯針對周澤榮的控告提出抗辯說，他們有充分證據認為周澤榮「背叛他的國家澳洲及其利益，服務於外國——中國及中共——利益。」[129]兩家新聞媒體進一步辯稱，有充分證據顯示周澤榮隸屬於一個機構，該機構「執行中共統戰部交付進行秘密遊說的工作……捐贈大量金錢賄賂澳洲各政黨，以影響政治人物的決策，來謀取中華人民共和國、中國政府和中共的利益。」

被告繼續主張，有合理的證據相信周澤榮就是三號共犯，是他支付「20萬美元的賄款給聯合國大會主席約翰·艾希」，因此，「他是在知情的情況下捲入賄賂聯合國代表大會主席的貪腐情事。」

澳廣和費爾法克斯的答辯詞最後說，「有合理的證據推斷，原告違反了他入籍時宣誓效忠澳洲的誓詞，暗中為外國謀取利益，而犧牲了澳洲的利益。」

祝敏申

雖然很少有人注意到，但祝敏申的成峰高教集團所散發的可疑氣味，在飄到報紙頭版之前幾年就能聞得出來。2013年，普瑞姆羅斯·瑞爾丹就在《澳洲金融評論報》報導，中國為這家雪

梨的民營教育機構背書,而民營教育機構很少得到這種待遇。[130]
祝敏申表示他不清楚為何其他學校沒有被包括進來,不過有一件
事情是確定的:他在中國的關係極佳,網路上有許多照片是他與
總理李克強及其他中國高官的合影。

他與澳洲的政界要人合照,是比較容易解釋的。他給他們
錢。從2014年到2015年,他捐給兩大黨超過23萬澳幣;2015年
到2016年又捐贈7萬2千元,主要是給新南威爾斯州自由黨。[131]
這些是我們可以查到的獻金。[132]照例不可免的合照裡面有滕博
爾、艾伯特、陸克文、吉拉德、畢紹普、鮑勃‧卡爾、前後兩任
教育部長金‧卡爾以及克里斯托福‧派恩。

不同於黃向墨及周澤榮,花了大筆錢、換來諸多名譽學位;
祝敏申是一位貨真價實的學者,精於中國古文字。他的父親和爺
爺都是知識分子,在文革中被打成反動分子、反革命,遭到迫害。
但這段經歷似乎沒有使他與對中共統治離心離德。[133]他在1984
年來到澳洲,在澳洲國立大學攻讀書法博士,1989年正式取得
學位。[134]在申請各種學院職位受挫之後,他搬到雪梨,創立一
家服飾工廠;他說,這是得益於文革期間在上海一家棉紡廠工作
十年的經歷。他是澳洲公民。

1990年代初,祝敏申與大型國營投資企業,中信集團,形
成了某種夥伴關係,替中信在澳洲銷售服裝。[135]對中國財政部
所擁有的這個巨大投資公司來說,這是個特殊的合資項目,是為
了成為黨的統戰「開向外部世界打開的窗口」。[136]祝敏申一定擁
有某些重要的關係。他變成中信集團創辦的一家公司的經理,這

家公司年營業額超過5000萬澳幣。他賺了大筆錢；然後用這筆錢，在1996年創辦了一家地產發展公司，又賺了上千萬澳幣。[137]

同一年，富豪祝敏申創辦了《澳華時報》，這是澳洲第一份親中共的報紙——當然不算至今仍然刊行的澳洲毛派共產黨月報《先鋒》(堅守馬列主義)。[138]後來祝敏申說，他之所以創辦報紙，是因為現有的中文報刊不願登出其文章，說他「太親共」。[139]他宣布這份報紙將堅決反對形形色色的「反華」勢力，而且在辦報之前他已決定下筆寫文章為「正面宣傳祖國作些貢獻」。[140]該報刊載的文章亦經常揭露「邪教組織」法輪功，以及主張「統一大業不可阻擋」。

祝敏申博士說到做到，堅持對中國國家的大力支持和密切聯繫。曾任雪梨領事館政治部門主管的叛逃者陳用林指出：《澳華時報》收受北京的款項，以重印大陸報紙的內容。[141]又在2001年一場由官方新華社主辦的南京研討會上，祝敏申講到《澳華時報》的文章多次被中國官方報紙轉載；其中有許多是詆譭法輪功的。[142]祝敏申為黨國服務而受到獎勵，1999年9月，在江澤民主席訪澳的歡迎晚會，他是少數以僑界代表身分坐在主席台上的人。[143]由於江澤民特別仇視法輪功，全世界的領事館於是花了大量資源去跟蹤、誹謗和擾亂海外的法輪功信眾。

祝敏申2001年在南京研討會的發言中，稱澳洲的新僑和老僑相當不同。老一代移民覺得他的親共觀點令人不快，而新移民卻「對祖國有深厚的感情」。他談到《澳華時報》創刊初期不得不經歷的「奮鬥」，但他相信「澳洲華人新移民的力量會越來

強大」。[144] 在 2000 年初，他進了澳洲和統會這個大家庭，成為
該會顧問。[145]

祝敏申總是自視為學者，因此在 2001 年，他把自己智力上
的興趣與商業上的精明結合在一起，創辦了成峰高教（Top Edu-
cation Institute，Top 是由「菁英」這個中文詞翻譯過來的），發
展成一筆利潤豐厚的生意。學院的一千名學生中，98.5％來自海
外，絕大部分是中國。這間私學在 2016 年大為成長，因為克里
斯托福・派恩（自由黨）讓它適用簡化簽證，這是只有幾所私人
學院才有的特權。工黨的金・卡爾說，他 2013 年擔任高等教育
部長時，曾拒絕過成峰高教的申請，因為移民部門告訴他這樣
「風險非常高」，意思應該是來「留學」的中國人其實只是來打工。
[146] 祝敏申的公司在 2014 到 2015 年間總共給自由黨捐了 44275 元
澳幣。

祝敏申和奧運聖火

祝敏申是雪梨大學孔子學院的董事，也和上海有名的復旦大
學關係很好。他還是中國政協的海外代表，如我們所知，這是個
「愛國統一戰線的組織」，用一位政協領袖的話來形容。中國的巨
富，和想要把關係打進中共最高層的人，都把政協委員的身分當
作寶。當了政協委員，上飛機不用排隊，下飛機有豪華轎車等著
迎接。

祝敏申雖是澳洲公民，但 2008 年奧運聖火接力來到坎培拉

時，他似乎在組織中國留學生抗議這件事情上扮演了重要角色。坎培拉有一些中國學生去找祝敏申，他很快就提供財務資助。他寫道，這一天「我畢生難忘」。[147]祝敏申估計有三萬學生參加，還提到了中國大使館的協調安排，以及這次活動後的聚會上，章均賽大使如何「深情地」講到學生的愛國行動。祝敏申特別點名新英格蘭大學的中國留學生來加以讚美。2000年初，他是該校國際學院的院長。[148]據他所寫，該校的中國學生不到一百人，卻有四十二位學生坐了十二小時的車，去參加聖火接力。

祝敏申的成峰高教有九十位學生參加遊行，讓他引以為榮。其實，他還租了大巴士，並把歡迎聖火當作「計入考勤」的學校活動（澳洲可能只有這一門正規學位學程，將替外國勢力搖旗吶喊計入評量）。他親自帶了一百面小的、二十面大的中國國旗，還有一個三十平方公尺的特製大國旗。他跟學生們一起到達坎培拉，看到他們「精神飽滿地揮舞起了紅旗」。

聖火接力時祝敏申與學生站在一起，他後來興奮地寫道，「永遠一個中國」、「中國加油」的口號聲「響徹雲霄」。[149]搗亂分子的聲音「如同被淹沒在大海之中」。他激情洋溢地說，這真是「我畢生難忘的2008年4月24日！」

> 歡迎活動結束後，同學們對我說「祝院長，這次活動太有意義了，把國旗給我們保存作為紀念吧。」就這樣，留學生們十分珍惜地帶走了全部的國旗。

在代表澳洲民主的重要地點（聯邦議會），組織外國學生進行這樣一場蠻橫的、甚至是暴力的群眾示威，對祝敏申居然沒有不良後果。有一位交遊甚廣的記者告訴我，澳洲安全情報組織「嚇死了」；但是澳洲懶惰的政治領袖們卻視而不見，誰也不去想：如果澳洲大使突然發神經，找了成千上萬憤怒地揮舞旗幟的澳洲人，在天安門廣場搞一場粗暴的抗議，北京的同行會怎麼反應？他們不但沒有想，還恰恰相反。2012 年，澳洲新任外長鮑勃・卡爾，任命祝敏申進聯邦華人部長級顧問會。照片裡面，祝的兩邊分別是卡爾和總理吉拉德。[150] 祝敏申能在高級顧問位置上，同時為澳洲及中國兩個政府服務，好像沒有人感到奇怪。

祝敏申在鄧森倒台的作用

2015 年 4 月，聯邦財政部寄給工黨明日之星、參議員鄧森一張 1670.82 澳幣的帳單，要他繳清超出年度旅行預算 95279.63 元的部分。鄧森沒有去支付，反而把請款單交給祝敏申的成峰高教，讓校方付了這筆錢。這件事情由《雪梨晨鋒報》的拉提卡・波爾克在 2016 年 8 月 30 日報導出來，立即掀起了一場風暴。[151] 社會大眾最忍無可忍、也是最能顯示新南威爾斯州工黨與華人金主關係的，就是鄧森叫他有錢的兄弟買單那種隨隨便便的態度。鄧森似乎視成峰高教為一個方便的金庫：他需要時，就可以往裡頭伸手。黃向墨的玉湖集團是另一個金庫。2014 年，鄧森收到一張 5000 澳幣的法律帳單，他要黃向墨幫他支付，黃向墨欣然

應允。[152] 給政治人物送錢，是中國的慣例。

在被工黨送進參議院之前，鄧森是該黨新南威爾斯州黨部的組織部頭頭和募款人。他把風評惡劣的蘇瑟克斯街總部搬到了佩拉瑪塔。2014年初，他受中國人民外交學會招待飛往北京，趁機訪問了黃向墨的總部以及（後文將提到）不懈地在澳洲散播影響力的電信巨獸，華為。2016年1月，（黃向墨主持的）澳洲廣東商會招待他飛往中國。中共中央對外聯絡部也為此行提供支持。黃向墨送他許多瓶昂貴的美酒。美國中情局招待澳洲工黨右翼要人飛往美國，參加工作坊學習如何抵禦共產主義的影響力，似乎已經是很久以前的事了。[153] 在2016年，即將離任的美國大使約翰·貝瑞公開警告，外國干涉我國政治過程所帶來的危險；[154] 話說他的諸位前輩插手澳洲政治也插手了幾十年，這實在是絕妙的諷刺。即使如此，比起中華人民共和國的「全場盯人」，美國人那種插手只能算小孩子的家家酒。

鄧森把祝敏申給他的1670.82澳幣捐給一家原住民基金會，想要以此彌補罪過。為什麼他會認為這樣一來，他和有錢的金主勾結這種社會觀感就會消失呢，真的是個謎。他一點也沒搞懂。但是基金會懂，所以把錢退給他。而他被揭發的錯誤越積越多。據普瑞姆羅斯·瑞爾丹報導，鄧森站在施主黃向墨身旁，活在討好華裔澳人選民的平行世界裡，卻直接違背了工黨對南海爭端的立場。他用來安撫講中文的聽眾所說的話，可能是幕僚從《人民日報》上抄來的：「南海是中國自己的事務。在這個議題上，澳洲應保持中立，尊重中國的決定。」[155] 這看起來似乎是北京的

政治宣傳取得重大突破；中國官方媒體得意洋洋地報導了鄧森的干預。《人民日報》把他的地位抬高到成為一個在國際上關鍵的支持者。[156]坎培拉的記者挖出聯邦議會議事錄，裡面記載了鄧森連珠炮一般向國防官員和外交官員討教，針對澳洲在南海的立場，他們會給內閣什麼建議。[157]（2010年，改革派的新州工黨祕書長鄧森，在黨部會議上說：「我們必須改掉這種七個人坐在中餐館裡就決定一切的作法。」[158]）

在別的事件中，鄧森也曾利用職權為北京政權謀取利益，無視於其公民身分所屬國家的利益。2014年他主張，澳洲不應反對中國強行且非法畫設「防空識別區」，其中涵蓋東海上日本主張為領土的島嶼。以上是鄧森親北京的努力已遭曝光的部分。

當滕博爾總理指責鄧森拿「言論換錢」時，這位參議員生氣了。[159]那麼，當尼克‧麥肯茲為《四角方圓》及費爾法克斯進行聯合調查，[160]揭露了鄧森用政策來換錢的企圖結果不成一事——2016年選舉前，鄧森的富翁金主黃向墨撤回講好的40萬澳幣鉅額獻金，只因為工黨不會改變在南海的立場——鄧森想必大為痛苦吧？

鄧森事件暴露出澳洲民主的核心所發生的腐爛。正如澳洲國立大學國家安全學院院長羅利‧麥德卡夫所觀察，「如果與一個強大的外國政府有連結的個人，為中國政界的明日之星支付旅行帳單及法律帳單，想想北京會怎樣反應吧。」[161]工黨黨魁比爾‧邵頓並沒有要求鄧森辭職。相反地，他力保這位極為活躍的參議員，視其為在野黨的資產，僅僅略施薄懲。但隨著執政黨給予的

壓力越來越重，媒體又針對這位參議員的矯情之舉──呼籲銀行業杜絕金融瀆職行為──鄧森最終被迫下台。然而過不了幾個月，就有人要為他平反。2017年2月，他被任命為副黨鞭，墨爾本大學出版社也幫忙在6月推出他的回憶錄，澳廣又在《澳洲故事》節目裡用軟性的簡介來宣傳此書。麥德卡夫寫道，該事件是「一個非常珍貴的教訓，指出在紛擾的亞洲，脆弱的澳洲民主很容易受到外國勢力影響。」

最後，正是鄧森與黃向墨的關係，終結了他的政治生涯。2017年11月末，費爾法克斯記者尼克‧麥肯茲、詹姆斯‧馬索拉和理查‧貝克爾報導，在鄧森事件爆出後幾週，這位參議員來到他金主的莫斯曼公館，警告他電話可能受到情報機構監聽。[162]同一天，有一卷錄音帶被公開播放，內容指出鄧森那場違反工黨對南海立場的記者會，他的講稿是事先備好台詞的，不像他本人後來所說的臨場發揮。總理滕博爾尖銳地問，為什麼一位聯邦議會議員會去警告一位親近外國政府的外國人，要小心監聽呢。「山姆（鄧森的名字）是站在哪一邊的？我看不是澳洲這邊吧。」[163]對工黨領袖比爾‧邵頓來說，這樣的壓力太大了，他只好叫鄧森走人。

尼克‧歐馬利、溫友正、邁克爾‧克茲為此事提出了格局更大的觀點。他們寫道，鄧森「只是一架大得多的機器中無足輕重的一個小零件；中國打造了這架政治餽贈及權力尋租的大機器」以在澳洲及全世界拓展其影響力。[164]麥德卡夫指出，此事件「可能是中國在澳洲的『軟實力』這匹造價昂貴的錦緞⋯⋯開始脫線

的時刻。」[165]可能是，但還有一段很長的路要走。

澳洲媒體多次報導華裔富豪影響澳洲政治的現象，似乎使部分政治人物改變其親北京觀點。與此同時，《環球時報》則發表社論，大談反華妄想症及某些澳洲評論人士也會借來用的台詞「煽動針對中國的警惕」。該報用其一貫的惡霸口吻警告我們：講話是一回事，但若澳洲「做出實質性損害中國安全的行動，比如派軍艦來南海挑釁中國，⋯⋯那就會付出代價。」[166]

2016年7月，這份經常吐露高層我行我素心聲的好鬥八卦報，在我國政府呼籲尊重國際仲裁對南海的裁決時，怒斥澳洲，提醒我們作為越洋監獄的『歷史血統』常被人拿出來嘲笑」，批評我們偽善，因為我們也對南極洲提出領土主張，指責我們遇到經濟需要就大拍中國馬屁，說中國「一定要對澳採取必要報復行動」，文末還誇張地挖苦我們「連『紙老虎』都不如」。澳洲「頂多是一隻『紙貓』」，這隻紙貓是撐不久的。[167]這種中共本真的民族主義大氣勢令人莞爾，直到你了解了在這類大放厥詞的背後，該國高層的擴張主義是多麼地具有攻擊性。

政治暗樁[168]

對各黨提供政治獻金，是中共在澳洲政界最明顯的可能影響管道。然而有一些華裔澳人，雖然現在人數很少但已逐漸增加，他們與中共有密切聯繫，同時在我國政治結構中也占據了影響力的位置。這股趨勢直達問題的核心：北京的代理人有哪些檯面

下的方式可以影響澳洲政治。新南威爾斯州工黨，就是中華人民
共和國在澳洲政治影響力的震央。其中千絲萬縷的人際關係需要
一本書才能道盡，在這裡要指出的是，工黨在新州的現任黨魁盧
克‧弗里，[6]似乎已被攏絡過去，而抱持取悅北京的觀點。2017年
9月，盧克‧弗里站在王國忠（與黃向墨走得很近的參院議員）
身邊，譴責澳洲不願意報名參加一帶一路；這是習近平的宏大戰
略前景，要用中國的過剩資本，去資助全世界的基礎設施建設。
[169]弗里借用了中共的語言，這可能是他去了一趟王國忠主導的
中國行之後學會的；他說「冷戰思維」正損害我們與中國的友誼。
澳洲應向紐西蘭看齊，毫不遲疑地參加一帶一路。

　　弗里的同事克里斯‧米恩斯這位將來可能會成為工黨領導人
的明日之星，聘用了周建當工作人員。周是澳洲和統會的常務副
會長，跟黃向墨走得很近。[170]（另外周也與米恩斯的妻子共同
經營一間外銷中國的公司。）米恩斯為了向王國忠示好，在2015
年接受了中共和黃向墨另一個統戰組織的邀請，前去訪問中國。
同行者還有聯邦議會工黨影子內閣的財政部長克里斯‧鮑文；鮑
文在2017年9月發表一篇劃時代的演講，暗示若工黨執政，將會
把北澳洲基礎建設基金與一帶一路掛勾。

　　如果新南威爾斯州工黨是中共影響的震央，自由黨排的位置
也不遠。2016年大選之夜時有一張相片，克雷格‧朗迪滿面春

6　2018年10月，一名澳廣女記者指控弗里在2016年11月的某個場合性騷擾她。
　　弗里隨後發表聲明，辭去新州工黨領導人的職位，但他否認指控並表示將提起
　　誹謗訴訟。不久，弗里又撤銷告訴。

風，二十幾位支持者圍著他合影；他們幫他保住了自由黨在里德的席位。朗迪從工黨手中奪下這個雪梨內西環的席次，已經是三年前的事。在合影中，這位議員把胳臂搭在人群中一位男士的肩膀上。男士名叫楊東東，他說自己是朗迪的「社群顧問」。他也是一條渠道，通向朗迪選區中廣大的華裔澳人。

但朗迪議員在被人問到時，卻否認楊東東說兩人走得很近、而他的工作是為議員提供建議的說法；不過議員的某位工作人員，在被問到兩人關係的時候，卻說楊東東是「顧問」，與朗迪「相當親近」。[171]無論兩人的關係準確來說是一種什麼樣的性質，很清楚的是，自由黨議員朗迪在政界步步高升的過程中，楊東東一直想要與他保持密切來往。與此同時，楊東東也在雪梨領事館培養出親密且長久的連結，另外，根據他本人說，他也打算推進中共的目標。

1989年末來到澳洲之前，楊東東是上海市共青團旗下某一組織的副書記。在社群網站上，他驕傲地追憶自己在黨系統中的時光，貼出自己參加黨會議時拍下的照片。1988年，他的名字曾列在共青團的光榮榜上。他因為身為共青團幹部，獻身於黨的事業，於是獲頒「上海市新長征突擊手」稱號。[172]

天安門屠殺後不久，他到達雪梨；雪梨的反共團體民主中國陣線（民陣）一位要員秦晉說，當時楊東東看起來是「拚死拚活」要確保他有資格取得提供給中國學生的簽證。[173]楊東東加入民陣，並出席抗議活動。他還說自己在上海是地下基督教徒；這是某些來自中國等地移民的招數，以便讓自己更有可能得到庇護或

居住權，這些國家是禁止宗教自由的。最終，他獲得永久居住權，然後公民權。

　　楊東東早期在澳洲的民主活動，從他更晚近的行為中很難看得出來。現在楊東東推銷自己的方式，是表現為中共在澳洲最強烈的支持者。他的舊識秦晉認為，楊東東優先效忠的是北京。他是中華全國歸國華僑聯合會的海外委員，也是旗下上海海外交流協會的海外理事。在楊東東的一份公司簡介中，稱這些團體是中共統戰部系統的組織。[174]

　　楊東東2014年為加入上海海外交流協會理事會所遞交的申請書——他有一陣子貼在網上——詳述了他為中國政府進行了哪些活動。文件末尾，他請想要進一步了解的人，詢問中國駐坎培拉大使館及雪梨領事館。[175]

　　楊東東的生意，包括雪梨的一家電信門市。他在申請書中也說到，中國各種組織的主席、中國奧林匹克委員會、中國外交官，甚至中國海軍來到澳洲時，他都有提供電話通話服務。[176]前外交官陳用林同意此事為真，那就代表楊東東不知怎地受到中國大使館、領事館官員的高度信任，中國情報機構亦是如此。

　　楊東東被認為是可靠的人，他在艾斯菲爾德的門市可以供應電話機給領事館工作人員。陳用林說楊東東曾向領事館彙報，澳洲安全情報組織曾經找他提供這些話機的資料。既然該機構對其行動一向是無可奉告，這一點我們就無法證實。[177]

　　2008年奧運聖火在坎培拉時，楊東東是兩個「糾察總隊」的總指揮。[178]更早之前他已告訴中國一家官方媒體，他將保衛聖

火不受藏獨運動人士干擾。[179]受其所見所聞鼓舞，他寫了一篇文章，題目就叫〈今夜湖邊無眠——澳大利亞保衛奧運聖火紀實〉。

楊東東組織了許多反達賴喇嘛的抗議活動，阻撓這位藏人領袖的來訪，包括2015年那一次。[180]他也是悉尼中國和平統一促進會的副會長，該會亦是與統戰部立場一致的組織，很容易跟黃向墨的澳洲中國和平統一促進會相混淆。

利用幾個表面上關注商業發展的澳洲組織，包括澳中商業峰會，楊東東在自由黨累積了人脈。2015年，當時的總理艾伯特寫信給他（「親愛的東東」），感謝他的慷慨招待。2016年，他與總理滕博爾、中國大使馬朝旭祝酒，留下了相片。他曾經與多位自由黨重量級人物合影，包括安德魯‧羅伯，以及新南威爾斯州州長格蕾迪絲‧伯瑞基科連（當時她和自由黨的政治捐客約翰‧西多提一起頒發給楊東東一項社區服務獎）。[181]不過，他最密切往來的，還是里德選區的議員。

克雷格‧朗迪是澳洲最大酒吧集團之一的繼承人，住在亨特山上價值800萬的別墅。他在2013年為自由黨贏得里德選區在聯邦議會的席次，這是1922年自由黨創黨以來，首次奪下這一席。里德的票源集中在雪梨內西環的伯伍德、德魯莫因、及斯特瑞斯菲爾德的一部分。選區的選民約10%生於中國。[182]選後朗迪升格為前排議員，擔任多元文化事務的助理部長。滕博爾的這位盟友現任工業及科學助理部長，他已經被內定為未來將擔任內閣部長。

朗迪2016年的競選活動，受到楊東東的大力支持；他也是自由黨華人委員會的創始人之一。[183] 中文媒體上的宣傳攻勢十分有效，工黨猝不及防；[184] 而楊東東寫了一篇文章讚美朗迪，又找了幾十個華裔澳人上街頭為這位自由黨候選人造勢。[185] 朗迪已經變成聯邦政治中，中澳友誼最積極的鼓吹者之一。他坦白表示願與雪梨的中國領事館合作。2016年，楊東東的商業集團為他安排拜會中國總領事顧小杰。後來領事館報導，當時參議員「表示他願與中國駐悉尼總領館密切合作，為澳中……深化務實合作做出積極努力。」[186]

2015年12月，朗迪拜會富翁金主黃向墨，澳洲和統會報導，這位自由黨議員「高度讚揚澳洲中國和平統一促進會在黃向墨會長的帶領下為澳中兩國做了很多有益的工作。」他「對黃會長有關澳洲文化、經濟、歷史等方面的精闢見解表示欽佩，對黃向墨會長為社會慈善公益事業的奉獻表示讚賞。」

2014年3月，楊東東組織了抗議活動反對日本首相安倍晉三參拜靖國神社，朗迪也出面，和楊東東一起揮動著中國和韓國的國旗。朗迪答應將抗議者的請願書遞交外長、總理及聯邦議會，呼籲他們支持抗議。[187] 雖然他沒有違背政府的立場，但北京宣傳機器炒作的這個議題，他也來跑龍套，讓中國觀察家紛紛瞪大了眼睛。

楊東東向上海海外交流協會遞交的申請書，說他讓「一位聯邦議員在聯邦議會發言反對安倍崇敬亡靈。」這一定是朗迪，因為《人民日報》有篇文章——題為〈澳大利亞國會首次出現反對

安倍參拜靖國神社聲音〉——得意洋洋地報導了朗迪及自由黨後排議員大衛・克爾曼批評安倍的發言。[188]2015年7月，當藏人在坎珀當的中國雪梨領事館外舉行抗議，楊東東的商業社團在社群網站上說，朗迪發表聲明，「嚴厲譴責暴徒衝擊中國駐悉尼總領事館的行徑」。[189]朗迪的新聞稿寫道，他與「里德當地的華裔澳人社群」談過之後，譴責抗議者的「暴力」。事實上，他們只不過扯下了中國國旗。朗迪並沒有提到引發抗議的原因：有一位知名的西藏喇嘛，死於中國監獄。

在礦業巨頭克里夫・帕爾默出言侮辱中國人之後，楊東東帶頭進行針對帕爾默的抗議活動。朗迪也出面了，還有鄧森。楊東東在申請書中說，他遊說了聯邦議會和內閣對帕爾默施壓，最後才使得帕爾默作了「最真實和最誠懇的道歉」。[190]

中國國營媒體注意到朗迪一貫的親北京立場，便把他當作一位隨時可以找來發表意見的人士。在幾份中共控制的報紙上，引用了這位議員就中國對澳洲的貢獻所說的讚美之辭；中國南方航空公司和中國國際航空公司的機上雜誌《BQ澳洲》封面則刊登了他的照片，標題下的是〈中國移民代表著澳洲夢：專訪向反華人士說「不」的澳聯邦議員朗迪〉。[191]

朗迪很有自信，認為他親北京的發言、他與楊東東的關係，不會引發任何嚴肅的問題，讓人覺得他是不是已經被一項增加影響力的活動當作目標了。然而他卻用不同的標準去衡量鄧森與中國的聯繫。2016年9月，朗迪講到鄧森，說「就算往最好的方向去想他，至少也是明知故犯。」[192]

楊東東與中共有各式各樣關係一事曝光兩天後，據報導，他和自由黨的政治掮客碰面，便退出該黨在伯伍德地方議會選舉中的候選名單。[193] 本來，楊在候選名單上排第二位，肯定是要當選的。自由黨的知情人士先前把楊東東視為天賜之寶：人脈廣闊，已知有募款實力，很能吸到某些華裔居民的選票。他們一定是算過了，90% 非華裔選民不會同意把一個和中共走這麼近的人，送入地方議會。

有許多接近中共的其他人積極參與澳洲政治，其中也有民選代表，以工黨居多。二十幾位華裔澳人出來角逐 2017 年 9 月新南威爾斯州各地方議會的席次。當選者之中有六、七位與統戰組織有聯繫。

5 「北京的鮑勃」
'Beijing Bob'

「中國有理」研究院

到2015年，黃向墨在中國事務上，已經逐漸變成半官方評論家：談到自由貿易的時候，他就是華裔澳人商業界的代表。或許是受到周澤榮與大學產生聯繫的鼓舞，2014年5月，黃向墨捐了180萬澳幣給雪梨科技大學，興辦了澳中關係研究院。現在他可是跨進了大人物的行列。而且，他會得到北京的稱讚；因為當局近來宣布將大筆投資，在國內外興辦智庫。

為了主持這個新的中心，黃向墨招聘了前工黨外長、也是前新南威爾斯州州長鮑勃・卡爾，卡爾在學術界雖然缺乏經驗，但憑著他與國內外要人的友誼，補經驗之不足還綽綽有餘。[1]時任外長的朱莉・畢紹普接受了邀請，參加開幕典禮。儀式上，黃向墨坐在中國大使馬朝旭身邊，或許此時他正在思索，竟然在這麼短暫的時間內，就獲得了這麼大的成就。[2]如果黃向墨還有什麼疑慮的話，六個月後也就一掃而空了：大使邀他當客人，出席在坎培拉聯邦議會大廈舉辦的盛大晚宴，以歡迎來訪的國家主席習

近平。[3]無論北京對揭陽這個開發商曾經有過什麼負面的想法，現在它露出的是笑容。

由北京的世界觀在澳洲的公共討論中越加彰顯的程度來判斷，黃向墨投入澳中關係研究院的180萬得到了豐厚的回報。2016年，警醒的普瑞姆羅斯・瑞爾丹報導：澳中關係研究院發展的報告在聯邦議會中已被當作權威文獻引用，以證明中澳自由貿易協定的好處。[4]這些報告特別用來嘲諷工黨及工會對協定中有關移工條款的擔憂。鮑勃・卡爾也許是工黨的忠實擁護者；但你看，一些保守派議員可是幸災樂禍地引用中資智庫的研究成果，砲轟工黨對協定條款的懷疑態度。安德魯・羅伯在聯邦議會引用澳中關係研究院的成果，稱許澳洲決定加入北京試圖挑戰世界銀行的亞投行。該院的經濟學家、也是副院長詹姆斯・勞倫斯遜不停地歌頌澳洲與中國深化的貿易關係。現在，連北京在巴基斯坦媒體的朋友也要找勞倫斯遜來「為中國致力於開放的全球經濟而歡呼」。[5]

鮑勃・卡爾安坐在澳中關係研究院，他表示：「對澳中關係，我們毫不保留地採取積極且樂觀的看法。」[6]這與他1989年時的立場，相距何其遙遠。那時，他身為新南威爾斯州的反對黨領袖，在6月4日天安門屠殺兩天後，對雪梨廣場的群眾集會講話。他譴責專政的馬列主義政黨乃是「荒唐的過時觀念」，他告訴一萬名哀悼的抗議民眾：中國只有實施多黨派的民主制度，才能保證不會再有流血。[7]直到2012年，時任外長的卡爾還在批評澳洲的「親中遊說集團」。[8]變化何其大。

　　卡爾很快就會大談他的澳中關係研究院，可以讓聯邦議會在面對工會對勞工條款的批評時發揮作用，讓中澳自由貿易協定過關。[9]他攻擊那些相信澳洲對中國門戶洞開的人士，是被「冷戰本能」所支配。他的看法是「務實的」，而那些人是「過於強調意識形態」。不具名的工黨要人說，卡爾在工黨黨團一直推動強烈的親中立場，特別是在新南威爾斯州的右翼內部。[10]

　　雪梨科大鄰接唐人街，校內有大量來自中華人民共和國的學生（2015年是五千五百名，占所有國際學生的40%出頭）。[11]正如我們將看到的，該校也跟中國大學發展出深厚的關係。[12]雖然比起周澤榮捐款2000萬澳幣，興建那座足以作為地標的法蘭克·蓋瑞大樓，黃向墨的180萬捐款不是什麼大錢，但校方還是很樂意地收下了。[13]雪梨科大讓黃向墨當了兼任教授，並任命他為研究院的董事會主席。億萬富翁得意地說，是他「親自任命」鮑勃·卡爾為研究院院長。[14]我當面向雪梨科大的兩位常務副校長格林·外特維克及比爾·普塞爾問起這件事情的時候，場面尷尬，但他們說黃向墨確實要求任用卡爾。兩人在回覆我的書面詢問時則避而不談。黃教授，按目前中國對他的稱呼，曾向一位記者吐露，本來他心裡另有人選：「一位政界出身、甚至更有影響力的人物。」（若真有此事，這個人一定是陸克文。）但最後定下了卡爾，因為「我認為他是一位非常好的學者」。[15]

　　雪梨科大在回應我的書面詢問時，說已經對黃向墨執行了嚴格的、充分的調查，認為雙方的往來不會帶來任何負面影響，而校方之所以聘他當兼任教授，是因為黃「在商界的領導、對

國際關係的貢獻，乃是傑出的成就」。2017年11月，參議員鄧森前往黃向墨宅邸警告他電話被監聽一事曝光之後，總理滕博爾說鄧森是在幫助外國政府，而黃向墨是「一位親近外國政府的外國人」。[16]

壓力下的澳中關係研究院

　　一個人只要了解學術自由和思想獨立，就會認為澳中關係研究院打從一開始就被玷污了。中共譴責學術自由，指其為「污染的」西方思想，[17]但任何有校格的大學都應該堅持：一位捐款者不應影響到大學工作人員的任命。但是，就像今天許多澳洲大學的眼睛都只盯著錢，雪梨科大似乎也沒有太在意這種傳統規矩。

　　研究院堅稱其「研究主題是充分獨立的、學術嚴謹的、公開透明的」。[18]在最初的180萬澳幣捐贈外，其資金狀況一直不透明，雖然校方有說要在2017年公布完整的財務報表。[19]有些雪梨科大的學者一直焦慮地關注事態發展，他們對某些事心存懷疑，其中一件是研究院的專題討論課及出版品很類似「中國政府的黨宣傳」。[20]另一位澳洲的中國問題專家，拉特羅伯大學的詹姆斯·雷柏德，更是直言不諱地說，雪梨科技大學讓黃向墨主持研究院董事會是錯的：「它成了中共在澳洲華人社群借殼運作的宣傳機器。」[21]鮑勃·卡爾和校方都否定這種說法。

　　該研究院2014年5月的成立慶典規模盛大。中國大使馬朝旭樂見研究院成立，稱之為「中澳關係研究的一大步」，甚至還是

「我們雙邊關係上的一個歷史性事件」。我們當時的外長（茱莉‧畢紹普）走上講台，附和馬大使的話，說從沒有兩個國家如此「互相依賴又彌補彼此的不足」。

中國大使可以放心的是，後來研究院的成果沒有一項讓他丟臉。對中國的任何尖銳批評——比如，踐踏人權、迫害異議人士，或欺負鄰國——都是嚴格禁止的。研究院的工作，白紙黑字地寫著乃是基於「對澳中關係積極樂觀的看法」。[22]照字典上講，樂觀的看法就是說，願意往好處想的一種看法，或是常常著眼於事物光明面的一種看法。卡爾說研究院將「不迴避雙方關係中棘手的問題，例如人權」。迄今為止，關於中國人權紀錄，研究院還沒有撥冗發表任何東西，雖然中國在人權上已經變得更壓制和更野蠻。當我問及此事，鮑勃‧卡爾列舉了許多聲明和出版物，他說是「批評」中國的。[23]但我讀起來，覺得這些東西更像是在建議北京：在擴大影響力時如何避免失誤。

鮑勃‧卡爾在新南威爾斯州及聯邦工黨內部鼓吹親北京立場，於是得到「北京的鮑勃」這個綽號。2015年9月，《人民日報》上登了一張照片，是卡爾在雪梨主持與朱維群的座談會，這時候就顯得這個綽號取得很好；朱維群是中共統戰部前副部長，時任民族宗教事務委員會主任，他的任務之一是譴責達賴喇嘛及「西藏分裂集團」。[24]卡爾身邊穿金袍的是「活佛」土登克珠——去北京「代表」西藏人民的中共馬屁精。卡爾早在出任外長之前，就同意西藏自古屬於中國（實情是1950年雖有武裝抵抗，仍遭解放軍侵略），他也表現出對達賴喇嘛的敵意。在2011年一篇題

為〈不要會見這個狡猾和尚〉的網誌中，卡爾敦促吉拉德總理迴避這位精神領袖，他有「謀取神權的險惡用心」，說達賴喇嘛的目的是在澳洲與中國之間製造嫌隙。[25]這篇網誌在他就任外長前被刪掉了。當我問到他對達賴喇嘛的敵意時，他回答，他「對西藏的態度，就是澳洲政府的態度」。[26]

現在，卡爾及雪梨科技大學都說黃向墨的作用不重要，強調該校資金有「多種來源」。（卡爾說，他並沒有把黃向墨的資金視為包袱，而且歡迎他再來一筆捐贈。）[27]黃向墨給雪梨科大辦澳中關係研究院的180萬捐款，很快又有周楚龍的100萬澳幣來加碼。[28]周楚龍何許人也？一個動輒就能拿出百萬捐款的大亨，居然這麼不容易找出他的任何資料，怪有意思的是，雪梨科大和澳中關係研究院通常都不提他。[29]從我們可以查到的公開紀錄顯示，周楚龍是深圳一家房地產公司志威集團的的董事長，澳洲和統會的名譽會長。[30]志威集團和黃向墨的玉湖集團，都是深圳潮汕商會的成員。2013年10月，周楚龍在黃向墨住的莫斯曼同一條街上，買了一處560萬澳幣的豪宅，但位置要低些。[31]

雪梨科技大學稱，已經對黃向墨進行了「充分調查」，並不能查出「任何不適當之處」。[32]常務大學副校長告訴我雪梨科大委託一家外部公司，針對各種「風險參數」來進行盡職調查評估。（我不知道這家公司是否有能力處理中文文件。）他們並不清楚是否對周楚龍進行了充分調查。

研究院成立之前，發生了一個令人擔憂的背景事件。[33]2005年，大學校方受到中國政府的直接壓力，因為學生會的一場藝術

展裡面涉及法輪功。領事館官員表示了不滿，堅持要求展品被撤下來。校方沒接受，但很快就發現學校在中國的網站被封鎖了，那是招收中國學生的主要管道。根據副校長羅斯・密爾本所說，前來就讀的中生數量暴跌，造成「非常嚴重的損失」。據報，其他大學也曾經被盯上，導致負責對中國的招生部門「被打趴在地」。後來又有報導提到，密爾本說雪梨科大為了保持原則也只好承擔損失，結果大學網站又被封了一回。中國政府從不承認牽涉在內。費約翰說，此事傳達了明白的訊息：「若一所大學打算和中國深化交往，那麼自由開放的學術批判研究乃是沒有必要的，甚至是不明智的。」[34]

　　靠著替研究院出資，黃向墨有機會與朱莉・畢紹普、工黨前排議員塔妮婭・普利博斯克、中國大使馬朝旭及各種其他名人交際往來。2016年2月，來了一筆意想不到的額外紅利，布萊恩・威爾遜上任大學代理校長。威爾遜時任外國投資審查委員會主席，被財政部長要求要嚴查中國富商非法購買豪宅。

　　《雪梨晨鋒報》主張，卡爾利用他在澳中關係研究院的職位，變成了「澳洲最囂張的親中評論家之一」。[35]費約翰用上了或許是最嚴厲的貶損，寫道，「卡爾那不斷重複的中國怎樣怎樣的論調，令人生厭。」[36]卡爾一向不會默默忍受批評，回擊說批評他的人都是一群心懷怨恨、「抱持著冷戰思想的澳洲政治邊緣人」，其中包括澳洲首任駐北京大使斯提芬・菲茨傑拉德。這位前大使曾說過，換成是他就不會拿黃向墨的錢。[37]

　　2016年9月，面對媒體的密切關注，雪梨科技大學常務副校

長格林・外特維克，竭力為該研究院「優質且極端重要的研究」辯解。[38]如果一個研究機構的董事會，要管這個機構研究的品質和方向，作為董事會主席的黃向墨擔任這個角色的資格又在哪裡？鄧森事件曝光後三週，黃向墨下台了，說「假想的中國因素」引起社會大眾過多注意。曾任聯邦議會澳中友好小組召集人的自由黨大老菲利普・陸道克，受邀擔任董事會主席。（陸道克的女兒凱特琳，是雪梨科技大學企業關係中心主任。）[39]但校方知道這沒得救了，於是宣布要審查管理階層。[40]最後校方決定解散研究院的董事會。普瑞姆羅斯・瑞爾丹寫道：「雪梨科技大學證實，研究院先前接受了重大的管理審查；這項審查將導致由黃向墨主持的董事會遭到解散，並另組新任的管理委員會，由常務副校長比爾・普塞爾教授主持。」[41]

　　隨同常務副校長加入新任管理委員會的，有雪梨科技大學的國際部主任劉勉。[42]劉勉主管該校的國際事務；他也是全球合作部的副總裁。[43]中文媒體一貫稱他為「澳中關係研究院的副院長」。澳洲和統會稱他是研究院的「執行院長」。[44]2000年代初，劉勉是中國駐雪梨領事館的外交官。逃亡者陳用林認識他，說劉勉負責安排總領事的行程。[45]劉勉與中國以及設在澳洲的統戰組織都保持密切關係，其中一項是擔任澳洲和統會的顧問。[46]他鼓勵該會青年委員會的成員積極從政，在澳政壇顯示自己的力量。2015年5月，青委會舉行了一次座談會，黃向墨及其助手周碩皆出席，會中，新南威爾斯州自由黨眾議員馬克・庫爾現身說法，描述自己參政歷程，以此指引年輕人。[47]聯邦議會自由黨

議員大衛‧克爾曼也協助講解澳洲政治體系，以及議員所需要具備的品德、素質和精神。

劉勉也是新成立的北京外國語大學（北外）澳洲校友會的會長。[48]北外是中國外交部培養人才的主要大學之一。外交部副部長傅瑩（前駐澳大使）為此給他發來一封賀電。根據《人民日報》報導，2015年慶祝七十年前打倒日本的閱兵儀式，劉勉就站在天安門觀禮台上。[49]天安門城樓兩側的觀禮台，必須受到官方邀請才能上去。劉勉告訴《人民日報》：「作為海外華人，我真切地感受到了祖國的強盛。」

澳中關係研究院不再有董事會，取而代之的是各企業贊助者組成的主席理事會。當我問誰是主席，答案是沒有主席。[50]當我問到那由誰來主持，答案是沒有人主持。鮑勃‧卡爾說理事會不開會，但他確實會與其成員討論研究計畫。[51]2016年黃向墨告訴《澳洲金融評論報》，「玉湖也會退出澳中關係研究院的主席理事會」，2017年7月，鮑勃‧卡爾說不再從黃向墨那兒接受資金了；但在2017年7月，玉湖仍在已付款成員的名單上，周楚龍的公司志威集團也在其中。

中國真正的朋友

在開幕式上，副院長詹姆斯‧勞倫斯遜曾表示他希望「澳中關係研究院成為評論（中國的）主要訊息來源」。[52]有些記者一直都在幫他做這件事。另一方面，卡爾在中國的吉星是前所未有

的明亮（雖然他說自己在那邊完全沒有影響力）。[53]中共的黨媒，凡是需要一些澳中事務的確實消息，就會去找他。2014年末，《中國日報》引述澳中關係研究院院長如何讚揚自由貿易協定的好處，他向大眾保證，澳洲尊重「中國的核心利益」。[54]整個2015年讀者們看到的是，「前外長」主張「美國不得不承認中國的新地位」；讚許鄧小平「光輝成功」的改革；推崇中國「作為一大文明的力量」；敦促澳洲人應更努力理解中國的「不同政治價值觀」；抨擊那些甚囂塵上說自貿協定的外勞條款對中國太慷慨是一種「種族歧視的謊言」。

2016年，盛氣凌人的民族主義八卦報《環球時報》報導，卡爾宣稱我們與中國建立關係是「澳大利亞未來十五年中能夠得到的最大好處」，他說批評中國的人是被冷戰的肅殺氣氛所驅使，才搞這種「麥卡錫式的濫告」，他把針對中國人投資戰略資產所引起的疑慮，打成「反華恐慌」和「歇斯底里」。[55]他警告他的同胞，不要「通過美國的眼睛」來看中國。

2016年8月，財政部長斯科特・莫里森為了國安起見，決定阻止中國國企購買新南威爾斯州的電力配送網「澳洲電網」，《人民日報》去找鮑勃・卡爾解釋這是怎麼一回事。文章標題是〈悉尼科技大學澳中關係研究院：澳政府若盲目排外將影響中澳關係〉，卡爾說，此一決策會損害我們與中國的經濟關係。他向中國讀者保證，莫里森的決定「並不能代表澳大利亞民眾的意見」。[56]卡爾說得好像他非常清楚澳洲民眾的脈動。

澳中關係研究院成立後不久，另一篇《人民日報》的專訪中，

卡爾吐露了他在外交部長任內最大的成就，就是加深了澳中雙邊
關係。「我認為澳中兩國在制定外交政策時應該多溝通協調，兩
國在國防方面的合作也會加強，這也是〔研究院〕目前的研究方
向。」[57] 他又加上一句：「澳中兩國有著共同利益，我們都追求
和平，都希望避免地域衝突，謹慎處理爭端。」這種語言是中國
報紙的社評作者寫得出來的。[58]

當 2017 年中華人民共和國正在東南亞鄰邦的傳統水域興建
軍事設施的同時，鮑勃・卡爾提出立論說，中國不會企圖欺負這
些鄰國。[59] 他寫道，亞洲的領袖們已經認識到新的戰略形勢，
也都搭上了這班列車。這代表了中國的「區域勝利」——如果世
界上還有什麼「積極且樂觀的看法」，這就是了。

在一篇早些時候的專訪中，卡爾強調澳洲應永遠保持中立：
「我始終認為有一點非常重要，澳洲應該在任何場合表明和重申
澳的中立立場，特別是對於中日在東海的爭議。」[60] 接著他要求
外長朱莉・畢紹普「對自己的言論進行解釋」，因為她說「中國
不尊重弱勢」。卡爾已經落入中國的陷阱：只講北京高層想聽的
話。

常高調批評中國的掠奪式經濟政策的唐納・川普入主白宮
後，卡爾不失時機地強調他希望澳洲轉向中國。他寫道，川普講
起話來帶著一股「對民主本身的冷嘲熱諷——指控他的對手不接
受選舉結果」。誰會想要與一個發生這類事的國家站在一起？卡
爾不知道已經為自己挖了個坑，他還主張，澳洲必須拋開我們對
美國盟友的「多愁善感」，減少我們與衰亡中的美國所建立的關

係，把眼光放在中國對澳洲經濟的巨大重要性之上。[61]

卡爾的副手詹姆斯・勞倫斯遜，不久也隨之發表觀點，警告澳洲國內反華的民粹主義。[62] 他主張，若說有哪個國家拖累了澳洲經濟，那是美國而不是中國。中國許諾了一個金色的未來，和我們的北方鄰居相比，帶給我們更多未來在貿易、投資及勞動力移入的前景。

或許是受到卡爾及勞倫斯遜的鼓舞，黃向墨也拿起了他的筆。在一個中文網站上，他寫道，隨著川普的當選，澳洲人將像肥羊一樣被「屠宰」，除非我們加強與中國的紐帶。這位愛國房地產商告知我們，比起過去的任何時候，現在與中國合作更是符合我們的利益。[63] 2015年紀念戰勝日本侵略七十週年的閱兵儀式之後，《人民日報》刊出一篇報導，題為〈澳大利亞政要高度評價中國閱兵：中國是捍衛世界和平的中堅力量〉。記者採訪了三位政治人物，他們都對中國在抵抗法西斯主義所起到的作用表達肯定。那是鮑勃・卡爾和他的兩位好兄弟：鄧森與王國忠。[64]

他們之間的關係一直很緊密。正是鄧森策畫了把卡爾空降到參議院空缺，說服茉莉亞・吉拉德讓他當外長。[65] 卡爾支持鄧森接替艾瑞克・魯森道爾擔任新南威爾斯州黨部主委。王國忠為鄧森與華裔金主牽線。[66] 鄧森支持王國忠升到州議會。黃向墨自吹任命卡爾主持澳中關係研究院。黃向墨支付鄧森的帳單。魯森道爾現在替黃向墨工作。王國忠和黃向墨一起在澳洲和統會工作。黃向墨幫工黨募資。

媒體交易

2016年5月，一位中共的高階領導無聲無息地到達澳洲。中共中央宣傳部部長劉奇葆，身為政治局委員，是中國最高的二十五位領導之一。[67]中宣部負責的愛國主義教育活動，在過去二十五年中深深地改造了這個國家。它也負責審查媒體，包括在每週必要的會議上指導編輯們什麼能說、什麼不能說。在國外，它執行中國的「政治作戰」計畫；其中一項方法是影響外國商界、學界及媒體菁英，利用訪問、交流及聯合研究來討好這些人。[68]

即便經驗老到的記者，直到如今還是很難理解事情竟會這樣發展：劉奇葆來到澳洲，是為了與澳洲主要媒體簽訂六項協定，按照協定，這些媒體將刊登新華社、《人民日報》、《中國日報》之類的報刊所提供的中國政治宣傳，以換取中華人民共和國的金錢。費爾法克斯和天空新聞（梅鐸部分持有）同意刊載或播送中國新聞報導。[69]《雪梨晨鋒報》、《時代報》和《澳洲金融評論報》同意每月夾帶八頁《中國日報》提供的內容。

這次訪問是由外交貿易署代理署長戈瑞・昆蘭所負責，他也相當支持。這六項協定體現了中國對外宣傳的一大成就，據信外宣活動投入的預算有100億澳幣。[70]雖然此事在澳洲沒什麼人談（畢竟各大媒體每個都拿了錢），但費約翰注意到，在中國，「黨大肆鼓吹這項交易，當成是改變全球輿論的海外宣傳得到一大勝利。」[71]費爾法克斯刊出駐北京記者溫友正對這項交易的報導。[72]畢竟，該社不能漏掉這條新聞。

費約翰和孫皖寧是澳洲消息最靈通的兩位中國媒體分析人士，他們說：「列寧式宣傳體系的做法，不是用他們自己講的話去說服大家，而是恐嚇或刁難別人，讓他們不去報導重要的事情。」[73] 這筆交易就是一個很清楚的例子，顯示中國利用了西方制度的開放性——以及主流媒體搖搖欲墜的財務狀況。社會大眾並未強烈抗議此項交易——它使得新聞自由指數在全世界一百八十個地區排名第一百七十六名的強國，得到操作我國媒體的槓桿——這件事顯示出我們所依賴的體制有多麼地脆弱。

2015年11月在北京，卡爾拜見了中宣部副部長孫志軍。[74] 關於這次會面的中文報導指出，「雙方就鞏固中澳媒體友好關係，深化雙方交流合作，進一步推動兩國關係等問題深入交換了意見。」除了中宣部的「相關負責同志」，中華全國新聞工作者協會（中國記協）的高階主管也出席聚會。

好騙的新聞記者

2016年5月簽訂的交易之一，是鮑勃・卡爾的澳中關係研究院與中華人民共和國官方新華通訊社之間的一項了解備忘錄。研究院很快就找了澳洲新聞記者前往中國參訪。外國記者除非有中國官方批准的媒體為其辦理官方認證程序，否則不可能以記者身分進入中國。因此，對於生活在澳洲的記者，鮑勃・卡爾可以提供的東西獨一無二：官方批准、可以寫報導的單次中國行。卡爾寄電子郵件給一些資深記者，邀請他們「實地考察」中國五天，

費用全包。行程表上寫著，此次旅行的各項活動內容皆由研究院或新華社辦理。導護人員由中國記協提供，這是黨的組織，章程規定所有記者「堅持馬克思主義新聞觀」。[75]一些最受尊重的澳洲記者接受了邀請，2016年7月，《雪梨晨鋒報》的羅斯·吉滕斯、《澳洲金融評論報》的布萊恩·圖海和安德魯·克拉克、《澳洲人報》的格琳達·考珀羅爾和《西澳洲人報》的山恩·萊特等一行人飛赴中國。

中宣部的策略效果似乎很好。吉滕斯在一系列文章中滔滔不絕讚嘆中國驚人的經濟成就、果斷的決策及其想要變有錢的堅定決心。[76]「如果我講的話聽起來好像沒見過世面，那真是抱歉，」他下筆寫道，「但去到中國時，我覺得非常震撼⋯⋯這些人很厲害。」中國既大膽又急切地要建設美好未來，我們澳洲人則畏首畏尾，專靠僥倖，盼著中國一直當我們的金礦。我們太膽小，不敢加入中國宏大的一帶一路戰略；但是，吉滕斯告訴我們，日本人和南韓人「將很高興地享用我們不要的中國大餐」。

中國「令人屏息」的轉變，其規模之大，使得安德魯·克拉克目眩神迷。[77]他寫道，「中國太驚人了。」在新中國，「人民似乎更高大、更有活力、更健康、更大聲和更快樂」。（事實上，證據顯示，他們更不快樂。）[78]他沒有偵測到「任何跡象顯示出歐威爾的1984⋯⋯正在浮現」。而且，既然生活水準不錯，可以享受那麼多新的自由，於是，他暗示道，就算政治上有點壓迫，也還說得過去。這次旅行，只參觀了最激動人心的城市，最閃亮的企業總部。克拉克對成都印象最深，高聳的大樓，全世界最熱鬧

的 LV 門市。中國正在走自己的路，「推動它的是中國人的頭腦，既獨特又很會適應環境，再加上專注於手頭工作的能力無人能比。」然而他憂慮地警告讀者，要是澳洲人不順著中國的要求，我們可能會被中國遷怒。比方說，如果拒絕接受中國對南海的領土主張，也許中國會「在澳洲這隻袋鼠的耳朵上，來個所謂的『擰一下』」。中國崛起已成事實，我們的繁榮要靠它。

布萊恩・圖海還沒有從中國回來就發了報導。也許他被《環球時報》舞刀弄劍的樣子給嚇著了，圖海提出的戰略分析，是我所見過最怪異的之一。[79] 大意是說，約翰・霍華德當年參加入侵伊拉克之戰並沒有正當理由，就是這樣才搞得我們一團糟，所以，澳洲應該好好接受中國征服南海。如果我們偕同美國及其他盟友挑戰中國的吞併，當然可以在軍事上打敗中國（同時粉碎全球經濟），但是要持續克制中國，唯一的辦法只有入侵、占領中國大陸，然後發動「曠日廢時的游擊戰，對抗千百萬愛國的中國人」。因此我們應該不惜一切避免戰爭。眼前的選擇是：默許；或動員武裝力量，以又一個伊拉克收尾。

北京正希望聽到此類提倡綏靖主義的主張。但是真正使圖海在旅行中印象深刻的，是他在深圳所目睹，對未來科技的巨大投資。他複印了華為、比亞迪及華大基因驚人的統計數字（其實這幾間公司也讓其他記者嘆為觀止）。圖海一樣認為澳洲是個「驚恐的國家」，對於中國的意圖日益仇視恐懼。禁止中資持有澳洲電網公司沒有意義，因為中國絕不可能冒著傷害自己經濟的危險來從事間諜活動。而且就算他們真這麼做了，我們的情報人員也

會發現到這件事，我們會把資產要回來。

深圳的閃亮玻璃大樓和嶄新高速公路對格琳達‧考珀羅爾的影響，似乎還不如中國外交官員一場可怕的簡報。該官員強調，當澳洲支持海牙仲裁法庭的裁決，支持菲律賓而不是他的國家時，中國政府是如何地「非常失望」。考珀羅爾放大了中國經常性的威脅，大談除非澳洲改變作風，否則就要面對可能的戰爭。[80]她報導，中國只想要和平與穩定。卡爾也在簡報現場，他力勸中國不要太認真看待澳洲在談的國際法重要性。這位官員或許是息怒了，他接著敦促澳洲接受更多中國投資。

幾天後，考珀羅爾寫了後續報導，解釋抵制中國將如何損害我們的經濟利益，只要我們不再公開表明立場，此事就可避免。她特別強調該中國官員的恐嚇之詞：「中國希望澳洲不要做出任何事情來傷害區域和平及穩定。」

山恩‧萊特為《西澳洲人報》寫的報導，也為北京的惡霸行徑發聲，重複著該官員的威脅：假若澳洲支持美國擁有爭議島嶼四周任何自由航行的演習，中國將對我們採取「非常嚴厲的反制措施」。[81]

這些記者的報導刊登在澳洲主要的嚴肅報紙上；其與眾不同之處在於缺乏懷疑精神，此行經過精心策畫、嚴格監控，是一次影響力的演示，而他們對途中所見所聞竟不起疑心。他們離開中國後兩週，新華社刊登了中國記協的一篇文章。題目是〈訪華印象：澳大利亞記者為啥感慨『超乎想像』〉，內容包括對每位記者的簡短採訪，他們都提到中國的經濟技術發展讓他們留下多麼深

刻的印象。[82]讀者會看到，這些記者已經返回澳洲，「向澳社會講述了中國經濟發展為澳帶來的歷史機遇，客觀傳遞了『中國聲音』。」

值得一提的是，中國記協還有其他手段可以觸及澳洲內部。記協是亞洲太平洋新聞中心的資金夥伴之一；該中心是一個在墨爾本的非營利組織，旨在提升亞洲的新聞品質。該中心與中國記協合作，在中國官方媒體的幫助下，安排澳洲記者前往中國參訪。中心主任約翰·瓦里斯告訴我，沒有私相授受金錢。他說，雙方的交流項目集中在經濟關係上，這表示人權和新聞自由議題是不被允許的。

在2016年6月費爾法克斯與澳廣《四角方圓》節目針對澳洲政治中的中國資金進行調查後，約翰·瓦里斯通過寫文章為周澤榮辯護。[83]他暗示這些報導背後都是種族主義作祟，並沒有堅實的證據可以證明周澤榮與中共有聯繫。他把這位億萬富翁描寫成爛新聞的無辜受害者。瓦里斯說，與周澤榮所受的待遇相比，梅鐸的政治活動卻可以被正常地接受。然而事實上，美國及澳洲的作者和評論人士，對這位美國媒體大亨干預政治之舉，經常提出嚴厲的批評。瓦里斯沒有提到中國媒體界的狀況，在那裡，像《四角方圓》這一集的節目就不可能播出。瓦里斯告訴我，他寫那篇文章是為了「我們社會上的華人，他們表示出對這些報導各方面的疑慮。」當然澳洲也有別的華人為這集節目叫好；對他們來說，這表示我們終於醒過來，察覺到這裡發生什麼事了。

鮑勃·卡爾或許因參訪之行效果這麼好而嚇了一跳，於是，

在2017年3月至4月，又組了一個澳洲記者代表團去中國。這次行程剛好碰上雪梨科技大學的學者馮崇義被天津國家安全局拘押審訊。麥肯‧法爾和特羅伊‧布拉姆斯通（兩位都是「以澳中關係研究院的嘉賓身分」進中國）發了報導，照他們所寫的來判斷，是卡爾獨力解救了馮崇義。[84] 法爾寫道，遠在澳洲的人可能會奇怪卡爾為什麼在公開場合保持沉默，但其實這位研究院的老大正在幕後奔走。「一位中國官員」告訴卡爾，中國不喜歡大聲公外交（當然不喜歡）。「中國喜歡靜靜地解決爭端」（是真的，當他們把事情搞砸到這個地步的時候）。報導中提到的唯一消息來源，就是故事中的英雄。法爾此文的標題為：〈鮑勃‧卡爾密室斡旋，為雪梨學者結束了中國的噩夢〉。

布拉姆斯通的部分，寫了他可以「透露」卡爾「向高級中國官員提出私人請求」。他也照樣說出北京的訊息──「我們不喜歡大聲公外交」。這是真的，當世界上其他人批評中國違反人權，比如拘押膽敢採訪人權律師的學者，北京是不高興。

捲入這一事件的其他人卻不這麼看待。馮崇義回家後，有人問到他之所以獲釋，卡爾所起的作用。他否認密室斡旋有任何作用。對於麥肯‧法爾所謂軟綿綿的手段是最好的，馮崇義說「完全是胡說八道」。[85] 如果你「在檯面下」辦事，密不告人，那當局就可以徹底控制，他們可以為所欲為。[86]

讓我們按其真實面目，來稱呼澳中關係研究院吧：一個北京支持的宣傳組織，偽裝成一個真正的研究院；其最終目標，是在澳洲的決策圈及政界擴展中共的勢力；它所在的大學渴求金錢，

以致動搖了對學術自由和正當做法的堅持；此一機構由一政界出身的人士主持，他犯了人氣退燒症候群，看不到自己正變成北京多麼寶貴的資產。

　　至少，他曾是寶貴的資產，直到其親北京的立場，招致那麼多批評和嘲笑，以致就公共討論來說，他的信譽大失。最近他的舉動，表現出一種草木皆兵的心態。2018年1月，他從柏林發出推特說，他剛看過一個明清繪畫展，但這些畫將無法在澳洲展出，因為我們「深陷麥卡錫主義的反華恐慌中」，要辦這場展覽，會讓博物館太緊張。

6 貿易、投資、控制
Trade, invest, control

經濟關係服務於政治目標。[1]

在澳洲，商品與服務業的出口，占我們GDP的19%。[2]中國的占比也是這個數字。在德國是46%；在韓國，42%；在菲律賓，28%。在美國，12%。[3]我們的出口，約1/3是往中國。近幾年出口增加很快，使得出口的曝險程度提高，但以比例來說，可能已經到頂了。[4]雖然往中國的出口曝險高，但整體曝險卻降低了，因為出口在我國GDP中的占比還好。[5]

有些商業評論人士說，中國打噴嚏，澳洲就會得肺炎；所以我們不可以做任何事讓北方巨人不開心。可是，若我們真如他們所說的一般脆弱，答案應該不是把它當成天經地義的情況，而應該是想辦法降低我們的出口曝險才對吧？

我們有多麼依賴中國？

澳洲國立大學戰略研究教授羅利‧麥德卡夫指出，中國不

太可能利用我們最大的出口品，鐵礦石，來對我國施壓；因為中華人民共和國60%的鐵礦石進口，必須依賴澳洲。[6]至於澳洲的其他出口品，如煤炭、旅遊和教育服務，中國還有其他選擇，如果它決定為了懲罰我國而向別處購買，自己並不會受傷太重。下一章，我們將探討經濟脅迫，但這邊我要建議，澳洲政府和出口品生產商，應該分析我們的脆弱之處，並採取措施來消除這些因素。然而我們的貿易部長和各州政府，似乎願意做出任何中國想要的事情，以便增加我們的出口曝險。

　　2015年的中澳自由貿易協定，對我們出口到中國只帶來少許差異。但這項協定並不真的關於貿易；而是關於投資。條文明確規定，把澳洲境內的中國投資視同於澳洲人的投資。[7]（根據第9.3條的規定，表面上是對等的；但只有天真的人才會相信真的是對等的。我們的法院會強制此項協定在澳洲得以實施，但是在中國的澳洲投資者卻毫無保障。）外資審查委員會的審查門檻提高許多（從2.52億澳幣提高到10.94億澳幣，雖然某些敏感產業的門檻低一些）。[8]湧入澳洲的中國資本，才是對我們主權的真正威脅。

　　為了緩和公眾的焦慮，中國的朋友們喜歡比較：中國擁有澳洲資產的總量，實際上遠不如美國和日本公司。但是美國人已經買了一百年，日本人也買了五十年。最近十年，中國投資巨額成長，可以預期的是，在未來的許多年裡，會更快速地繼續成長。

　　澳洲人應該打起精神好好想想以下一組數字。在全球的範圍內，作為中國巨大外流資本所湧往的目的地，澳洲是僅次於美

國，排名第二，但僅僅是剛剛開始。根據KPMG會計師事務所的一項分析，從2007年以來，中國積累的新投資，在美國已經達到1000億美元，在澳洲已經達到900億美元。[9]有鑑於我們的經濟規模只是美國的1/13，這就代表照比例來說，湧入澳洲的中國資本是湧入美國的12倍。

中國在澳洲商界的朋友們一直告訴我們，沒有理由擔憂這些資金流動；因為我們需要一切弄得到手的外資。對他們來說，值得高興的是，2016年是中資在澳洲破紀錄的一年——交易筆數破紀錄、對澳洲基建投資破紀錄、農業投資破紀錄、在塔斯馬尼亞州的投資破紀錄（後文詳述）。[10]

在2016–17財政年度，中國對我們農業用地的持有量大漲，增加了十倍，使中國成為僅次於英國的第二大地主；在澳洲的外資所擁有的土地中，兩國各持有約1/4。[11]既然中國的政策計畫者聚焦於克服該國日益嚴重的「動物性蛋白質缺乏」，中華人民共和國對澳洲農業的興趣，一定會持續飆漲。中國每年平均的肉食消費量，軌跡與台灣相當（每人每年從60公斤升到76公斤），這「將需要增加1500萬公頃農業用地——相當於英格蘭和威爾斯的面積——而中國就是沒有。」[12]有一些國家（諸如巴西和阿根廷）已經採取措施，制止中國公司把可耕地掃光，但澳洲與中國簽的自由貿易協定卻撤去了屏障，國際銀行目前正排著隊想要協助這種大量收購。[13]

若衡量來自大中華地區、對澳洲資產的投標，投資計畫書從2015–16年的90億澳幣，竄升到2016–17年的205億澳幣，占所

有外國投資計畫書總值的54%。[14]其中超過80%的金額，集中在能源、礦業和公用事業。

澳洲菁英的思維中充斥著對中國的深深誤解，前總理約翰‧霍華德所說的話便足以反映這一點：「我們對中資所採取的標準，不能和日資或美資有所不同。」[15]由澳大經濟學家和位於北京的黨智庫所聯合撰寫的德萊斯代爾報告（下一章會討論），在花費了數頁篇幅論述國有企業並非由中國政府操控之後，也犯了同一錯誤：「把絕大部分中國國企⋯⋯與在澳洲的其他潛在投資者分開對待，是沒有邏輯根據的。」[16]有人這樣跟我們說，那些聲稱新入主達爾文港的嵐橋集團與北京有密切聯繫的說法毫無憑據，因為中國的一百六十三萬家私企都有黨委會，這僅是「中國政治制度的一個自然結果」，沒什麼好大驚小怪的。即使自稱是中國專家的，像「中國事務」顧問公司的琳達‧雅各布森[1]和安德魯‧帕克，也有如此天真的主張：「如果你說只要中資與共產黨有聯繫，你就不接受，那就等於說你根本不接受中國投資。」[17]「中國事務」的主要贊助者，都是在中國有重大商業利益的公司或組織，包括力拓、PwC會計師事務所、奧利森、西太平洋銀行和詹姆斯‧派克的星賭場集團。[18]

1　琳達‧雅各布森（Linda Jakobson）出生於英國，研究領域為中國對外政策、東北亞政治動態、印太海上安全事務等，2011年搬到澳洲成立「中國事務」之前，在中國長住二十年，出版過六本中國與東亞研究專書，包括2017年與季北慈（Bates Gill）合著的《中國很重要：澳洲要搞清楚》（*China Matters: Getting it Right for Australia*）。

但，中資就是不同。不管美國公司有什麼毛病，它們不會輕易聽從華盛頓指揮，為服務美國戰略利益而行事。而且，若真能誘使它們從命，它們就必須對付生氣勃勃的美國公民社會，追根究底的美國媒體也會要它們負責。此外，也有美商因涉及海外行賄而遭到起訴且處以重金罰款。霍華德把1970年代對日資的焦慮和今天對中資的焦慮，在歷史上等同看待，是站不住腳的。對外國的影響力感到不舒服，確實是澳洲人性格的一部分。但是懷疑中資乃是出於政治上的真相：中資受到操控，操控它的極權主義政權鐵了心要主宰澳洲。這是全新的東西。

事實是，我們能夠也應該對中資採取不同的標準，對非商業目標更應有適當的標準。為了回應雅各布森及派克為中共緩頰之詞，一位不那麼天真的分析家傑夫・韋德指出，中國「正公開利用其金融影響力，在全球加強拓展其戰略槓桿。毫無疑問，中資被拿來當作戰略工具。」[19]英國、美國及日本投資者，並不來自一黨專政的國家；專制國家會習慣性地利用海外貿易及投資，去脅迫及強制其他國家站到同情其戰略利益的政策立場。對美英日投資者來說，指導原則不是「經濟關係服務於政治目標」；它們也不會用下列這種方式來運作：秘密的、狡詐的、往往是貪腐的；重大決策經常是由植入公司的政治幹部決定，要向中國國內的極權主義政黨負責。唯有當中共黨國不再以這些方式運作，我們才能把中資和其他人一樣同等對待。

黨企複合體

2016年12月，世界上的工業化國家拒絕授予中國「市場經濟」的地位；這是北京為其實際利益及政治價值所急切需要的東西。中國違反自由市場行為標準的紀錄有一長串：操縱貨幣；在全球市場上傾銷受補貼的商品，例如鋼鐵，以消滅競爭對手；出於政治原因，濫用衛生規定來懲罰進口商品；對外國公司施加一系列障礙，而中國投資者在美國及澳洲並不會面對這些障礙。

問題不在於北京的中央政府干預了市場的運作。狀況遠遠超過於此。國家與市場，是不能分開的。中共存在於中國所有的主要企業裡，它操縱或直接控制企業的決定，以實現其政治和戰略目的。澳洲生意人知道，他們打交道的中國公司都有黨委會，但他們置之不理，把這種現象當成歷史遺跡，認為與公司的運作無關。這樣的想法離事實遠到極點——可是對北京來說，外國人要這樣想，那真是方便到極點。

中國事務分析家葛瑞格・樂維斯克在時事雜誌《外交家》撰文指出，中共的「軍民融合」及一帶一路政策，就是要調動商業行動者，來推動黨國的全球目標。[20] 國企得到強化，中共正在對它們實施更大的控制。習近平主席在2016年宣布，國企應該「成為堅決貫徹執行黨中央決策部署的重要力量」。現在，公司董事會在做重大決策前，必須接受黨委會指導。[21]

黨的控制並不限於國有企業；國企占中國工業產值的30%。[22] 用一位密切觀察的人士練乙錚的話說，中共「已經系統性滲透

中國日漸擴大的私營部門,現在,一半多的非國有公司內部皆有中共運作;它可以操縱甚至控制這些公司,特別是大公司,也有一些外國公司。現代中國經濟是一個黨企複合體。」[23]

若認為黨委會只是一個政治實體,偶爾插手一下公司的管理,這就錯了。黨委會其實密切融入管理結構。黨書記時常可以任命和解聘高階主管,並提名董事會成員。他或她可能擔任董事長,或某個執行業務的職位。2016年末,卓有信譽的財新傳媒報導,「越來越多中國國有企業」正把廠長及書記「兩個角色合而為一」。[24]針對上市公司裡黨書記角色的深入研究發現,接受調研的公司當中有90%,黨「深深影響其策略及政策,因為高階主管也是中共黨員……黨書記在民營企業中的角色既強大又有影響力。」[25]規模越大的公司(無論私企國企)越可能有強勢的黨書記。

這大體上反映了中共堅持控制的意志,但強大的黨書記也確實有助於公司獲得成功,因為書記若具備有力的政治關係,就能招來生意,並在腐敗的官僚系統中清出一條道路。(中國的大學也是如此,書記高於校長,以確保該機構服務於黨國需要。)

即使如此,在某些國有企業中,董事會中意的商業方向與黨的優先方向之間,仍然曾經出現緊張。於是,國務院在2016年12月宣布,將推行黨委書記與董事長是同一人的改革。[26]這樣的改革表示「國有企業在公司治理方面將會加強黨的領導,與完善公司治理結構統一起來。」

從2000年代早期,共產黨的政策乃是吸收資本家及企業高

階主管入黨，比如放進中國政協，使之接受黨的指揮系統，以獲得黨的青睞。富豪、銀行家和執行長，都鼓勵入黨。那些用來勸服他們必須聽北京的各種手段，讓他們難以抵禦。即使像馬雲這樣的明星企業家，若國家要他在政治或戰略上幫點忙，他也得屈服於北京的意志；例如，要馬雲說派坦克鎮壓天安門廣場上的學生是「最正確的決定」。[27]

北京的澳洲戰略

中國打算統治世界，而且一直在利用澳洲及紐西蘭作為試驗場所，以測試其在西方稱霸的戰術。兩年前我會認為這樣的判斷荒唐可笑。但現在，雖然北京極力掩蓋其野心及計畫，上述結論似乎無法推翻。

根據歷史學家的研究，這樣的野心已經蟄伏在中國人的意識裡很久了。本書第二章所描述的愛國教育活動，重新點燃了這份野心。以前的觀念是，中國乃是天朝上國，世界的中心，在井然有序的和諧宇宙中一統天下；愛國教育為此一觀念潤飾增色，並賦予其內涵。無論這觀念的歷史準確性如何，隨著中國的經濟力量在 2000 年代初的擴張，特別是 2008 年的金融危機之後，這舊夢很快變成一個真能實現的宏圖；金融危機似乎暴露了西方天然的軟弱，及中國獨特發展道路的優越性。有一位前澳洲領導人現在與北京走得很近，就像他說的，華爾街爆發的恐慌，震驚了中國的領導人。「這件事情為中國指出的是，他們以前相信是美國

在主導金融體系，但這個想法該要結束了。而且正是雷曼兄弟及華爾街的金融危機提醒了中國人，讓他們從『謹慎、低調、有所保留』的政策，演進到『明確、勇於發言、充滿企圖心』的政策。」
[28]

我們在第一章看到，2004 年，胡錦濤主席及政治局指定澳洲作為中國「周邊地區」的一部分，並要求在坎培拉的大使館訂定一套制服我們的策略。當我們意識到中共黨國事實上正在執行的區域及全球戰略，包括經濟控制、外交壓力及軍事擴張，我們就會發現，若不加以阻止，我國制度所受到的內部顛覆，及來自北京、毫不放鬆的外部壓力，再加上我們自己對民主價值的堅持日漸薄弱，將會使澳洲成為天朝復興之後的朝貢國。

貿易政治

2013 年 9 月，安德魯・羅伯被任命為澳洲貿易部長，他對下屬清楚地表明，澳洲將與中國簽訂自由貿易協定，不會再拖。過去十年來，官員們一直艱難談判，抗拒中國人的虛張聲勢及壓力，緩慢地設法產出一份文件；他們希望，這份文件具有某種程度的對等。畢竟，中國臭名遠揚，善用鬼鬼祟祟的伎倆去損害競爭者。所以當羅伯殺進來說無論如何我們都要簽字時，官員們都絕望了。

雖然老經驗的澳洲公務員弄懂了怎麼應付中國談判者的這套系統，怎麼處理他們的吹吹拍拍、又拉又打、施壓操弄、狡猾威

脅，可是中國官員遠遠勝過我國政治人物已經好多年了。「有辦法」的類型是最容易哄騙的，尤其是那些認為自己「在中國經商多年」所以什麼都知道的人士。正如記者約翰‧加諾特指出的，中國人有一整個部門，專門致力於「計畫及實施外部影響」，那就是解放軍總政治部聯絡部。[29]2 可以說，該部門的座右銘是「洋為中用」。

有一個技巧是贏得「知心朋友」，然後他們就會為你的利益服務。毫無心計的礦業富翁安德魯‧弗羅斯特變成了這樣一位朋友，接著開始抨擊澳洲政治人物不感謝中國人提供的機會。澳洲卻步不前，沒有馬上參加中國的亞投行，招來他一頓臭罵；他的口氣和北京的基本相同：「在地球這一邊，澳洲需要有獨立的看法。我們不要把中國當作敵人。」[30]加諾特於是向這位以為自己很懂得中國的鉅子指出，他的好朋友、常在中國接待他的邢運明，一直都是解放軍總政聯絡部的少將。[31]

安德魯‧羅伯已經決定中國人要啥就給啥，但他得讓自由貿易協定在參議院過關。他利用廣播、電視提出直截了當的警告，雷鳴般高呼：現在是「差五分鐘到半夜」。而且若再有遲疑，「中國人將一走了之，我們與任何國家所曾有過的最大一筆交易」將會落空。（更有經驗的老手都知道，任何討價還價的遊戲中，倒數第二招就是掉頭走開。）

澳洲工會理事會擔心就業的問題；畢竟，協定的草案中載

2　該單位在2016年「深化國防和軍隊改革」中改制為「中央軍委政治工作部聯絡局」。

明將讓中國公司的大型工程得到特別的移民安排。工會理事會想要更強的市場測試，以確保澳洲勞工不至於因廉價進口勞工而失業。此一協定不像其他的貿易協定，將容許進口半技術和低技術勞工，或許是利用457簽證。雖然移民部門釋出的訊號曖昧不明，但中國公司將無須提出沒有澳洲人做得了這個工作的證明。[32]3

工黨原本表達保留態度，但到了最後卻不願意為之而戰。工黨的觀點受鮑勃・卡爾的研究所影響，也因為新南威爾斯州右翼這個派系──已經「被中國錢所收買及代為付帳」──堅決要讓這筆交易通過。[33]

勞力市場專家的結論是，在地勞工所受的保護很少。但是在鮑勃・卡爾的中資智庫裡，詹姆斯・勞倫斯遜採取「積極且樂觀的看法」，堅持對澳洲勞工的保護完全足夠。[34]此項協定將是「澳洲一項了不起的成就」。僅僅一年前，在進澳中關係研究所之前，勞倫斯遜有篇文章題為〈為什麼澳洲與中國簽自貿協定是說不通的〉，文中他列舉種種理由，指出為什麼與中國簽自由貿易協定是一個壞主意。[35]同時間在北京，中國進出口銀行行長李若谷一直說，澳洲的勞工成本太高，要是我們接受更多中國勞工，就能夠解決我們的難題。[36]

協定在聯邦議會被推過關了。在這項有約束力的協定當中，第10.4.3條明文規定各方（指的是澳洲）不得針對從中國前來的勞工人數設立任何限制，並且禁止任何「勞工市場測試」。[37]我

3　按常規，需要證明沒有澳洲勞工能勝任，才可以引進外國勞工。

們敗了。安德魯・羅伯在自由貿易協定勝利之後沒多久就離開了政界，去為中國公司工作，其中包括嵐橋集團（達爾文港的承租人），該公司一年付他88萬澳幣（含消費與服務稅）。[38]

商業分析人士伊恩・弗倫達觀察羅伯部長，「只要有人懷疑他對自貿協定的狂熱，就算僅是一絲絲的懷疑，他就會發表長篇大論的憤怒演說。」[39]羅伯在聯邦議會失態，斥責反對派進行「仇外的種族主義活動」，工黨發言人、參議員黃英賢則回他說，本土就業應該受到保障。將批評中國的人打成種族歧視、仇外，是個有效的戰術，因為這種說法建立在可恥的白澳排外歷史上，包括早至淘金熱時代的反華情緒。中國的官方媒體及親北京的華裔澳人，經常動用這個戰術。當然，嚴肅批評者的動機，不是因為害怕外國人，而是害怕無情的極權體制。

這項貿易協定被吹捧成自海濱豪宅4以來最偉大的發明，但從獨立的分析可以知道，此項協定的利益幾乎全部流向中國，澳洲則是蒙受損失。反對它的人包括生產力委員會那些精明務實的自由市場經濟學家；委員會特別批評此一雙邊協定中，給予外國投資者的合法權利。[40]

澳洲社會針對我們與中國的協定所引發的公共討論，顯示出我們平時狹隘、短視的眼光。我們完全沒注意北京是如何理解這項協定的。用傑夫・韋德的說法，此一協定「在中國的全球戰略

4　海濱豪宅（harbourside mansion）指的是從十九世紀開始在新南威爾斯州雪梨灣沿岸一帶所興建的私人住宅群，能夠住在海濱住宅的都是有錢人，包括剛剛下台的自由黨前總理滕博爾。

志向中，是關鍵的支撐點。」[41]習近平中國夢的最新一個階段，是在全世界出口幾千億萬中國錢，目標擺在資源、能源、糧食產業，還有基礎設施。讓各經濟體對中國的資金流開放，藉以逐漸獲得對這些經濟體的政治槓桿，對此一戰略至關重要。與中國的協定，不太像一個貿易協定，而是一個投資協定；一個嚴重傾向於中國的協定，強化了這一宏大計畫的其他元素：一帶一路及亞投行。

傑夫·韋德指出，中國最近的大多數貿易協定，對象都是美國的盟友：東協、紐西蘭、新加坡、韓國及澳洲，可能還會與歐盟簽訂。其目的在於，透過讓這些國家或集團更依賴於北京的決策，撬動它們遠離美國。打破美國的同盟，是北京最重要的戰略目標。

2017年2月，在中國的官方媒體充滿了這樣的新聞：習近平主席發誓，中國將領導「國際新秩序」，並「引導」國際社會前往這個目標。[42]此一發言廣義地被闡釋成回應唐納·川普治下的美國看起來是要放棄全球領導權，以及十八世紀以來由西方形成的世界秩序即將結束。習近平的發言，是他在達佛斯的世界經濟論壇上露面後一個月出現的；在達佛斯，他為中國掙得「經濟全球化」中，世界領袖的重任（「經濟」就排除了在人權方面的領導權）。

對於《環球時報》報導中澳自由貿易協定通過，網民的回應透露了更多訊息：[43]「中國持續與各國人民為互利及和平的地球而合作、貿易，相反地，好戰的美國政府集中所有能量及資源挑

動戰爭……支持伊斯蘭國恐怖分子，給予其武裝」；「中國將盡其所能展現給澳洲看，它是和平崛起，不會威脅到任何國家。中國必須幫澳洲戒掉山姆大叔的奶頭」；「不用幫忙戒，這隻袋鼠會自己跳到奶水多的地方」。

資產求售

這些年來，澳洲天真地歡迎中國的各種投資。公眾的焦慮被貶為仇外排外；情報機構的警告被當作冷戰思維而置之不理。要表現出我國是最開放的經濟體，這種想法已經在經濟、商業及政治菁英中如同聖典。美國政府已經學會提高防備，比如，他們注意到有間中國公司想要蓋一座風力發電廠，但旁邊正是一個美國海軍武器系統訓練基地。[44]相反地，與解放軍有關的一間公司買下了我國港口，而該港口對於保衛澳洲不受北方來的侵略至關重要，我們卻掉以輕心。

然而，到了2016年，滕博爾政府似乎已經明白，澳洲有問題了。少數消息靈通人士警告，中國收購某些資產將有損我國利益，而這些案子似乎要通過了。情報機構的簡報說服了滕博爾。政府首先採取的行動之一是強化昏昏欲睡的外資審查委員會；多年來，該委員會一直未能有效地執行其任務。美國反對將達爾文港口出售給一家中國公司，幫我們敲響了警鐘。

情報安全組織前首長、駐北京大使大衛・厄文，受政府任命進入委員會，他收到的指示是必須更加重視國安考量。為強化此

點，厄文在2017年4月取代布萊恩‧威爾遜擔任委員會主席。威爾遜因身為委員會主席時，同時任職於一家專門在亞洲收購股權的私募基金，而遭到抨擊。[45]

2017年1月，澳洲政府也創設了一個新機構，叫做「關鍵基礎設施中心」，成員來自各部門，包括情報安全機構以及財政部，該中心將登錄可能會受到海外買主青睞的敏感資產，如電力、港口及水利設施。這些資料將提供給外資審查委員會作為迅速的參考。

上述新成立的機構以及強化的機構，是否有資源及決心去處理我們的問題，尚有待觀察。聯邦政府本身，可以說也是一樣。由於與華人金主關係密切，又遭到忠於北京的人士所滲透，兩大黨的信譽已經嚴重受挫。

失控的情況已經發生數起了。中國的「黨企複合體」透過持有重要資產滲透澳洲，比大多數人認知到的要更深入。本書不可能全面回顧——也是因為沒有任何機構在追蹤此事——但是舉出幾個例子，你就會略知其味。[46]

‧能源資產

中國政府的國家電網公司，已經擁有了大部分我們的能源網路，其中包括維多利亞州三家電力配送公司（維州共有五家）以及南澳傳輸網路的部分所有權。其他部分的持有者還有以香港為基地的長江基建集團（屬於大亨李嘉誠旗下）。「澳洲能源」是澳洲三大電力零售商之一，在東部各州擁有將近300萬戶消費者；

該公司完全為總部設在香港的「中華電力」所持有，而該社與北京走得很近。[47]「阿林塔能源」則是澳洲最大的能源基建公司之一，以40億澳幣賣給了「周大福企業」，這家香港珠寶商一直在「探查澳洲有哪些資產。」[48]

現在，電力配送正與電信服務業進行整合，於是電力配送的所有權，使其得以取得澳洲的網路及電話通訊。戰略政策專家彼得·金寧斯以「傳輸電網公司」為例，指出該公司「為澳洲新南威爾斯州及首都特區的國防及情報設施供應電力，且經營國內第三大電信網路」。[49]

2016年8月，聯邦政府阻止新南威爾斯州以99年為期，出租電網設施「澳洲電網」給中國國家電網或長江基建。親北京的遊說人士便抱怨，這種做法反覆無常。在他們看來，澳洲應該繼續犯相同錯誤才對。當外資審查委員會照例對中國購買能源資產一事揮手通過時，財政部長斯科特·莫里森表示，中國企業擁有我們這麼多重要設施，如此一來將有國安顧慮，於是前外長鮑勃·卡爾便急忙發表聲明，稱莫里森陷入了「恐外仇外及經濟民族主義的巫婆狂歡會」。[50]新華社有篇文章批評澳洲對於中國投資的新憂慮，裡面原封不動引述了卡爾的話。[51]

奇怪的是，2017年4月，理應有安全意識的新任外資審查委員會，卻同意了長江基建為首的企業集團以74.8億澳幣收購能源設施大廠DUET。DUET公司擁有一些主要的能源資產，包括具有戰略重要性的瓦斯管線（從班貝瑞到丹皮爾），以及維多利亞州電力配送設施相當大的一部分，這使得該公司在維州具有主導

地位。[52]維州的瓦斯配送網原本已由同一集團所持有。這完全沒道理。

　　為什麼我們應該擔心呢？其中一個理由是，遭受間諜活動的風險增加了，澳洲網路安全中心2017年的威脅報告證實了這點：「澳洲私營部門的外資，正在創造出新的誘因和機會，讓敵對勢力得以進行違背澳洲利益的網路間諜活動。」[53]另一個理由就是，如此一來中國公司便得到大量政治上的施力點，而且在遇到衝突的形勢時，有辦法把我們的燈給關掉。大衛・歐文已經警告，中國駭客能夠讓我們的電網停止運轉。[54]所以，為什麼我們要使這件事情變得更容易，而不是去加強保護措施呢？

　　如果澳洲捲入美國與中國之間的熱戰，北京有辦法關閉敵人電網的能力，是非常可怕的一件武器；若情勢真的緊急，它絕不會對用上這項武器有所遲疑。現在我們把這件武器交給北京了。美國的電力網路控制系統已經成為重大網路入侵的目標，可能是敵對勢力正在想方設法，是否有可能在衝突爆發時把電力網路給關掉。[55]然而澳洲能源網路的華人老闆根本不需要駭進系統——他們已經是老大了呀。一場現代化戰爭的頭幾個小時，將全是網路戰。

　　有中國背景的公司滲透進澳洲能源設施，還有一個更令人憂心的後果。「澳洲能源網路」是一個業界龍頭組織，代表了經營國內電力及瓦斯配送網路的各公司。坐在「澳洲能源網路」董事會的一半人士，分別代表兩間公司：一家是北京控制的中國國家電網，一家是與北京有聯繫的長江基建。[56]2016年，該組織與

聯邦科學與工業研究組織合作，發表了詳細的藍圖，描述未來十年澳洲的電力網路將如何演進。[57] 關於澳洲能源網路本身，以及未來會如何發展，北京完全知情。

·港口和機場

在2015年，達爾文港以99年為期，租給一家與中共密切相關的中國公司。2014年，招商銀行（中國國家控制的企業集團[58]）以17.5億澳幣買下紐卡斯爾港；它是世界上最大的煤炭出口港，附近有威廉城空軍基地。墨爾本港則是在2016年賣給一家企業集團，其中有20%的股份由中國國營的主權基金「中投海外」所持有。

中國利益團體盯上澳洲的區域性港口設施，已經有一段時間了。湯斯維爾正是中國各集團想要打下立足點的那種地方——這類較為窮困的地區，認為自己受到都會區的漠視，渴望得到資金（像希臘在歐洲一樣），塔斯馬尼亞則是另一個目標。湯斯維爾位於昆士蘭州北端的出口樞紐，貨物主要是礦產及農產品。北昆士蘭可供開發的場地，特別是可用作旅遊業的地點，吸引了中國各方的興趣。

2015年3月，中國廣東省惠州市政府的代表團造訪了湯斯維爾，來探查如果湯斯維爾成為中國「海上絲綢之路」的一部分，會有什麼投資機會。[59] 根據昆士蘭政府所說，湯斯維爾「在這項計畫中被提出來當作可能的關鍵夥伴，是因為當地有港口，又是該區域的牛隻交易中心。」[60] 代表團與湯斯維爾港簽訂了一個理

解備忘錄，雙方要在發展惠州與湯斯維爾之間的物流計畫上合作。

湯斯維爾市長詹妮・希爾曾在2013年提出警告，如果港口民營化，可能會被中國利益團體拿走。[61] 她的講法被批評是「指桑罵槐」。或許她當時是意識到，在湯斯維爾還有澳洲兩個最重要的軍事基地：空軍基地以及陸軍的拉瓦拉克營區；駐紮在該營區的單位包括戰鬥通信兵團。而中華人民共和國一直未能屈服的新加坡，已經與澳洲簽訂了協議，在湯斯維爾野戰訓練場進行大規模的演訓計畫。

2017年5月，一事浮上檯面：中國有意在雪梨以西的百德格瑞灣修建一個新的國際機場。[62] 警報應該拉響了。該機場是個價值很高的目標，因為那裡將變成到澳洲旅行最重要的出入境地點，可以密切監視及跟蹤中國政府在乎的人的行動──生意人、政治領袖、異議人士、間諜。利用錄影監視的全套系統，加上細膩的臉孔辨識技術（現已在中國全面開展），或者只要直接進入航班訂票系統，就可以從北京暗地監控所有旅人。

這可不是猜測。如果一家中國公司建造了機場，我相信，所有這一切都非常可能會發生，無論是誰在經營機場。例如，機場內會不會裝設幾十架海康威視製造的監視錄影機？海康威視是全世界最大的閉路電視廠商，有中國軍方背景。北京正計畫為巴基斯坦從白夏瓦到喀拉蚩的各城市安裝24小時錄影監視系統，這是中巴經濟走廊大計畫的一部分。[63] 至於中國境內，中共正在逐步把全國改造成一種現代化的圓形監獄，讓每條街、每條路、每座建築，都被閉路電視持續監控，還要以複雜的電腦系統、尖

端的人工智慧，收集與分析巨量數據，包括臉孔形象。現在，中國已經有1.79億台閉路電視攝影機在運行，每七位公民一台，且數目正在迅速地增長。[64]

一帶一路

一帶一路倡議是宏大的戰略工程，旨在把中國與歐亞大陸，還有非洲及大洋洲，緊密地聯繫起來。[65] 一帶一路的靈感來自古代絲路，2013年由習近平主席首次提及，現在有兩條路線，一條陸路，一條海路。這個戰略倡議背後的驅力，是中國為從事投資及外援所存的大量準備金。一個強烈的動機，是藉由輸送中國金錢、公司及勞工到海外，來維持中國的經濟擴張；順便也希望能源供應多元化，刺激國內落後的省份，並找到一些出口來吸收中國鋼鐵及建材的巨大過剩產能。然而，其野心遠遠不止經濟野心。

一帶一路的大多數重點，是建設或獲取基礎設施：港口、鐵路、道路、能源網路及電信，都在於促進「互聯互通」。迄今為止，中國特別強調建設或獲取港口──根據2017年中國國營電視的報導，已經有五、六十個外國港口了。[66] 雖然主要強調的是陸路，即通往巴基斯坦、以及自中亞通向西歐和俄國，但海路也越來越重要，這條路線由中南半島和東南亞航向澳洲。其目的在於「建設一條順暢、安全、有效率的運輸路線，將一帶一路沿途上的主要海港連接起來」。[67] 中國公司無論國企私企，都將處在一帶一

路攻勢的前線。

監管國企的國務院國有資產委員會主任肖亞慶，肯定了國企在一帶一路裡扮演至關重要的角色；他寫道，2016 年國有企業的境外投資額約占全國總額的 60%。國企中的一千萬中共黨員，為中共統治奠定了「最堅定、最可靠的階級基礎」。[68]

一帶一路是習近平主席獨創的觀念，在中國獲得了巨大的政治動力。雖然一帶一路被包裝成全球化的新階段來推銷，但是在輕輕鬆鬆就能弄到錢來開發的這種誘惑底下，它其實是習近平「中國夢」的實際體現：要復興中國應有的地位，不是通過軍事征服，而是通過經濟主導。已進行一段時間的某些趨勢，結晶成為習近平的思想，這思想又注入了各種努力要制定出的計畫，這些計畫來自新的超級經濟大國，它熱切想創造出一個世界，讓中國取得其應有的位置，即那句雜唸個沒完的口號所表現的：「中華民族偉大復興」，百年馬拉松的終點。因此，它既有經濟目標，又有地緣戰略目標。一位密切觀察的專家扼要論之：

> 幾乎毫無疑問的是，習近平主席視一帶一路為他領導任期內外交政策的特色主題，也是在現實中體現出促成民族復興、鞏固中國世界強國領先地位的「中國夢」。[69]

一些外國觀察家似乎被中國崛起所迷惑，把一帶一路定義為二十一世紀的趨勢，並附和北京的美好說詞，指一帶一路是「雙贏」的合作。（「繼殖民主義、帝國主義和霸權主義之後」，現在

有某位中國學者把中國的全球治理新理論叫做「雙贏主義」。[70]
中共居然把美國企業的一個無聊口號，變成它的國家意識形態。）

中國國有銀行運用中國充沛的準備金，提供一帶一路工程案
的資金。中國也指示亞投行為一帶一路工程提供資金——亞投行
是北京設計出來排擠世界銀行的多邊銀行，澳洲及許多其他國家
都為其背書、出資。[71]事實上，如傑夫・韋德所指出，亞投行
的創建就是為了資助一帶一路項下的工程。

一帶一路是個擴大中國經濟影響力的宏大戰略，包括使人民
幣成為被拉入該工程的那些國家主要的貿易及投資貨幣。[72]許
多國家都很歡迎中國許諾將有金流投注的開發案。但已經有些工
程陷入麻煩了。例如當斯里蘭卡政府宣布將出售漢班托塔港給招
商集團的港口業務公司（該社也擁有紐卡斯爾港）時，鄰近的區
域便發生了暴動；又，絲綢之路開發案答應要建設巨大的新工業
園區，但當地農民的土地就會遭到沒收。[73]地方上的政治人物
說，他們不想變成「中國殖民地」。在工業園區的開幕典禮上，
中國大使許諾將提供50億美元及10萬個工作機會，同一時間當
地的居民，包括和尚在內，就在典禮附近與警察搏鬥。[74]中國
大使並沒有提及，漢班托塔港對中國在印度洋投射其海軍力量有
戰略上的重要性。2017年7月，斯里蘭卡不得不出售港口70%的
股份給中國，以償還修建該港從中國貸款的沉重債務。一帶一路
所造成的高額債務，成了中國手上的強大工具。[75]

其他國家，特別是與中國有過衝突歷史的越南及印度，要比
斯里蘭卡更警覺：它們把新絲綢之路看作中國推進其經濟及戰略

優勢的可怕手段。一位印度學者認為，中國是利用一帶一路作為「中國鐵拳的絲綢手套」。[76]

中國已經在東南亞（如柬埔寨和緬甸）及非洲（納米比亞和安哥拉）主宰了一些貧窮的小國；在拉丁美洲逐漸坐大的勢力，則導致墨西哥貿易部門的頭頭說「我們不想做中國的下一個非洲」。[77]中華人民共和國透過提供信貸、控制基建、持有自然資源，施展了極大影響力，而一帶一路將強化這個過程。目前，中國國有以及國家附隨的經營者，正在整個東南亞到處投資基礎建設，包括港口、機場、鐵路、能源網路及大壩。港口特別受到重視，因為中國依賴海上貿易，而且港口在平時與戰時都有戰略功用。

如果有人試圖把下面這兩件事情加以分開，那就太天真了：一件是一帶一路的資金流向馬來西亞、印尼等國，另一件是中國致力於控制南海。南海是一個至關重要的經濟區域及戰略區域，而中國正努力強迫所有國家接受它對南海的事實吞併；隨著中國的經濟影響力日漸擴張，尤其是在連接該地區的各港口、道路及鐵路的基礎建設完成之後，各國反對中國併吞南海的抵抗力將越加薄弱。

更值得警覺的是，軍事戰略家們正在熱烈討論，解放軍如何在一帶一路沿線保護中國資產及公民。[78]專家之間似已形成一項共識，即應當部署解放軍以保護一帶一路沿線上的中國利益，但是，關於解放軍是否有這個能力，則各方意見不同。某位專家總結辯論認為：人民解放軍「極其關注一帶一路」，「保護中國海

外利益，與和平時期運用人民解放軍，兩者之間的關係正在變強」。[79]

根據五角大廈2017年的報告預測，解放軍在全球的足跡將會增加，以配合中國經濟資產的分布情況，報告並指出，中國在吉布地臨亞丁灣的海軍基地，將迎來解放軍海軍首次在海外永久駐紮。此外，報告還提到了中國的海上民兵，這是一支龐大的後備軍，成員乃是受過軍事訓練、在漁業及港口工作的平民。海上民兵的任務包括蒐集情報與「維權」，即在南海等地恫嚇敵方漁民。[80]美國海軍戰爭學院戰略教授安德魯・艾瑞克遜寫道，在解放軍的指揮下，「中國海上民兵在海上活動中扮演要角，這些活動旨在壓倒或脅迫對手，不容易對付，除非將衝突場面升級到戰爭。」[81]在習近平主席之下，民兵重新得到支持。傑夫・韋德從新入主達爾文港的嵐橋集團自己的文件中發現，該公司就擁有一支海上民兵。[82]

我們需要往前想個十年或十五年，當中國對海外基建的投資接近預期的規模，此時，中國要維持其經濟健康及全球影響，就得依賴這些寶貴卻遙遠的資產。如果當地發生叛亂、受到封鎖或決定採行國有化，威脅到中國對這些資產的控制，那麼，中國遲早會派軍隊到海外保衛中國擁有的設施和中國公民。如上一段所述，軍事戰略學家已經在討論，可以如何運用解放軍來保護在一帶一路計畫下所建設的資產。[83]

這不正是美國在中南美洲做了幾十年的事嗎？想像一下，解放軍或海上民兵動員起來，保衛中國在澳洲的資產，對付任何試

圖奪回它們的行動，難道這樣的畫面有牽強附會嗎？

在坎培拉的國防及情報機構，把一帶一路工程視為撐起中國全球野心的另一項工具，但經濟部門和外交暨貿易部則持不同看法；對這些部門來說，經濟決定一切。[84] 當各種投資大部分是來自中國國企，而且呼應北京制定的戰略計畫，那麼僅僅考慮澳洲在經濟上的獲利回報，就會變成一種故意的視而不見。

澳洲在一帶一路的連接點

北京盯上了澳洲北部。早在2014年11月澳洲已經搭上一帶一路，來由正是習近平本人在澳洲聯邦議會的演講。「大洋洲地區是古代海上絲綢之路的自然延伸」，他說，「中方對澳大利亞參與二十一世紀海上絲綢之路建設持開放態度。」[85] 他明確地聚焦在澳洲的北部，說「中方支持澳大利亞實施北部大開發計畫」。（最積極鼓吹北部發展計畫的一直是礦業鉅子吉娜‧萊恩哈特，她透過「公共事務研究所」贊助了一項大規模遊說活動，結果自由黨在2013年選舉前採用了這項計畫。）一年後在G20峰會上，中國國家主席回到了這個主題：「中國願意推進『一帶一路』倡議同澳方『北部大開發』計畫對接。我們鼓勵中國企業參與澳大利亞北部地區基礎建設。」[86]

在兩次發表談話之間，2015年8月，財政部長喬‧霍基及貿易部長安德魯‧羅伯，見到了中國很有分量的國家發展改革委員會（國家發改委）主任徐紹史，兩人在徐面前大肆吹捧起一帶一

路。這讓《人民日報》大為振奮：

> 雙方認識到，中國的『一帶一路』倡議和國際產能合作與
> 澳大利亞的北部大開發倡議和國家基礎設施發展計畫有許多
> 共同點，要通過兩國發展戰略的對接進一步提升合作的領域
> 和層次。[87]

中國駐坎培拉大使館得到了充分通報，要開始促進這項融
合。一天後，2015年8月14日，大使馬朝旭在澳洲國立大學發
表演講提到：

> 中國和澳大利亞如何能夠共建「21世紀海上絲綢之路」，澳
> 大利亞對這個倡議相當重要。「海絲路」將從中國沿海港口過
> 南海到南太平洋。澳大利亞是「海絲路」沿線重要國家。[88]

中國對長期糧食安全的焦慮，致使它指定澳洲北部的農業發
展可以成為國家支持的投資項目。[89]到2016年中期，在澳洲已
經找出了九百多個可望成為一帶一路工程案的項目。[90]2016年
11月，北京派前外長李肇星到坎培拉，發表一場鼓吹一帶一路
的公開演講，[91]2017年2月，外長王毅來到，重申中國願意將一
帶一路倡議與我們的北部發展計畫連在一起。（他也說，中國想
把一帶一路與澳洲的國家創新科學綱領聯繫在一起。）[92]

從那時起，澳洲政府是萬事俱備了。2017年2月，新任貿易

部長史蒂文‧喬博為了促成一帶一路，對中國發改委主任徐紹史提到，澳洲新成立了「關鍵基礎設施中心」，負責羅列需要自動審查的產業，將如何為中國投資者清除障礙。[93]

不用說，澳洲商業及政治菁英，都使盡全力擁抱一帶一路，鼓勵該項政策在澳洲散布。安德魯‧羅伯或許其中叫賣得最熱烈的人。[94] 麥肯‧布魯姆黑德也是一大粉絲，他是礦業公司必和必拓的董事、炸藥公司奧瑞卡的董事長。兩人都被延攬進入「澳中一帶一路產業合作中心」，主持這個組織的是三位鮮為人知的人士，他們與一帶一路沒有明顯的聯繫，但此中心是由北京的發改委安排設立的。[95] 此中心形容自己是「一個接洽平台，能使澳洲及中國的產業領袖清晰表達出」透過一帶一路可以獲得的「明確商機」。

該中心的目標之一，在於「促使中國的基礎設施建設計畫與亞洲其他地區相互聯通」。儘管中心的源頭有可能來自中國政府，但澳洲外交暨貿易部有動用2萬澳幣的基金來加以支持。在該中心的協助下，安德魯‧羅伯率領了由二十位企業高階主管所組成的澳洲代表團，到中國去探查一帶一路沿線的商業機會。

一帶一路在紐西蘭得到更迅速的接納，國家黨政府表示將參加一帶一路。紐西蘭一帶一路委員會聚集了親中分子，包括前總理比爾‧英格利希的弟婦喬漢娜‧柯弗蘭，由她主持這個委員會及所謂的一帶一路智庫。針對一帶一路的遊說文章源源不絕，旨在激起大眾的支持，雖然在政壇本來就沒有什麼人在抵制，除了溫斯頓‧皮特斯，他反對紐西蘭加入一帶一路，並時常提出警告，

說受到中華人民共和國宰制將如何危險。[96] 但2017年底皮特斯上任外長後，突然搖身一變開始稱讚起中華人民共和國，除了暗示中國有很多東西可教我們之外，還數落某些人幹嘛一天到晚談自由談個沒完。[97] 這到底是怎麼一回事？

　　一如中國在澳洲花錢買學者、買輿論製造者的策略，中國也提供資金給專題討論會及研討會來解釋及宣傳一帶一路，而昆士蘭大學及雪梨大學就是他們的前鋒。某些澳洲學者的支持能夠很便宜地買到。2015年，李克強總理表示得很清楚，期望海外華人能夠發揮他們「在資金、技術、管理、商業網絡等方面的優勢」來推進一帶一路建設。[98]

　　根據2016年12月官方的新華通訊社報導，全世界孔子學院的大會期間，代表們同意協助推進一帶一路。孔子學院除了給中國企業聘雇的當地員工提供語言訓練，還能夠發揮「智庫」作用，讓這些企業在澳洲這樣的國家擴展營運。[99]

　　中國的澳洲北部戰略，並不只是空談。2016年1月《人民日報》報導一帶一路及澳洲北部開發的結盟，文中指出，「澳大利亞的北方門戶」達爾文，離中國南方海岸只有五小時的飛行路程。[100] 爭論不休的達爾文港租約問題乃是一個完美的個案研究，顯示出澳洲政治及軍事高層對中國的誤解可以達到何等程度。

　　中國的宣傳大隊發動了網上攻勢，用卡通畫出可愛的西方孩子歌詠習近平的一帶一路——用顫音唱道「大家一起交朋友」——還有一位慈愛的父親講睡前故事給他的小女兒聽，讚嘆這個偉大美妙的「好機會可以推動全球化的發展」。[101] 這些影片可能

是神秘的「復興路上工作室」製作的，話說2015年有一段詭異的影片，其中美國口音的卡通人物唱著輕鬆的歌謠，讚美中國的第十三個五年計畫，正是「復興路上」的作品。[102]討人喜歡的盎格魯孩子，把中國描繪成自由貿易及國際合作的新堡壘。有位熟知中國一直在限制貿易及投資的專家，描述這場宣傳「比反諷還要超過」。不過對澳洲戰略思想家休‧懷特來說，所有這些都沒有引起他對中國意圖的任何疑心，他建議，簽約參加一帶一路是符合澳洲利益的。[103]

然而，到了2017年3月，坎培拉的其他人就開始在大肆炒作上潑冷水了。在李克強總理訪問時，事情就明朗了，澳洲不會簽訂備忘錄，把一帶一路與澳洲北部基礎建設掛勾。外交暨貿易部很想簽，國防部則感到緊張。高層的感覺是：我們不應該簽訂一個我們不理解的東西。澳洲商業顧問、前駐中國大使芮捷銳，在北京傷心地感嘆國防及國安機構所造成的影響，他說那樣做太強調「價值觀」，而不是經濟。沒錯，國防部和情報安全組織那些老好人又來了。從芮捷銳在北京的辦公室沿路走去，中國人民大學國際關係教授時殷弘更接近答案了：「澳大利亞對海上絲綢之路工程的遲疑，來自在南海問題上有根本性的分歧。」[104]然而2017年9月，工黨影子內閣的財政部長馬克‧巴特勒宣布，若工黨執政，將把50億澳幣的澳洲北部基礎建設，與一帶一路掛勾。

7 利誘與脅迫
Seduction and coercion

　　2002年8月，媒體歡天喜地地報導，以澳洲為基地的一家企業集團，剛剛從激烈競爭中脫穎而出，贏得給廣東省供應天然氣的合約。時任總理的霍華德宣布，贏得250億澳幣的天然氣標案是「金牌演出」，是與中國密切交往的成果。[1] 為了推銷澳洲這樁生意，霍華德會見過江澤民主席多次，比會見世界上其他領袖的次數還多。這是一場險勝，僅僅是在雙方同意簽約前兩週，澳洲要打敗卡達、馬來西亞、俄羅斯及印度尼西亞，看起來還是機會渺茫。可是澳洲辦到了，從此以後，在生意圈內，霍華德身上一直環繞著商場贏家的光環。

　　《人民日報》或許是憋著笑在報導，「澳大利亞方面，就其最大的單一出口訂單，表達了興奮之情。」[2] 雖然澳洲人得意洋洋，但我們其實是被北京耍了，而且從某方面來看，自那時起就一直在讓中國得利。當時陳用林還是中國駐雪梨領事館的政治官員，他已經從內部密切追蹤事態發展，後來他披露，原本廣東省政府差一點就要把合約放給印尼（賣價最便宜），這時北京的黨中央下令把合約給澳洲。陳用林說，「他們覺得澳洲很重要，當時澳

175

洲完全轉向美國，我們應該用經濟手段把澳洲拉過來。」[3]

自此以後，北京就發現，只要一拉經濟繩子，澳洲就會很快地跳起來，於是開始「以經濟手段來誘惑澳洲」。畢竟，當北京吊著250億澳幣交易的一根胡蘿蔔晃啊晃，霍華德總理就拒絕會見達賴喇嘛了。[4]交易敲定後一個月，中國全國人大委員長李鵬訪問澳洲，祝賀霍華德贏得這分合同，並稱許他在兩國之間「增進信任，擴大共識，深化合作」。[5]2002年天然氣交易開了第一槍，如今，「中國是我們的未來」這樣的狂熱，已經主導了我國菁英的思維，就和北京計畫的一模一樣。據說周澤榮在這次談判中起了關鍵的作用，並結交了長遠的友誼，尤其是與霍華德，他到周澤榮的「皇宮」做客很多次。[6]

中國在澳洲的第五縱隊

中國的經濟治術最有效的一個手法，是對於冒犯它的國家，用可怕但含糊的威脅之詞，說要傷害該國經濟。這一招管用，因為各國政府相信這樣的威脅。正如我們將看到的，中國願意使別國受苦受難。在澳洲，有一支企業界的第五縱隊正在把中國的威嚇予以放大：他們是一群因著雙邊經濟關係而發達的商業菁英，在不知不覺間虧欠了外國恩公，進而從內部逐漸侵蝕澳洲主權。他們和他們的顧問在兩國之間穿梭，做生意、和那些他們以為自己知道對方背景與動機的人物交「朋友」。

第五縱隊的成員包括許多在這塊土地上最有勢力的企業家；

他們的來電，總理及財政部長是要接的。他們很肯定自己「知中」，並且認為澳洲的未來，本來最重要的就是要靠加深雙方經濟關係，不可以讓政治及「價值觀」的差別來擋道。他們表現出他們做的事有助於「國家利益」，但我國的「國家利益」總是剛好符合中國的國家利益，這件事可不是剛好。他們對北京的沉迷，使得他們無法理解其他的現有選項。

除了中國的這些有力朋友的操弄，我們之所以對經濟壓力敏感，還有個更廣泛的原因：我們受到自由市場思想的巨大影響，這個思想沒有明說的前提是：經濟必須置於一切之前，其中包括我們的自由。為中國打圓場的人士，對於自由的重要及其所面臨的威脅，一再予以淡化或閃避。或者他們會堅持說，經濟成長是保障自由最好的方法，彷彿金錢可以買到法治，而不是腐化了法治。在他們全球化的商業世界觀裡，國家主權逐漸變成一個過去的遺物。正如一位澳洲高級官員帶著嘲諷的語氣對我說，「明明都受傷出血了，但有人在乎嗎！」

「中國主宰我們的命運」

中國對澳洲的未來至關重要，因為我們的經濟都要依靠它。據說是這樣。然而，更接近事實的說法，是我國經濟都要依靠中國的這項觀念，讓中國得到對澳洲的巨大影響力。例如有許許多多人相信，正是因為我們與中國的密切經濟關係，才使我們免受2008年全球金融崩潰的影響。雖然中國並沒有特別為澳洲做什麼

事，只是一如既往地購買我國鐵礦石及其他資源以推動中國自己的經濟成長，然而澳洲國內卻有種普遍的看法，說我們應該感恩中國救了我們，我們對中國有所虧欠。許多中國人也相信這個。於是，一旦雙方觀點出現分歧，比如關於南海問題，中國網民便會痛罵澳洲忘恩負義（通常順帶批評我們如何不文明），這類的事屢見不鮮。我們的評論家及政治人物不但沒有駁斥這樣的論調，並且予以回敬——貴國才應該感謝我國，同意用我國資源供養你們的繁榮昌盛——反而人云亦云，說我們總之是虧欠了中國。

認為我們無法阻止中國愛怎麼做就怎麼做的這種想法，削弱了我們對於中共勢力日益滲透進澳洲的抵禦決心。北京感應到這一點，於是一再提醒我們：持久而健全的經濟關係，有賴於和諧的政治關係，而當澳洲順從北京的意願，和諧就有了保障。澳大國家安全學院院長羅利‧麥德卡夫這麼寫道，「總的來說，北京想與商業夥伴達成的交易，和它與自己人民的交易相同——用經濟上的好處，換得政治及安全上的默許。」[7]

在第十二章，我們將探討澳洲國內為中國辯護的某些主要人士的立場，但在這裡值得一談的是，「中國主宰我們的命運」這樣的主張如何在公共討論中逐漸展開。

「中國事務」——這家非營利公司旨在「促進對中國問題進行切合實際的討論，反映當中複雜微妙之處」——創辦人琳達‧雅各布森，對於某些中國投資遭到「情緒化的抗議」表示惋惜。她承認，的確「中國每一位高階商務人士都與黨有密切聯繫」，但是，嘿，在中國就是這個樣，所以大家有什麼好擔心的？雅各

布森斷言，如果我們能夠來一場「大人的討論」，就會明白要是沒有中資，我們花在醫院及學校上的錢就變少了，所以我們不要再有更多「公開的小口角」，你好我好大家好吧。[8]

更有警覺心的評論家傑夫・韋德粉碎了這種捍衛之詞，他指出，黨在中國企業裡有影響力，與這些企業只想賺錢的看法，兩者互相矛盾。「資本……去了中共黨國想讓它去的地方。」[9]所以如果國家指導的中國資本，正在買光澳洲的能源基建、電信產業及港口，那麼與其把頭埋進沙子裡，不如就這件事來個「公開的小口角」更像大人。

雅各布森與季北慈[1]在2017年合著的書中主張，中國與澳中關係複雜微妙的程度，使得兩位作者難以對任何問題提出清楚的答案。[10]他們坦言，當他們來到澳洲之後，這個國家對中國的無知讓他們感到吃驚。澳洲的舉措，經常帶有認知錯誤、步驟錯誤、愚蠢的過失。社會大眾，甚至許多所謂專家，都沒辦法掌握其複雜與微妙，所以說，最好還是交給那些像他們一樣，知中、真正了解情況的人士，來發表評論和建議。

「中國主宰我們的命運」這樣的信念，其實是誇大之詞，先是由商業利益集團及靠中國為生的人士創造出來，又透過媒體將之放大。他們像前大使兼中國通斯提芬・菲茨傑拉德一樣，[2]相信「我們活在一個中國的世界裡」。[11]我們唯一明智的反應，是

---

1 季北慈（Bates Gill, 1959- ），美國政治學者，專長領域為國際與區域安全議題，近年來集中在中國對外與安全政策、美中關係與美國重返亞洲政策。季北慈與雅各布森都曾任職於斯德哥爾摩國際和平研究所。

更深入理解中國，並學會用更善解人意的態度，更有技巧地與中國打交道。後面這句話無疑是真實的；對中國更加理解，乃是本書的目標。但是要相信我們活在一個中國的世界裡，則是陷阱。我們不是這樣的；我們是活在一個複雜且多元的世界裡。如果我們活在一個中國的世界裡，那是因為我們選擇要這樣做。

斯提芬・菲茨傑拉德主張，中國影響力在澳洲大多是有益且受到歡迎的。然後，他也指出中共正在想方設法干涉澳洲的社會及政治，以及這麼做是如何侵蝕了我們的價值觀。[12]那我們應該怎樣回應？他主張，我們必須變得極其接近中國，「讓我們的聲音在北京經常出現，得到諮詢、被注意到。」那你加油吧。菲茨傑拉德講的等於是說，澳洲要倖存，唯有與美國分開，想辦法在北京成為「朝廷裡的人」──換句話說，成為僕從國。北京沒有戰略夥伴，但是，被唐納・川普嚇壞的菲茨傑拉德說，我們應該當第一個。並不是每個澳洲人都願意放棄國家主權，但菲茨傑拉德要澳洲的大企業動員起來，支持他的願景以及讚揚德萊斯代爾報告（後文討論），這篇報告漂漂亮亮地規劃及論述了北京的整套經濟綱領，彷彿就是我們自己的報告一樣。

我們常常覺得中國的官方宣傳是粗糙的，甚至是可笑的，然而，講到中國如何形塑我們西方國家看待北京的方式，他們的成

2　菲茨傑拉德（Stephen FitzGerald）是澳洲與中國建交之後的第一任駐中大使（1973-1976），曾於2015年出版《大使同志：惠特蘭的北京特使》，描述他與當時在野的澳洲工黨領袖惠特蘭所組成的特使團，前往北京討論中澳外交關係正常化的破冰之旅。現任雅各布森「中國事務」的董事之一。

就可說不同凡響。即使自認對中國有細膩了解的人士，也可能上當。就算安德魯‧弗羅斯特那些生意人是不知人情世事，完全沒看穿中國官員打點出來的門面，我們可是期待我們的學者及經濟顧問可以表現得更好。要為這種智識上的天真舉個例子，可不能錯過一篇在2016年8月大張旗鼓出版的報告：這篇名為《與時俱進的夥伴關係》，主題是澳中經濟關係的未來，被譽為這段關係的「首次大規模獨立研究」，由澳大經濟研究東亞局與中國國際經濟交流中心（國經中心）聯合撰稿。滕博爾總理有和這本報告書合照（但明白表示他不背書）。[13]

報告的「共同主編」是皮特‧德萊斯代爾教授──他是一位日本專家，也是澳洲幾十年來最熱情鼓吹自由貿易的一位人士──他呼籲引進更大流量的中國「旅客、學生、投資者及移民」，為經濟及政治關係施以「渦輪增壓」。[14]他相信若我國「被保護」的產業迎來更多中國競爭者，我們將會受益（雖然，澳洲的進口壁壘根本已經不存在，而中國的壁壘還是高不可攀）。

該報告的第一前提是，對危及雙邊關係的事，澳洲一點也不許做；此一根深柢固的信念，代表了北京在這個國家所持有的最有力槓桿。該報告加強了一個廣泛散布但誇大其詞的觀念：澳洲未來的繁榮，首要依賴於中國的經濟成功。[15]你會以為，若這件事情為真，那我們就會想辦法使我國的交往更多元化，而不是變得更依賴中國；但是算了──德萊斯代爾報告感嘆，廣大的澳洲社會「沒有掌握」來自中國的「外資的好處」，並且呼籲應停止對中國投資者給予差別待遇。[16]主張中國投資如同他國投

資一樣，應該任其以同等自由進入澳洲，是忽視了一項事實：中國不像英國、美國及日本，它是一個獨裁體系，國家控制著大部分經濟，並藉此去獲取政治影響力及區域的戰略優勢。該報告暗示，問題不在於中國重大的商業決策時常緊密地與黨國的利益及戰略企圖綁在一起，而是澳洲社會大眾太無知，常被仇外情緒所煽動。

正如我們將在第九章看到的，該報告特別令人憂心之處在於，建議澳洲應該在我們最先進的科技研究領域，優先容許中國不受約束的投資。現在，美國、加拿大及歐盟已逐漸認識到這種中國投資可能會有多危險；2017年美國發起一場調查，研究該如何保護自己，以抵禦高科技領域中掠奪性的中國資金。

北京對澳洲拒絕接受少數戰略投資的不快，亦在報告中得到迴響，悲嘆此舉如何對中國投資者形成反誘因，彷彿澳洲的國家利益無他，只求將外國貿易及投資最大化。雖然該報告模模糊糊地表示，希望中國經濟也許可以對外國投資多開放一點（許多西方公司拒絕在那裡經營，因為中國政府把做生意弄得太困難），但報告仍呼籲澳洲應取消對中國投資的限制。

2014年時德萊斯代爾便指出，在礦業景氣期間，中國投資來到澳洲的最多，比對世界其他地方的投資都多，但資金流已經轉往別處去了，其中一部分是因為「民粹主義的反應」，這種說法指的是對於中國國企大量買進能源基建及農業控股等資產所抱持的任何疑慮。[17] 他安撫我們，中國國企與其他公司一樣，因為它們也得遵守澳洲的法律及規章。好吧，是沒錯，但這也改變

不了一項事實：中國國企的執行長都是高級黨員，被黨所任命，且聽從黨的指令。

對於捍衛北京的任何一項經濟野心，侮蔑澳洲對它們的任何保留意見，該報告做到了如此恬不知恥的地步，使得我們即使懷疑北京國經中心的智庫把他們的澳洲同行弄到頭殼壞去，也是情有可原。報告指出：「於是，澳洲的地緣政治及地緣經濟位置，還有其多元文化的社會，對於形塑中國與西方的連結，乃是獨特的資產。」確實如此，但是這些其實是澳洲的弱點，而中共的戰略家已經察覺到可資利用。

某位熟知北京如何盯上澳洲的人士，揭露了中國真正的目標，因為過去許多年間，他的工作就是在這裡執行北京的戰略。出逃澳洲的中國外交官陳用林在2016年寫道：從中共看來，澳洲有三大優勢，可以作為其擴張到西方世界的試驗場地。第一是我們的地緣政治位置，實際上使我們成了「西方陣營的軟肋」。第二是我們的華裔人口非常多，「這些人天然地與中國大陸有著千絲萬縷的聯繫，洗過腦，絕大多數人有濃重的大漢民族主義。」第三是我們的多元文化政策，允許效忠北京的華人冠冕堂皇地以「弘揚中華民族文化」為名，推進中共的意識形態宣傳。[18]

若說澳大的經濟學家乃是被北京的同行所欺騙，那麼，一定是長久以來皆如此。北京知道他們找上的搭檔是誰。2009年，皮特・德萊斯代爾斥責澳洲的政治領袖「就像一班小丑那樣」，阻止中國的中鋁集團購買力拓的大筆股份。要是他們能夠像他一樣，「與中國政策界的頂級玩家來一番密集互動」，他們就會懂了。

[19]看著澳洲高階人士結束與「頂級玩家」的會談，然後相信對方已經對他們實話實說了，實在讓人頭痛。專講給西方人聽的說法是一回事，真實的情況又是另一回事，他們不懂，還以為自己已晉身少數菁英，知道中國如何辦事。德萊斯代爾施展一系列低級話術，一直在嘲笑主張中共企圖影響澳洲政治的說法。[20]

北京的政治主子們能夠確定，撰寫「獨立」聯合報告的中國專家們會按照黨的路線走。中國國際經濟交流中心於2009年創辦，是「溫家寶總理親自批示成立的……中國最高級別智庫」。[21]首位理事長是前副總理曾培炎。當時中共決定，它需要一些可靠的智庫。2016年，習近平主席明確要求強化智庫，以作為中共領導層召募人員的途徑。[22]一份全國性的規範明定，智庫「以服務黨和政府決策為宗旨」。[23]根據布魯金斯研究所一份研究中國智庫的文件告訴我們：中國智庫從不「獨立」；中國國經中心「在國家發改委的指導下運作」。中心內的專家事實上可說是政府官員，他們的想法鮮少得以逾越黨的規定範圍之外。[24]

「聯合報告」得出結論，如果它的建議被接納，「澳中關係將被帶入一個完全嶄新的層次」。[25]毫無疑問這是真的：如此一來，中共對澳洲經濟生活的影響，將既徹底又不可逆。遠在北京的國經中心幹部，一定正在舉杯慶賀他們的勝利，因為若與美國智庫進行聯合報告，絕對不會呼籲取消對中資的限制，或讓中國公司（無論國企或私企）暢通無阻地取用美國的先進技術。美國正在堅定地轉向另一條道路。

澳洲國立大學為發表該報告所準備的新聞稿，內有一張照

片，是一群人揮舞著大型的澳洲國旗及中國國旗。似乎沒有人注意到這張照片的象徵意義：其中，所有揮動國旗的都是華人。

挪威及達賴喇嘛效應

當異議人士、作家劉曉波2010年被授予諾貝爾和平獎時，中共既難堪又憤怒。[26] 雖然挪威政府在此一決定中沒有起到任何作用，但北京卻報復挪威，大幅減少挪威在中國鮭魚市場當中的分額。[27] 自由貿易會談也取消了，外交關係嚴重凍結。旁觀的各國懂了這個意思，開始疏遠劉曉波。

奧斯陸洗心革面。四年後，當達賴喇嘛訪問挪威，首相拒絕會見他。挪威外長碧約格‧布蘭德告訴記者：「達賴喇嘛自從1989年獲得諾貝爾〔和平〕獎以後，曾造訪挪威十幾次——但是，現在情況不一樣了。……我們需要集中關注我們與中國的關係了。」[28] 在和平獎授予劉曉波六年後，挪威政府等於向中國卑躬屈膝地道歉。[29] 挪威作為人權捍衛者的聲譽，可能再也無法恢復了。

研究顯示，一個國家的總統或總理會見了達賴喇嘛，該國對中國的出口下降可能達到8%。[30] 全世界的領袖都承受著巨大壓力，逼他們要怠慢達賴喇嘛這位精神領袖，許多人已經屈服，包括霍華德在2002年，陸克文在2008年及2009年；而吉拉德在2012年因拒絕會見達賴喇嘛，還得到中國官方媒體的「肯定」。[31]

對中共來說，西藏獨立是「五毒」之一（其他四毒是台獨、疆獨、法輪功及民主運動）。達賴喇嘛被譴責為「披著袈裟的狼」

及「反華分裂分子」。（誰來告訴中宣部，自從《萬世魔星》這部電影問世之後，聽到某人被指為「分裂分子」，西方人都會覺得很好笑。[3]）北京堅決無情地要反制這位藏族領袖在全世界巨大的「軟實力」。據報導，許多領袖被逼到拒絕會見達賴喇嘛，其中包括南非、印度、丹麥、挪威及蘇格蘭。在中國的壓力下，教皇方濟各也拒絕會見他。英國首相大衛‧卡麥隆在2012年會見達賴喇嘛後，被列為不受歡迎人物。2015年，卡麥隆仍試圖與北京和解，以致拒絕會見這位西藏領袖，達賴喇嘛慨嘆：「錢，錢，錢。俱是此物所為。道德何在？」[32]2017年，中國對蒙古脆弱的經濟施加嚴重的壓力，蒙古被迫宣布不再歡迎這位備受崇敬的精神領袖，而這是個普遍信奉藏傳佛教的國家。但是波札那總統伊恩‧卡馬博士，在巨大壓力下展現了令人耳目一新的勇氣，他在2017年同意會見達賴喇嘛，他告訴北京：「我們不

3　《萬世魔星》（*Monty Python's Life of Brian*）是英國的巨蟒劇團（Monty Python）1979年出品的嘲諷喜劇，描述跟耶穌同一天生日的鄰居布萊恩意外成為彌賽亞的故事。有一幕是一群人在廣場階梯上閒磕牙，前去兜售食品的小販布萊恩問他們是不是「猶地亞人民陣線」。其中一人發出吭聲，更正說他們叫做「猶地亞的人民陣線」。布萊恩要求加入，說他跟其他猶太人一樣痛恨羅馬人。帶頭大哥同意了，還說比羅馬人更讓他們痛恨的就是「猶地亞人民陣線」。這時其他人就大聲叫囂：「分裂分子」、「分裂分子」。跟著有人點名另一個團體：「猶地亞人民群眾的陣線」。（叫囂：「分裂分子」、「分裂分子」）接著又有人點名「猶地亞的人民陣線」，（叫囂：「分裂分子」、「分裂分子」）這時帶頭大哥似乎是想到什麼：我們就是「猶地亞的人民陣線」啦！
作者在此處想要說的是，中共動不動就稱別人為spltttist，會讓許多看過《萬世魔星》的西方人聯想到片中這群動不動就稱別人為splitter的自稱反帝國主義運動團體。

是你的殖民地。」[33]

中國的地緣經濟學

> 如果你不做北京政治領袖想要的事情，他們會在經濟上懲
> 罰你。他們用經濟老虎鉗夾住全世界的政治人物。他們已經
> 這樣做很多年了，而且，這招管用。
>
> ——雷小山，中國市場研究集團，上海[34]4

想用軍事手段控制他國，成本高昂且危險——看看伊拉克就
行了。對一個現代國家，有更便宜、風險更低的手段可以壓逼他
國，有時稱為經濟治術或地緣經濟學。中國已經變成世界上精於
此術的大師。地緣經濟學可被定義為，施展經濟獎懲，去強迫他
國採用自己中意的政策。美國外交關係協會的專家羅伯特·布萊
克威爾及簡妮弗·哈里斯指出，地緣經濟學有七種主要工具：貿
易政策、投資政策、經濟制裁、網域、援助、貨幣政策、能源及
商品政策。[35]

這些工具簡直就是為某種國家量身打造：這樣的國家經濟強
大，深度融入全球經濟體系，同時又有能力控制國內公司，若公

---

4 中國市場研究集團是一家世界級的市場研究、戰略管理諮詢公司，創辦人為雷
  小山（Shaun Rein），著有《中國幸福消費新勢力：迎接中國第二波內需大商機，
  30件該做和不該做的事》（ *The End of Cheap China* ）與《山寨中國的終結：創造
  力、創新力與個人主義在亞洲的崛起》（ *The End of Copycat China* ）。

司服務於國家的戰略野心就獎勵，否則就懲罰。這樣的國家就是中國。北京對中華人民共和國經濟的控制，是日益加劇，而不是下降。名列2013年《財富》全球500大的八十五家中國公司，幾乎全是國有企業。[36] 雖然北京正在擴張其軍事力量，但其真正實力來自把經濟體當作武器。

　　一些輕率的評論主張，中國削減從澳洲進口的鐵礦石，或在南海的航運路線進行干涉，並不符合中國的利益，因為中國也會受損。[37] 這又是另一例未能理解中共統治之下的中國究竟是什麼。在追逐其戰略目標上，中國遠比我們更願意忍受痛苦。它的痛苦閾值比較高。我們的政治體系很容易被產業遊說給影響，即使是小產業，只要表達激烈我們就會受不了；但是在中國，公司想繼續得到照顧就不能抱怨，工人若上街示威而遭受報復也是意料中事。

　　當北京拉動地緣經濟的槓桿，去施加真正的經濟苦痛時，它通常否認正在這樣做。北京之所以不好啟齒，一來是由於明目張膽的脅迫有可能招致反擊，再者它大多數的行為破壞了世貿組織的規則。中國想要權力，但它也希望別人認為它是負責的全球經濟公民。

　　使用經濟壓力去達成政治及戰略目的，中國並不是唯一的國家。但是今天，它是最厲害的。雖然美國偶爾施加經濟制裁——比如，對付北朝鮮及伊朗——但其制裁並不常有，而且是針對安全威脅。相形之下，中國經常使用這些武器，旨在強迫其鄰國屈服。羅伯特‧布萊克威爾及簡妮弗‧哈里斯在其有力的記敘中，

為美國從其全球參與中抽身而感到悲哀。這項事實「讓中國隨心所欲控制脆弱的非洲及拉丁美洲國家」。[38] 在一些非洲國家，不舒服的感覺已經累積了好幾年。早在2007年，尚比亞的反對黨領袖邁克爾・薩塔[5]已經直言不諱地表示：「我們希望中國人離開，以前的殖民者回來……西方資本主義至少還有講人性的一面；中國人只是赤裸裸地剝削我們。」[39]

有時，中國會放棄任何偽裝，有多少壓力就用多少壓力，有多厲害就多厲害。2017年3月，在南韓的請求下，美國開始裝備終端高空區域防禦（薩德）反彈道導彈系統。它可以打下裝備日益精良且咄咄逼人的北朝鮮導彈。中國強烈反對，擔心薩德的先進雷達系統可被用來監視它，並且抵消中國對敵方來擊的回應。

中國為了回應安裝薩德的決定，針對南韓採取了四十三項報復措施。由於南韓樂天集團允許美方在它名下的一些土地上安置部分系統，首當其衝承受了中國官方媒體所煽動的憤怒。比如，《環球時報》宣布南韓必須承受懲罰，中國消費者應該教訓首爾。[40]《新華網》警告，這麼做「將會變成樂天的一場噩夢」，而充滿民族主義情緒的讀者則實現了這個預言，針對樂天在中國各地的賣場掀起暴力活動，導致大部分店面關閉。[41]（消費者的抵制及

5　邁克爾・薩塔（Michael Sata, 1937-2014）尚比亞愛國陣線領導人，選了四次總統終於在2011年選上，卻於2014年任內病逝。薩塔曾公開批評前總統利維・姆瓦納瓦薩（Levy Patrick Mwanawasa, 1948-2008）把尚比亞出賣給「國際利益」，他還在公開場合稱香港是個「國家」（country），台灣是個「主權國家」（sovereign state），氣得中國曾揚言，要是薩塔選上總統，就會與尚比亞斷交。

政府的報復一直沒有放鬆，2017年9月，樂天宣布出售中國的店面，退出中國。）這只是一個開頭。中華人民共和國封殺了韓國進口的化妝品及電器，並取消韓星演出。[42]韓國旅客在中國大街上遭到不客氣的招呼。在中國非常流行的南韓電影，被北京國際電影節封殺。在中國電視選秀會上擔任評審的江南大叔Psy，臉孔被弄得模糊不清，好像小孩子的惡作劇一樣。

韓國的旅遊業被搞得一團糟，因為中國政府禁止團客出國，導致觀光客人數大幅下跌。[43]「韓中國際旅遊」旅行社說，首爾的旅客減少了85%。一間大規模的中國旅行社主管承認，「旅遊業是外交的一部分」。[44]在一場重要的足球賽之前，從韓國出發的包機都被取消，韓國球隊只得搭乘剛好趕得上的定期班機。（據說這支賭盤看好的球隊之所以會輸給中國隊，筋疲力盡是原因之一。）有些世界排名前茅的中國高爾夫女選手，則計畫抵制樂天贊助的夏威夷比賽。

2017年6月，鴿派的南韓〔文在寅〕新政府中止了薩德的安裝，當時六個發射台中的頭兩個已經安裝完畢且可以操作。當地社區的某些人，原本因安全及環保的原因，也反對裝設薩德。但在金正恩試驗核武器，越過日本發射導彈並威脅攻擊美國之後，其餘四個發射台也在9月安裝完畢了。

中國有一個獨特的優勢，是澳洲及美國這樣的國家所不及：運用社會壓力動員其民眾去抵制外國公司，或以其他手段懲罰之，這一招比我們有效太多了。雖然中國的抵制及制裁，也會給自己的消費者及工人造成痛苦，但這「只不過顯示出，為了

地緣經濟政策而必須承擔國內成本時，北京可以有多大的忍耐力。」[45]

分析家在研究中國如何利用經濟脅迫時，點名2010年中國禁止向日本出口稀土事件。稀土對製造各種高科技產品至關重要，其中包括日本出口品的元件。禁止對日出口稀土的原因來自稍早日本逮捕了一位中國船長，他在有爭議的〔釣魚台〕海域，猛撞日本海上保安廳的巡邏船。在那個時候，中國實際上已變成稀土唯一的供應商；尤其是1995年時又有一家國企購買了美國印地安納州一家最先進的加工廠。中國當初承諾營運該廠至少五年，但五年的期限一到，買主便關廠、拆除、在中國重建。[46]美國失去了稀土生產能力，將這項關鍵物資的控制權交給中國。

日本在壓力下很快就把中國船長給釋放了。布萊克威爾及哈里斯指出，稀土之禁「引人注目之處在於其跋扈囂張……中國第一次如此大膽地脅迫一個和美國訂有條約的盟友」。[47]這些事件顯示，為了習近平主席聲稱中國必須領導經濟全球化的主張，中國願意違反建立在規則之上的全球經濟秩序，只要這麼做符合其戰略利益。

2012年，有一百五十個貨櫃的香蕉被扔在中國的碼頭上，任其爛掉，因為菲律賓反對中國漁船入侵黃岩島。此一事件導致菲律賓約20萬名農場工人受到影響。[48]北京也讓旅行社明白，到菲律賓的行程該停掉了。馬尼拉只好投降。南海另一邊的越南看到這種結果，只好在領土主張上放軟。[49]

菲律賓特別容易受北京影響。一般咸認華裔菲人擁有約一半

的菲律賓上市公司市值，這個群體雖然只占總人口的1.5%，但政治勢力卻要大得多。[50]另外，菲律賓政府在2007年把該國的全部電網管理給了中國國家電網公司。如今一家中國國企的手就放在該國的保險絲盒上面。[51]

日中緊張加劇時，源於中國的網路攻擊在2011年發動對日本國會的攻勢。在此之前則是以網路竊取日本國防設施及核電廠的情報。[52]這些攻擊是否來自政府單位，難以知道；但是，「北京的愛國駭客大軍一直積極利用網路戰，打擊台灣政府及基礎建設的網路。」台灣一直是個特別的打擊目標，中國的網軍發動「無數網路攻擊，旨在騷擾、破壞或癱瘓台灣的金融、運輸、物流、軍事及其他網路」。[53]

2016年5月在北京眼裡傾向獨立的台灣新總統蔡英文上台，中國大陸的旅客人數很快就暴跌36%，危及台灣旅遊業生存；這個產業曾迅速發展，主要靠的就是陸客。[54]北京指示大陸旅遊業大幅削減前往台灣旅遊的人數。數以千計的台灣旅遊業者及其雇員在台北街頭遊行，要求政府採取親北京立場，來安撫這條龍。[55]當北京致使旅遊業崩盤後，台灣被迫讓觀光客來源多元化，從而限制了中國遊客的人數。[56]

據信，北京在澳洲部署了愛國駭客。中國政府並不承認使用了這些手段，這使得冒犯到中國的人士忐忑又緊張。如布萊克威爾及哈里斯所觀察到：「事實上，中國監管體系的獨斷獨行，是北京能有效運用地緣經濟學手段的部分原因。」[57]像澳洲這樣一個照章行事的國家，因為地緣政治目的而使用國內法律來懲罰外

國進口貨物或投資，比起中國來說要困難得多。

逼迫澳洲

大家可能會覺得，日本、台灣及南韓位於中國鄰近的戰略區，北京不會把這種勒索用在像澳洲這樣的國家身上。但是，想想希臘的例子。

在聯合國，沒有哪個集團像歐盟那樣堅定且一貫地捍衛人權。當美國三心二意的時候，還是可以倚賴歐盟發聲，反對違反聯合國憲章所列權利的國家，包括公正審判、新聞自由的權利，及同性戀者的權利。至少，2017年6月之前都是這樣，直到希臘否決了一項歐盟決議，該項決議譴責了中國迫害社運人士及異議人士。[58]希臘近似搗亂的行徑給了歐盟一陣衝擊波，一位外交官形容此舉「講得客氣點，是不名譽的」。希臘自辯，要關切人權，以私下會談更為有效，這是屈服於中華人民共和國一貫的花招，讓批評中國的一切都避開公眾耳目，堅持關起門來在雙邊會談中討論。[59]

為什麼希臘會偏離歐盟立場？我們不必看那麼遠。近年來，希臘正在歐盟施加的嚴厲措施下掙扎，而中國給希臘經濟傾入了幾十億。2016年，中國最大的造船公司，國有的中國遠洋海運集團，買進位於比雷埃夫斯的希臘最大港多數股份〔51%〕。希臘總理亞歷克西斯·齊普拉斯出席了簽字儀式，中國大使在致詞時表示，「這項協定對中希友誼來說，是一個具有歷史意義的里

程碑。」[60]希臘各港口被視為對一帶一路進入歐洲至關重要。

　　另外，2016年，在歐盟緊急救助希臘，要求其國有資產私有化之後，中國國家電網公司購買了希臘電網公司ADMIE四分之一的股份。（中國國家電網在新南威爾斯州投標購買澳洲電網一事，被聯邦政府以國安理由阻止了。）中共高級官員盯上了希臘因為積欠歐洲各銀行的債務而舉步維艱，從而與希臘發展出密切的戰略夥伴關係；用一位分析人士的話說，這麼做可以把希臘變成一種在歐盟的「中國觀察員」。[61]希臘總理齊普拉斯不斷地到北京去朝聖。歐盟在不知不覺間把希臘拋入中國的懷抱，而中國似乎是打算利用希臘作為打入歐洲的橋頭堡。

　　在愛琴海的另一邊，土耳其政府於2017年8月承諾要撲滅所有的反華媒體報導。[62]之前在2015年，土耳其曾針對中國在齋戒月期間虐待新疆的維吾爾穆斯林，動員群眾到中國駐安卡拉大使館外舉行抗議活動。這件事讓中國很惱火。但是到了2017年5月，艾爾段總統出席了北京的一帶一路大會，現在土耳其政府已經把眼光放在一帶一路倡議所冒出來的現金流上。

　　對於中國含糊其詞將施以經濟報復的威脅，澳洲已經退讓了多次。2016年，中共高層認真地考慮懲罰澳洲，因為我們支持海牙法庭對於中國在南海非法占據島礁的立場。後來他們暫時擱置了懲罰，但遲早我們也會受到和台灣或南韓一般的待遇。2018年1月，北京利用《環球時報》的一篇文章，威脅將以經濟措施來傷害澳洲。[63]該篇報導表面上說，我們犯的錯是在南海與美國採取相同立場，但是，我國一向如此，所以這番威脅更可能是

在表達北京害怕滕博爾內閣提議的新國家安全法，因為該法將大大削弱中共擴張影響力的行動。雖然明明是中華人民共和國違反國際法，吞併了有爭議的島礁，把它們變成戒備森嚴的軍事基地，卻弄得好像是澳洲發出「挑釁」，允許我們的軍艦行經該海域似的。

中國的懲罰手段可能包括利用不實的檢疫或衛生標準來制裁我們的出口商，以捏造的指控逮捕澳洲公司的工作人員，拒絕給商務人士發放簽證，以及操縱情報機關或網民駭客發動網路攻擊。澳洲有一些產業已經太依賴中國市場了——奶粉、輔助藥物、酒及某些食品。明天，這些東西可能就會被扣在港口。

但是我國最容易屈服於中國經濟勒索的是教育業及旅遊業；2016年，兩個產業來自中國的收入各為70及92億澳幣。旅遊業特別易受影響，因為一般預期會成長得很快（到2020年將達130億澳幣），但這水龍頭可以一下就關起來。（留學生會想要定居在澳洲，但旅客卻可以去泰國遊玩。）另外，旅遊業比大學擁有更大的政治影響力。習近平主席在2013年4月與時任澳洲總理吉拉德會見時，就已經針對中國遊客對澳洲的重要性做了隱晦的威脅。[64]2016年末，聯邦政府向中國擁有的航空公司「開放」澳洲的天空，它們可以增加航班的數量，想要多少就有多少。〔澳洲第二大的〕維珍澳洲航空的五分之一股份，已經被總部在海南省的海南航空所買下，這間公司的運作非常機密、不透明，據說是代中共行事。[65]（海南航空公司正在大量買進澳洲各地區機場的機師訓練學校。[66]一些專家預估，澳洲的機師訓練所不久將完

全被中國所擁有了。）澳洲公平競爭和消費者委員會已經批准，讓維珍、海航及其他兩家中國航空公司協調在澳洲的經營。簡言之，現在北京有辦法任意關掉觀光客這個水龍頭，因為它控制了航空公司。

然而，聯邦政府似乎渾然不覺，還指定2017年為中客旅遊年。昆士蘭州政府投入重金，要吸引大量中國旅客到凱恩斯、布里斯班及黃金海岸，希望為該地旅遊業就業創造熱潮。[67]2011-2016年間，來自其他國家的觀光客數目持平，而中客數量幾乎是三倍，於是昆士蘭估計還有很長的曲線可以攀升。

要思考本文所揭露的以觀光客為勒索手段，還必須把各種起到作用的因素納進來。北京較容易控制的是旅行社辦的團體旅遊：自由行的獨立遊客不太容易阻止；他們的消費也更多。澳洲旅遊業有一場中資的「大規模熱潮」，占2016年總金額的40%。[68]中國投資者正在買進大飯店（美居、喜來登、希爾頓、宜必思、索菲特），[69]搶購處於困境中的昆士蘭州渡假勝地（白日夢島、林德曼島）以及打造新的渡假勝地。其中一些投資者有中國旅行社的背景，關掉觀光客水龍頭將會傷害到他們，但是，不管他們如何抱怨，北京也不會同情。

8 間諜活動今昔
Spies old and new

刺探澳洲安全情報組織

　　中國大使館在坎培拉不規則伸展的建築物，與澳洲安全情報組織那玻璃鋼鐵堡壘，就隔著波力・格瑞芬湖相望，直線距離大約兩公里。兩者之間正有一場激烈的鬥爭，將會決定澳洲的未來。2005年，安全情報組織憂心澳洲各機構遭到滲透，於是設立了反情報單位，主要任務是監視及打擊中國間諜日漸增加的活動。此舉發生在澳洲安全情報組織局長丹尼斯・理查遜去職後，理查遜為了加強反恐，實質上取消了該組織的反情報能力。[1]

　　據說從那時起，安全情報組織便一直在全力趕進度（因此會說中文、又確定忠於澳洲的人便有了一項新的職涯規畫）。它相信，中國已經對澳洲發動「全場盯人」——即一場全面的攻勢。安全情報組織必須與其他相關組織一起努力，以抵抗由湖對岸的中國大使館所主導發起的顛覆活動。雖然安全情報組織不能忽視反恐功能，但其反間諜、反顛覆行動的功能對於澳洲的長久未來，可能要重要得多。

在波力‧格瑞芬湖岸邊，澳洲的首要情報機構要蓋一棟新館，這對中國間諜活動來說是絕不可錯過的目標。2013年，就在大樓即將完工之時，澳洲廣播公司報導，新館的藍圖——包括樓層平面圖、電纜圖，甚至伺服器的位置——被人透過網路入侵給偷走了；這場入侵的源頭幾乎可以肯定是來自中國。[2]安全情報組織否認藍圖遭駭，但影子內閣的司法部長喬治‧布蘭迪斯告訴聯邦議會，他的情報來源向他確認了此事。新館在通訊系統重裝之前不得進駐。北京則否認這一指控，繃著臉的外交部發言人聲明，中國反對一切形式的網路攻擊。[3]

2015年，記者普瑞姆羅斯‧瑞爾丹及馬庫斯‧曼海姆披露，有間公司買下了安全情報組織總部對街的一塊開發用地，其中一角距離安全情報組織80公尺。主導該公司的乃是中國富豪梁光偉，有解放軍背景，[4]他曾在自家公司「深圳華強」做東，招待過包括前國家主席胡錦濤在內的中國領導菁英。在這家名為SHL的建設公司買下坎貝爾這塊地（稱為C5建案）前一個月，梁光偉還是該公司的一位董事。梁的妻子是坎培拉居民，目前仍是該公司三位董事之一，但是真正在坎培拉大肆投資房地產的是梁光偉的錢，他在2016及2017年又購買了兩大筆土地。拍賣會上，其他投標人的火力完全不敵。[5]

距離澳洲安全情報組織80公尺的一棟五層公寓大樓，是一個完美的地點，方便監視出入總部的車輛交通。這麼重要的地點在賣給有解放軍背景的公司之前，從未做過任何審查及評估。澳洲首都領地的首席部長安德魯‧巴爾，按當地報載，此公眼裡從

來沒有哪個開發案是他不喜歡的，他還接受了SHL的邀請，為動土儀式挖了第一鏟，說任何人若質疑這項出售案，他就是「種族主義者」。[6]他又說，而且若有什麼國安問題，那也是安全情報組織的錯，誰叫它把總部蓋得那麼靠近住宅區。[7]

一千名間諜及線民

陳用林逃出雪梨領事館後，在2005年一次接受媒體採訪時表示，有個「一千多名中國特工及線人」的網路，在澳洲活動。[8]這種說法好像太不尋常，讓某些人不免懷疑；畢竟，冷戰期間俄國人在我國的間諜及特務，也不可能超過幾十人。但是，中國的情報蒐集是以不同的模式在運作。除了傳統的間諜活動，中國還召募大量華裔人士以收集及傳遞有用的情報，包括商業及軍事機密，還有「不愛國」團體的情報，例如民運人士及法輪功信眾。大使館會核對整理這些情報，把它們送到北京，或就地在自己的行動中使用。

與澳洲安全情報組織有關的一位情報專家這麼說：「中國的情報蒐集無所不包，但不公然侵擾，大體上並不違法，可是其規模如同一門產業。」[9]陳用林的指控，與中國對美國規模來得更大的攻擊是一致的。有人主張中國在美國已布下最多兩萬五千位情報人員，並招收了一萬五千名線人，而一位曾任聯邦調查局反情報官員的人士，認為這樣的數字是「合理的估計值」。[10]

我們將會看到，在澳洲的中國學生監控其他學生及學者，回

報一切「反華」言論及行動，例如批評中共或者觀賞一部與達賴喇嘛有關的電影。運用愛國情懷或者勒索，可以說動與中國有商業往來的華裔澳人，把他們平常與澳洲商業領袖或公務員談話間偶然接收到的消息往上彙報。那些能夠接觸到有價值的科技情報的人士，會被要求把這些情報給上傳。據報導，澳洲安全情報組織懷疑間諜可能會以旅客身分入境。[11]

2016年，《澳洲金融評論報》的亞倫・派翠克在回顧了事態後寫道：「中國國安部門正在從事澳洲所見過的外國勢力當中最積極的情蒐工作。」[12]情報專家保羅・芒克說，中國情報官員正在「大顯身手」，「目前中國間諜活動的規模，使蘇聯在冷戰高潮時期的成就，顯得小巫見大巫了。」[13]杜建華詳盡研究的披露，記載了海外華人被召募去蒐集低階情報，滲透或監視工會、婦女團體、學生會及其他組織，以及從企業蒐集技術及商業戰略。[14]澳洲安全情報組織的成立是為了監控傳統的間諜活動，以致缺乏相應的裝備與資源，來抗衡這種「去中心化的微間諜活動」。某位前分析人士告訴我，即使安全情報組織得到的資源迅速增加，「中國這台情報機器就是大到無法打敗」。

政府中的一些人，知道這一威脅的規模及嚴重性，至少知道一部分。但是他們決定保持沉默，不像美國及加拿大的同行。中國領袖及媒體那種嚴厲、有時歇斯底里的反擊嚇倒了他們，他們害怕北京報復，也擔心激起反華情緒。然而，前國防部長丹尼斯・理查遜，在2017年5月他的公職生涯最後一次公開活動中，警告澳洲要注意北京的間諜活動及其增進影響力的行動。[15]

　　如果澳洲人民——商務人士、公務員、普通公民——警覺到這類活動正在發生，就可以採取措施，來防範這一空前未有、在公民社會當中所進行的間諜行為。安全情報組織應該得到鼓勵，針對這一威脅的性質提供更為清楚的報告，而不是在年度報告中含糊其詞，連「中國」兩個字都不提。如果發現證據，就應該像北美一樣，起訴中國間諜。內閣的部長們應該大聲疾呼，就像他們開始在2017年試著做那樣。

　　我們要記住的是，以某種方式幫助中華人民共和國推進其目標的華裔澳人，有許多之所以這樣做是受到了壓力，我們最好把他們當成中共的受害者。

　　經過一段長期的沉默，陳用林終於安頓好自己在澳洲的生活，到了2016年他告訴澳廣，自他初次提到間諜及線民的數目為一千名以來，人數一定又增加了。[16]

華為及全國寬頻網路

　　大家都知道，中共黨國利用網路間諜活動侵入我們的電信網路，已經有好幾年了。根據2013年的《四角方圓》報導，澳洲最重要的政府部門已經被來自中國的駭客侵入，包括總理府、國防部、外交部及處理海外情報的澳洲秘密情報局。外交部第一次遭到中國網路入侵，據信發生在2001年。駭客活動在2007及2008年日趨猖獗，導致「情報圈內部極為擔憂」。[17]

　　侵入澳洲通訊網路的企圖，並不只是像惡名昭彰的61398部

隊那種秘密組織，在上海郊區貌不驚人的建築物所操作的行動。
[18]有人懷疑北京可能利用國企及私企來接觸澳洲及他國的通訊
內容，包括機密檔案。於是2012年3月，吉拉德的工黨政府禁止
中國電信巨頭華為參加向全國寬頻網路（NBN）提供設備的競標
案。我國情報機構警告，有「可信的證據」顯示華為與解放軍總
參三部有關，此即中國軍方的網路間諜系統。[19]1 而該公司的女
董座〔孫亞芳〕承認，華為與國家安全部有關，國安部就是中華
人民共和國的情報機構。[20]2

　　與此同時，華為斥資打造值得信任的公關形象，包括設置一
個澳洲董事會作為門面。任用了自由黨大老亞歷山大‧唐納、工
黨大老約翰‧布拉姆拜，隨後又聘請退役海軍少將約翰‧洛德來
當董事長。[21]洛德說他看了該公司的研發，覺得很激動。他安
撫那些在他眼裡疑心太重的人說，華為用他當董事長並不是為了
「搞垮澳洲軍隊」，而是對他感興趣，因為他在坎培拉有門道。[22]

　　美國的立法者一直更密切地關注華為，還有另一大電信設備
巨頭中興公司。2012年10月，美國國會發布一個驚人的報告，
證實了華為與中國政府及其情報機構密切有關。[23]結論是，美
國對這些公司「應該以懷疑的眼光看待它們持續侵入美國電信市
場的情形」。報告建議，華為對美國公司的一切收購提案及合併
提案，都應該予以禁止；而且，所有為政府提供系統的廠商，都

1　61398部隊隸屬於原解放軍總參謀部三部二局。而解放軍總參三部負責的是「信
　　號情報」，即偵聽、處理和轉送國外電台的通信傳播信號，總部設在上海。在習
　　近平進行軍改之後，改隸為戰略支援部隊網絡系統部的一員。

應該排除華為的設備。最重要的考量是「不能信任」華為及中興「得以免於受外國政府的影響，從而對美國及我們的設備系統造成國安威脅」。

　　美國國會調查引人深思的一點，在於它試圖釐清華為（和中興）與中國政府的關係。在中國，華為被指定為屬於「戰略產業」，得享特殊待遇。調查者做了許多努力，希望能讓華為有話直說，結果卻發現公司及高階主管躲躲閃閃、鬼鬼祟祟、故意妨礙調查，最後乾脆撒謊。我們知道為什麼：講真話會破壞華為多年來精心打造的形象——它是一間現代化、獨立的全球企業，其所作所為只是要造福股東。

　　雖然華為不是國企，但它在中國政府支持下躍身全球第二

2　原文在這裡用 The company's chairwoman admitted that it had been affiliated with the Ministry of State Security, the PRC's intelligence agency. 引用資料是 2012 年 9 月 13 日美國國會聽證會的證詞，但提供證詞的人並非孫亞芳，而是華為資深副總裁丁少華。丁少華說《新京報》等中文媒體指稱孫亞芳曾任職國安部的報導是錯的。另，根據書後注〔27〕華盛頓郵報 2011 年 10 月 11 日引用 10 月 5 日中情局公開資訊中心（Open Source Center）所揭露的報告，《新京報》確實在 2010 年 10 月 28 日報導過孫亞芳任職華為之前曾任職國安部，香港鳳凰衛視也在（日期不明的）報導中指出，孫亞芳曾利用自己任職國安部的關係，協助華為度過 1987 年草創初期的「財務困難」。所以原文的「承認」應源自孫亞芳接受中國媒體訪問的報導。

孫亞芳已於 2018 年 3 月 23 日的董事會換屆選舉中下台，由原先的監事會主席梁華接任董事長。也是在同一個董事會上，總裁任正飛的女兒孟晚舟升任副董事長兼首席財務官。孟晚舟於 2018 年 12 月 1 日因違反美國對伊朗的制裁在加拿大遭到扣留。2019 年 1 月 28 日美國司法部正式以銀行及電信欺詐、妨礙司法，以及竊取商業機密等 23 項罪名起訴華為與孟晚舟，司法部並已向加拿大提出引渡孟晚舟的要求。

大電信設備製造商，手上有合約為全世界的通訊網路供應電子設備，若以為這樣一家公司竟與中國情報系統沒有天天聯繫，那就傻到了極點。《經濟學人》雜誌寫道，華為「偷竊了非常多智慧財產，公司的擴張一直獲得中國政府大量補貼，政府急於以這匹特洛伊木馬，滲透越來越多的外國網路」。[24]

從解放軍退役軍官任正非創辦華為時，它就與情報部門有聯繫了。任正非曾任解放軍信息工程學院[3]院長，該學院負責中國軍隊的電信研究，特別服務於「總參三部，中國的通訊情報部門」。[25]根據智庫蘭德公司為美國空軍所做的報告，「華為與中國軍隊維持著密切的聯繫，軍方扮演多種角色，既是大客戶，也是華為的政治靠山及研發夥伴。」[26]2011年中央情報局的一份報告指出，華為的女董座孫亞芳曾任職於國家安全部，中國的國安部也就相當於美國的中央情報局了。[27]

儘管罪證如此確鑿，華為在澳洲仍有強力支持者。當吉拉德政府禁止該公司進入全國寬頻網路，反對黨的財政發言人安德魯‧羅伯斥之為「一個功能嚴重失調的內閣，其笨拙、無禮、不專業的最新一集演出」。[28]沒多久之前羅伯參訪了華為的深圳總部，費用全由對方包辦。[29]〔七號電視網董事長〕克瑞‧斯托克曾借助華為之力在伯斯架設起寬頻網路，他說他對該社「懷有最高的敬意」。[30]亞歷山大‧唐納對該公司與中國情報部門有聯繫的說法，一笑置之。這位華為澳洲董事會的成員說，「我不懂澳

3　現為中國人民解放軍戰略支援部隊信息工程大學的一部分。

洲有什麼毛病，這又不是勒卡雷的小說。4」[31]

唐納有前科。2004年他以外交部長的身分出訪中國，告訴中國外交官，澳紐美安全條約只是「象徵性的」，若是台海發生衝突，澳洲也沒有義務要協助美國。他支持在戰略上調整立場，與中國就安全及政治問題合作。唐納的發言讓兩位評論人士做出充滿先見之明的結論：「唐納先生在北京的發言顯示出，曾堅定親美的坎培拉內閣，由於中國崛起的經濟實力及影響力，正快速改變態度，以致自行疏遠了一個關鍵的美國戰略立場。」[32] 根據陳用林所說，「唐納的立場，立即引起中共領導人的興趣」，他們看到了能打入一根楔子的入口。[33]

2013年11月，艾伯特內閣遵循安全情報組織的建議，重申禁止華為成為全國寬頻網路的設備供應商，華為董事長約翰・洛德寫信告訴失望的員工：「我要十分明白地說，從沒有人提出任何證據給華為，表示我們的公司或技術造成任何安全風險。」[34] 他所做出的保證，是在難以推諉的美國國會報告之後一年。這位前艦隊司令談到華為的前景極好，包括它簽的大合約，要協力打造奧普特斯的4G網路。5 他堅持華為「沒什麼不可告人」，但美國國會的調查委員會卻發現該公司在證詞中閃爍其詞，與洛德的說法並不一致。（委員會也提到有可信的證據指出，華為違反了移民法，並涉及賄賂及貪腐。）[35]

4　勒卡雷（John le Carré, 1931- ）英國間諜小說作家，曾在英國的兩個情報部門MI5和MI6工作過。他的大部分小說都是以冷戰時期為背景。

5　奧普特斯（Optus）是新加坡電信的一個全資子公司，在澳洲是第二大電信公司。

　　奇怪的是，聯邦政府雖禁止華為，卻允許中興參與全國寬頻網路設備的競標案，儘管美國國會委員會認為這兩家公司一樣值得懷疑。該項決定明顯得到澳洲安全情報組織認可。2017年初，中興因向伊朗出售機密的美國技術，違反美國的制裁措施，而被罰款9億美元。[36]在這項判決出爐之前，中興多年來都針對這些指控向聯邦調查人員撒謊。在與美國政府達成和解後，中興公司總裁趙先明宣布要致力於「打造一個合規、健康、值得信賴的新中興通訊。」[37]6

　　不過，聯邦議會有些議員已經明白這代表華為是怎麼回事。2016年，聯邦基礎建設部長保爾‧弗萊徹開始佩戴華為的智慧型手錶（該公司的贈品）在聯邦議會走動，參議員黃英賢便對聯邦議會的首席資訊官好好質詢了一番。這手錶有連上聯邦議會大廈的網路嗎？首席資訊官不知道；她的工作並不包含對此項設備進行風險評估，而且，她對華為公司真的不是知道太多。[38]然而，聯邦議會的電腦系統2011年確實被中國的駭客侵入過，該國的情報人員於是可以取得各議員的電子郵件，多達一年份。[39]雖然機密通訊不會經過該網路，但駭客很可能積累了其他資料，包括目前及未來領袖的私人關係，他們對中國及美國的真實看法，其親友與對頭的花邊消息，所有這一切，都被證實非常有用。

　　2016年，我們的國防部長丹尼斯‧理查遜並沒有過度擔心這一切。2012年3月，當時他是外交暨貿易部部長，又是橄欖球

6　總裁兼任董事長的趙先明，已於2017年3月辭去董事長職務，但仍續任執行董事與總裁。

聯賽隊伍坎培拉突襲者的一位董事，他請了半天無薪假，要一起
決定球隊跟華為能不能談妥170萬澳幣的贊助協議。[40] 華為公司
從未表現出對橄欖球聯賽有任何興趣——應該說，這是該公司頭
一次贊助的運動項目。[41] 用一筆行銷預算，來接近有勢力的人
物，這種戰術中國（及其他國家的）公司也不是不知道。要拉攏
的對象，有誰好得過這位澳洲外交部長，也是安全及情報機構前
局長，且很快就要成為國防部長的人呢？可以想見，後來坎培拉
體育場開球哨音響起時，理查遜與華為的高階主管就會肩並肩站
在一起，還有突襲者隊另一位董事、前國防部長亞倫・霍克。與
影響力人士精心培養私人關係，是中國的一個強項，從2015年
以來就在澳洲系統性地發揮，並提升到全新的層次。

　　突襲者隊很快就開始表揚華為公司贊助的好處，例如使用華
為的全天候智慧型手錶監測運動員的狀況，包括他們水分是否充
足、睡眠、飲食及健康；還有，在華為平板電腦的幫助下，監測
他們的位置及移動速度。[42] 用在政治人物身上，也很方便。球
隊行銷經理表示，突襲者團隊「勇氣、尊重、正直及敬業精神」
的價值觀，與「華為本身的價值觀十分相配」。

華為的所及範圍

　　美國國會調查委員會在針對華為公司的報告中，提及「來自
中國、精密的電腦網路入侵，正在大肆猛攻」。報告得出結論，「中
國有手段、機會及動機，惡意利用電信公司」。[43] 雖然華為的硬

體被排除在澳洲全國寬頻網路之外，但它已順利將設備賣給其他通訊網路，包括〔英國的〕沃達豐、奧普特斯及澳洲電信公司；[44] 華為有國家補貼的幫助，可以削價競爭。[45]2014年《南華早報》報導，倫敦的內政部已經棄用了華為提供的視訊會議設備，因為有國安疑慮。[46] 在情報機構針對竊聽風險所提出的建議之下，英國各部會已停止使用華為的設備。但澳洲政府各部門並沒有實施任何相似的禁令。

或許最令人擔憂的，是華為與中國國家電網公司有密切的商業往來；這家中國國企巨頭，目前在維多利亞州及南澳，都擁有一大部分電力網路。中國國家電網可以利用華為的設備，蒐集到用電情況的大量數據。一旦安裝了華為製造的設備，那麼澳洲電力網路的順利運行，就要依賴華為製造的硬體裡面所安裝的軟體，也許這在某種程度上已經現實。[47]

或許也是考慮到這一點，2016年新南威爾斯州配電網路「澳洲電網」出售給中國國家電網一案才被擋了下來。畢竟，美國國會委員會警告過一項事實：「在關鍵基礎建設的元件中進行惡意植入，諸如電網及金融網路，將會是……中國軍火庫中一件可怕的武器。」[48]傑夫・韋德用修辭式問句提出更廣泛的考量：

　　一間中國國企，與軍方及中國情報活動有密切聯繫，而外資審查委員會批准它控制重要的全國性基礎建設，甚至買進新州電力傳送網路，在澳洲政府各部會進行光纖通訊的網路，這時候，必須要問：我國審批外資的程序是否需要修

正？[49]

　　華為一直在澳洲勤奮地打造其品牌及影響力網路，那就是，除了與一位現任及前國防部長、一位前海軍少將、一位前外交部長及前州長建立聯繫之外，還做了很多工作，包括針對現任眾議員的大方送禮及免費旅行。助理財政部長凱麗‧奧德懷爾是目標之一，華為在她的選區舉辦中國春節活動時支付了舞獅的費用。不出所料，鄧森也在其中，2013 年他訪問了位於深圳的華為總部。華為招待新聞集團公司的記者葛瑞格‧謝里丹飛了一趟中國，這之後，他便以一篇文章大肆讚頌該社成就，指出中國公司全都有黨委會，告訴我們「關於華為的負面消息，沒有一項可以證明」，並暗示華為是無辜掃到颱風尾，被捲進美國對網路駭客的焦慮。[50] 從此謝里丹就得見光明了（我也是）。[51]7

　　這些享用華為款待的人，以及接受有利可圖的董事會職位的人，全都沒有做任何非法的事情。但難道沒有人會懷疑，他們利用了自己的位置及聲望，給這家公司披上體面的外表，從而為其成功做出貢獻？

　　2018 年 1 月，美國電信巨頭 AT&T 放棄一筆交易：給自己的用戶提供華為電話。美國參議院及眾議院的情報委員會，以書面

7　原文在這裡是 The scales have since fallen from Sheridan's eyes (as they have from mine). 典出《新約》〈使徒行傳〉9:18，「立刻，有魚鱗似的東西從掃羅的眼睛掉下來，他的視覺又恢復了。」引申義為對某件事的頓悟。當然謝里丹的頓悟和作者的頓悟不一樣。

向聯邦通訊委員會提醒國會報告中關於華為的證據，並指出又有額外證據暴露出來。[52]

美人計

2014年，當艾伯特首次以總理身分前往中國，其幕僚長佩塔·克萊德琳隨行。他們要出席眾所矚目的博鰲論壇，此一論壇咸認是在中國舉辦的活動中「受竊聽最嚴重的」。澳洲安全情報組織就安全問題已經對官員及記者都做了簡報：帶另一支不同的手機。不要把手機插在旅館房間所提供的充電座上。扔掉禮品包裡的隨身碟。千萬不要把筆記型電腦留在房間，甚至放在保險箱裡也不行。

克萊德琳走進旅館房間之後，先四下張望。[53]她立即拔掉收音機鬧鐘的插頭，並切斷電視機。沒過幾分鐘，有人敲門。「打掃衛生。」服務人員進來，把鬧鐘及電視機的插頭重新插好，然後離開了。克萊德琳又把它們拔掉，果然，服務人員又來敲門，電器設備又被插上電。於是克萊德琳為了把意思表達清楚，便把鬧鐘插頭拔掉，放到房間門外的走廊上。然後，用毛巾遮住電視機。在論壇上總理會告訴媒體，澳洲是中國的「真正朋友」。[54]

在中國的旅館房間裡，裝設竊聽器的鬧鐘收音機並不是官員面臨的唯一危險。一直都有消息傳出，澳洲政治領袖參加人家舉辦的中國行，旅館房間裡會有「小姐」。在我們聽說的例子裡，目標衝出房間通知領隊。一定還有其他人被美人計誘入甜蜜的陷

阱，那就永遠是人家的囊中物了。情報專家尼格爾・因克斯特爾
寫道，中國特務用美人計來召募的目標比較多是非華人。[55]澳
洲情報機構知道「許多案例」。這或許只是謠言，但有人告訴我，
某位澳洲以前的高階政治領袖就中了這招，現在他是可靠的親北
京評論人士。

有一種美人計是威脅要把當事人與伴遊的不得體相片曝光。
另一項招術則是痴情而不是恐懼。戀愛，甚至婚姻，在有辦法接
觸到有價值情報的男人以及為北京工作的華人女子之間，並不是
沒發生過。深陷情網的男人，會做出瘋狂的事情。2014年在夏
威夷，一位27歲的中國學生，引誘了一位60歲的退役軍官兼國
防承包商。男人不久之後傳給女人機密的美國戰爭計畫及導彈防
務情報。[56]在另一案例中，華裔美人、聯邦調查局特務陳文英，
她是北京的雙面間諜，與聯邦調查局上司〔詹姆斯・史密斯〕有
性關係，此人亦主導美國在洛杉磯的華人反間諜行動。他二十年
來都為她提供機密情報。

若認為中國巨大的間諜網路並沒有動手召募澳洲的學者、專
家及記者以獲得情報，特別是秘密情報，那就太傻了。中國特務
所利用的弱點，叫做「四個道德缺陷」：情色、復仇、名聲及貪婪。
美國一系列間諜審判冒出來的法庭文件，已經披露了一些技術；
但是因為澳洲不起訴間諜，極少有消息指出他們在這個國家是如
何運作的。

2017年7月，獨立的美國記者內特・薩伊爾寫了一篇詳細報
導，講述中國國安部旗下的情報機構上海國安局，如何召募他從

事間諜活動。[57]國安局有時透過上海社會科學院來運作，上海社科院允許國安局用該院作為掩護，召募外國學者為中國當間諜。（中國科學院也是如此。）薩伊爾指出，「美國聯邦調查局評估，上海國安局⋯⋯與上海社科院有密切關係，並利用上海社科院雇員，充當觀察者與評估者。」薩伊爾的評論見報不久，一位曾任中央情報局特務的人士在維吉尼亞州出庭，以從事間諜活動遭到起訴，此前他去上海會見兩人，兩人自稱是上海社科院的人員。[58]

我沒有見過任何證據表明澳洲的學者、智庫人士或記者，是以這種方式被召募的，不過在2008年，記者菲利普·多令報導，工黨有位黨工曾受中國特務召募。這位黨工同意提供工黨高層的個人資料，並就內部黨務寫出背景文件，他因此得到薄酬。[59]隨著2007年大選來到（中國在雪梨的領事館支持陸克文），這位黨工被催著要在聯邦部長手下找份工作。當他知道自己必須通過國安審核才能到部長辦公室工作，他就中斷了這份關係。

薩伊爾引用一位美國的中國情報活動專家所言：「聯邦調查局的華盛頓調查處，至少有五個反間諜小組集中研究中國，負責智庫、記者、學生、武官、外交人員，及已知的國安部官員。」有鑑於大批學者、專家及記者穿梭於澳洲與中國之間，美國的報告應該敲響了警鐘。比如澳中理事會資助上海社科院成立澳大利亞研究中心，而雪梨大學也與上海社科院有交流協議。如果我假定上海社科院應該已經召募了很多澳洲學者前去訪問，這樣的說法應該也不為過吧。

菲茨吉朋—劉事件

1963年英國鬧出一樁香豔醜聞。原來戰爭部長約翰‧普羅富莫與他人共享一位情婦克莉絲汀‧基勒，那個他人是俄軍情報人員葉夫哥尼‧伊萬諾夫。普羅富莫事件動搖了政府，首相〔哈洛德‧麥克米倫〕差點下台，報界鬧了幾個月，導致全盤的安全審查，以此為題的書籍及電影有十幾部。安德魯‧洛伊‧韋伯還為此事寫了一部音樂劇〔劇名《史蒂芬‧沃德》〕。事情鬧得很大。

2009年有報導指出，澳洲國防部長喬爾‧菲茨吉朋與一位中國女商人劉海燕有著「非常密切」的長期友誼，原來這位女士與中國軍方情報機構有密切聯繫。[60] 她也是手頭闊綽的地產投資者，慷慨贊助工黨。披露此事的記者——理查‧貝克爾、菲利普‧多令及尼克‧麥肯茲——指出，當部長住在坎培拉時所租用的別墅，房東就是劉海燕的姐妹昆娜。

國防情報官員們進行了一場非官方、隱蔽的安全評估，發現劉海燕與解放軍總參二部的聯繫，總參二部是針對海外軍事、政治及經濟事務蒐集人力情報的部門。[61]8 這項評估的考量理由之一，包括菲茨吉朋在當部長之前，有兩次乘坐飛機頭等艙卻未加申報的中國之行。[62] 一位高階國防情報官員說，從指揮系統往上報之後，此份未經授權的報告由於「過於棘手」，於是石沉大海。時任總理的陸克文據報曾與劉女士共進晚餐，他沒有要求菲

---

8 解放軍總參二部改制後成為中央軍委聯合參謀部情報局。

茨吉朋辭職。而且，據我們所知，這對男女也沒有接受澳洲安全情報組織的評估。

劉海燕與中國情報機關的聯繫其實更深。2017年曝光的是，她旗下的一家公司支付大筆款項給一香港公司，據信該公司乃是中國間諜活動的門面。據貝克爾、多令及麥肯茲報導，那間公司的擁有人劉超英是現任或退役解放軍中校，[9]其事業涉及採購導彈及衛星技術。[63]她也與劉海燕一直有很親密的私人關係。劉超英是美國當局熟知的人物，因為她與「中國門」大有關係。「中國門」是1990年代中期的醜聞，當時有大筆資金流入柯林頓基金會，來源可能是中國情報機構，是中國擴大影響力計畫的一部分。劉海燕承認她認識劉超英，但否認她知道劉超英的情報聯繫。與此同時，劉海燕一直捐獻高額款項給新南威爾斯州工黨及菲茨吉朋的選舉基金。貝克爾、多令及麥肯茲寫道，「費爾法克斯媒體並沒有要影射菲茨吉朋先生從劉女士那裡還接受了其他需要申報之物。」

我國國防部長與中國情報密探走得這麼親近，如此公然違反國安的事情，卻只造成那麼小的一個醜聞，顯示出澳洲人看待所有關於中國的事務時傻得厲害。大多數記者、編輯、政治人物及

9　劉超英大有來頭，她是中共解放軍軍委會副主席劉華清上將長女。劉華清因對解放軍海軍的現代化有貢獻，被稱為「中國現代海軍之父」、「中國航母之父」。劉超英的軍職是解放軍中校，曾任解放軍總參謀部情報部五局上校副局長、中國航天科技集團副總經理及其下屬中國航天國際控股有限公司經理（香港上市公司）。

意見領袖，抱持著這種觀點：中國對澳洲的興趣不可能高到要動手安插間諜。整件事情只不過是陰錯陽差的巧合，不值得進一步調查。政界兩邊的要人都跑去遊說《雪梨晨鋒報》及《時代報》的發行人費爾法克斯集團，要他們壓下菲茨吉朋－劉事件，主張報導此事會傷害我們與中國的關係，並在澳洲激起反華情緒。他們在這兩個算計上可能是對的；但雙方都與劉女士關係匪淺，他們想讓這些關係繼續不見天日，這也是真的。

1989 年天安門慘案時，劉海燕是雪梨的一個留學生。根據民運人士所說，約在這個時期，她參加了反北京的抗議活動，然後就消失了，幾年後重新出現，成了一位女富商。[64] 不久之後就看出她與中國關係密切——應當說，她與黨的高幹關係非常密切。2000 年代中期，她被任命為澳中和統會名譽會長，與周澤榮一起。

菲茨吉朋的事在 2009 年曝光，鮑勃・卡爾立即出來保護劉海燕，把她乃是國安風險的主張打成「可恥」的說法。至於有人認為她是一位神祕的女性，卡爾說，「她不比其他任何女人更神祕」。[65] 卡爾及他的妻子海蓮娜（有馬來西亞華人血緣）都是劉海燕的好友。[66] 在那個階段，劉海燕手裡的公司（部分由中國國企持有）給新南威爾斯州工黨的錢已經超過 9 萬澳幣。洩露出來的文件顯示，劉海燕在透過中國銀行回給北京的報告中說，她付錢給菲茨吉朋，把他籠絡過來了。劉海燕寫道，「我們付錢給他付得值得。」[67]

在本書撰寫過程中，移民部正希望向劉海燕了解她是在何種

情況下獲得澳洲國籍。看起來是1989年她拿學生簽證時，利用假結婚騙到了定居證。牽連進來的人士當中有一位是頭腦單純的年輕澳洲女子，她與劉海燕的中國男朋友結了婚，而她自己的男朋友娶了劉海燕，她承認了。[68]（數年後劉海燕與「丈夫」離婚。有人認為這是因為劉海燕領悟到對方可能已經有權擁有她新獲財富的半數。）[69]

劉海燕婚姻合法性的問題，是2012年由反對黨移民事務發言人斯科特‧莫里森提出，而引起移民部注意的。[70]記者貝克爾、多令及麥肯茲寫道，移民部與克里斯‧鮑文的部長辦公室協商後，拒絕對劉海燕的婚姻狀況發布消息。[71]

海康威視

2016年9月，倫敦的《泰晤士報》在頭版以醒目的篇幅報導海康威視迅速突入閉路電視市場的消息。[72]海康威視是一家由中國政府控制的公司，該公司的攝影機已經占領英國市場的14%，一些政府大樓已經安裝了，斯坦斯特德機場、格拉斯哥機場及倫敦地鐵也是一樣。官員擔心，如果這些閉路攝影機可以連上網際網路，那麼它們所蒐集的數據就能傳回北京。《泰晤士報》說，海康威視出身於中國軍事監控組織，以削價競爭快速提升市占率，而這項戰略之所以可能，靠的是國家銀行的低利貸款。

現在，海康威視是世界上領先的影像監控設備供應商。[73]「杭州海康威視數字技術」是2001年創辦的國企，來自一家政府

研究機構〔中國電科第五十二研究所〕。它由一家更大的國有科技集團公司所控股：中國電子科技集團（中國電科）（該集團對雪梨技術大學的滲透在第十章再討論）。[74]海康威視的董事長〔陳宗年〕，也是中電海康的黨委會書記，他曾號召所有黨員為「海康夢」、「中國夢」而奮鬥。[75]10 2015年習近平主席視察杭州時去了「海康威視」總部，而不是名氣大得多的「阿里巴巴」。海康威視研發部門的主管浦世亮被介紹給他認識，據報導，浦世亮也在中國公安部主持一間科技實驗室，公安部是中國的安全主管機構，執行大規模的影像監控計畫，負責鎮壓異議人士，大規模地踐踏人權，包括拷打。[76]

海康威視最先進的攝影機連在霧中也能辨識出汽車牌照，還可以用精密的臉孔辨識技術追蹤個人。美國人在機場、監獄、學校、以及密蘇里州的一個軍事基地都安裝了該公司的設備，使得一些業界專家提出警告。其中一位向美國政府寫道：「每一次只要有一台他們的機器連上網際網路，它就會把你的所有數據，送往中國的三個伺服器。有了這個情報，中國政府就可以在他們想要的任何時間，登入任何攝影系統。」[77]雖然業界其他領袖沒那麼擔心，但影像監控軟體大廠Genetec已經表示不再支援海康威視（及華為）設備，因為有安全考量。海康威視則指控它的批評者是冷戰思維。

10 海康威視的母公司是中電海康集團，中電海康集團則是中國電子科技集團所全資擁有的子公司。中國電科持有39.9%的海康威視股份，另外又透過由陳宗年擔任所長的第五十二所持股1.96%。

2013年，海康威視在澳洲設立子公司。從此，用坎培拉保全產業一位專家的話說，它「便宜到不可思議的IP攝影機」（網路攝影機）的市占率就很高，而且繼續增加。[78]海康威視可能是澳洲影像監控設備最大的供應商。同一位專家說，雖然海康威視的攝影機很流行用來監控商業建築、學校、社區大樓等等，但其品質尚不足以用作高階使用，例如監控機場、安全的政府大樓（至少在坎培拉不足）。[79]海康威視本身說，其攝影機與頂級品牌的差距正在縮小。[80]這些攝影機一定都會連上伺服器，伺服器通常是在現場，但也可以重新指定路徑，把影像傳到世界上任何地方的伺服器。

業界各雜誌披露了海康威視與中共的聯繫後，有一間澳洲供應商停止了與該公司合作。其他曾與我談過的業界專家則不願意提供任何可以直接公開的消息，但他們都知道有關海康威視的疑問。即使零售商不賣海康威視的攝影機，澳洲的閉路電視領先品牌實際上也大多──包括Swann和Honeywell──是由海康威視在中國生產，然後重新貼牌上市。[81]（有些品牌並不表明其攝影機是何處生產。）一家全國性的閉路電視（包括海康威視產品）主要供應商告訴我，他的顧客並不知道使用海康威視攝影機的風險，政府機關也是如此。[82]一談到這個話題，大多數人只會把此一顧慮當作又是陰謀論。但保全及監控專家看到中國的滲透，已經日益提高警覺，他們形容澳洲人是「沉睡的殭屍」。

2017年3月有專家發現，海康威視在其閉路電視加入一個「後門」，可以取得該設備「完整的管理員權限」。海康威視斷然

否認，但是美國的國土安全部證實了這份報告，並給予海康威視攝影機最差的安全評分。[83]2017年5月國土安全部發出警告，指出惡意入侵者可以駭進海康威視攝影機而取得敏感資訊。[84]海康威視攝影機，被視為脆弱的環節。

當我問保全產業的一位高階人物，中國政府是否能夠利用海康威視攝影機，在安裝該機器的大樓探測情報，他回答，「它當然可以用來進行間諜活動。」業界網站《IPVM》在2016年發表一系列調查文章，同年得出結論：「世界上其他人實在需要考慮：由一個中共控制的組織提供其影像監控設備所帶來的風險」。[85]可是海康威視的閉路攝影機還在澳洲到處安裝，而官方沒有任何擔憂的表示。

網路盜竊

2015年末澳洲氣象局的電腦系統遭到「規模浩大」的網路攻擊，導致被安裝了惡意程式。[86]雖然大多數人以為一個氣象預報組織不可能受到太大傷害，但事實上，最好把氣象局當作「全面的環境情報機構」。[87]它的工作是在氣象預報及氣候變化科學研究的最前線。不僅如此，氣象局的超級電腦還連到政府的敏感系統，其中，國防部就會接收每天的氣象報告，尤其是在世界上正有武裝部隊行動的地方。若與中國產生衝突，中國有能力阻礙我國的氣象預報，這可以是個有意義的戰略優勢。戰略政策專家彼得・金寧斯表示，也許氣象局被當成「最脆弱的環節」，可以

透過它來進入安全層級高的機構；[88]中華人民共和國61398部隊等最高機密的網路機構所針對的就是這樣的對象。2015年的網路入侵，可能需要數年整修，要花費數億澳幣。

2016年末有人提出國安關切，因為澳洲國立大學最尖端的國家電腦基建中心證實，它將安裝由中國聯想公司的軟硬體，而中國政府與該公司有利害關係。[89]五角大廈已經警告過美國軍事機關不要用聯想設備。[90]使用澳大該中心的單位，有氣象局、聯邦科學與工業研究組織、澳洲地球科學中心等等。國家電腦基建中心的人告訴我，「反正也都走漏了」，因為到處都用中國器材，像他這樣的專家總是假定系統已經被滲透。[91]能夠做的只是採取措施，將入侵的範圍限縮在已經被駭的使用者。

大家不常認清中國顯著的經濟增長是多麼地依賴外國技術，而這些技術很多是用不光明手段獲得的。隨著中國開始轉型成更高科技的經濟體，這種依賴日益增加。中國的第十三個五年計畫強調這一轉型，並且要找出獲取必要技術的方法。雖然，中國已在科技教育上投注巨資，但是習近平抱怨說，中國仍太依賴外國技術。[92]中國的科技落差如此之大，以至於為一家美國智庫撰寫資安的兩位專家得出結論：中國經濟計畫的前提乃是建立在由國家支持的巨大盜竊案。[93]

中國未來的成長依賴於西方技術的情況，彭澤忠在2013年接受日本報紙採訪時不小心洩露出來；彭是一位高階資訊科技工程師，也是矽谷留美博士企業家協會的幹部，該會負責聯繫矽谷這個技術樞紐與中華人民共和國。

　　我認為如果我們（海外中國學者）離開美國，全部返回中國，中國的發展將會停止……中國覺得我們這些生活在海外的人是不可或缺的。它向我們伸出一隻手，使我們的研究成果在中國土地上開花……我們大多數人都通過留美博士企業家協會這個組織，為中國政府當顧問……每個人都已經進入全方位合作的一種機制。[94]

　　大家都知道，網路盜竊在澳洲是個巨大的難題，正如其他技術先進的國家。俄國人偷得比較聰明，但中國人偷得比較多。中國獨一無二之處在於多年來都在執行系統性竊取商業情報的計畫，該計畫由中國政府擬定、執行及支持。雖然偷竊智慧財產權之事，在美國及澳洲的歷史久遠，但不會像中國那樣，由情報機構為公司執行間諜活動此等違法情事。中華人民共和國清楚表明的目的，是在其他國家研究的脊背上，建立起自己國家的技術及工程能力。美軍網戰司令部的首長形容這一肆無忌憚的盜竊為「史上最大規模的財富轉移」。[95]一個可信的來源估計，智慧財產權遭竊使美國經濟每年損失6000億美元，中華人民共和國則是領頭的罪魁禍首。[96]

　　聯邦調查局網路犯罪的前任主管舉出一例，駭客一夜之間偷走價值10億美元的所有研究成果，而那是一家美國公司長達十年的研究項目所得。並不是只有軍事及商業資訊才會被偷。2014-15年，由中華人民共和國國家支持、代號「深淵熊貓」的組織，駭進醫療保健機構，拿走八千多萬美國人的病歷，這些資

料可以用來歸納個人檔案及勒索他們感興趣的人。[97]另一個由中國國家支持的組織「公理」則入侵了能源公司、氣象服務、媒體、非政府組織、大學及其他單位。[98]有時候最容易的手法是引誘目標組織內「有惡意的個人」打開電子郵件中的壓縮檔，不必再做什麼，這個檔案就會在系統中安裝PoisonIvy或Hikit之類的惡意程式。

美國一直坦白說明網路威脅的性質、規模及其回應，但澳洲政府卻把社會大眾蒙在鼓裡，直到最近。現在政府有多說一些了，雖然並不指明中國。像往常一樣，其觀點似乎是，可能使北京不安的話一句也不要說。美國政府已經起訴了幾十個人從事各種產業及軍事的間諜活動，其中大部分是華裔人士。在澳洲，則一直沒有起訴；部分是因為我們的法律很爛，部分是因為我們沒有想要這麼做。氣象局被駭客入侵，即便幾乎可以肯定中國脫不了干係，政府卻不願意指出來。

極少公司願意公布智慧財產權遭竊，以免曝露出公司疏忽了資訊安全，或嚇到股東。一個例外是總部在阿德雷得的科丹，一家經營通訊及礦業技術的科技公司，生產一種非常有效的金屬探測器，賣到全世界。這部分的業務蒸蒸日上，直到2013–14年，銷量毫無理由地暴跌。該公司發現，該項產品的廉價複製品正在中國製造，並大量在非洲銷售。[99]

科丹一位主管在2012年前往中國，用他的筆記型電腦登入旅館無線網路時，被駭了。電腦被裝了惡意程式，當他把電腦帶回澳洲，感染了公司的系統。透過這個漏洞，金屬探測器的藍圖

被偷走了。（現在前往中國的政府官員都會收到警告，不僅避免使用旅館的無線網路，還要把手機留在家裡，也不要使用旅館房間裡的保險箱。）科丹公司完全不知情，直到澳洲安全情報組織官員來向他們揭露電腦系統已被入侵的消息。

　　此案最令人不安的面向之一是澳洲政府的反應。科丹執行長唐納德・邁克古柯找聯邦政府幫他追查、起訴竊賊，結果得到的回應是「你要自己來。」[100] 當時政府正在與中國談判自由貿易協定，不想讓任何不愉快因素破壞友好氣氛。在我們的政府與中國打交道時，恐懼得罪北京乃是不變的主題曲。北京及其各個機關，知道要在什麼時候啟動激情演出，好利用澳洲文化中的這項弱點。科丹被迫自行調查罪犯，透過中國一間私家徵信社的協助追蹤到他們。

　　科丹製造金屬探測器，也生產軍事裝備。該公司的攜帶型無線電可以遠距離傳送加密訊息，美國、英國及澳洲將之廣泛運用於武裝部隊的訓練及行動，以及邊境行動，這也是為什麼安全情報組織來敲科丹的門。澳洲每一個國防承包商都是高價值的目標。自從最後一隻信鴿退役，竊聽敵方的通訊系統一直是最優先的軍事目標（信鴿以前也會被人截擊）。出口需要政府的允許。而無線電機的設計資料，正是前述惡意程式旨在竊取的對象。[101]中國的國防戰略深度依賴一項能力，即對於擁有武力優勢的美軍，有辦法降低、干擾其通訊並予以監聽。[102]

　　人們自然會想，間諜盯上的研究是諸如先進材料、奈米技術等，然而極少領域能夠倖免，包括農業。2016年美國政府警告

農民，要提防對基改種子顯出強烈興趣的中國商人。[103] 一個由北京支持的間諜組織遭到破獲，他們從愛荷華州的農場挖出種子寄往中國。[104] 美國當局把這件事當作國家安全案件加以起訴，而不是刑事案件。先進食品科技遭竊的情形，已經有一大串被報導出來了——畢竟，生物技術是幾十億元的研究項目。這些警報，給中國在澳洲農業的投資熱潮，包括合資，增加了一個新的維度。

種族定性

美國當局害怕被指為涉及「種族定性」（racial profiling），因此追查北京間諜時必須小心謹慎。這些間諜大多數有中國血緣。[105] 在美國，與北京聯繫的組織很擅長指控美國當局以種族定性，就如同他們在澳洲的同類用「仇外」一詞使批評者住口。這使得在美國曾經有可能成立的起訴被放棄了，因為政治當局害怕受到這類指控。[106] 諷刺的是，中共黨國把向外擴張整個奠基於民族性之上——那就是種族定性。重要的不是像冷戰時的信仰，而是皮膚的顏色。

當然，中華人民共和國只要有機會就儘量挾制西方自由主義的感性，鼓勵它的代理人及辯護士利用種族主義的指控，並緊緊抓住任何對間諜活動的不正當指控。加倍諷刺的是，中華人民共和國的安全部門展開他們自己的反間諜教育活動時，焦點是一張卡通海報，題目叫「危險的愛情」，警告年輕的女公務員小心不

要被旅華學者之類的帥氣西方人引誘。[107]如果澳洲司法部長發行一本漫畫書，警告公務員小心不要被華裔女子引誘，想想那會鬧成什麼樣子。

中國大使館及領事館暗中操弄著上百位、也許上千位處於敏感位置的華裔澳人。在坎培拉的一位法輪功信徒接受周安瀾採訪時說，妻子的好友突然和他們不聯絡了。「後來她的朋友承認，雖然她是澳洲公民，任職於澳洲公部門，她還是被中國政府強迫這樣做了。」[108]這些華裔澳人也是受害者。

網路勇士

2016年，聯邦政府宣布一項新的資安戰略，將傾入更多的資源、人員及決心，來保護澳洲不受網路威脅。提升後的澳洲網路安全中心，將由高度機密的澳洲通訊局來領導。除了回應網路犯罪，這也是幾十年來最重要的國防計畫之一，政府開始調整軍方組織，組成網路戰爭部門，任務是保護澳洲不受敵方攻擊，並有能力對敵人發動網路進攻。該部門首長的軍階，接近於傳統三軍的首長。

開始強調網路戰爭，大體而言是為了回應中國在2014年宣布，決定使其武裝部隊獲得網路優勢。我們不能與中國比人數及硬體，但是針對特定目標的網路攻擊行動就有辦法造成大破壞。有人告訴我，澳洲網路戰爭的核心人物正在讀《幽靈艦隊》，美方也是，這本小說是彼得・辛格（不是談動物解放的那位澳洲哲

學家)「基於紮實研究」寫成，書中美國大敗，遭到占領，因為中國以其優越的網路能力重挫美國的衛星系統及電腦網路。據信，外國情報機構可能已經在植入惡意程式，以便將來造成破壞。[109]

網路技能在民間勞動力中已出現短缺，但澳洲國防軍開始重視網路，馬上需要一百位網路安全專家，十年之內擴充到九百位。[110] 只是，人從哪裡來？

設在吉隆的迪肯大學是澳洲少數幾個有開設學程、讓大學生和研究生都可以專攻資安的學校。許多畢業生可望進入政府機關或、澳洲聯邦科學與工業研究組織這樣的科學機構及澳洲國防軍。該大學的資安研究創新中心「與產業及政府攜手，透過合作研究項目，防範重大資安威脅。」[111] 中心裡的研究人員主要是華裔。列在網站上的十位師資，六位來自中國，包括該中心主任項陽教授。

項陽教授是迪肯大學畢業的博士，也是迪肯的網路安全及計算實驗室主任，實驗室的資金有一部分來自澳洲研究理事會，列出的研究夥伴之一是氣象局，如前所述，氣象局曾在2015年被網路攻擊，據信那次攻擊來自中國。[112] 該實驗室的網站上列出唯一一間與之共用資料集的「友好實驗室」，那是澳洲國防軍事學院的資安實驗室，主其事者是資安教授胡建坤。[113]

項陽與西安電子科技大學（西電）有密切往來。2017年5月，中國政府授予他長江學者的榮耀，其中包括西電大學的教職。獲選長江學者及接受西電教職之事，資安研究創新中心自豪地加以

宣揚，稱為「資訊安全合作的一大進展」。[114]我們將在下一章看到，西安電子科技大學與解放軍關係密切，對於透過校友會及學術交流來擴大海外網路，展現出強烈的興趣。西電大學是一間中國頂級的電腦科學及密碼學研究機構，最近成立了網路工程學院。[115]

當我們在本書中提及澳洲大學或研究機構的任何華人科學家，包括項陽，下面一點很重要。他們可能無意以澳洲為代價，圖利中華人民共和國的軍事或情報能力。然而，與解放軍及中國情報相關研究人員合作這一事實，有可能會傷害澳洲而惠及中華人民共和國。他們與人民解放軍研究人員合作，並不代表他們不忠於澳洲，因為他們可能認為那是國際科學文化中一種尋常的做法。

至少從2015年以來，在西電大學綜合業務網理論及關鍵技術國家重點實驗室（ISN國家重點實驗室），項陽一直是訪問教授。[116]實驗室的學術委員會主任于全，是解放軍總參謀部第六十一研究所的總工程師；[117]美軍贊助的專家報告形容第六十一研究所是「人民解放軍的主要資訊科技研究中心」。[118]于全因其對人民解放軍技術發展的貢獻，獲頒六項軍隊科技進步獎。[119]實驗室主任高新波進行三項國防科學研究。[120]2016年，他獲得特別榮耀的國家科學技術二等獎。[121]

項陽也是西電大學移動互聯網安全創新引智基地的外方專家，該機構又叫移動互聯網安全111基地，是中國技術轉移與創新計畫底下的一項。西安電子科技大學的基地由沈昌祥率領，他

是通訊及網路安全的領先專家，也是人民解放軍海軍少將。[122]
他因工作表現被中國海軍譽為「模範科技工作者」，十七次獲得
軍隊科技進步獎，也擔任解放軍海軍艦艇機要技術研究所高級工
程師。[123]他的研究發現，被形容為「在全國全軍廣泛應用」。[124]

當迪肯大學的項陽接受西安電子科技大學教職時，他說，將
在網路安全學科和人才培養方面積極獻言獻策，努力在西電做出
更新、更好的學術成果。[125]

以培訓澳洲未來的網路戰爭指揮官而言，澳洲國防軍事學院
所提供的資安訓練比任何地方都要來得扎實，讓迪肯大學相形
失色。新一代的澳洲網路戰爭專家，其中有一大部分會是這個學
院帶出來的。2016年學院設置了一個新的碩士學位：資安、戰
略暨外交，以及一個新的資安碩士學位（高等諜報技術），意指
畢業之後邁向澳洲情報機構的職涯。國防軍事學院亦設有澳洲資
安中心，以尖端資安工具培訓博士生，包括澳洲國防軍的高級軍
官。國防軍事學院的資安研究及教學，顯然是一個閘道，通往
澳洲新生的網路戰能力，對中國的滲透來說是個極具吸引力的目
標。一些年來，中國派遣學生來讀博士學位以及做博士後研究，
他們可以進入該校電腦系統，更重要的是，能與澳洲軍方及情報
機構的未來領袖發展關係網。

2015年，國防軍事學院的資安教授胡建坤在一場儀式上發
言，那是中國大使館向獲得獎學金的學生頒獎的儀式，這項獎學
金目標在於「鼓勵他們回國工作或以多種形式為國服務」。[126]胡
建坤教授曾與中國公安部及北京的密碼科學技術國家重點實驗室

的專家一起工作，[127]他還有許多論文是與哈爾濱工業大學及北京航空航天大學的研究人員合作發表，而這兩所大學一直在「中國最機密、最神祕的研究型大學」裡名列前五。[128]

澳洲國防軍事學院位於坎培拉機場附近的敦特倫，在皇家軍事學院隔壁，在我造訪該地時，驚見一群西裝革履的中華人民共和國人員正在校園裡散步照相。沒有看到安全警衛人員。國防軍事學院算是新南威爾斯大學的一個校區，它不比澳洲其他大學的校園更安全。有人告訴我，學校的清潔工作委由承包公司，包括清空廢紙簍，員工全是華裔人士。當我與一位專家談及中華人民共和國在澳洲的間諜活動時，一位華裔清潔工正走進辦公室來清空紙簍。中國學生學者聯誼會（學聯）在國防軍事學院亦設有分會，該組織在世界上其他地方已被指控進行間諜活動。[129]

詹姆斯・斯考特及德魯・斯潘尼爾在《中國的間諜王朝》書中表示，在科技實驗室工作的中國研究生，可能被迫以受感染的隨身碟在學校電腦系統──或研究計畫的網路──安裝惡意程式。[130]聯邦調查局2011年一份報告的主題是美國大學裡的間諜活動，警告要小心外國學生（不止中國學生）正被派去與研究人員合作，在取得信任後偷竊情報。[131]報告中舉出一例，有位中國學聯成員出逃比利時，他揭露說「十年來他都在協調歐洲各地的產業間諜人員」。他們會先找出感興趣的教授，接著研究他或她的「動機、弱點、政治及野心」。然後，他們會結交這些對象並加以召募，有時，這些人就傻傻地交出情報。美國國務院相當關切此事，因此在2016年提議禁止外國學生參加某些研究項目

及課程，例如國防科技、能源工程及航太。[132] 澳洲國防軍事學院似乎渾然不知。

9 「惡意內線」及科學組織

'Malicious insiders' and scientific organisations

「萬僑行動」

擴展中國影響力的指示，在中國的最高層是由中央政治局制定，再下達中共中央委員會。中央委員會把責任分配給僑務辦公室與統一戰線工作部。[1]1 兩者有不同的角色及功能，但在澳洲及別處，都是通過大使館及領事館，分入不同的渠道，並予以協調。透過這樣的結構，中華人民共和國深入澳洲的華人移民，利用他們進行影響、控制及開展間諜活動，包括對社區本身暗中監視。我們要記住的基本事實是，中共利用移民召募線人、臥底及間諜，還有籠絡並收買不自覺為其拓展影響力的人士。整個結構運作起來，就是其外交政策的一個有效工具。

在澳洲安全情報組織2016–17年度的報告中，雖然沒有指明哪個國家，但很清楚是在談中國的威脅。「我們發現有外國勢力暗中企圖影響澳洲社會大眾、媒體及部分政府官員的觀點，以利

---

1 參見 p.37 注1。

達成該國本身的政治目標。」[2] 報告寫道，澳洲各族裔的社群已經遭到秘密的影響力行動鎖定，而這些行動的目的在於封殺〔對外國勢力的〕批評。安全情報組織先前的報告曾警告有外國勢力干涉「社區團體、商業協會及社會組織」，尤其是「監控、脅迫及恐嚇移民社區」。[3] 安全情報組織所能指涉的，只有一個國家。

然而，反恐工作占用了該機構大部分資源，給反間諜活動留的資源很少，而安全保障這個新的、可稱為「反顛覆」的第三部分，也是一樣。雖然媒體廣泛關注華人社會及商業組織中的統戰工作，中華人民共和國對華人專業組織的控制卻沒人留意。[4] 然而，它們已經變成中華人民共和國在澳洲蒐集情報及偷竊科技的重要管道。

正如我們所看到的，中華人民共和國宣布它認為所有海外華人都應效忠祖國，包括外國國籍的華人，甚至出生在他國的華人。如果你有華人血緣，中共就假定你屬於它。國僑辦的重要目的，就是與「海外華人」（這個詞彙本身具有隱含的立場）設法接觸及發展關係，令其支持黨的目標，無論是政治目標如統一台灣，或商業目標如技術轉移。

2017年3月，中華人民共和國總理李克強來訪澳洲的同時，國僑辦主任裘援平到了雪梨。她見了最重要、最信得過的社區領袖，特別像是有錢的政治金主周澤榮、祝敏申及黃向墨。裘援平向聽眾發言，其間亦有澳洲和統會代表，她說，李總理的訪問「必將有力地推動」兩國「全面戰略夥伴關係在各個領域的發展。」[5] 她告訴聽眾，習近平主席及李克強總理「對華僑華人懷有特殊感

情」。然後，她簡介了國僑辦當年度計畫開展的工作，「希望大家積極參與」，「凝聚僑心僑力，同圓共享中國夢，共同迎接中華民族偉大復興」。

黃向墨認真地感謝裘援平帶來祖國的「關愛和重視」。儘管黃向墨在2016年的鄧森事件中受到公開的重大打擊，他還是一個為北京控制澳洲華人社區的主要人物。該事件明著提醒我們，北京的設想乃是無論海外華人持什麼護照，自然會首先服務於祖國。我們應該可以假定，自願參加這些活動的人士也抱持相同觀點。

既然如此，次日（3月24日）的會談就更有意思了（只有中文報導）。裘援平到達雪梨科技大學，與雪梨地區二十多位資深華人學者及研究人員「閒聊談心」。[6]裘援平談及國僑辦實施的最新政策「萬僑創新行動」，這項政策明白指出要把「僑胞」帶回中國，以提升創新及科技發展。但是聚集那些從國外服務中國的人士也是目標之一。[7]學成之後留在國外的400萬華人，是「實施中國創新發展戰略，最重要的資源及動力之一」。裘援平說，在北京的國僑辦會為他們「保駕護航」。

吸飽了愛國資訊的在座之士據傳有雪梨科大資料科學院院長暨副校長張成奇教授（也是鮑勃‧卡爾澳中關係研究院的董事）、該大學電機教授朱建國（統戰組織全澳華人專家學者聯合會的成員，後文再談這個組織）、新南威爾斯州大學光電教授彭剛定、該大學製造工程學教授王軍、伍倫貢大學工程學教授姜正義、雪梨大學醫學院助理教授包士三。

人力情報

　　雖然，網路駭客這個「看不見的敵人」知名度最高，但它並不是偷取情報的唯一方式，也不一定最有效。歐巴馬總統與習近平主席協議避免為商業目的進行網路攻擊之後，2016年來自中國駭客行為的數量，在美國據傳是下降了。歐巴馬威脅要以制裁進行報復，於是中國改成使用更多人工滲透，較少電子滲透。[8]中華人民共和國強迫華人員工偷竊機密情報及敏感技術已經好些年了。[9]根據一份美國國會報告，美國知道某些能接觸到珍貴研究數據的科學家在為中國工作，已經有好一陣子。[10]

　　解放軍不僅造成大量的民用數據遭竊，也對軍事機密下手，它有一個單位稱為總參三部，負責網路攻擊、駭客入侵及移取資料。[11]總參二部負責比較傳統的人力情報蒐集。在《中國的間諜王朝》一書中，詹姆斯·斯考特及德魯·斯潘尼爾估計，總參二部有三萬至五萬名間諜，安插在全世界各組織，他們的目的是蒐集情報，有機密的也有普通的，準備送回中國。（據信，發動網路攻擊有時候是為了掩蓋組織內部特工的蹤跡。[12]）

　　網路盜竊能從世界上任何地方進行，人力情報卻需要有專家安插在澳洲組織受到信任的位置上。澳洲安全情報組織2016–17的年度報告特別提出「惡意內線」，主要是政府職員，以及有權取得敏感技術等資料的承包商，這些人被外國情報部門給吸收了。[13]

　　在美國，中國召募間諜的行動多次曝光，大部分是因為遭

234

到起訴。[14] 案例之一是美國超導公司出售供風力發電機使用的精密「電子大腦」給中國的華銳風電公司。[15] 美國超導的生意就是來自供應專門設備，突然華銳風電中斷了合約，一卡車零件被退。公司很快發現，技術被華銳風電偷走了，因為華銳買通了一位超導駐奧地利的塞爾維亞軟體工程師〔狄揚・卡拉巴塞維奇〕。（他後來被判刑入獄。）華銳風電由韓俊良創辦，他在大連重工集團（一家國有企業巨頭）工作時頗受好評。華銳的其中一位投資人是中國總理溫家寶之子溫雲松。韓俊良也與國家能源局的頭頭走得很近，他利用此一關係，把華銳風電變成世界上第二大風力發電機製造商。2

另一例是美國的格倫・施萊弗，他在中國學中文時，與兩名男子及一名女子交上了朋友，結果他們是國安部的官員。[16] 他們說動施萊弗返回美國後設法鑽入政府的敏感部門。在支付給施萊弗的款項當中有一筆4萬美元，當時他正應徵（未遂）中央情報局的工作。後來施萊弗被捕，入獄四年。他的事情說明了，雖然中華人民共和國的間諜活動絕大部分是由華裔來執行，但也不是不可能吸收其他人。

加拿大的安全機構已經有好幾年都把中國視為該國最嚴重的

2　華銳風電爆出盜竊美國超導技術一事發生在2011年，不到兩年後的2013年3月10日，韓俊良以書面辭去華銳董事長以及所有子公司的職位，2016年2月25日遭到羈押，2017年因2011年虛增公司利潤而判刑十一個月。華銳風電則於2018年因盜竊商業機密罪被美國聯邦法院罰款150萬美元，另與美國超導的和解賠償金達5750萬美元。

情報威脅，主要是透過吸收華裔加人間諜行動。[17]旅客也可能是嫌犯。加拿大安全情報局局長觀察到：「看到那些極度活躍的遊客，他們的人數以及他們從哪裡來，有時候真的很讓人驚訝。」該局一份報告指出，早在2004年，「被吸收為線民的就包含外國學生及科學家、商業代表團及移民。」[18]2013年華裔加人工程師黃清被捕，並被控將加拿大海軍艦艇採購策略的機密資訊傳給中國[19]

奈米技術被中國政府視為通向「大躍進」之路。[20]2016年五位台灣人被指控從台灣一家奈米科技公司偷竊智慧財產。[21]他們計畫利用這種專門科技在大陸自己設廠。[3]2013年一起發生在澳洲聯邦科學與工業研究組織的疑似間諜活動案，也涉及到奈米技術。（後文討論。）

雖然在澳洲，不曾有人起訴華裔人士從事商業及政府間諜活動，但要是相信這事沒有發生，那就太傻了。中國政府已經在澳洲建立了廣泛的網路，去盜竊機密情報及智慧財產權，為中國的發展計畫服務，這件事幾乎可以不用懷疑。例如「111計畫」提出了慷慨的誘因，要海外華人科學家回國。[4]丹尼爾·戈登曾詳細描寫從美國大學偷竊智慧財產的情況，他說，被吸收的人士受到

3　這起新芳奈米科技遭到竊密的案件發生在2011年，該公司廠長與業務課長涉嫌將該公司研發的微奈米研粉機技術偷走，不僅跳槽到另一家公司，也準備前往中國招商設廠並進行技術轉移。涉案五人以違反營業秘密法遭到起訴。

4　「111計畫」原名為「高等學校學科創新引智計畫」，是2002年中共十六大之後的產物，由中國教育部和國家外國專家局聯合組織實施，目的是透過延攬海外人才到中國，以提升高等學校的創新能力。

鼓勵，不要空手回國。[22]

如今大量優秀的華裔澳人在全國各地科技實驗室裡工作，而且人數繼續增加，這是吸收人員的沃土。這些華裔澳人乃是絕佳目標，讓中華人民共和國得以施展其精益求精反覆演練的影響策略與脅迫手段。在各公司、各大學，以及具備科技功能或處於國家決策核心的政府組織，有一些人已經做到高階管理職。科學家、工程師、資訊科技專家及其他專業人士，正被吸引到或被迫進到一個熱愛祖國之網。生於中國的每個人，都被中共黨國視為一個正當目標，預期他說到底還是會效忠祖國。

此種情況就像許多其他事情，同樣呼應了在美國的軌跡。威廉・漢納斯、詹姆斯・馬維農及安娜・普格里斯在《中國工業間諜活動》一書中詳細介紹了一個密集到驚人的網路，其組成乃是在美國活動的華人科技與專業人士協會，它們都與中國國家有深深的聯繫，目標都在於把精密科技搬回中國以支持中國超越美國的目標。[23] 這些組織所集結的一個點是矽谷，當地每十位高科技從業人員中就有一位來自中國大陸。[24]

專業協會

在澳洲活動、與中華人民共和國有聯繫的專業協會，也形成類似的網路，協會的名稱與目標經常都與美國的類似組織相同。雖然這些協會為社交關係提供了一個場所，為專業發展提供了協助，但會員可能被吸收為中華人民共和國工作。這些組

織中有些是在中共黨國的建議下創辦的。愛國主義的序曲當然要吹，但財務的保證也少不了，他們除了合法薪俸，還能得到「極高」工資。[25]

杜建華在研究中發現於潛在情蒐對象離開中國之前，解放軍及國安部便已完成對他們的識別（杜的研究組織嚴謹，從未遭到質疑）：「不一定要求他們非法刺探，而是單純請他們分享資訊。」[26] 在國外照管他們的人會與之培養親近的關係，由文化及專業協會舉行餐宴及活動。胡蘿蔔及大棒，兩招都用。胡蘿蔔，是他們返回中國後會有好工作及好房子的許諾。大棒，包括拒發簽證及威脅傷害其家人。研究生可能變成「休眠」的特務，只有當他們進入能夠接觸理想情報的工作崗位，才會被喚醒。杜建華稱，這樣的手段隱蔽又積極，主要用於能提供在科技及軍事上有價值情報的海外華人。

中國國際人才交流協會非常低調，在中國境外的人士極少聽說過，雖然其分支在全世界都很活躍。[27] 在我們這裡，叫做澳中國際人才交流協會。其辦公室在墨爾本的柯林斯大街，在北京也有常設辦公室。[28] 協會的主要任務，是與中國出身、在研究室工作的科學家經營關係，以汲取高科技情報。

中國國家外國專家局（外專局）直屬國務院，有一些門面組織，澳中國際人才交流協會便是其中一個。漢納斯、馬維農及普格里斯點名，外專局乃是以中華人民共和國為基地、最重要的技術轉移機關。[29] 與中國國際人才交流協會或者與外國專家局「合作，實際上都沒有差別」。[30] 中國外專局吸收的一位工程師在美

國當場被抓，當時該工程師正要把美國高度機密的匿蹤飛彈器材設計資料提供給中華人民共和國。[31]該工程師被判入獄三十二年。5

　　外國專家局吸收間諜向中華人民共和國提供有價值的情報一事，在其網站上也有暗示，稱外專局的任務是運用「多種招收管道」，進行的方法是「充分利用與政府的接觸，與友好城市的交流，國際經濟貿易談判、國際會議等機會」來吸收外國專家。[32]中國外專局本身及其門面組織在澳洲很活躍。2016年12月，外專局局長張建國周遊了澳洲及紐西蘭，拜會了移民與邊境保護部6的官員，想必是為了交流訪問來清除障礙。[33]

　　發展出機構間與個人間的關係，乃是吸收間諜的前奏。澳中國際人才交流協會扮演的角色是促成這些關係，有時負責安排澳洲與中國大學之間的合作協議，比如墨爾本維多利亞大學與重慶能源職業學院的合作，以及維多利亞大學與遼寧大學及中國國家留學基金管理委員會的合作。像澳中國際人才交流協會這樣一個門面組織的優勢，是它隱藏了外國專家局的中華人民共和國官方身分，並使澳洲的大學「免遭罵名，稱其支持外國，而該國目的經常有害於」澳洲的利益。[34]

5　這名印度裔美籍工程師努西爾‧高瓦迪亞（Nushir Gowadia），曾參與B2隱形轟炸機研製，2011年因向中國出售躲避紅外線探測的隱形巡弋飛彈設計資料、違反武器出口禁令、逃稅和洗錢等十四項，而遭到判刑三十二年。

6　移民與邊境保護部（Department of Immigration and Border Protection）已於2017年正式更名為內務部（Department of Home Affairs）

　　和美國一樣，在澳洲有一些華裔澳人科學家的科技專業協會，每一個都與中華人民共和國有聯繫。這些協會提供了社交往來與事業的進展，但同時，協會聚集科學家、工程師及其他人的方式，讓大使館能操縱及指揮。間諜活動專家漢納斯、馬維農及普格里斯寫道，北京「討好這些協會，並引導其活動，其手法混合了心理壓力、政治控制及金錢誘因」。[35]

　　這些專業協會的龍頭組織，是全澳華人專家學者聯合會，底下有十三個協會，旨在「代表澳洲的華人學者」。[36]2004 年 10 月，《人民日報》為聯合會的成立表示祝賀，指出它是「在中國駐澳大利亞使館教育處的大力支持和協助下開始籌備」。[37]根據（中文）報導，中國駐澳洲大使傅瑩講到「希望專家學者們能把高科技成果轉讓到中國去」。聯合會的開會地點一直都在坎培拉郊區歐馬里的大使館教育處辦公室。

　　北京的教育部回顧了聯合會成立的前五年，滿意地指出，它為祖國的科學教育做出了貢獻。「它經常以多種方式組織或鼓勵會員參加為國服務項目和活動，積極組織與參加教育部的『春暉計畫』，不斷拓展（華裔澳人學者）與國內同行進行合作和交流的機會，多數成員都與國內科研機構，高校保持著長期穩定的合作。」[38]

　　全澳華人專家學者聯合會的一位副會長余星火，主持皇家墨爾本理工大學的科研項目，也是澳洲政府機構的一員，監管光電及先進製造研究。[39]該聯合會目前的會長葉林教授，是雪梨大學先進材料科技中心的教授；他在那裡從事奈米科技及其他領域的

研究。葉林畢業於神秘的哈爾濱工程大學及北京航空航天大學，兩校各自位居中國軍事研究的第二位及第四位。[40] 他與兩者都保持著聯繫。2014 年，他在北京航空航天大學講演。2016 年，他在哈爾濱工業大學講演，該校在中國軍事研究中名列第一。

西澳華人科學家協會也非常活躍。（在西澳洲很活躍的，還有西澳華人工程師協會及西澳華人石油協會。）西澳華人科學家協會創辦於 2003 年，開放給「研究生以上學歷的華裔專業人士」。[41] 其成員都名列各自領域最好的科學家之林。其中一些人在政府高層工作。協會的會長是馬國偉[7]，西澳大學工程學教授。馬國偉就像澳洲其他華裔科學家一樣，似乎只與華人科學家進行合作研究；他的幾十位共同作者中，幾乎沒有西方人的名字。協會網站放了連結，可連上中國駐伯斯領事館及中國大使館所支持的全澳華人專家學者聯合會。2015 年，該協會歡迎伯斯總領事來講一帶一路戰略。領事館報告說，聽眾「對中國發展前景充滿信心，對中澳合作充滿期待」。[42] 2017 年 2 月，西澳華人科學家協會在伯斯舉辦了一次重要會議，由澳洲外長朱莉・畢紹普及中國總領事揭幕。

另一個顯要的組織是昆士蘭華人科學家與工程師協會（昆華科協），它似乎與中國駐布里斯班領事館及位於中國的機構，有著密切的關係。[43] 布里斯班總領事孫大立對該協會大會的講話，北京外交部以下列方式報導：「在熱烈的氣氛中，孫總用『愛國、

7　西澳華人科學家協會於 2017 年換屆，馬國偉卸任，由科廷大學蔣三平教授接任。

創新、包容、厚德』的北京精神同大家共勉，並祝科學家們新年愉快，闔家幸福。」[44]

昆華科協創會以來，名譽主席一直是逯高清；他是一位頂尖的奈米科技專家，在昆士蘭大學拿到博士學位後，這二十年來在該校一直做到高級學術及管理職位。他的專業領域奈米技術與軍事、製藥、電子及其他領域的應用有很大的關聯。

2004年，逯高清是全澳華人專家學者聯合會的創會主席。2011年，他獲得北京科技部的一個獎項。他也是中國科學院海外創新團隊——瀋陽界面材料研究中心的「核心成員」。中國科學院表彰他推展了該院在太陽能催化作用、能源儲存及氫氣儲存方面的研究成果。[45]

2017年，逯高清教授因其「對教育，對國內及國際材料化學、奈米科技研究領域，對工程學，對澳中關係的傑出服務」，獲頒澳洲官佐勳章。頒獎詞臚列了他與中國政府的密切關係，包括他為現任的國務院擔任某一專家諮詢委員會的成員。[46]中華全國歸國華僑聯合會2015年的報導寫道，「逯高清多年來從沒有停止過對中國和家鄉的關注。28年工作在異國，逯高清說自己對祖國、對家鄉的感情『從未改變』。」[47]新華社引用他的話，說他強烈支持中國的外交政策。[48]與此同時，他正在一些有影響力的澳洲政府顧問團體服務。

2016年4月逯高清教授接下新職務，到英國薩里大學擔任校長，「是首位出任西方主要大學校長的華人」。[49]

華裔澳人以及在澳華人的專業協會很多，其中堪培拉〔坎

培拉〕中華學社尤其值得注意。該學社與中國大使館關係十分密切，2016年的理事會及執委會會議就是在大使館教育處辦公室召開的。[50] 是次議程當中安排了教育處徐孝公參致詞。中華學社的會員，來自澳洲國立大學、聯邦科學與工業研究組織、國防軍事學院和一些聯邦政府部門，其中有一位在聯邦情報組織工作。[51]2017年初，學社舉辦了一場調查座談會，題目是「海外華人學者歸國服務」。與會名單上的二十一位人士，六位來自聯邦科學與工業研究組織。[52]

　　中國對其他國家科技的胃口，是用一些手段來滿足的——無論合法或非法。其中一招是在西方成立公司，當有中國公司需要某一特定技術時，這類在西方的公司就得承接要求，然後在競爭對手公司裡的華裔（或其他族群）科學家或工程師中，尋找可能提供該科技的人。[53] 各省及主要城市也有各自的吸收計畫，並與統戰部直接聯繫。2016年11月，忠於中華人民共和國的澳大利亞深圳社團總會在雪梨舉辦了深圳（澳大利亞）海外高層次人才座談會，與雪梨各大學的學者「深度交流」。[54] 座談會上致詞的有深圳統戰部暨深圳市僑聯的兩位高級幹部〔馬勇智、吳歡〕，還有雪梨領事館的科技參贊〔靳志勇〕，及中國外國專家局在澳洲的總代表〔劉永志〕。黃向墨以澳大利亞深圳社團總會的會長身分發言。

　　中文的《人民日報》在報導該活動中，談到了西雪梨大學助理校長藍易振教授。[55] 藍易振的頭銜其實是西雪梨大學的副國際長。他與各種統戰團體密切相關，包括在黃向墨主持的澳洲和

統會擔任名譽顧問，以及加入澳洲中華經貿文化交流促進會（華貿會）。[56] 出席的還有劉勉，報導稱其為「悉尼〔雪梨〕科技大學澳中關係研究院執行院長」（見第五章）。劉勉也是統戰團體澳洲和統會的名譽顧問。[57] 雪梨科大與劉勉作伴的是副校長比爾‧普塞爾教授。

聯邦科學與工業研究組織

「比起大學，我更擔心聯邦科學與工業研究組織。」這句話是一位公務員告訴我的，他的工作是管理機密研究。[58] 對方說，誠然澳洲的大學被金錢所驅動，但是，科學與工業研究組織對錢更是執著。當我問到，該組織如何回應本書所揭露的各種中國滲透的警署資訊，對方承認：「說實話，我儘量不去想它。」

2013年12月，科學與工業研究組織的管理階層找上澳洲聯邦警署，舉報組織內一名間諜嫌犯。這位華人科學家在墨爾本的材料科學及工程實驗室工作，沒有去上班，眾人認為他是帶著敏感情報潛逃了。[59] 聯邦警署高科技犯罪活動小組的人員走訪了他家，只發現一台該機構的筆記型電腦。最後警署只得找法國政府幫忙，因為嫌犯據報已逃到當地。[60]

當警署追蹤到他，他卻拒絕合作。與他共事過的人報告說，他們以前就在擔心他的「表現不好」；他並無合適的專長，卻莫名其妙地獲得了這份工作。[61] 分析他共用過的電腦，並沒有暴露出間諜活動的證據；於是警方放棄了這個案件，然而一位高

級管理人給警方發送電子郵件說，此事「對整個組織來說是個警訊」。當我致電科學與工業研究組織總部，詢問此事及其對組織造成的影響，我碰壁了。

若認定聯邦科學與工業研究組織所從事的每一件科研成果，在中國都可以免費得到，也是合理的。邏輯顯示，該組織是中國間諜活動的主要目標。澳洲的主要科研組織，正在從事大量對中國具有高度商業及戰略價值的研究；然而所有徵象都表明，該組織並不理解這一問題，也不在乎。

2015年，聯邦科學與工業研究組織有四百八十四位工作人員，接近該組織所聘用的專家的10%，都是出生於中國。[62] 對中國大使館來說，這些男女是吸收高價值線民的極好來源；他們可把品質良好的情報，輸送到中華人民共和國。

聯邦科學與工業研究組織的中國業務總監暨製造業及礦業資源首席科學家衛鋼教授，屬於統戰團體全澳華人專家學者聯合會；我們從聯合會得知，他的工作在促進該組織與中國的合作，特別是在奈米科技方面。他同時還在中國擔任各種職位，包括教育部長江學者獎勵計畫海外評審專家；該計畫由「愛國商人」李嘉誠出資，支助中國研究人員「菁英中的菁英」。[63] 他還是雲南師範大學董事會的董事，上海市納米〔奈米〕科技與產業發展促進中心專家諮詢組專家，更不用說還是華東理工大學講座教授，以及深圳市政府的高級顧問。這些職位是否為有給職，我們並不清楚；但是，衛鋼很顯然被北京視為祖國的一個忠誠之子。（對於要求採訪的電子郵件，衛鋼教授沒有回信。）

美國正日益關切中國公司在北京的鼓勵下，積極找機會投資創新的美國公司，而這些美國公司處理的是人工智慧之類的關鍵技術，有些技術可供軍事應用。[64]五角大廈一份談及中國錢正湧入矽谷的機密白皮書，在華盛頓敲響了警鐘。2017年8月，川普總統下令調查，可以用什麼方式來停止智慧財產透過收購及直接盜竊的方式，轉移到中國。

但在澳洲，中國要獲取敏感技術有直接的路徑——透過聯邦科學與工業研究組織，還有各大學的聯合研究項目。我們很難知道，我們的研究機構對於技術遭竊的風險是否沒有任何一丁點意識；尤其是因為對學者及研究人員來說，這種「盜竊」可能不過就是傳統的分享知識。但是，有鑑於這些機構實在太天真，他們不太可能進行任何嚴肅盡職的調查，來區分出那些無害又互惠的合作。

資料61（data 61）

中國已經動手，要在2030年時成為人工智慧方面的世界領袖。人工智慧有很多有益的應用，但是對中華人民共和國計畫要增強國內（及全球的）監控及網際網路審查，也至關重要。中國正在開發的一種用途，是在「罪犯」犯罪之前把他們識別出來的能力。[65]這種能力也可以廣泛地應用在軍事上。

人工智慧在澳洲也引起了大量的關注。「資料61」是聯邦科學與工業研究組織備受矚目的資料科學研究中心，研究主題即包

括人工智慧。該中心號稱「資料科學研究及工程學的世界領袖」，有一千一百名人員的龐大隊伍，加上四百多位博士生。它是澳洲尖端人工智慧及其廣泛應用的樞紐。比如，它與各大學及其他研究中心合作，在支援澳洲的資訊安全方面扮演關鍵角色。資料61的許多協作中，有一項是與國防科技團體共同進行，斥資930萬美元，「以網路安全為中心，與九個澳洲大學建立合作研究項目」。[66]它也將重點放在區塊鏈這種儲存及轉送資料的方法。

　　資料61有幾位科學家曾經與中國軍事機構研究人員合寫論文。

　　王晨，是資料61的一名高級研究科學家。他在南京大學獲得博士學位，並為智慧型電網研究雲端運算系統及能源服務。[67]他在聯邦科學與工業研究組織工作時，與中國國防科技大學（全稱：中國人民解放軍國防科技大學）的一些研究人員合作。國防科大是中國頂級的軍事研究院，由身兼中央軍委主席的習近平領導。中國欲以尖端武器促使軍隊現代化，而國防科大正位於此一雄圖的中心。

　　在王晨最近的共同作者中，有國防科大下列研究人員：

- 劉曉鍼，國防科大機電及自動化學院系統模擬實驗室；2015年，他以雲端模擬的論文獲國防科大博士學位，其導師是中國的銀河超級電腦「之父」黃柯棣教授。[68]黃柯棣是解放軍少將，[69]曾為戰爭模擬技術的應用撰寫論文，並參加模擬技術的軍事論壇。[70]劉曉鍼研究工作的合作對象，包括解放軍92941部隊[71]及解放軍海軍裝備研究院[72]的研究人員。

- 陳彬，也是來自國防科大機電及自動化學院系統模擬實驗室；他與解放軍63892部隊及解放軍95949部隊、空軍第一航空學院、海軍裝備研究院的研究人員合作。[73]陳彬在國防科技大學軍事計算實驗及平行系統技術中心工作，他的研究包括戰鬥模擬工作。[74]

- 邱曉剛，在國防科大系統模擬實驗室工作，也一直在國防科大軍事計算實驗及平行系統技術中心工作。[75]一份2016年的論文，稱其身兼國防科大及解放軍31002部隊的研究人員。[76]他與一位國防科大的研究人員合作，當時此人也為駐在拉薩的解放軍77569部隊工作。[77]

有鑑於保密性質，關於上述任一解放軍部隊，幾乎沒有可靠的資訊。然而從他們發表的文獻看來，研究人員的工作都有直接的軍事應用。

並沒有什麼跡象表示，王晨給他的合作者提供了行內秘密或聯邦科學與工業研究組織的智慧財產。

從這三位國防科大研究人員在解放軍研究單位轉來轉去以及彼此的密切關係顯示，國防科大機電及自動化學院，應被視為一個解放軍的研究所。三位國防科大研究人員參與了戰鬥模擬，很可能打算利用王晨在為聯邦科學與工業研究組織工作期間，所累積的平行系統及雲端運算相關知識，來改進他們的戰鬥模擬，進而幫助中國的軍隊。

陳士平是資料61的首席研究科學家，他從1999年起就在聯

邦科學與工業研究組織工作。他於1985年在哈爾濱理工大學獲得學士學位；1990年在瀋陽自動化研究所完成碩士學位，這間國營研究機構，出名之處在於機器人及無人機方面的成果。[78]畢業後，他留在研究所當系統工程師，一直工作到1995年。2017年6月，該研究所涉及一起美國的產業間諜案；中國出身的工程師龍宇（音譯）承認有罪，他偷了高度敏感的文件，內有軍事技術，而後把它們交給該研究所的所長。[79]龍宇所服務的美國軍武承包商〔美國聯和技術公司〕，為F-22猛禽戰鬥機及F-35閃電戰鬥機提供噴射引擎。澳洲也訂購了七十二架F-35戰鬥機群。[80]

陳士平在2001年獲新南威爾斯大學授予電腦科學博士。[81]沒有證據表明，他與瀋陽自動化研究所保持聯繫。[82]然而，從2015年開始，陳士平與北京郵電大學的網絡與交換技術國家重點實驗室一個團隊，就網路及資料科學合寫了三篇論文。[83]該實驗室看來與軍事研究密切相關。其學術委員會的成員之一是空軍裝備研究所的陳志杰少將。[84]委員會主席是解放軍總參第六十一研究所的于全。于全是通訊專家，也與迪肯大學資安研究創新中心主任項陽有聯繫。于全主持西安電子科技大學的綜合業務網理論及關鍵技術國家重點實驗室學術委員會，項陽是那裡的訪問教授。

陳士平的三篇論文當中，有一位共同作者是陳俊亮；他一直參與中國的太空計畫及通訊網路研究，包括與解放軍的合作，還有為解放軍研究。[85]據稱，他的研究「成功抵制了」用於通訊系統的「外國智能網產品的入侵」。[86]

　　並沒有跡象顯示陳士平或朱黎明（見下一段）向中國的共同作者及同事，提供了行內機密及聯邦科學與工業研究組織的智慧財產。

　　朱黎明（音譯）是資料61軟體及計算系統計畫的研究主任，該計畫包括了大數據、區塊鏈及網路安全的研究。在他率領的資料61團隊所進行的項目中，包括與澳洲財政部合作，將區塊鏈技術運用到金融交易。[87] 他也是新南威爾斯大學的教授，這是他獲取博士學位的母校。朱黎明似乎並不與中國的機構有正式聯繫；但是，他合作的研究人員與解放軍有關聯，與解放軍旗下大學的研究人員，就資料儲存發表了論文。其中一位共同作者盧凱是國防科技大學的教授，這所學校可說是最重要的解放軍大學。[88] 盧凱是一位中國頂尖的電腦科學家，與中國軍隊關係密切。他具有四項國防專利，詳情正如平常一樣是機密的，他也三次獲得「軍隊科技進步」一等獎。[89] 他說過，他在超級電腦上的工作，對中國的「強軍夢」有所貢獻。[90]

[10] 澳洲大學裡的「思想工作」

'Engineering souls' at Australia's universities

> 高校作為意識形態工作前沿陣地，肩負著學習研究宣傳馬
> 克思主義，培育和弘揚社會主義核心價值觀，為實現中華民
> 族偉大復興的中國夢提供人才保障和智力支持的重要任務。
> —— 2015年國務院關於高等教育的指導方針

　　傑出的中國研究學者費約翰，在給澳洲人文科學院所做的
2016年院長演講中指出，中共領導人及全中國各大學管理者認
為他們所從事的是一場戰爭——此戰要對抗的是自由開放的探索
研究；而在澳洲，我們以為學術自由是天經地義之事。[1]他說，
中國「公然敵視學術自由的觀念」。然而，我們可以看到一件接
一件的案例，顯示澳洲大學的領導人為了中國的金錢利誘而犧牲
了這一自由。正如費約翰一針見血地指出：「我們的大學主管請
到校園裡面的機構及政治代表，公開與我們的價值觀開戰，其中
包括學術自由。」

　　習近平在2016年的一次發言中，強調要把「思想政治理論
課」放在高校教育的中心。所有的老師都必須信仰「社會主義核

心價值觀」，並變成「先進思想文化的傳播者」。他們「是人類靈魂的工程師，承擔著神聖使命」。學校及大學，是黨的「思想政治工作」的首要中心。[2]

在西方有一個傾向，相信這一切是毛思想的八股遺產。但是，習近平可是認真得要命。發表於2016年的教育部指導方針並不閃爍其詞：「對在課堂傳播違法、有害觀點和言論的，依紀依法嚴肅處理。」[3]什麼是有害觀點？2013年，在黨的一個通報中，推出了被禁思想的名單，發給了大學校長。「七不講」，包括憲政民主、出版自由及「普世價值」，涵蓋人權及學術自由。2014年的美國國會報告提出了警告：「膽敢不從的少數學者，遭到監控、威脅、騷擾、罰款、毒打、起訴或監禁。」[4]

費約翰告訴我們，該通報被定為一項國家機密，或許是為了不使外國大學難堪：因為澳洲等國的大學與中國大學之間有夥伴關係。據稱，該文件是由七十歲的中國記者高瑜洩露給外國記者，高瑜因此被判刑七年。而在慶祝與中國大學最新合作計畫的宴會上，在他們互舉茅台乾杯時，澳洲的大學主管及教授把上述的制度現實給置之腦後。

思想管理

如果相信中國的國家機關在打進世界時，會把思想工作留在家裡，那就是從最根本上誤解了現代中共黨國。中國教育部已經發展了許多方法，影響及控制在澳洲大學所發生的事情，以實現

習近平主席把高等教育當作思想戰場的看法。用費約翰教授的話
說，中國教育部已經「開始外銷其干涉主義的學術管制風格，這
些做法在國內乃是慣常實施」。

　　什麼小事，都逃不脫思想工作的法眼。到中國大學講行銷課
的澳洲學者，發現提及台灣、香港的那幾頁被人從教科書上撕去
了。[5] 思想管制的層面，已經超越中共的意識形態機器企圖控制
在海外留學或工作的華人思想了。中共現在的目標是要影響澳洲
學者的研究及公開言論，或者使之消音（包括不讓你正在閱讀的
這本書出版）。正如傑出的美國中國事務學者林培瑞所觀察的，
關鍵是說服學者心甘情願自我審查。1 主要利用兩種手段。[6] 第一
個是把「不友好」學者列入黑名單。2016年，澳洲國立大學一位
研究權利問題的中國研究學者，被禁止進入中國從事一項澳洲外
交暨貿易部的專案。[7] 2017年3月，雪梨科技大學的學者馮崇義
在廣州從事田野調查時被「拘留」及審訊，這件事是對需要簽證
進中國做學術研究的人士所發出的一個警告。（馮崇義教授是澳
洲永久居民。）

　　在我與澳洲的中國研究學者討論時，他們一開始往往都是考
慮再三：若他們越過了線，北京會怎麼懲罰他們。而且，他們都

1　這段話引自加州大學河濱分校教授林培瑞（Perry Link）在美國國會外交委員
　會作證的證詞。但他早於2002年就在《紐約書評》撰寫專文〈吊燈裡的巨蟒〉
　（China: The Anaconda in the Chandelier）指出，中國政府的審查權威就像一條
　盤據在吊燈裡的巨蟒，牠不怎麼動，也沒必要動，但牠發出的沉默訊息總是「你
　自己決定。」之後，置身在牠陰影下的每個人就會或多或少地做出調整。林培
　瑞因為參與了《天安門文件》的編輯工作，於1996年成為中國政府的黑名單。

知道紅線劃在哪裡。他們在公開場合謹慎地表達自己的觀點，因
為他們知道自己會被拒發簽證，像某幾位美國同行一樣。當一個
學者被拒，就會有幾十個人決定：這事不要發生在自己身上。

　　對於在獲取專業知識上已經花了十年或二十年的學者來說，
禁止他們去中國，等於斷送了他們的職業生涯。一位專家告訴
我，由於他年近退休，他已經不在乎，可以自由地告訴澳洲人到
底發生了什麼事。年輕一輩對中國感興趣的學者，則把研究轉到
政治上不那麼敏感的領域，例如文化史。在撰寫這本書時，我已
經注意到：澳洲各大學的中國研究，瀰漫著小心謹慎的氣氛，學
者們自律，以順應中共眼目形成的軍團。曾經強烈批評中共政權
的海外學者私下抱怨，說澳洲大學不肯邀請他們來澳講學。我們
最好的一個中國觀察家羅萬‧卡里克得出結論：我們的大學，「已
經嚴重地放棄了對當代中國或中國史持續而且真正獨立的分析能
力」。[8]

　　如果學者不自我審查，校方就會替他們審查；2017年5月蒙
納士大學事件再次暴露此一惡劣趨勢。講師阿龍‧維傑雷特涅上
人力資源課時給學生一個小測驗，試題來自一本廣泛使用的教科
書。學生被要求完成一道題，「在中國有一句俗語：政府官員只
在……時，才會說實話。」正確的答案是「在喝醉酒或馬虎的情
況下」。這在中國是個普遍的感受，但是班上一名中國學生高崧
受到了冒犯，上了微信抱怨。墨爾本的中國領事館注意到了。

　　一位領事官員致電蒙納士大學高層表達關切，要求校方調
查，「認真妥善處理」，並警告說領事館將「繼續追蹤有關情況」。

[9]校方意識到蒙納士有四千四百位全額繳費的中國大學生；[10]而領事館或許也提醒了他們，2012年，蒙納士取得執照，可在中國開辦分校，這是十年來首度有外國大學獲准這樣做；中國政府本身還出了錢，在中國的東南大學興建大樓，以容納蒙納士大學的研究生及研究員。[11]

蒙納士大學商學院副院長羅伯特‧布魯克斯迅速採取行動。他停了維傑雷特涅的課，取消了測驗，並說他要審查課程。很快地，商學院課程禁止了那本「廣泛採用的」教科書。[12]

在《環球時報》報導了這項勝利後，關於該次測驗的消息便在中國的網路上喧囂一片：「可以看到的變化是，隨著中國國力的增強，……對中國說三道四的聲音正在減弱。」澳洲各大學將不再對「說三道四的聲音」顯示寬容。流行網站163.com轉載了這篇文章，隨後吸引了近五十萬條評論。[13]更靠近我們這裡的《今日悉尼》，澳洲最大的中文報紙之一，則繼續興風作浪。題為〈怒！Monash大學測試公然辱華！〉的文章猛烈抨擊講師：「你的這些〔測驗〕題目就是一口毒奶！」[14]

但是《今日悉尼》的讀者並非全都見獵心喜。有人批評中國媒體搬弄是非。有人稱讚學校對中國的官僚主義了解得挺深入。其他人則同意該項測驗題。有人寫，「大實話，沒毛病。中國就是這樣。」但是回到蒙納士大學，對於中國的看法只有一種算得上數，這個看法給所有大學職員的訊息既響亮又清楚：「中國對我們至關重要，因此，不要做、也不要說可能使領事館不快的任何事。我們要隨之起舞。」

　　另一種自我審查的壓力來自與各大學的財務聯繫，包括孔子學院及澳、中大學之間的各種合作項目。2016年，澳洲各大學與中國大學之間有幾乎一千一百項正式研究合作協議。[15]（雪梨大學居首，有一百零七項。）老師及學生的交流協議則有數以百計。此種情況對大學管理者是一種引誘：要以「友好的」方式對待中國，還要對抱有批評態度的學者持續施壓，確保他們不惹麻煩。

　　不止是中國研究學者受到壓力。習近平主席表揚過的海外「熾熱愛國者」一觸即發，四處尋找「傷害了中國人民感情的」任何瑕疵。[16]在澳洲國立大學教授資訊科技課的一位講師被學生的嚴重作弊激怒，於是在教室的螢幕上打了一條訊息：「我無法容忍學生作弊。」[17]他的學生中有一大部分來自中國；由於有人跟他說學生的英語程度不是很好，他們可能弄不懂意思，他就附上了中文譯文。中國學生覺得「感情受到傷害」。澳洲的中文報紙針對此事煽風點火。（《人民日報》報導了學生的「憤怒」，並把講師的行動等同於一張寫著「殺死中國人」的新納粹海報。[18]）講師在壓力下為他的「糟糕決定」卑躬屈膝地道歉，進而表揚「班上許多優秀的學生」。

　　雪梨大學的一位講師也傷害了中國學生的感情，因為他使用的世界地圖若放大來看，在有爭議的印度—不丹—中國邊界，顯示的是印度這邊的版本。課堂上有中國學生把此事拿到微信上討論，引發一個以澳洲為基地的好戰愛國主義微信群「澳洲紅領巾」的群情激憤，有人認為應該要舉報印度老師意圖分裂中國，有人建議大家以退學作為抗議。結果是以講師被迫道歉收場。[19]

想必以後雪梨大學在使用任何地圖時，若涵蓋有爭議的領土，則必須反映中華人民共和國的領土主張。而其他國家的主張則不算數。《環球時報》在中國報導這個事件時，宣稱「中印邊界爭端在澳大利亞校園內爆發，中國勝！」一點也不錯，因為雪梨大學投降了。[20]

在澳洲，雪梨大學確實是最溫順的。據報導，八校聯盟（由國內頂尖大學所組成）的會長，以最輕描淡寫、最不傷人的方式，承認確實有講師遭到學生恫嚇的問題，但雪大副校長邁克爾·史潘斯卻發布新聞稿批評會長，聲稱在澳洲的中國官員「尊重大學對知識自由的深度堅持」，這樣的辯詞無法不引人失笑。[21]

在紐卡斯爾大學，一位講師張貼了一張他找到的圖表，上面把台灣、香港列為「國家」。《今日悉尼》報導，學生「感到嚴重被冒犯，非常生氣」。[22] 他們威脅，「不排除採取進一步措施以維權的可能。」雪梨領事館向大學抱怨，該事件「嚴重傷害了中國學生的感情」。[23]（雖然中國當局表現出與學生同感憤怒的樣子，但它的所作所為總是充滿了算計。）而這位講師確實說了，他們應該「學會接受現實」。

經過多年屈辱史的浸透，一些中國學生對最輕微的冒犯也會產生反應，以展現其好戰愛國主義狂熱。他們對歧視的證據時時充滿警覺，並感到憤憤不平，因為他們交了那麼多錢給大學。中國領事館放大此種感情，以控制學生、並對澳洲人施壓，要他們以共產黨的觀點來看待世界。

在澳洲這裡，我們如履薄冰，深怕做出什麼使中國不快的事

情，甘願讓自己被這種譴責的政治手段所欺負，結果是犧牲了我們的自尊。

澳洲許多大學的管理者，還有一些學者，對於學術自由只有模糊的理解，正因為他們如此迷茫，以致對學術自由無甚堅持。某些人對學術自由被消蝕的大聲疾呼，在他們看來乃是奢侈放縱，對他們來說，為了學校的現實利益，學術自由是可以犧牲的。

學術自由，不僅是「現代大學的道德基礎」，[24]也是澳洲言論自由的真正核心。學者不同於遊說人士和記者，公眾供養學者變成專家，是期望他們利用自己的專長，使社會更豐富、為社會提供資訊。在中國，有許多學者因為認真看待學術自由而遭到迫害，他們或是被監禁或是被放逐到沒沒無聞的處境，只因他們敢於指出中共意識形態對歷史及政治的歪曲。中共對自身的權力如此自信，以致竟厚顏無恥地企圖封殺它認為不友好的西方學者。有人可能會期望劍橋大學出版社是學術自由最堅定不屈的捍衛者之一；然而2017年8月該社卻在北京的壓力下折腰，從備受尊重的雜誌《中國季刊》上拿掉三百篇網上文章：中國審查者對這些文章亮起紅燈，因為它們探討的主題涉及文化大革命及天安門屠殺等等。[25]劍橋大學出版社想讓該雜誌能夠繼續進入中國市場。經過中國研究圈憤怒的抗議風暴之後，劍橋大學出版社重新恢復了那些文章。但中共會止步於此嗎？不會。

一旦澳洲大學與中國的大學或國有企業結為夥伴關係，它也就與中國共產黨結成了夥伴關係。這種關係受制於中共的「思想管理」中訂立的政治上及意識形態規範，而這些規矩，沒有一間

澳洲大學會要求自己的師生接受。但在這些夥伴關係中，自由主
義遇上了威權主義，而且自由主義往往會退讓，以免冒犯對方，
這樣現金才會一直流進來。

資助解放軍升級[26]

中國以不光彩手段從技術先進國家獲取最有專利潛力以及最
敏感科技的活動，到了近幾年已經進入一個新階段。這種研究大
多數在西方大學及研究所裡進行，而此類機構大多數是由政府出
資。如前所述，這些西方研究組織已經與中國大學及研究機構訂
定了數以百計的合作協議；這一方面是受中國金錢的引誘，另一
方面也與科學家習於團隊合作的傳統一致。

幾年來，中共黨國持續在執行一項配套規畫：從國外取得先
進的軍事及工業技術；取得手段無論正當或下流。正如費約翰所
說：

> 中國不是投資於開放性、批判性的探究和實驗以激發創
> 新，而是策略性地投資於國家發展和國防，然後偷竊它無能
> 發現或無法投資的……這樣的策略獲得了巨大的紅利。[27]

現在人們發現，澳洲各大學正不動聲色地幫助中國達成它所
渴求的技術領先地位。

澳洲研究理事會的「聯結計畫」，把澳洲納稅人的資金導入

種種研究，而這些研究可應用於協助中國提升先進武裝能力。該
計畫旨在鼓勵大學研究者和產業界夥伴或其他研究中心（在這裡
是中國軍事科學家）之間的國內及國際研究合作。

2016年，澳洲研究理事會提供三年40萬澳幣的研究基金給
阿德雷得大學的合作研究案，合作對象是北京航空材料研究院，
該機構乃是中國航空工業集團（中航工業）的一部分。[28]中航工
業是一家國營企業，也是解放軍空軍部隊軍用飛機的主要供應
商，包括殲20匿蹤機、第五代殲31匿蹤戰機及無人攻擊機。[29]
當解放軍為第一艘航空母艦「遼寧號」揭幕，艦上裝載的就是中
航工業旗下瀋陽飛機工業集團製造的殲15戰鬥機。[30]

中航工業的北京航空材料研究院，稱自己是「國防科技創新
體系的重要組成部分」。[31]院長戴聖龍身兼黨委副書記。[32]2016
年，一家中國企業集團買下了總部在英國的全球資料儲存公司
Global Switch的一半，中航工業的一家子公司亦屬於該集團。澳
洲國防部決定與該公司的澳洲分部解約；該分部位於雪梨烏爾迪
莫的大樓儲存著相當敏感的資料。[33]Global Switch 也與華為有
夥伴關係。

澳洲研究理事會所提出的計畫摘要寫道，阿德雷得大學此一
聯結計畫「可望使澳洲能夠製造出更舒適、更安靜、更節能的優
質橡膠系材料及設備，以使用在飛機、汽車及船艦上。」該計畫
也將使解放軍空軍更加有能力提升其尖端戰機的性能。

讓中航工業想到要申請聯結計畫，然後實際向澳洲研究理事
會提出申請的這個研究團隊人員有喬世璋教授、馬天翼博士、蘇

正濤教授和王鵬博士（音譯）。喬世璋是阿德雷得大學奈米科技系主任，同時也在中國兼任許多職位，包括北京化工大學化工學院的客座教授，該校設立的國家重點實驗室拿下過34項國防軍工研究項目。[34] 馬天翼是阿德雷得大學研究員，王鵬是該校的博士後人員。[35]

該團隊的另一位資深成員蘇正濤，在中航工業的北京航空材料研究院工作。[36] 所有這一切最需要思考的是，與中國解放軍有聯繫的研究人員（一些在阿德雷得大學，一位在中國）拿了澳洲政府的資金，以協助提升中國軍機性能。這可能不是他們的本意，卻是為中航工業的研究出資時避不掉的風險。

密切的觀察者稱，中國已經展開「一項由國家主辦、精心打造的工程，以規避研究成本、克服文化劣勢、利用他國創造力來『跳馬背』，往領先地位邁進。」這是威廉・漢納斯、詹姆斯・馬維農及安娜・普格里斯，在他們非常有意義的著作《中國產業間諜活動》一書中所發出的警告。[37] 另一位專家麥健陸在為美國商會所寫的報告中更是一針見血地指出：中國的高科技研究計畫，是一幅「技術盜竊的藍圖，其規模乃前所未聞。」[38] 那麼，澳洲政府為何資助這樣的野心，特別是當此類科技進展有助於構建中國的軍事實力？

與中國航空工業公司的聯繫，並非澳洲政府基金很可能會有助於中國軍事野心的唯一一項。2016年，澳洲研究理事會撥款46.6萬澳幣給新南威爾斯大學、國家儀器公司澳洲分社及中國電信巨頭華為公司的一項聯合研究項目。澳洲情報機構相信，華為

有解放軍總參三部的背景，那是軍方的網路間諜部門；因為這層顧慮，聯邦政府決定禁止澳洲全國寬頻網路使用華為設備。

正如我們在第八章看到的，澳洲安全情報組織的評估參照了美國國會報告，進而判斷華為有間諜風險。報告的結論是「不能信任」華為（以及中國的中興電信公司）「並未受到外國影響，因此對美國、對我們的系統來說，形成安全威脅。」美國的調查曾試圖釐清華為與中國政府機構之間的聯繫，但沒有成功，最後報告認定華為高管閃爍其詞、蓄意欺瞞。

澳洲研究理事會的這項計畫，目的在於研究「大規模低延遲的機器對機器通訊」，以協助完成一種「新型的世界級無線基礎建設」，而此類研究具有明顯的軍事及間諜用途。[39]

「洋為中用」

費約翰指出我們所面臨的一項挑戰：澳洲人要坐下好好想想，我們是否與習近平一樣，也有中國人民偉大復興之夢，我們是否要「將我國的國家研究戰略與中國靠得太緊」從而幫助這個夢實現。[40]然而，與中國大學及研究中心數以百計的合作協議，已經使澳洲的科技研究開始大轉向，助長了中國共產黨的野心。

中國電子科技集團（中國電科）是一家國有的軍事研究組織；根據一位專家所說，它是「十大官方國防工業企業集團之一」。[41]其「神聖使命」是協助實現「富國強軍」。與此同時，中國電科也與雪梨科技大學密切合作，並得益於澳洲政府的資助。（丹尼

爾・凱夫及布蘭登・托馬斯─努恩也調查了這些聯繫。[42]）

　　該公司旗下運作的許多研究所，最初是由解放軍創辦、也是為軍隊服務的，之後也繼續接受軍隊資助，做軍事研究。2010年中國電科的網站稱這些單位是「軍工電子國家隊和信息產業主力軍」。[43]

　　中國電科把某些技術開放民用，意思就是要遮掩其軍事應用。[44]但是馬修・魯斯這位專家注意到，雖然華為及中興否認它們是直接對解放軍服務，但中國電科卻公開表明是為軍方做事，其目的就是「以民用電子產品養軍」。[45]凱夫及托馬斯─努恩指出，隨著戰爭「變得更加資訊化、網路化，民用、軍用、保全用的關鍵技術日益難於區分」，中國電科的各種研究最是如此。[46]解放軍海軍艦艇2017年7月停泊在澳洲海岸之外，監視美澳軍事演習，艦艇上可能就配備了中國電科提供的電子產品。

　　中國電科盡其所能去尋找軍事技術，無論是合法或非法的手段。2011年1月，麻薩諸塞州的一處法庭將魏玉鳳判刑三年，共犯吳振洲判刑八年，罪名是密謀竊盜用於相位雷達、電子戰及飛彈系統的軍用電子零件及敏感電子產品，並將之運往他國。接收這些贓物的機構之一便是中國電科。[47]2010年10月，張遠（音譯）及黃樂平夫婦在加州被捕，罪名是無照輸出管制的電子科技到中華人民共和國，而且作偽證。據稱，兩人與四川固體電路研究所（即中國電子科技集團公司第二十四研究所）簽約，將進行設計並轉讓技術，供其開發兩種類型的高效能類比轉數位轉換器。[48]

　　雪梨科技大學顯然毫無所知，於2017年4月宣布與中國電科

締結夥伴關係，共同建立一個先進研究合作中心：研究大數據技術、超穎材料、先進電子學、量子運算及通訊。[49]這些領域全都有軍事或安全方面的應用。比如，中國正在研究如何運用超穎材料製造「看不見」的匿蹤飛機，以實現「強軍夢」。[50]這家中國國企給雪梨科技大學中心貢獻了2000萬澳幣。

新成立的中心將承續該大學與中國電科以前的工作，並按照雪科大校長阿提拉‧布朗斯簽訂的一項協議，促進兩個機構技術研究的合作。新聯合研究中心的工作應該會與聯邦科學與工業研究組織掛勾；之前，聯邦科學與工業研究組織從中國電科第五十四研究所購買了天線，以供平方公里陣列望遠鏡使用。凱夫及托馬斯—努恩特別關注聯邦科學與工業研究組織及中國電科第五十四研究所十年來的合作關係；因為第五十四所涉入軍事研究很深。[51]在美國，與中國電科第五十四研究所合作的任何研究案皆必須獲得官方批准。

雪梨科技大學與中國電科的合作，並未得到澳洲研究理事會的資助。副校長格林‧外特維克及比爾‧普塞爾與我會面時，說該校一切研究案，包括與中國電科的合作研究案，皆有遵守《國防貿易管制法》，該法是用來監管敏感研究主題方面的國際合作。在我看來，這代表該法已不能反映新的科技形勢及戰略形勢。國防部說，它把這件事留給大學去守法，而大學方面看來也有認真遵守法律。[52]然而當我們發覺居然有一個與中國頂尖軍事研究人員相聯繫的秘密網路，我們就明白該體系已經崩壞。

2016年，雪科大與中國電科就中國電科旗下的新型智慧城

市研究院各研究計畫開始合作，[53]該研究院院的研究業務包括「公共安全預警防範和管理能力」還有「網絡空間治理能力」。關於中國電科的智慧型城市工作，《新華網》報導指出，它將「融合貫通軍民兩用技術」。[54]掀開中國電科光鮮亮麗的公關面孔所看到的實質是，該機構以其科技協助中共黨國提升世界上最全面、最壓迫、而且是針對本國公民的監控系統。[55]

彷彿所有這一切還不夠驚人，雪梨科技大學的全球大數據技術中心——涵蓋了行動感測及通訊、電腦視覺、雲端運算和資料密集型系統、運算型智慧和腦機介面——亦與中國電科合作。[56]該項合作包括「供未來電信網路使用的尖端無線技術」，[57]這可能解釋了為什麼華為也與大數據中心建立了夥伴關係。[58]

這些大數據技術可望「改造國防情報分析」，因而引起美國及澳洲軍事情報部門的強烈興趣。當然，解放軍也感興趣；它建議要「借力國家大數據建設和軍民融合深度發展戰略，加快推進軍事大數據建設發展」。[59]

雪梨科技大學的大數據中心網站上說「澳洲國防科技團體」也是它的夥伴之一。就負責為澳洲軍隊發展先進科技的政府部門來說，國防科技團體乃是最重要的單位。[60]國防科技團體及聯邦科學與工業研究組織兩者所掌握的秘密，據信是中國平民間諜大軍的「首要目標」。[61]事實上，國防科技團體一直不是大數據中心的夥伴；雖然，中心的研究人員承擔過該組織的工作。若說以前國防科技團體與雪科大的來往尚屬次要，隨著該校日益轉向技術研究，可以預期國防科技團體與雪科大的合作將會明顯增

加。[62] 新南威爾斯州政府與國防科技團體合力創辦的國防科學
研究所將要設於雪梨科技大學，這使得國內風險最高的校園成為
澳洲國防科學研究的樞紐。然而國防科技團體堅稱與該校的各項
合作都處於研發週期的「非常早期階段」，它也敦促由其所支持
的項目的所有結果應該加以出版。由於國防科技團體與大學沒有
簽訂合約做任何機密研究，因此它並不關心大學員工的國籍。所
有機密的研究都在國防科技團體自己的設施裡進行。這種措施的
問題所在，丹尼爾‧戈登最近出版的《間諜學校》簡明地說了：
「外國政府可能會早早就把基本的突破給挖走，而不會等到其應
用重要到被列為機密的階段。」[63]

與解放軍的更多合作

雪梨科技大學的八位科學家與西安電子科技大學有往來；西
電曾是解放軍軍事電信工程學院，至今仍與中國軍隊有密切關
係。雪科大的這些學者當中，有幾位與西電的同行一起從事研究
並合寫論文。

西安電子科技大學的網站上載明，該校以對國防科技的貢獻
為傲，具有「在全國高校中突出的國防科研特色優勢地位」，校
友中更有一百二十多位解放軍將領。[64] 2015 年，該校宣布成立
網絡與信息安全學院，中國觀察家將此舉解讀為意在增強中國的
國防、間諜活動及戰爭能力。[65] 一位美國專家指出，「西電與解
放軍密切的聯繫」意味著網路研究的軍民聯結。然而，雪科大的

幾位研究人員仍與西電的科學家合作。

雪科大似乎已成為中國科學研究工作的非官方前哨站，其中某些工作可以直接用來提升解放軍的戰鬥能力。另外，澳洲最重要的科技機構，包括肩負國防及情報責任的機構，正與那些和解放軍研究中心密切聯繫的研究人員合作無間。面對中國及其所作所為，澳洲傻乎乎的程度不同凡響，最好的證據就是雪科大輕率地協助中國，使其軍事及情報技術更加精密。

在2016年，習近平主席宣布要「發動科技創新的強大引擎」，向著中華民族偉大復興不斷前進。[66] 中華人民共和國，似乎已經有效地動員了澳洲一些最寶貴的知識資源，更不用說還有公共資金，來為引擎添燃料。然而，在澳洲這兒，我們並不想知道。

現在北京正在投注鉅額資金，以期增強中國的本土技術優勢。[67] 這樣的雄圖在2017年11月的中國共產黨第十九次代表大會上，得到習近平的再次確認——要把人民軍隊建成世界上技術一流的軍隊——這表示，哪裡的知識最先進，就從哪裡借。[68] 正如路透社報導的，「中國正在全球搜索，看哪些實務知識能與國內創新相結合，去生產戰略武器及裝備。」[69]

我們已經看到，澳洲的研究人員正在與解放軍相關的中國公司一起工作。但解放軍受益於澳洲專業技術的另一個方法，是派遣科學家到這裡受訓。與解放軍聯繫最密切的，似乎是澳洲國立大學、雪梨科技大學及新南威爾斯大學。在與澳洲大學聯繫的這種模式中，楊學軍中將是個關鍵人物。最近習近平任命楊學軍中將為解放軍軍事科學院院長，該院乃是中國最高的軍事研究中心。

在澳洲，楊學軍中將最多產的合作者之一，是新州大學電腦科學及工程系的傑出教授薛京靈。薛和新州大學其他幾位研究人員一樣，與解放軍國防科技大學（中國排名第一的軍事技術大學）有廣泛的聯繫，他與國防科大的超級電腦專家合作發表了二、三十篇論文。其中一些研究的款項乃是澳洲研究理事會的研究基金，總額超過230億澳幣。

薛京靈與楊學軍中將之間的密切合作，只是更大規模現象當中的一部分。新州大學其他研究人員與中國國防科大一直在從事進行廣泛研究，領域包括：自動水下艦船、光纖及導航系統等，合作對象包括解放軍大校王飛雪[70]及少將張為華[71]。

王飛雪，四十六歲，中國國防科大教授。中國欲以北斗衛星定位系統與美國控制的全球定位系統 GPS 相競爭，預期 2020 年涵蓋全球，王就是在這項研發工作的前線。[72]中國若與美國發生衝突，北斗導航系統將對中國軍隊至關重要。[73]新州大學的某些科學家與中國國防科大的專家一起工作，幫助了北斗系統的開發，此系統既有軍事用途，又有許多民事用途。[74]當然，中華人民共和國完全有權發展自己的全球衛星導航系統，但是應該拿澳洲的專門知識來促成這套系統嗎？

除了合作研究發表於期刊，澳洲與中國的軍事大學還有更深厚的聯繫。解放軍機構的人員流動到澳洲大學的情況也值得關切。過去十年裡，有二十幾位與中國國防科大有關的研究人員，以訪問學者或博士生的身分來到新州大學。另有十四位到過澳洲國立大學。

比如，王飛雪大校的博士生李敏，在2008年前往新州大學測量及空間資訊系統學院實習。[75]她的論文羅列了攻讀博士期間所參與的六項導航系統研究，這些是中國的機密國防研究計畫。[76]解放軍研究人員在澳洲機構訪問及學習過後，帶回中國的是深厚的國際人脈、先進的培訓，可取用尚未列為機密的研究，最重要的是，將未來的觀念帶回中國。從許多例子中可以看出，解放軍人員在澳洲做的工作與他們為解放軍從事的特定項目之間有明顯的關聯。[77]

中國認識到我們的大學能提供寶貴的訓練及合作，中國的軍隊也明白。正如王飛雪大校在中共十九大（他是十九大代表）上宣稱，「科技是核心戰鬥力」。[78]澳洲大學會從事這些具有危險性的合作，大多可以歸於過度天真，現在此事既被揭露，而我們可以預見，他們對於攜手合作的對象，應該會用比較嚴格的眼光來加以審視。

然而，有些人士仍為這種風險合作百般袒護。當我向雪科大副校長格林・外特維克問到校內研究人員與中國軍方色彩濃厚的科學家、公司及研究機構合作時，副校長對此類安排表示完全肯定。他寫給我的信中說，「所謂的解放軍背景無關緊要，因為合作研究的項目乃是兩用的、非機密的，是公開可以得到的」。[79]我在一封更早的電子郵件問到校方與中國軍隊的聯繫，所收到的回應是威脅「假若雪梨科技大學或其職員遭到不公正的詆毀」，將對我採取法律行動。[80]外特維克教授寫道，他關注的是雪梨科技大學學者可能「感到受威脅」，「你的學術自由必須與你書中

提到的雪科大學者的學術自由，兩相平衡。」

當我問及各大學及澳洲研究理事會要如何回應他們與中國軍隊有聯繫的證據，通常收到的回信會說他們的行事合乎法律要求，而且特別指出他們有遵守《國防貿易管制法》。某些人說，如果有問題，那也是因為移民部門或安全部門批准了簽證。

澳洲研究理事會以及教育部長西蒙‧伯明翰認為，一切問題該由大學負責，他們說大學是自治機構，必須自行符合法定義務。[81] 管理這些合作的法律及規則有所不足，面對新的情況需要新的思考：新的情況即是，許許多多尖端軍事科技同時也有民間用處，或從民用中產生。而無論法律上的要求如何，大學還是有義務要考慮，自己是否正在向中國軍力做出貢獻。

澳洲科學社群那值得稱讚的開放合作的文化，正在被中華人民共和國所利用；但是，執著於這一文化，也正造成一些科學家對於仔細審視合作對象的警語聽而不聞。有位資深科學家被問到是否會擔心與解放軍合作的問題；他說，他確實感到困擾。但是，他的大學堅持要他為工作在外部找錢，中國正是有錢之處。「所以我還能怎麼辦？」他問。[82]

在新南威爾斯大學舉起火炬

北京將鉅額資本投入各計畫，旨在打造國家的科技基礎建設。其中包括基礎研究的973計畫、大學重組的985及211工程。火炬計畫則是打算透過與外國合作，創建高科技商業產業，目標

是召募在西方培訓的華人科學家回中國，前往一百五十個左右的
國家級科技園區工作，或是要他們待在國外「就地服務」。[83]

火炬計畫架構在中國的《國家中長期科學和技術發展規畫綱
要（2006–2020年）之上，旨在掠奪外國科技及研究。這項規畫
不是把創新當作某種國際科學合作活動，而是比較精確地說，「技
術盜竊的藍圖」，套用《中國產業間諜活動》作者漢納斯、馬維
農及普格里斯的措辭。[84] 在火炬計畫之前，已經有一國家級高
科技研發計畫，稱為863計畫，同樣旨在使中國「跳馬背」超越
西方，其運作方式不僅是傾注資源給國內大學及研究室，還靠著
從國外偷竊技術。比如2011年，在美國的一位華人科學家，就
因偷竊產業機密送給中國的863計畫被判有罪。[85] 根據美國國家
反情報執行辦公室2011年的一份報告，863計畫「為秘密獲得美
國技術及敏感經濟資訊的活動提供資金及指導」。[86]

火炬計畫的第一個海外科技園區，即將在新南威爾斯大學
成立。2016年4月，新州大學校長易安・雅各斯在北京人民大會
堂與火炬計畫簽訂文書、建立夥伴關係。當時陪在雅各斯身邊的
是澳洲總理滕博爾及中國總理李克強，此事之隆重可見一斑。簽
署夥伴關係後，有八間中國公司即初步投資共3000萬澳幣，到
2025年的總投資額預定要增加到1億澳幣，屆時大學將在肯辛頓
主校區旁建一個新區域。新州大學發布新聞稿稱，位於該校的澳
洲火炬創新園區設立的頭十年，將給澳洲的GDP貢獻超過10億
的澳幣。[87] 校方表示，這個數字是由德勤經濟研究所提供。但
這種數字應該要被質疑；當我請大學提供研究所報告的影本時，

遭到拒絕了。

　　易安‧雅各斯說，能在北京人民大會堂簽署協議，讓他感到「激動不已」。回到雪梨，大學盛宴招待。雅各斯「如此興奮」：他的大學將成為中國計畫的一部分，變成「世界上偉大的技術創新者」。[88] 此一夥伴關係，是「全球頭一個，它有潛力讓澳中雙邊關係重新啟動，讓國家的創新體系更上一層樓」。[89] 但這指的是哪個國家的創新體系？新州大學將設立的新園區乃是火炬計畫的第一個海外夥伴，為中國藉由吸收國外研究能力來激發自己的技術發展帶頭衝鋒陷陣。近年來，中國日益強調「自主創新」的重要，然而其做法卻是依靠外國技術及知識，以達到減少依賴外國研究的終極目標。為達此一目的，中國科技部呼籲政府「鼓勵科研院所、高等院校與海外研究開發機構建立聯合實驗室或研究開發中心」。[90]

　　《新華網》讚美新州大學所締結的夥伴關係是「正當其時」，並找上了想也知道他會怎麼說的澳中關係研究所副所長詹姆斯‧勞倫斯遜，他果然複述了他最愛的黨口號，稱此事「對兩國將是雙贏的」。[91]

　　對於徵收澳洲的研究資源以迎合中國需要，新州大學的火炬計畫科技園區是向前邁出了一大步。新州大學在研究方面的主管布萊恩‧波以爾說，此項計畫使該校可運用中國政府作為一個促進機制。它在吸引中國投資者這方面是「入口及識別點」；中國投資者會追隨中國的優先研究項目。[92] 安德斯‧福爾澤及林慕蓮做了專題報導，質疑該校鉅額投資於中方資助的「火炬科技園

區」道理何在，波以爾的反應則是對所有證據不屑一顧，稱各種批評乃是仇外情緒所煽動。[93]

雅各斯本人卻說溜了嘴，他告訴《澳洲人報》：「我們不想一次又一次地去坎培拉，畢恭畢敬地要更多的經費。於是，我們去了中國。」這個「給澳洲研究提供資金的新途徑」，代表新南威爾斯大學把「自己的命運掌握在自己手中」。[94] 傻得令人搖頭。大學的所作所為，是把其命運放入北京科技部的手中。

新南威爾斯大學將會多麼嚴密地進行盡職調查，以排除有貪污歷史的公司或與軍隊及情報組織的聯繫？積極參與該校與中國往來的國際事務長勞瑞・皮爾西告訴我，在審查「未來的夥伴」時，大學是「非常有條不紊的」。[95] 我的猜想是，有腐敗紀錄的公司容易查出來並予以排除；但是有軍隊聯繫的甚至連查都不會，雖然皮爾西說，大學有雇用公司進行盡職調查也確實做了調查。[96] 皮爾西盛讚華為，說一點也看不出與該公司合作有什麼問題。當我問及在火炬計畫上與中國政府的合作，皮爾西說，澳洲與各種政府都有夥伴關係，沒有理由單單挑出中國。他提及美國干涉伊拉克一事，並引用聖經裡的話道：「你們中間誰是沒有罪的，誰就可以先拿石頭打她。」[97]

族群飛地

近年來出現一種趨勢：某些大學中心或系所已經變成華裔學者的飛地。非華人的學者抱怨種族歧視，指出在招收人員、分

配博士生獎學金及邀請訪問者時的種種偏見，都違反多元文化精神。[98]

　　這些華人飛地形成後可能造成的一個結果是學術文化轉變，變得比較不平等，由導師講話、而其他人只是聽。博士生可能不會吸收澳洲的學術文化。這種單一族群聚集的現象，已經可以從學術論文的作者身分明顯看到：研究作者有八位或十位是中國姓名，分別來自澳洲及中國各大學，這種現象並不罕見。完成博士學位後留在澳洲的人士，已漸漸形成第二代，於是在聘用教職員和選取博士生方面，對特定族裔的偏袒恐將持續下去。

　　族群飛地現象在幾個大學相當明顯，主要是在工程學及資訊科技學院。比如，科廷大學的基礎建設監控及保護中心，八位學術人員當中有七位華裔。這七位以前都曾與中心主任郝洪工作，或者曾替他工作。郝洪這位地震及爆破工程學的專家是天津大學的兼任教授，他一開始就是從該校畢業的，此外他也接受中國政府的研究經費。他還曾任與中國領事館有所聯繫的西澳洲華人科學家協會的副會長（第九章討論過）。

　　近年來，澳洲研究理事會的專家學院任用的華裔學者越來越多，稀缺的研究經費由此院分配給各研究計畫。2016年，該理事會發表了專家學院一百七十六名成員的名單，但並未標示各成員在四個學門小組中屬於哪一組。評估小組的成員將由四個學門小組中選出。然而稍加調查便可知道，工程學及資訊科學學門當中，好幾位成員是華裔人士，而且他們與中國軍方的研究有關。

　　專家學院華人學者數目增長的程度，反映了他們在澳洲大學

工作人數的上升；他們的存在是可以預期也應當樂見的。然而，有兩個值得關注的地方。第一，如果資深華人學者的用人習慣乃是偏袒華裔學者，那麼我們可以預測，在決定如何分配研究經費時，他們也會有相同的偏好。我會預料，專家學院的非華人成員，即使懷疑同事有偏見，也會極度不願意說出來，因為他們害怕被說成是仇外。這樣的指控既不可能證明，提出指控的人士又會立刻被指責是種族主義。澳洲研究理事會應該密切關注這一潛在的問題，不過我想他們怕得不敢掀開蓋子。

第二，與第一點有關，某些學者與中國軍事研究所的關係中引人關注。問題主要出在工程學、資訊科技及有關領域。我們已經看到，澳洲研究理事會將研究經費分配給某些研究計畫，這些計畫對人民解放軍有直接幫助，並且研究的合作對象乃是與中國軍方背景的大學有關的研究人員。

澳洲研究理事會專家學院的一些成員與中國軍事研究有密切的關係。例如工程學教授石碰，他在阿德雷得大學及維多利亞大學任教，專攻系統及控制理論、計算型智慧及作業研究。[99] 他是專家學院2014–2016年度的成員。他所在的兩個研究團隊，研究理事會都曾分別撥予27萬澳幣及35.5萬澳幣研究基金。

石碰同時也在中國的大學任教，而這些學校從事軍事研究。當「千人計畫」召募他之後，他於2016年成為福建工程學院信息科學與工程學院的「特聘教授」。所謂「千人計畫」，就是運用慷慨的資金吸引外國專家去中國。[100]

從2014年起，石碰擔任哈爾濱工程大學的教授，這是他的母

校，他與該校專家合作多年。[101] 他所在的是該校海洋裝置與控制技術研究所，此所研究方向與軍事科技大為有關，精於軍艦的智慧型動態駕駛控制系統，以及水下無人艦船之系統與自動控制技術。[102] 該所對軍事科技貢獻良多，因此在 2008 年被授予「國防科技創新團隊」的稱號。[103]2014 年《人民日報》盛讚該團隊的突破之一：「如今，哈爾濱工程大學在動力定位系統領域已成為我國海軍和海洋工程領域無可替代的重要的技術依託力量。」[104]

從 1989 年到 2004 年的五年間，石碰以資深科學家的身分任職於國防科技組織，他當時投入的是「與提高國防能力有關的一些計畫」。[105] 石碰在阿德雷得大學的同事、亦是論文的共同作者林禛水所指導過的博士生裡面，有五位現任職於國防科技團體。[106] 石碰並沒有列出他所指導過的學生，但他帶出來的學生可能有一些也在該機構工作。2

「學術惡意軟體」：孔子學院

孔子學院是「中國大外宣格局的重要組成部分」。曾任中國宣傳工作〔中共中央宣傳思想工作領導小組〕的頭頭李長春如是

2 國防科技組織在 2015 年改名為國防科技團體。又，石碰與林禛水在 2014 年分別掛名第二作者與第三作者的科學論文，被《IEEE 模糊系統彙刊》發現涉嫌大幅抄襲他人研究成果，而遭到電機電子工程師學會（IEEE）處分。出處：https://ieeexplore.ieee.org/document/7152907?reload=true&arnumber=7152907&sortType%3Dasc_p_Sequence%26filter%3DAND(p_IS_Number:4358784)%26pageNumber%3D6=

說。[107]孔子學院通常是與海外大學合辦；由中國政府提供大量
資金的前景，吸引了這些大學。中國國家漢語國際推廣領導小組
辦公室（漢辦）於2004年開始設立孔子學院，直到今天全世界已
有五百多所。表面上，它們的工作是教中文，促進中國文化，鼓
勵進階的中國研究。

　　文化大革命期間，中國共產黨把儒家打成反動、加以禁止，
紅衛兵還挖了孔子的墳。但現在孔子地位昭雪，尤其是可以當成
一種手段，提倡服從權威以及民族自尊。孔子學院確實也提供中
文訓練及促進中國文化，但它所做的不只於此。正如前中共最
高領導人胡錦濤所說，它們的目的「就是為了增強我們黨的影響
力」，[108]包括對於設立孔子學院的各機構有施力點。[109]外國大
學聽到的說法是它們為辦孔子學院而收到的經費，來自中國教育
部。不過，美國傑出的中國研究專家沈大偉指出，錢其實來自中
共對外宣傳部門，只是透過教育部把錢「洗白」。[110]

　　在漢辦的堅持下，孔子學院與澳洲大學之間所簽的合約是秘
密的。一般來說，孔子學院會有一位本土院長及一位中國政府任
命的院長。後者做重大決策。隨著孔子學院的擴展，它們往往排
擠掉校內歷史較悠久的對手，也就是那些並不那麼同情中共的
語言文化中心。正如杜建華所寫，「中共的最終目的，是把中文
教育完全置於北京的控制之下。」[111]

　　因此孔子學院在國際上一直遭致批評，稱其剝奪學術自由、
為中國的監控及宣傳目標服務。澳洲某些大學管理者對這種情形
漫不經心，又或者是不在乎，他們歡迎錢，歡迎與經濟巨人的額

外聯繫。

澳洲各大學所設的孔子學院共有十四所，包括在八校聯盟有六所，自創立以來引發不少爭議。新南威爾斯大學的一位學者披露，孔子學院的教職員收到指示，對於該院採取審查制度的指控，不要做出任何回應。[112]2013年雪梨大學被指控取消了達賴喇嘛的訪問，以避免破壞與中國的關係（包括因設立孔子學院而收到的經費）。[113]後來這項活動被推到校區外，也禁止使用雪大的校徽，校長邁克爾・史潘斯鬆了一口氣，說是為「大學全體研究人員的利益著想」。[114]這就是其中一例，當大學「自身的利益在於強化中國政府那不成文的言論規範」[115]，而北京可以推說並不知情。

雪大的客座教授梅卓琳曾批評該校在2007年把中文課程併入孔子學院的計畫。梅卓琳寫道，「問題在於學術自由，在於學者不只在授課時有權不受任何人指導或指示，在研究和發表成果時也一樣。」[116]有人告訴梅卓琳，大學與漢辦的協定會保護學術自由，但是校方拒絕讓她看那份文件。2014年，漢辦承諾資訊自由流動一事破滅，那是在葡萄牙召開的歐洲漢學學會的雙年會上。漢辦主任許琳指示她的工作人員取來所有會議手冊，把台灣學術交流計畫的介紹那一頁給撕掉。[117]3

美國近期一份關於孔子學院的報告中指出，保守派的全國學者協會呼籲關閉所有的孔子學院。[118]這份報告呼應了美國教授協會的結論：他們在2014年時描述孔子學院為「中國國家機器的職能部門」，譴責與孔子學院的合作是「犧牲大學學術信譽」

的一種安排。加拿大大學教師協會也同意，敦促各大學切斷與
孔子學院的所有聯繫。幾位傑出學者則證實了孔子學院的惡劣
影響。

　　美國全國學者協會的報告，批評孔子學院侵蝕學術自由、其
經費及運作都是黑箱、對中國文化的呈現有所偏差，以及逼迫設
立孔子學院的大學「取悅中國」。報告指出許多與孔子學院有關
的教授提到「他們承受巨大的壓力，為了不得罪孔子學院院長及
相關的校方管理者」。[119]協會會長皮特‧伍德在報告的序言中寫
道，「在一幅友好親切的外交表象下，藏著一個嚴酷的威權主義
的現實。」校內有孔子學院的大學教職員認為，這些學院是監視
的基地。另有研究人員蒐集到一些不便公開引述的經歷，表明孔
子學院是「威脅及恐嚇中國國民及華裔美國人」的中心，並且是
「中國政府秘密活動的掩護」。

　　加拿大安全情報局前任亞太事務主管〔米歇爾‧朱諾‧卡舒
亞〕說過，西方反情報機構「已經查明，孔子學院是」中國政府
用來「作為間諜機構的外在形式」。[120]他說，孔子學院可以讓他
們接近西方重要的研究中心。[121]

　　幾所大學為回應上述疑慮而關閉了孔子學院，包括芝加哥大
學、賓州大學及加拿大一些大學。2014年，澳洲教育部長克里
斯托福‧派恩去到北京大學，說澳洲歡迎孔子學院。[122]

　　由澳洲聯邦議會圖書館在2014年提供的一份報告指出，澳

3　漢辦所撕掉的那一頁是蔣經國國際學術交流基金會在會議手冊的簡介。基金會
　　是該次雙年會的贊助者，此次會議期間並協助台灣國家圖書館舉辦書展。

洲的孔子學院經常與某些人士有關，這些人士與黨及黨的目標關
係密切。[123]昆士蘭大學孔子學院的副校長劉建平是天津大學黨
委書記。辦了一家親中共報紙、在鄧森事件中的角色備受關注的
祝敏申，就在雪梨大學孔子學院董事會裡。[124]曾在統戰組織澳
洲中國和平統一促進會擔任幾年會長的邱維廉，就在新南威爾斯
大學孔子學院董事會裡。[125]西澳大學孔子學院院長凡紅教授曾
在中國演講，談孔子學院在推進「中國軟實力」時的作用。[126]

　　簡而言之，學校管理層歡迎孔子學院進校園，就意味著在課
程設計和人員任用方面放棄了大學自治的基本原則。他們允許外
國政府任命的工作人員去認可或防止某些教材的使用，容許不討
論冒犯到中共的某些議題。正如費約翰所寫，對中國教育當局來
說，每一所孔子學院都代表了順利將自治原則及學術自由排擠到
邊緣，因此「標誌著與西方自由價值觀交戰的一次重大突破」。[127]

　　昆士蘭大學校長皮特·霍伊應當要注意這種情況。2015年，
他被漢辦授予年度傑出個人獎。他是漢辦的高級顧問，看來是代
表大洋洲，孔子學院在他所屬學校的深入工作令其沾沾自喜，包
括把課程拉進學校教室。[128]

黨就在我們的課堂

　　孔子教室也擴散到澳洲的中小學。根據漢辦，一共有六十
七個。[129]新南威爾斯州的教育部門迅速接受了這個想法。每間
孔子教室設立時，漢辦（或，其實，應該是中共中宣部）會提供

1萬美金的啟動經費、一位漢辦核准的助理教師，及其他教學資源。[130] 為了監督課程，教育部實際上是在部內成立了一所孔子學院。[131] 澳洲有其他任何政府部門會讓裡面的單位由一個外國來指導嗎？更不用說那個國家是以嚴格審查制度著稱。

漢學家邁克爾‧喬奇曼得出結論，孔子學院「的存在是為了這個明確的目的：讓外國人以中國官方可接受的標準來理解中國」。[132] 畢竟，中共宣傳部長劉雲山在2010年寫道，中國「必須把社會主義核心價值體系的要求滲透於文化建設的各個方面」。[133] 新南威爾斯州的高級教育官員承認，某些議題在孔子教室是被禁止的。於是，為了不冒犯贊助者，在討論中「最好不涉及」西藏、法輪功遭迫害或天安門屠殺之類的問題。一位高級官員說，「有那麼多其他的主題可討論」。孔子課堂的目的是為了讓孩子們「學漢語，並清楚地了解現代中國是如何運作的」；這就產生了一個問題，如果1989年的事件都不准提，所謂「清楚地了解」是什麼？[134] 正如林慕蓮所主張，若說中共成功地「以群眾失憶症」來改造中國的記憶，那麼新南威爾斯州的教育部門也很樂於參加。[135]

但是，也有人看得出事態嚴重。2011年10月，新州議會接到一萬多人的簽名請願，要求關閉孔子學院。請願書中寫道，「新州各學校教授中華語言及文化，乃令人樂見之舉，但此類教育應當免除中國共產黨教義及審查制度的影響。」[136] 請願者知道有中國外交官對設置孔子教室的學校施壓，叫學校不准帶孩子們去觀賞與法輪功有關的〔神韻藝術團〕藝文表演。[137]

正如新南威爾斯州綠黨發言人大衛・休布里吉所說，「這些課程對財政局來說可能是免費的，但其代價是讓孩子們深受外國政府宣傳機器的毒害。」[138]2016年有報導指出，雪梨北海岸的一些父母正在抵制設有孔子教室的學校。有一封線上請願書呼籲新州政府效法多倫多教育局關閉孔子教室，改以「不含外國審查及宣傳」的課程取而代之。

愛國的學生

2015年末，澳洲國立大學的一位中國學生，走進繁忙的校園藥房，開始向藥劑師吼叫。「誰讓你散發這個？」他兇巴巴地問，手指著一疊法輪功的報紙《大紀元》。目睹事件經過的人士說，該生既憤怒又咄咄逼人，他的身分後來查明了是該校中國學生學者聯誼會（中國學聯）會長陶品儒。藥劑師說，她被嚇到了，陶威脅要抵制藥房也讓她緊張，於是她讓陶把那惹人生氣的報紙拿走了。她說，陶品儒把報紙扔進了垃圾桶。

當時還是學生記者的周安瀾知道了這件事，便在學生報紙《沃羅尼》上寫了報導。這個事件引發了某些令人擔憂的問題：我們的校園到底怎麼了？[139]這名中國學生組織的領袖，哪裡來的理直氣壯，認定自己能夠闖進一家大學商店，然後要求把一家報紙逐出校園？沒有任何其他組織的學生能那麼想，更不用說真正付諸實行了。

正如我們將要看到的，中國學生組織乃是中共的延伸。三位

經驗豐富的中國觀察家在《澳洲金融評論報》上提及校園藥店事件：「中國共產黨試圖在全球努力確保自己掌握了中國，所以沒有哪場戰鬥是微不足道的。北京運用攻擊、威脅、金錢及其他優惠，來影響澳洲的輿論，從校園到（權力的）廟堂。」[140]

許多人想到自己在大學唸書的日子，會記得校園裡有不同光譜的政治見解，表達在報紙、小冊子及海報上。雖然這些東西多半遭到忽視，但它們的存在有助於增加我們對世界的認識，見證了我們大學的政治活力及寬容。至少，它們給了立場鮮明之人一個聲音。不會有人妄想要封殺社會主義工人黨的報紙或鼓吹生命權的報紙。然而今天，一幫狂熱的學生竟可以在校園裡審查政治見解。

關於藥店事件，最令人不安的是澳大當局的反應。當被問及這個事件，他們說，由於沒人叫學校警察，所以他們無法做任何事；然後又含混地批評了陶品儒的行為，說什麼「包容差異」一類的話。他們似乎並不在意。為什麼我們最國際化的大學不調查這一事件，以及中國學聯在校園裡恐嚇及封殺他人的其他事例？為什麼不至少發布一道通知，譴責這樣一例對言論自由明目張膽的壓制？為什麼校長不在校長室放置一疊《大紀元》報紙？事實是，澳大長久以來都對中國磕頭。

2016 年 8 月，澳大的中華全球研究中心主任白杰明即將離任，他寫信給副校長布萊恩‧施密特、名譽校長葛瑞斯‧伊凡斯，談一位中國博士生雷希穎的活動。[141] 校方接受雷希穎入學，讓他研究澳洲媒體對中國的誤解及各大學的反華活動。他也一直兼

職做北京的宣傳者，或許還使用了大學的資源。2016年8月，他用軍樂及踢正步的士兵，製作了一段超級民族主義的影片，馬上就在網路上爆紅，二十四小時之內吸引了一千萬名網友觀看。[142]溫友正注意到該影片警告說，外國敵對勢力正在中國煽動一場「顏色革命」。雷希穎與一些中共組織有聯繫，因身為「互聯網意識形態建設的優秀青年代表」[143]而獲評選獎項，他覺得澳洲是「美國的附庸國」。

雷希穎一貫在微信上張貼尖刻的反澳洲訊息。其中一條寫道，「本博畢業後馬上離開傻X的土澳。美國的政治走狗，一點獨立思考能力都沒有的。」[144]「土澳」這個詞，是一些中國學生的嘲笑用語，用來暗示澳洲是一潭蒙昧未開的死水。

當問及雷希穎，澳洲國立大學的回答是，他有「言論自由的權利」，因此沒有採取任何行動。[145]聽起來有道理，但真的有道理嗎？那是言論自由呢，還是代替外國政府行事，針對自由派價值觀所做的病毒式惡意宣傳？雷希穎的影片誹謗了那些維護人權的中國律師。2015年對維權律師所進行的那一波逮捕，是對言論自由及法治的直接攻擊。[146]難道澳洲的言論自由不是遭雷希穎濫用，去支持一個極權主義國家嗎？當他們的目的是剝奪我們所有人的言論自由時，難道我們真應該如此軟弱，不保護每個人的言論自由嗎？澳大這麼想要與中國維持和諧關係，以致竟然容忍對西方文明最寶貴品質的攻擊，而這種攻擊是受國家力量認可的。

在2008年4月坎培拉奧運聖火傳遞的示威活動中，澳大的中

生乃是核心。當月稍早，北京挑出澳洲還有日本，作為聖火接力的危險地點，因為有西藏及法輪功抗議者的活動。[147]他們特別擔心在坎培拉人數被壓倒；大使館接到指示要制定反制措施。澳洲國立大學的中國學聯會長張榮安證實，金錢及組織支持來自大使館。當中華人民共和國被指責雇走路工時，張榮安開始否認大使館的支持，撤去網站上先前承認此事的文章，改口說這全是學生自發的行為。[148]

有人可能會以為，聖火傳遞時數千名中國學生所展現的愛國之怒，會讓澳洲當局停下來想一想。但是，中國學生的人流只是加速湧入我們大學的課堂（還有金庫）。2017年7月高等教育有十三萬一千名中生，比2008年的人數多了一倍有餘。[149]相比於人口規模，澳洲的中國學生是在美國的六倍多。澳洲國立大學的國際學生中，約60%來自中國，主要是在商業、會計及金融科系，貢獻總收入的約15%。[150]名譽校長葛瑞斯・伊凡斯說該校的「經濟生存十分依賴這些（中生的）學費」。[151]他似乎挖空心思在想能不能做些什麼。2016年有消息傳出，澳大計畫要減少對中國學生的依賴；但是，這主意似乎不了了之。[152]

中國的父母會密切地關注國際排行榜的公布，來為自己的孩子挑選最好的學校（雖然頂尖的中國大學通常是首選）。聲譽卓著的八校聯盟中，最依賴中國學生的是澳洲國立大學、雪梨大學、新南威爾斯大學及墨爾本大學。

「告發及通報」

杜建華所發現的黨秘密文件披露，1989年後世界各地紛紛設立中國學生學者聯誼會（中國學聯），以處理針對中共的敵意浪潮，並使之轉向。[153] 從那時起，大使館教育參贊一直協調這些組織在校園的活動。[154] 從1990年代初，強大的國家安全部憂心異議會在海外學生中擴散，於是派出特工偽裝成學生、學者及商人，去監控及彙報學生的活動。[155] 今天，來到澳洲的大多數中國學生，在愛國教育主義活動——論者稱之為「褊狹的教育」[156]——保護傘下受過多年的教導，他們已經被打了預防針，以抵抗可能會感染到的西方思想。透過大使館及中國學聯內的代理人，要在這些學生的留學過程中照管他們是很容易的。

澳洲研究中共最重要的專家之一蓋瑞・格儒特寫到習近平治理下海外統戰活動的擴展，指出黨國密切監控學生的行為及其言論。[157] 中國學聯收受中國政府的經費，並與大使館或當地領事館攜手合作。[158] 對領事館來說，學生社團是招收新黨員的好地方。[159] 前外交官陳用林說，雪梨學生組織的會議通常都在領事館內召開；又說，「學生組織的領袖通常是由中國領事館親自挑選。」[160]

每一年，澳洲各中國學聯的會長都用大使館的車馬費飛往坎培拉，出席歐馬里郊區教育處辦公室召開的會議。一位前學聯幹部表示，在這些會議上，中國官員協調各地學生會的活動，按黨的最新精神指示他們。[161] 學生領袖則踴躍地產出親政府的聲明。

原則上，澳洲各地學生組織都要求以民主原則辦事：自由公平的選舉、會議公開、帳目透明。中國學聯全然不是那麼一回事。[162] 如果一個外國政府有提供資金與任命幹部，那麼保密就至關重要。沒有哪個學生組織會被允許按這種方式行事。正是由於這些原因，2015年，聲譽卓著的紐約哥倫比亞大學關閉了中國學聯。[163] 然而，當坎培拉大學中國學聯會長盧露頻坦率地承認大使館提供了指導及金錢支持，校方似乎並不介意有外國政府在干預學生事務。[164]

雖然中國學聯有時試圖否認其背景（如同2008年奧運聖火接力時），但阿德雷得大學的中國學聯網站卻說自己是「在大使館教育處指導下的組織」。受到大使館的指導及金錢支持之後，學生領袖進而又被可望建立政治人脈、在事業上搶先起跑，再加上愛國的榮譽感所驅動。費約翰指出，澳洲各大學並沒有特別關照中生，他們「覺得自己在澳洲是受中國政府接待的」。[165]

雖然學聯為中生提供社交上的支持，但也會監視及管制學生，試圖確保他們不涉入任何有害活動，比如指示他們不看批評中華人民共和國的電影。他們的思想也會受到監控。如果在班上或朋友間，有位中國學生發表了一項可被解釋為政治上不正確的意見，那麼他或她就有可能被彙報到大使館。在澳洲廣播公司2017年的《四角方圓》節目〈權力及勢力〉一集，坎培拉大學中國學聯會長盧露頻說，「為了所有……學生的安全」，若中國學生組織人權抗議活動，她就會向大使館彙報。[166]（後來，盧對澳洲廣播公司及費爾法克斯採取法律行動，聲稱該節目破壞了她的

名譽。）在某些案例中，國家安全部會找上中生身在中國的父母，通知他們說孩子在澳洲進行危險活動，警告雙親如果繼續這樣下去，將會有可怕的後果。當張樹人在布里斯班的一次民主集會上講話後，這事就發生在他的父母身上。[167] 閱讀《大紀元》報或關於天安門屠殺的書（許多來到澳洲的學生從未聽說過此事）可能會付出長遠的代價。澳大一位異議學生說，他把自己的觀點保留在心裡，他也認識有其他人「對他們自己的意見保密」，因為害怕招致不良後果。[168]

2015年，習近平主席表示海外留學生乃是「統戰工作新的著力點」。[169] 美國中情局有一份簡報的主題是中國校園當中「學生信息員制度」的擴張，描述該制度以學生信息員從事政治監控並告發教授及同學。[170]「告發及通報」模式也正在澳洲運行。澳洲某大學的資深講師稱，他在中國受到四次審問，因為他在新州大學一專題討論課談民主，遭出席者告發。[171] 該制度的目的在於控制針對敏感問題的辯論及討論。中央情報局警告說，有一種「告密文化」正向西方擴散。2010年10月8日，諾貝爾獎委員會宣布異議作家劉曉波獲得諾貝爾和平獎；北京大學當局便開始搜查表情「流露異常快樂」的學生。犯下這種「表情罪」的人，可能會被取消獎學金。

利用中國學聯可以動員學生歡迎來自中國的大人物，或淹沒及恐嚇任何抗議者。有時候學生的組織精確如軍隊。比如，2017年為了歡迎李克強總理訪問坎培拉，中生在澳洲國立大學校園裡接受訓練，大使館工作人員在學聯的協助下，把學生分成幾個安

全小組，還發出「男同志必須保護女同志」之類的指令。[172]

澳洲的學校不再邀請達賴喇嘛，已經有好幾年了。如果他來了，我們可以預料中生的反應會和2017年初美國加州大學聖地牙哥分校的中國學生一樣，他們被中國增強的國力及自己的愛國主義搞得膽大無比。當消息傳出這位西藏精神領袖將受邀在畢業典禮致詞，中國學生發出怒吼，試圖逼迫校方取消演講。該校中國學聯警告：「我聯合會必將進一步採取強硬措施，堅決抵制校方無理行徑。」[173]4

就像在澳洲一樣，中國學生運用受害者的語言來保衛黨的路線。他們告訴大學校方，邀請達賴喇嘛致詞「違背了尊重、包容、平等、積極的建校精神」。又有人在社群網站上辯稱，那些抗議川普總統的學生，就是因為他不尊重女性、西班牙裔及LGBT人士；他們自己現在也是不尊重中生，因為他們竟然邀請這個偽裝成精神領袖的「分裂主義分子」及「恐怖分子」來校演講。

在澳洲，一篇揭露中國學聯在澳洲國立大學活動的文章，引來了好不委屈的訴求，呼籲要有「包容性話語」及「多元文化」，讓「澳大的中生可以在他們覺得能自由表達意見的環境中學習及生活」。[174]對一個動輒把異議者通報給大使館當局的團體，然後當局就去騷擾及懲罰異議者遠在中國的家人，這種偽善真是數一數二。對比下述情形，這些中國學生呼籲要寬容、尊重，更顯得是兩面手法：他們遠在中國的民族主義同志，正津津有味地嘲弄

---

4 達賴喇嘛最終還是參加了加大聖地牙哥分校的畢業典禮並給予致詞，之後便傳聞北京政府禁止中國學者以公費前往該校進行研習。

他們所口中的「白左」——即政治正確的西方人，通常是學院中人，「特別關注移民、少數族群、LBGT、環保之類的話題」。[175] 這些愛國的中國網民十分讚許川普把「白左」給妖魔化。

加大聖地牙哥分校事件剛過，緊接著便是中國駐倫敦大使館施壓杜倫大學的學生，打算迫使他們取消加拿大世界小姐林耶凡的演講。林小姐是法輪功信徒，生於中國，但從小就生活在加拿大；她曾發言反對中國踐踏人權，包括從法輪功囚犯身上強行摘取器官。當她試圖以加拿大代表的身分到中國參加世界小姐決賽時，簽證被拒。近年來的世界小姐選拔，都是由總部在海南島的利益團體贊助大部分或全額經費，所以決賽就在海南島舉行。

大使館告訴杜倫大學辯論社的學生，此一事件可能會傷害英國與中國的關係。杜倫大學的中國學聯抱怨，邀請林來演講是「侵犯了中國學生的信仰及感情」。[176] 正如林本人這樣評說中國政府：「中共政府壓制自己公民的聲音還不夠，還要跨過國界，試圖在西方讓人們噤聲。」在美國及澳洲校園的中國學生也說，當討論到中國踐踏人權或達賴喇嘛時，他們就受到「冒犯」，他們的「感情就受到傷害」。或許，當中生接收到這些令人受不了的資訊，感情有受到傷害之虞，校方可以發布一些震撼警報，並在校園裡為中國學生提供「安全空間」，這會比壓迫學者遏制自己的言論更讓人服氣。

該怎麼做？

澳洲的大學，應該是「自由之島」：中國學生及中國訪問學者可以在這裡實踐自由開放學術的最高原則；而這些在中國那個一黨之國是被剝奪的。[177] 然而，中共藉由控制中國留學生、提供各校與中國大學的聯繫、鼓勵有錢中國商人的捐助，正在利用我們的校園發動宣傳戰，來對付像達賴喇嘛、法輪功及流亡的民運人士這樣的批評者。除了使批評者失效，北京的另一個目的是在澳洲培育友好力量替它鼓吹，而這項策略在澳洲證明是高度成功的。

這一章僅僅碰觸到正在我們大學發生之事的表象。由於與中國大學的聯繫，使我們的大學管理者緊張到害怕校內的學者或學生對北京做出任何批評，關於此事可以談的還有太多太多。我也尚未審視各大學如何放棄原則以追逐華人富商的捐助。（2017年6月，澳洲安全與情報組織警告澳大要拒絕某位華人房地產開發商一筆非常大的捐助，因為他與中國共產黨疑似有聯繫。[178]5）我們需要完整的探究，才能披露中華人民共和國勢力在校園的普及程度。有些大學妥協得厲害，以至於無法進行這樣的調查；它們真的需要決定，是選擇自由開放探索的傳統，還是選擇中國的錢以及與崛起中亞洲強權交往的榮光。這些學校的主管已經喪失了獨立思考的能力。只有當一個大學證明它願意犧牲收入去保衛

學術自由的原則，我們才能夠有信心地說它沒有放棄。

隨著澳洲各大學聘用越來越多忠誠度可疑的華裔學者，並將他們拔擢為教授及高階管理職，這樣的調查只可能更加必要。當情況演變成這樣，不准獨立進行學術工作以及針對中國進行公開辯論的壓力將會增大，擁有獨立思想的華人學者也會遭到封殺。

我們的大學應該要堅持邀請中國的異議作家及知識分子進入校園。應該要邀請達賴喇嘛。它們應該採取措施，確保中國學生被移出意識形態小圈子：讓他們參加人權及民主的課程，培養一個讓他們能自由提問及找到自己聲音的環境。不准挑戰中共意見的任何企圖都應指出來加以批評。中國學聯這個受到外國政府控制且以秘密方式運作的不民主組織應予解散，由大學設立新的組織來支持中生。聯邦政府應該清楚表明，代表北京從事政治煽動的中國學生決不會得到在這個國家的永久居住權。

如此一來，澳洲就能夠歡迎中國及所有的國際學生來到美好之地：知識自由所提供的環境，百花齊放、百家爭鳴，而非只是一句口號。

5 根據澳洲廣播公司（ABC）指出，這位華裔地產開發商可能是周澤榮或黃向墨。然而在澳大副校長布萊恩‧施密特接受澳洲安全與情報組織調查之後，澳大已經拒絕了這筆高達數百萬澳幣的捐款。

[11] 文化戰爭
Culture wars

　　王盛超的公司擴張計畫遭到他們在南吉普斯蘭牧場的澳洲鄰居抱怨，他感到大惑不解。這位寧波牛奶集團的副總裁安撫他們：「這樣是有些奇怪，因為牛奶就是牛奶；我們在澳洲的產奶方式，與我們在中國牧場的一樣，清潔、衛生，也符合動物福利的標準。」[1]

　　王盛超和聽到他這麼說的澳洲人不一樣，他想的不是中國農牧業所發生的一連串污染與毒食品事件，尤其是牛奶摻有化工原料三聚氰胺的醜聞：五萬四千名嬰兒住院，六名死亡。後來又造成二死——製造毒奶粉的張玉軍及收購銷售的中間商耿金平遭到處決。

　　寧波牛奶集團並沒有捲入三聚氰胺醜聞。然而（澳洲當局看來並不知情），該公司曾經多次違反健康及衛生規定。2012年4月，公司在兩千多瓶優格的生產日期上造假。[2]十個月後，又被發現幾乎70%的牛奶採樣有高量的大腸桿菌及β-內醯胺酶（是為了防止青黴素起作用）。公司不服這項發現，但是後來又道歉了。2013年4月，又有三萬兩千多瓶牛奶被發現生產日期造假。

罰款約7萬美元了事，代表該公司人脈強大。

但是在澳洲就不行。2015年，王盛超在南吉普斯蘭買了5個牧場後，計畫把他的畜牧方法帶到澳洲。在中國，寧波牛奶直接在牛棚裡擠奶，如此的圈養方式使鮮奶產量增加，因為無須來回於牧場和擠奶棚之間。寧波牛奶集團不僅可以從每頭吉普斯蘭奶牛多採50%的牛奶，也可以引入兩千位中國牧場工人而大幅削減成本；按照中澳自由貿易協定，該公司有權這樣做。另外，公司也將興建自己的裝瓶廠，所有的牛奶都要空運中國。

坎培拉並不反對他的計畫，那還有什麼問題呢？王盛超感到奇怪。

公共關係顧問鮑威爾・泰特冷冷地評論道，「該公司在訊息傳遞方面還需努力。」[3]

四百份投訴意見湧至巴海岸郡議會——涵蓋動物福利、對旅遊業的影響、牧場廢棄物、卡車的流動，以及剝削工人等事項。有鑑於此，議會成員一致認為，拒絕該項發展計畫乃是恰當之舉。照片中王盛超站在一處開闊的小圍場上，說他不知道現在該如何是好。[4]

寧波牛奶集團的社會許可（social license to operate）被拒絕了。幸運的是，澳洲不缺商業顧問——還有前總理——給中國投資者提供建議。2017年3月，外國投資審查委員會的老大布萊恩・威爾遜，在坐滿中國投資者的論壇上，建議他們不要碰對澳洲人來說的「明顯目標」，並且要強調擴大就業、市場成長的好處。[5]這位主席向他們保證，隨著時間的推移，澳洲人會習慣有更多的

中國人在這裡擁有地產。兩週後，前總理約翰‧霍華德呼籲中國企業家，如果想避免遭到抗拒，就去找澳洲人合夥。[6]

鮑威爾‧泰特為中國投資者提供一張藍圖，描繪如何獲得社會許可，好在澳洲經營農業。最重要的是中國投資者必須尊重澳洲的文化習慣，並設法以某種方式為澳洲社會做貢獻，而不是只想獲取最大利益。這一建議，可能有助於緩和公眾的疑慮；但是，它不會改變中方與黨國機器可能有的任何聯繫。

許多中國商人，確實並不理解社會許可此一概念。[7]既然他們成長時所面對的制度，橫行其中的乃是與當權者相連的金錢影響力，那他們何必去理解呢？對中國開發商來說，進度靠的從來不是在地社群允許你去拆遷及建設，反倒是全憑運用「關係」的能力，及賄賂合適官員的技巧。一些來到澳洲的人士預期（並不太少見）要付錢給某某人以接近政治人物，或許用政治獻金，最好是見到聯邦財政部長，因為他「擁有外資審查委員會」；[8]而外資審查委員會的批准，會把其他一切障礙全掃光。

上海鵬欣集團及上海中房置業曾投標3.71億澳幣來購買巨大的凱德曼地產（涵蓋澳洲大陸農業用地的2.5%）。該項目引發社會大眾強烈反對後，遭到聯邦政府拒絕。上海中房置業於是與吉娜‧萊恩哈特旗下的漢庫克勘探公司結成夥伴關係，創辦了一個合資公司，叫做澳洲內陸牛肉，該公司投標近4億澳幣買那塊地產，然後在2016年12月財政部長批准了。[9]合資項目承諾由本土人士管理。但是，管理多久？這種交易，可能只不過是在購買時貼上一層澳洲表皮，並沒有解決潛在的緊張關係。我們可以想

見情勢變化後中國公司會買下其澳洲夥伴，例如當澳方欲退出而又沒有其他本土公司想進入，原因可能出在中方的操作使合資看起來不吸引人。

中國的聲音

我在中國拜訪了一位有名的學者，其親政府及民族主義的主張眾所周知。在一小時的談話中，他非常明白地直抒胸臆，評估現代中國及澳洲與中國的關係。我驚訝於他對澳洲相當了解。因為直話直說，所以他要求匿名；以下是他最驚人的觀察：

> 關於中國的政治干涉，澳大利亞的焦慮是正當的。我相信孔子所說的：己所不欲，勿施於人……
>
> ……商人要把錢從中國轉走，正將注意力集中在與健康、營養、食物安全有關的產業。現在中國各地污染嚴重，因此，澳大利亞的地位非常重要，尤其在諸如像奶粉、牛肉和魚肉這樣的產品方面。在中國建設高潮結束後，澳大利亞鐵礦石的出口正在下降。而健康的食品，像無毒的奶粉，對有錢人非常重要（窮人不得不食用中國的國產品）。
>
> 澳大利亞幅員廣大，但貴國並未善加利用，獲取財富。
>
> 澳洲人看到城市裡有許多中國人，他們問：「這還是澳大利亞嗎？」搞得像倫敦了。他們讀到中國人粗魯行為的報導，像在草地上撒尿及行賄。中國人做事會先守法，但如果

不靈，那麼，某些人就會開始非法運作……

500萬澳幣就能搞到澳大利亞的永久居民簽證，太便宜了。

〔漢密爾頓：「用來獲取這些簽證的錢，是否有許多黑錢？」〕當然，但是澳大利亞政府並不關心……於是，為什麼澳大利亞要允許這麼多百萬富翁來爭奪貴國的醫療設施？你怎麼能收這麼多人？澳大利亞這麼小。澳大利亞的一些華人追逐的是自己的利益。比如，女兒在澳大利亞國立大學攻讀博士，然後，拿到永久居民簽證。然後，她就能把父親接過來。

我首先是一個中國公民，然後是一個世界公民。所以我堅持孔子的原則：己所不欲，勿施於人。中國有非常嚴格的移入政策。

〔談中國國有企業的海外投資：〕需要有一個平衡；它需要使雙方都受益。我信奉負責任的全球化──不要用你的資本，去改變別國的價值觀。有個在雪梨的有錢華人想敲掉一所歷史建築。據報導，他是前主席某位心腹之子。當地居民紛紛投訴，他們想保護自己的文化遺產。這位有錢華人提出要補償當地居民。在他這樣的人眼裡，沒有拿錢擺不平的事。他們不信奉孔子的原則，他們只是想利用你們的資源，與自己的資源結合起來，而他們的資源就是錢。

共產黨未能教育人民。共產黨只叫他們發財，變成富人……

一些有錢的澳大利亞華人，與軍方情報部門有聯繫；關

注此事，是合理合法的。總有外國安全部門會滲透進來的風險。問題是：風險應該如何處理？這是個大問題⋯⋯

接納這麼多學生，對澳大利亞是個巨大的風險。〔漢密爾頓：「你認為，澳大利亞國立大學的中國學生會會長，是大使館任命或批准的嗎？」〕毫無疑問。而且大使館有給學生會錢。學生會需要來自大使館的錢，去開宴會、邀請講者等等，中國政府想要操縱學生。所以此中有相互得利的利益匯聚。但是並沒有合同，沒人下筆簽這樁交易。學生會的領袖知道這項交易；但是其他學生不知道。

哥倫比亞大學已經不准最大的中國學生會存在；因為，它違犯大學要求透明、公正及民主選舉的倫理準則。

澳洲聯邦警署應該干涉，給大使館講清楚，警告它不可再操縱學生。警署也應該警告學生領袖，講清楚：如果他們從事政治活動，將會危及他們永久居留的前景。制定一個反對政治活動的法律。大多數中生都在乎自己的利益。如果危及到他們的永久居留簽證，大多數學生不會參加學生組織。

〔我提到澳大的中國學聯會長要求《大紀元》移出校園藥房，而校方未做任何反應。〕他們太自私；他們想要中國學生的錢。誰給了那位中國學生領袖權利，讓他在澳大利亞像警察一樣行事？大多數中國人對達賴喇嘛感到不痛快，但是，誰給我們權利要求別國不准歡迎他？⋯⋯在中國，我們不擁有這一自由；那又為什麼要出口到澳大利亞？為什麼把中國壞的東西出口到他國？如果澳大利亞華人開始利用他們

的人數來選澳大利亞領袖怎麼辦？〔漢密爾頓：「澳大利亞有一百萬華人。」〕我們可以給你們送來兩千萬。

愛國主義是好。但是，有偏見的愛國主義比沒有愛國主義更壞。中國人到了澳大利亞，就應該遵守你們的法律。誰給我們權利不遵守你們的法律？在中國有許多人認為：只要我愛國，我就可以在任何地方幹任何事。不對，我們只有在自己的領土上才能這樣。什麼是互相尊重？我們必須接受不同的方法及價值觀。有一種危險是中國人在別國領土上實行政治帝國主義及文化帝國主義。

我結束會見時有點呆掉了，因為他對中澳關係的評價實在太直率了。

鄒莎的黃金

鄒莎因為特別地慷慨而受到公眾的關注。她是黃金礦業公司「澳大利亞黃金礦業集團」的擁有者，在2015–16年度捐給自由黨46萬澳幣，輕輕鬆鬆就成為南澳最重要的金主之一。[10]

當鄒女士在澳洲時，她是一位熱烈的愛國者。為證明這一點，她在報紙上打出全版廣告慶祝澳洲國慶。她甚至讓她那輛勞斯萊斯塗上澳洲國旗。如果這有點算是中國暴發戶的俗氣，那麼鄒莎並不是唯一的一個。2017年8月，雪梨一些有錢的華裔澳人，開著一隊豪華的轎車駛過市區，車上裝飾著中國國旗及愛國

標語。這次粗鄙的炫富是為了抗議印度入侵中國領土（實際上，是人民解放軍占據了不丹的一部分）。就在一輛塗著中共紅的賓利車旁邊，有輛保時捷車上的貼紙畫出有爭議的喜馬拉雅邊界地區，搭配著口號：「中國，一點都不能少」；這也是澳大學生雷希穎在推廣的口號。[11]

澳大利亞黃金礦業公司不僅在阿德雷得大學設立一個工程學獎學金；[12]鄒莎還成了阿德雷得港口足球俱樂部出資最多的贊助人。她說，她想幫助俱樂部把澳式足球推向全世界。2017年5月，澳洲澳式足球聯盟得到她的金援，在上海舉行了澳式足球第一次海外聯賽，現場球迷一萬人，大多是從澳洲飛去的。[13]將澳式足球的愛好推廣到中國的想法，只是一時心血來潮，鄒莎的投資肯定還有另一個目標。

當她與中國媒體談話時，她的愛國主義就變了調。2011年，《人民日報》的文章〈鄒莎：在異鄉為祖國奉獻智慧〉，報導了鄒莎「儘管獨在異鄉為異客，但她會在澳大利亞繼續為祖國的繁榮發展奉獻智慧與力量」。[14]在祖國她確實發展得很好，她生於一個有錢的鋼鐵世家，二十九歲就在香港創辦一家公司，註冊的資本額是2億港幣。[15]

鄒莎宣布她「願意讓自己的公司成為中國企業進入澳大利亞的平台」，同時她也要「以低於澳大利亞礦業巨頭的價格把鐵礦石賣給中國企業，支持祖國建設」。當消息傳出她與巨大的國有企業中國黃金集團達成一筆數十億澳幣的交易，讓該集團可以獨家購買澳大利亞黃金礦業生產的所有黃金時，批評的聲浪紛至沓

來。[16]澳大利亞黃金礦業稍後否認進行任何獨家權利的交易，聲稱他們「寧願把黃金賣給澳洲買主」。發言人說，「我們非常忠於澳洲社會及澳洲政府。我們致力於澳洲的未來。我們願意回報。」[17]2017年3月，在新南威爾斯州能源及資源部長唐·哈溫主持的儀式上，中國黃金集團簽了約，包銷鄒莎澳大利亞黃金礦業的產品。[18]

或許，鄒莎對中國及澳洲兩國的熱情，只是為了證明她多麼致力於使兩國更加親密和諧。以她女兒鄒幗為例：鄒莎為了慶祝女兒的八歲生日，花了大約5萬澳幣在《澳洲人報》登了全版廣告。[19]在《人民日報》眼中，鄒幗可是「澳中友誼小天使」。她在一場貴金屬投資大會上演講，說她「期待澳中之間建設一條黃金的『海上絲綢之路』，也期待即將來臨的『澳中黃金時代』像黃金一樣，擁有美麗的色澤、超強的穩定性，走過百年千年，美麗不變，牢固不變！」她應該是幫她媽媽發言吧。[20]

如此成熟的情感深深地撼動了〔澳洲外長〕朱莉·畢紹普，後來她又在某次花園晚會上遇到鄒幗，再一次聽到了八歲的她所做的演講，表達了她「中澳一家親」的夢想。畢紹普所屬的自由黨西澳分部接受了如海嘯般湧來的中國現金，[21]鄒莎甚至設立了「朱莉·畢紹普榮耀基金會」，好把愛給散播出去。[22]在聯邦議會一眾表示懷疑的反對黨議員面前，這位外長說她從來沒聽說過此事。1

房地產困境

房地產業比其他與中國有關的問題造成更多的焦慮。有鑑於該產業的規模及公眾關注度，又正處房價暴漲之時，這樣的焦慮毫不奇怪。關於這個問題可以說的太多，我的評論僅限一些更突出的要點。

首先必須強調的是：華裔澳人和其他澳洲公民一樣，都有權買房子住。那些出席拍賣會卻遭英裔人士皺眉以對的華裔澳人，我們應該加以同情，就像有些人在超市排隊買嬰兒奶粉時也會受到如此待遇。他們是因為其他人的罪過而受到懲罰的澳洲人。

在聯邦法律下，要是外國投資審查委員會不批准，外國人就不可以在澳洲購買中古屋，但可以買新成屋及預售屋。這條法律可以繞道而行，而且很長時期都被直接無視了。外資審查委員會一直沒有費心管制華人購買成屋的風潮，直到2015年民眾激烈抗議，才迫使財政部長喬·霍基出手。中國房地產網站「居外網」的聯合執行長冼明則持不同論點，他認為該法的實施是「種族主義」。[23]

對外籍人士產權的限制還有一種方式可以繞過，便是由國外匯入資金請家人購屋。正如一位房地產業仲介告訴我的：「中國人信任他們的家人。」另外，有錢的外國人也可以購買澳洲居留

1 朱莉·畢紹普榮耀基金會（Julie Bishop Glorious Foundation）名稱中的「glorious」來自郭帥的英文名字「Gloria」。關於畢紹普與反對黨議員在聯邦議會中的攻防，見書後注釋22。

權。雖然這個風潮已經在2016年慢了下來，但授予重大投資者簽證的數目曾經暴增，大部分是發給富裕的華人，他們願意在指定的產業部門投資500萬澳幣。[24]

2016年的海外買主（80%是中國人）搶購了新南威爾斯州所有新成屋的25%、維多利亞州的16%。[25]在雪梨及墨爾本都會區的比例更高。2016年由澳洲批准的外國投資達2480億澳幣。根據外資審查委員會，這一巨大的湧流「主要是被房地產業增加的投資所驅動」。其中很多是公寓，賣給了北京、上海及成都的中產階級，有時根本就不用在澳洲做廣告。雖然按457簽證到澳洲的勞工，其整體數量在2016年停止增長，但最快速增長的職業別乃是房地產業仲介，主要來自中國，他們的工作是幫助中國買主打理產業。[26]

這到底哪裡符合澳洲的國家利益，很難看得出來，特別是此時，以香港及溫哥華為首，全世界的城市都採取措施，嚴格限制來自中國大陸的房地產投資。如此一來，他們就把更多的需求導向雪梨及墨爾本。

房地產協會肯定是國內最厚顏無恥、最自私的遊說集團；該協會堅持說，中國的需求對房屋的價格並沒有可察覺的影響。他們還委託ACIL艾倫諮詢公司（煤炭產業愛用的分析師）寫了一份報告，顯示中國人的需求「對澳洲的經濟DNA至關重要」。[27]無論是就業、經濟成長、稅收還是其他方面，沒有中國人購買澳洲的房產，一切都會受影響。事實上，該協會的執行長說，如果投入商業建案的外資減少20%，GDP的損失「將相當於澳洲煤電

產業的損失」（這是壞的事情）。

雄心勃勃渴望成為千萬富翁的中國人盯上了雪梨及墨爾本的房產；這樣一來，只要有需要，他們就可以從中國來往通勤。一位專家指出這些「候鳥富翁」正在我國最大的兩座城市吹脹房地產的價格泡沫。[28] 房地產業仲介以荒謬的說法繼續謀取暴利，捍衛此一錢潮流入。有人說，淨財富超高的中國商人受到乾淨的空氣、優良的學校及運作完善的法律所吸引，飛進飛出「想給澳洲社會做貢獻」。另一位則指出，「這就有點像是鄉下的孩子，往往得上寄宿學校，然後再回去偏遠的新州西部。」[29]

2017年3月，來自錦州的一位公安局長因為侵吞公款被判十七年。他利用這些錢在澳洲大量置產，包括在雪梨為他的兩個女兒買房。[30] 澳洲是腐敗的中國錢最青睞的理想之地：2015–16年度，被調查的可疑金融交易總金額達33.6億澳幣，其中三分之一藏在房地產。[31] 到2017年初，由於聯邦政府的打擊，迫使有錢的外國人，主要是中國人，出售價值達1.07億澳幣的非法購置房地產；[32] 但前述房仲業者稱，利用一些漏洞可繞過法律，而非法物業交易數量多到前所未有。[33]

2017年2月北京打擊出逃資本，報載造成洛杉磯房地產的中國需求劇跌，但雪梨似乎未見下跌。[34] 澳洲報紙報導，中國開發商在2016年下半年「殺回墨爾本」，現有的開發地點已有四分之三賣給了中國大陸投資者。[35] 他們很有自信能賣掉公寓，因為已經有買主在中國排隊了。當一個城市連續六年被評為世界上最適宜居住之地，就會發生這種情況。

在〈世界上最大的房地產狂熱，正在來到靠近你的城市〉一文中，彭博社報導，專家將投入澳洲洪流般的中資稱為「涓涓細流」，這是與日後出現的中資相比，如果我們允許它過來的話。[36]比如，江蘇一位三十一歲的農場主計畫在雪梨購買六間公寓，以備未來送他的孩子來這裡上高中。

愛國的作家

墨爾本作家節及維多利亞作家協會都是文學界備受尊重的組織，致力於幫助作家找到他們的聲音，促進思想的多樣性。2016年8月他們與澳洲華人作家協會聯合舉辦華人作家節以支持華文作家，這種事似乎也很自然。維州華文作家協會和墨爾本華文作家聯誼會也參加了。[37]

但是，澳洲華人作家協會是什麼？公開紀錄裡很難找到該協會的消息，只有2016年4月慶祝十週年的活動中，中國墨爾本領事館副總領事黃國斌表揚該協會是「傳播中國文化的重要平台」，並感謝該協會「一直積極支持和配合總領館的工作」。事實上，該協會並不總是支持領事館的，但是近年來被親北京的勢力接管了。[38]領事館這方面，除了黃國斌之外，還有總領事館的僑務領事張曉宏。

此前一年的2015年墨爾本華人作家節當中，中國作家協會現任主席鐵凝的現身相當受到注目。鐵凝是一位很受尊重的作家，她也是中共十九大的中央委員（也是以前十八大的中央委

員），而中共中央委員會是中國位階最高的政治團體之一。[39] 用一位敏銳的觀察者說的話，「中國作家協會與黨的關係，多少像一個十幾歲的孩子與一位專制父親的關係……黨不要求你天天唱讚歌，但它會保證你不寫任何冒犯的，或更糟，顛覆的東西。」[40] 中國作家協會身為中國文學的龍頭團體，是中共海外宣傳計畫的一個重要部分，是墨爾本華人作家節背後的力量。從中國來的作家，都是由該會挑選的。

澳洲華人作家協會十週年慶祝活動的主持人，是澳洲華人作家節的主席胡玫。她1988年到澳洲，並在天安門慘案後不久獲得永久居住證。1992年開始在特別廣播服務機構華語部當主任。2017年6月她因「在維多利亞州廣播媒體、婦女及多元文化社會的服務」，獲頒澳洲勳位獎章。[41] 儘管胡玫一直在特廣工作，她也與「世界越棉寮華人中國和平統一促進會」有關，這個統戰團體曾在2017年3月召開記者會抨擊台灣獨立。[42] 墨爾本華文作家聯誼會會長黃惠元在記者會上亦有發言。黃惠元是親北京中文報紙《墨爾本日報》副社長，他曾以這個身分表示「願為宣傳推介中國和廣州而努力」。[43]

2016年墨爾本華人作家節在中國被熱情地報導：附屬於中國僑務辦公室的「中國僑網」網站發表了一篇文章宣傳作家節，並聚焦在活動的關鍵發言人雷濤。[44] 雷濤是陝西作家協會的黨組書記，也是黨批准的中國作家協會會員。他以前曾是陝西省委宣傳部的處長。他以忠實黨員的身分擔任《陝西宣傳嚮導》的主編。[45] 在維多利亞作家協會所列的雷濤簡介，這些事情一件也

沒提到。

雷濤動身往澳洲之前舉辦記者會，他發言強調澳洲作家節的宣傳作用：「通過與當地華人作家和澳大利亞作家的交流，一定會擴大陝西乃至中國文化在國外的影響力，讓國外的作家了解我們當下中國的創作狀態。」[46] 當然，沒有任何批評中共的作家受邀。

《人民日報》發表了一篇又長又詳細的報導，談及 2016 年作家節本身，得出結論說「澳大利亞華人作家越來越受到主流社會的關注，這與中國的強大和華人移民數量的增加有很大關係。」[47] 其實，領事館也努力工作來確保一些華人作家不受關注。黨委書記雷濤告訴《人民日報》，華裔澳藉作家給他留下很深的印象：「當地華人作家雖然身在海外，但卻牢牢地扎根在自己的民族和自己的文化母國中國。」[48]

澳洲的一些華裔作家會離開中國，是為了逃避黨不容創作的自由。但是，他們並未受邀參與作家節。黃副總領事告訴中國記者，「海外華人作家只有深深地了解自己的祖國，才能創作出引起當地主流社會關注的高質量文學作品。」除了與華人作家節合作，墨爾本作家節每年舉辦時也都會主打一兩位華人作家。按北京的觀點，所有這些作家都是安全的。對現代中國有相當不同理解的異議作家，得不到這樣的平台。

墨爾本作家節與維多利亞作家協會，為了致力於文化開放性，不自覺地與統戰團體合作；這些統戰機構的目的，是把中共的世界觀散播到澳洲社會，而此一世界觀極度不容忍藝術自由及

異議。異議作家劉曉波2017年慘死於中國監獄就提醒了我們這種情形。這些值得尊敬的澳洲組織這麼地天真並無可譴責，因為我們也才剛剛開始了解，中華人民共和國拓張影響力的活動在我國無處不在。但現在他們知道了。如果他們還要與靠攏領事館的各作家協會合作，他們應該堅持邀請異議作家，並且讓他們能夠發聲。

讓我以這樣一位作家來收尾。齊家貞二十歲時因為觸犯了莫須有的反革命罪，與父親一同在一處四川監獄服刑十三年。她在那兒聽到無止無盡的宣傳。她說，最後她被洗了腦，變成「改造成功的模範」。1987年，她被允許到澳洲學習英語。1989年天安門慘案後，她獲得永久居留權，最終得到了公民權。她告訴我，「出於恐懼，我保持沉默十七年」。現在，到了七十多歲，她成了激烈批評共產黨的人，她透過著作發聲，她幫忙組織2016年墨爾本的抗議，反對來訪的芭蕾舞劇《紅色娘子軍》上演。

我在墨爾本與齊家貞見面，她告訴我：2014年當她出版了關於她在中國苦難的回憶錄後，[2] 華人作家協會邀請她在該會的一個活動上致詞。但是，在發出邀請與舉辦活動這段期間，協會被親北京人士所接管，或許墨爾本領事館也出手相助。活動幾天前，他們邀請其他人擔任主講，只給她留了十分鐘，然後在她回

2　齊家貞描寫文革時期的自傳性作品有兩本：第一本是2005年由明報出版的《自由神的眼淚》，第二本是2011年允晨出版的《紅狗：我在中國的日子》。《自由神的眼淚》到了2014年改由新銳文創出版，並重新取名為《黑牆裡的倖存者——父女囚徒鎮反文革記事》，這裡所說的回憶錄應該是《黑牆裡的倖存者》。

應聽眾提問前就打斷她，結束她的時段。「在這兒，他們想幹什麼就幹什麼」，她不帶感情地加上這一句。「共產黨怎麼能在澳洲這麼有影響力？」她問我。我無言以對。

找上帝幫忙

哪裡有海外華人聚集，哪裡就有僑務工作可以影響及滲透的潛在目標，包括教會。杜建華讀到的中國國務院機密報告採用「一視同仁」的精神，並不將基督教與天主教加以區別。³報告中指示幹部透過積極促進中共的「（我們都是）中國人」及「精神之愛」的觀念，對海外華人教會予以監控、滲透及「中國化」。[49]對於中共來說沒有什麼是神聖的，只有效忠祖國和——當然了——效忠黨，才是神聖的。對僑務幹部來說，教會有額外的價值，因為透過非華人基督教會網路，可以與更廣大的社會相連。另外，如果黨可以塑造宗教領袖所發出的訊息，信眾更有可能相信，因為他們信任自己的牧師。

雖然基督教會在中國受到壓迫，華人教會在澳洲卻迅速增長，給僑務提供了活動的機會。單是雪梨就號稱有一百多個華人教會；墨爾本有六十個。[50]在較老的教會傳道主要是用廣東話，但是近十年來，隨著大量經濟移民從大陸到來，越來越多信眾說

---

3 原文在這裡用了「ecumenical」一詞，源自二十世紀初期歐美的新教教會所發起的普世教會合一運動（ecumenism），提倡現代基督教內各宗派和教派能夠重新合一。

華語。

越過塔斯曼海，紐西蘭的華人長老派教會在2001年發布了一個關於台灣問題的聲明。教會引用馬太福音5:37，要求全世界尊重中國基督教徒的感情：「台灣是中國不可分割的一部分。我們感謝及珍愛神賜給我們這一禮物。」[51]坎培拉華人衛理公會網站的一篇文章寫道：「正氣凜然的習近平和正在大國崛起的現代中國，都是上帝計畫、命定和祝福的一部分！」[52]作者張曉燕女士是澳洲公民，雪梨華人作家協會的副會長。她在別處發表的文章似乎是認可以下預言：「要從中國來一支紅色軍隊，興起一個大型的風浪，如紅色海嘯一樣，來推動澳洲的復興！」[53]澳洲華人衛理公會會督官佰全清楚地表明：這只是教會單一信徒的個人意見，該教會不支持任何政權或政府；「因為本教會的唯一目的，是向澳洲及別處的所有種族傳播基督教」。

我曾與一位華裔澳籍牧師談過，他說許多教區牧師相信在他們中間有間諜，其作用是向領事館彙報任何反黨言論及活動。一位牧師告訴我：「在我們教會社區，有很多共產黨員。」[54]他猜想，約四分之一或三分之一是，或曾是共產黨員。有些人加入教會是找人作伴；一些是為了社交；其他則是對領事館有用的人。

華裔澳紐軍團

中共正在透過統戰機構及個別同情者，試圖控制對中國歷史的解讀，並且推廣某種特定敘事以確立中國在澳洲墾殖前後的定

位。雖然這些運作都發生在幕後,但現在有些部分已經可以曝光了。此處應強調,過去二三十年來,某些澳洲歷史學者一直在研究,澳洲殖民史及現代史當中一直被忽視的中國移民。然而最近幾年,有些人開始感到不安,因為北京綁架了他們的工作,遂行其政治及意識形態目標。這事發生在2008年左右北京的一項決定之後:北京想要積極推進海外華人史,並針對此一主題在全國設立博物館。[55] 習近平於2013年接任主席,國務院新聞辦公室(也稱中央對外宣傳思想工作領導小組)發動新攻勢,向外國受眾「講好中國故事」,著眼於培養友好國際氛圍,[56]

2015年,澳洲安全情報組織局長鄧肯.路易斯,警告各主要政黨的組織部頭頭,不要接受億萬富商周澤榮及黃向墨的捐款。雖然他們特大包的政治捐款吸引了所有人的注意力,但是他們也積極塑造澳洲的歷史及文化。

2015年9月,澳洲戰爭紀念館舉行獻花儀式,以表彰在澳洲國防軍中服役的華人士兵。周澤榮在儀式中很突出。他站在紀念館館長布蘭登.納爾遜,退役軍人聯盟會長肯.多蘭海軍上將之間,代表華裔澳人獻了花圈。他公司的網站及中國媒體在報導此事時,稱他為「澳中友好交流協會的會長」。該會是一個統戰團體,負責組織一系列活動,讓中共高級官員出席。

為什麼澳洲戰爭紀念館給周澤榮這樣的殊榮?這個人怎麼變成了「華裔澳人社群」的代表?調查顯示,他沒有捐錢給此一活動,因為那只是日常的悼念陣亡將士典禮。然而,周澤榮博士的大名在紀念館眾所周知,至於他的榮譽「人文文學博士」則來自

紐約上州不太知名的庫卡學院。他的公司資助了館內一處口述影音紀錄室，並購買了命名權，稱為僑鑫教育與媒體中心。[57] 該中心於同日啟用，在中國獲得熱烈報導。[58]

周澤榮也捐贈資助了一項研究，探索「澳洲皇家部隊的種族多樣性」。這個項目的重責大任，似乎是付費委託中國大學裡的某位學者寫一本澳洲華人士兵史。周澤榮的慷慨使他的名字刻在紀念館大門上的一塊石頭，與澳洲慈善事業偉大美好的少數同儕並列。（戰爭紀念館不欲詳述他捐了多少。）如《新華網》所描述的，他為「華人士兵的犧牲」獻了花圈後，[59] 納爾遜博士及朱莉‧畢紹普外長頒給他一份「澳洲戰爭紀念館之友」證書；據我所知，這是一份裱了框的證書，專門拿來送給巨額捐贈人。當我向紀念館問及更多的訊息，例如他們是否對周澤榮進行了盡職調查，對方告訴我：「這些都是公開紀錄。我們沒有什麼可以補充的。」[60]

周澤榮資助的研究成了紀念館書店販售的一本書，定價是大量補貼過的 2.95 澳幣（精裝本則是 4.95 澳幣）。書名《無聲的忠魂：紀念澳洲華裔軍人》，由中國中山大學的歷史學博士費晟匯整，出版社是有澳中友好交流協會背景的新世紀出版社。[61] 該書用中國式英語寫成，不過有些段落突變成完美的英語。內文充滿了錯誤，在一處甚至稱書名為《很忠誠的靈魂》，稱 AWM 為「澳洲國家戰爭紀念館」〔「澳洲戰爭紀念館」才對〕。

但是，書中的歷史曲解才最令人擔心，從第一個句子開始：「中國人在 1788 年隨著第一艦隊抵達澳洲，因此中國人也在澳洲的第一批墾殖者之列。」是英國的華裔罪犯？還是中國的水兵？

認真的嗎？在第一艦隊裡並沒有華人。[62]4 此一說法看似荒謬，然而現在卻「寫在歷史書裡」，而且照經驗來看，未來要是在某個主權主張中冒出這種說法，也不奇怪。

該書把第二次世界大戰稱為反法西斯戰爭，描繪成是中國及澳洲並肩共同抗擊日本侵略的時期，當時的澳洲社會克服了中國入侵的恐懼，兩國結成了同盟。然而，該書並沒有提及，以中國為目標的反共鬥爭，把澳洲捲入馬來亞、朝鮮及越南的衝突；華裔澳籍士兵出現在韓戰、越戰中的角色也被一筆帶過，完全沒有提及共產中國支持澳洲的敵人一事。

華裔澳人在澳洲軍事史上所扮演的角色，值得恰當的研究及充分的感謝。但是為什麼澳洲戰爭紀念館要委託一位對澳洲知識有限的中國學者，且是對軍事歷史毫無經驗的人，來撰寫澳洲軍事史上此一意義重大的部分，然後在館內的書店推薦給參觀者呢？今天中華人民共和國的歷史書，已經是半虛構及官方宣傳的大雜燴。[63] 有一位備受尊敬的歷史學家〔張彥〕稱現在的中國乃是「完全抹掉、然後重新再創造其過去的……一個國家」。[64] 中共在宣傳中國軍人及共產黨對日戰爭的角色時，給的是一個完全曲解的圖像。[65] 為什麼戰爭紀念館要出售這麼荒唐可笑的一本書，呈現給公眾一幅歪曲我國歷史重要部分的圖像呢？

4　第一艦隊（the First Fleet）是1787年5月13日從英國樸茨茅斯港出發的船隊，其中兩艘皇家海軍軍艦、三艘補給船、六艘囚犯船，總共載運了一千到一千五百人，包括罪犯、海軍、水手、官員與若干自由人，目的地是澳洲的植物學灣（不過最後是在雪梨灣登陸）。

華人富豪的送禮策略順著這個邏輯：利用給文化、教育及醫療事業捐款來構建合法性。[66]如果外國投資者要公關公司推薦一項策略來取悅澳洲社會大眾，公關公司也許會（要是它夠自私的話）建議客戶在身上灑一些澳紐軍團的榮耀歷史金粉，並且告知客戶，最大的一碗金粉就在澳洲戰爭紀念館。用不著說，紀念館是國家的聖地，不應該被外國勢力所利用。

周澤榮的華裔澳紐軍團並不是澳洲歷史中被選來運用的唯一工具。中國的朋友正在重新闡釋華人移民在我國發展史的位置。這段歷史雖然重要而且被低估，然而，相較於公正的歷史學者，這些中華人民共和國的同情者卻賦予他們重要得多的角色。這些歷史敘事所引發的效果，是在澳洲（及中國）華人中，放大了對種族主義歷史的不滿。近來一本由記者羅伯特・馬克林撰寫的《龍與袋鼠》，便受到共產黨媒體的表揚，這一點也不奇怪。[67]新書發表會的主持人是鮑勃・卡爾。

黃向墨已經提出要資助一本探討華人在澳洲歷史的書。雖然有些本土歷史學者太急著想要顯示自己敬重文化多樣性，而允許自己被矇蔽，但其他人士已經察覺到危險。當某些研究該領域的澳洲歷史學者聽說黃向墨在幕後，他們就打消了對於參與此書的興趣。

在另一個小心謹慎的類似案例中，歷史學家團體「龍尾」，表示有意接受澳中藝術與文化研究院所提供的場地，來舉辦兩年一度的大會。當龍尾的委員會得知，設在西雪梨大學的澳中藝術與文化研究院有接受黃向墨的資助，委員會就如何保護會議的學

術聲譽發生了分歧。最後，會議如期進行。黃向墨為這個研究所向校方捐了350萬澳幣。他的玉湖集團（澳洲）總經理黃錚洪被任命為董事會成員。她在領英網站上的簡介說，她是雪梨科技大學地方政府學碩士。

澳洲的人民解放軍

2015年8月，澳洲華人退伍軍人協會建立了「澳洲八路軍」，由移民到澳洲的前解放軍所組成的單位。一年後，該單位在赫斯維爾鎮的市政廳舉行了大型文藝晚會，成員穿著軍服、軍帽，佩著勳章，旗幟招展。[68]活動的照片呈現超現實主義的離奇場景。他們高唱愛國的軍歌，重現軍營的生活。這些人不是為澳洲而戰的澳紐軍團華裔士兵，而是為中國服役的前人民解放軍。但是在這些愛國者的心目中，兩者之間的差別模糊了。活動大獲成功，澳洲的人民解放軍一年後又在查茨伍德高唱「東方紅」。[69]

共產黨像太陽，

照到哪裡，哪裡亮；

哪裡有了共產黨，

哪裡人民得解放！

解放軍有利用文工團傳達其訊息的悠久歷史。它認真採用毛澤東的格言，只有槍的軍隊是不夠的，「我們還要有文化的軍隊，

這是團結自己、戰勝敵人必不可少的一支軍隊。」[70]

在澳洲組織人民解放軍的人，是在直接對華人社群講話。熟悉的軍服及歌聲，創造了一種歸屬感。有些人對自己的社區為了支持中共而大搞軍事化感到驚駭；但對其他人來說，革命的懷舊氣氛誘人，使他們在情感上、語言上及文化上貼近中華人民共和國。雖然從某個層次來說，這些活動是文化表演，但也引發了一個深具挑戰性的忠誠問題。如果澳洲與中國之間發生衝突，這些老兵會站在哪一邊？

澳洲華人退伍軍人協會的前身名叫「八一軍團」（八月一日，人民解放軍的創始日）。其章程規定「軍團成員都要熱愛祖國」。[71]2017年3月退伍軍人協會的成員走上雪梨街頭歡迎李克強總理。會長回家後寫道：「今天的悉尼被中國國旗攻陷了！上萬華人冒雨等待！整個CBD〔雪梨中央商業區〕全是黑頭髮黃皮膚，還有紅豔豔的國旗海洋！」[72]

數位極權主義

北京一間肯德基炸雞店裡有一架機器，使用臉孔辨識技術來建議你可能想要點的東西。肯德基的一位發言人說，「機器將識別用餐者的面孔、性別、年齡、情緒、以及其他一些特徵，然後推薦合適的套餐。」[73]雖然全世界的公司都保存我們購物的電子紀錄，但肯德基現在保留你的臉部紀錄。下一次，機器會記得你。問及隱私權的問題，一位顧客回答，「在中國，反正你也沒有任

何隱私。」

這家肯德基門市聽起來太新奇，但是中國的國營及民營技術公司正將鉅額資本投入臉孔辨識技術、大數據及人工智慧，如此打造出來的全國監視及社會控制體系，喬治·歐威爾看了也要面無血色。在深圳，有位闖紅燈過馬路的公民，到了馬路另一邊後，發現大型螢幕正對她展示她的面容，還有警方的警告；這幅景象提示我們未來將會發生什麼事。她的違規行為會被存在某處的一台電腦裡，連同她的其他違規行為。據估計這個國家有一億台閉路電視攝影機（平均每十三個人一架），數目還在增長，[74]預示了一個幾乎能在任何地方追蹤到任何一張臉孔的大規模監控體系。

正在全中國展開的「社會信用體系」所記錄的事項當中，任意穿越馬路只是一樁小過失；一位觀察家稱該體系為「現代史上任何政府試圖把科技與行為控制融合在一起的最有野心之舉」。[75]政府機關會對公民的好行為獎賞分數、反社會行為予以扣分——例如交租遲了，或是在社群網站發表當局不喜歡的評論。在聲譽評分制度下，如果你表現得好，就會快速提升信用。《經濟學人》報導，一位政府官員說，到2020年，逐漸成形的社會信用體系將會「使可信任之人走遍天下，無信譽之人寸步難行」。此一體系被期許能更有效地控制腐敗；當然，還有追蹤犯罪活動。

在這個「數位極權主義」的美麗新世界，服從國家受到獎勵，提出異議受到懲罰。[76]中國這個偏執的黨國，已經在部署精密又十分有效的政治監控形式，而這個國家本來就掌握了巨大的基礎設施，用於管制公民的思想及行動。記者暨部落客劉虎因揭露

官員腐敗而出名，卻先後因「製造散布謠言」遭到羈押起訴，又因誹謗被法院課以罰款。[77] 他被列入黑名單，不准購買飛機票、房地產及乘坐某幾種火車旅行。沒有上訴制度。現在黑名單上已經有七百多萬個名字，其中一位女孩子是在她兩歲大時被記上去的，因為她繼承了父母的債務。父親殺害了妻子，被法院罰了一大筆款。然後他被處決，女兒繼承了罰款。

在某些城市上了黑名單的人，當局會在他們的電話答鈴聲做手腳，提醒打電話來的人，你正在聯絡一個沒有信用的人。

社會信用制度將需要龐大的系統，整合了資料蒐集、儲存、分析及提取，這正是研究大數據的目的——大數據是「極大資料集，可以計算式分析來揭露模式、趨勢及關聯，特別是與人的行為及互動有關的資料。」[78] 社會信用制度在推行到全國之前，還有工作要做。然而，有習近平主席支持，國家決心向前邁進。

為了預測一個人從事恐怖活動的可能性，中國正在試驗一種系統，使用個人的就業史、銀行紀錄、消費習慣、朋友，及通過監控攝影機錄下來的動作這些資料。幾乎沒有疑問的是，這一逐漸成形的「犯罪前」識別軟體，也會用來對付那些主張中共統治可以被替換的人士。[79]

中國電子科技集團所承包的「智慧城市」工程，是在社會信用計畫的第一線。中國電科是中國頂尖的軍事研究組織之一，精於資訊及通訊系統。該集團得意地說，其一體化大數據中心將「支撐政府治理現代化」，保障網路空間安全，增強網路空間安全防禦能力。[80] 智慧城市工程所創造的城市營運控制中心，或說

「大腦」，融合了軍民兩用技術。這項工程還打算透過一帶一路倡議，出口到其他國家去。[81]

正如我們在第十章所看到的，透過中國電科與雪梨科技大學之間的協議，澳洲納稅人正在幫智慧城市工程出資。[82] 隨著中國電科與雪梨科大在大數據上的合作，該大學正在對一套前所未有的、最精密也最具有壓迫性的監控系統，做出貢獻，這是一種電子的秘密警察，以閉路電視及人工智慧，代替了鄰居及家人，充當情報員的角色。

中國並不是唯一為了管理社會而發展臉孔辨識技術的國家。據估計，美國警方已將一半人口的臉孔存在電腦裡。[83] 他們可以取用一個「虛擬嫌犯列隊」來追蹤罪犯。史諾登文件披露出美國國家進行監控的程度，使大眾對資料濫用產生嚴重焦慮。然而美國對警察權力有制衡機制。法律提供了一些保護：濫用資料的警察會被起訴；媒體會調查及報導濫權之事；公民有權接觸自己的資料。一句話，權力制衡。所有這些都不適用於中國。事實上，2017年通過的新國家安全法，給予中國當局合法權利，只要當局認為有必要，便得取用任何個人資料。西方的民權運動人士會讓政府誠實。中國的維權人士則被抓進監獄。

北京的南極大計

澳洲在1959年的《南極條約》中發揮了積極的作用。該條約無限期地禁止所有礦產資源的調查、採礦、鑽探，亦包括一份強

力議定書，為了現在及未來的幾代人而保護自然環境。禁止從事「和平活動」以外的軍事活動。澳洲的南極領土，覆蓋南極洲的42%，在世界各國的占比最高，而且對於科學工作及荒野保護，我國有悠久且驕傲的歷史。世界上已有六個國家認可我們對澳洲南極領土的主張；雖然其他國家還沒有。

近十年到十五年來，中華人民共和國逐漸深入南極洲：建基地、鋪飛機跑道，並購置適用的船舶。其大部分活動，都在澳洲的部分之內。中國透過建築其物質基礎設施，也在該地維持一個永久的存在，並一直積極繪製地理位置。它也為了其北斗衛星定位系統，建了一個基地站。南極洲基地站將使中國所有飛彈的攻擊更加精準。[84]

安一瑪麗・布雷迪的報告所提到的中文資料顯示，中國正在打下基礎，使其能夠在巨大的原始大陸開採資源。[85]西方新聞媒體開始關切中國的意圖後，[86]現在中國官員也開始使用架構在國際對話之上的環境保護及科學研究等語言。當問及中國政府資源開發的計畫時，它予以否認。然而，（布雷迪發現）以中國受眾為目標的材料中，中國的極地事務官員清楚地說出其真正目標。比如，中國極地研究中心的內部報紙寫著，新的第五個南極洲基地的主要任務，將是「資源開發及氣候研究」。[87]該中心稱南極大陸為「一個全球的資源寶庫」。習近平主席本人在訪問〔塔斯馬尼亞首府〕荷巴特時露出了馬腳，他說中華人民共和國將與澳洲及其他國家協作，「更好地認識南極、保護南極、利用南極」。[88]

北京一直積極地參與國際間的南極洲進程，高潮便是2017

年5月主辦最重要的南極條約諮詢會議。澳洲及紐西蘭一直積極地幫助中國，確立其作為一個南極洲主要參與者的地位。中華人民共和國的主要後勤基地在荷巴特。此處不可能盡述其歷史，但是在南極洲的國際社群間，科研就是實力。[89]中國一直大把撒錢以獲取這一實力。現在中國在南極洲的科學研究上，花費比其他國家都多。[90]2016年，澳洲科學與工業研究組織與中國進入夥伴關係，要在荷巴特建立一個新的中心，以研究南半球的海洋。中國將出資2000萬澳幣。科學與工業研究組織執行長拉瑞・馬歇爾興奮地宣布新的合作案；同年，他因為砍掉氣象科學研究，遭到普遍指責。

中國在南極洲的慷慨及其日益重要的角色，似乎已培育了一隊科學及政策的吹鼓手為其效力。澳洲南極局主任尼克・葛里斯覺得雙方日益密切的合作「令人難以置信地興奮」，並對於擴展中華人民共和國在澳洲領土上的工作熱情之極。[91]阿德雷得大學的法律系講師劉能冶，最近的興趣是寫一系列文章讚頌澳中合作，描述中華人民共和國在歷史上一直是一個遵守規矩者，而不是一個制定規矩者（避免提及它破壞規矩的例子）。[92]中國視南極洲為一個資源寶庫，但他向我們保證，中國在「可預見的未來」不會開始採礦。[93]

雪梨科技大學法律學院的大衛・里瑞相信，雖然描寫未來衝突的報導成就一份好報紙，但是「國際法冷靜的分析」指向一個合作的新時代。中國正像其他國家一樣，其利益在於加強國際法。[94]面對所有的證據，包括中華人民共和國大張旗鼓地在南

海非法吞併領土，里瑞仍相信「中國與其他國家沒什麼不同」。[95]

另一位律師，塔斯馬尼亞大學的朱莉亞‧賈波爾，在阿德雷得大學的孔子學院所辦的一場座談會中，也表示支持。[96]她一開始就說，以前她從未聽說過孔子學院，但她很樂意談中國在南極洲的意圖（並對澳洲政府提出相應的建言）。她說，我們妖魔化中國，是因為我們不理解它，正如我們對它在南海行動的反應一樣。她的整段演講都致力於捍衛中國立場，駁斥那些懷疑中國的公開姿態是否真誠的人士。她說，因為中華人民共和國是「被國際法的規則在法律上約束著」，所以那些懷疑都是不正當的。只有締結條約的各方均同意推翻禁令，採礦才能發生，而這種情況是不會出現的。在賈波爾的世界裡，不可能合法之事便不可能發生，而媒體關於中國採礦意圖所下的「煽動性、戲劇性的標題」，完全是杞人憂天。

澳洲研究南極洲政策的書呆子似乎不想知道，中國專家及官員在他們自己人之間是怎麼說的。中共政權不僅允許中國的自然環境遭到毀滅，也對國際法採取唯利是圖的態度，只要對自身有利，就予以無視。當國際法庭認為它在南海非法吞併島礁時，它就攻擊《聯合國海洋法公約》。中國駁斥裁決，視之為「一張廢紙都不如」。[97]它違反香港基本法所保證的港人自治。而且，它已經無視禁止礦業探查的1991年議定書。

儘管主要強國努力地歡迎中國以「負責任的利益相關者」身分加入國際體系，但顯然中華人民共和國並不接受不合口味的法律及規則。加拿大的《環球及郵報》發表社論，說中國「參與了

國際體系」，但隨後的行動卻好像想要推翻這一體系。「中國想要什麼，它就有什麼。」[98]如果中華人民共和國已經踐踏了其西面、南面及東面鄰居受到國際認可的主權聲明，為什麼我們竟要相信它會尊重南極洲的國際法？此地的主權聲明僅僅只由慣例加以維繫。畢竟，中華人民共和國是把《南極條約》看作由戰後強權所創造的世界秩序的一部分，而且它已經說過它想要創建一個全球新秩序。布雷迪認為，雖然《南極條約》在接下來的二、三十年也會符合中華人民共和國的利益，但是到了2048年重新議定條約時，中國將會著手改寫條約。那時中國將會充分準備好，準備開採南極大陸的資源。

[12] 中國的朋友
Friends of China

中國俱樂部

　　間諜、內應、線民、同情者及有影響力的代理人——在澳洲，中華人民共和國的這些人全都有。對中國來說，同樣有價值的，還有公開為北京利益服務的專家、評論人士及工商界高層。在第七章描述第五縱隊時，我們談過其中一些；我們即將談得更多。但是我還沒有提及，幕後另有一個有權有勢的力量在運作：中國俱樂部。

　　今天在坎培拉的政治官僚菁英中，對中國的態度是在霍克—基廷年代形成的。鮑勃·霍克是1983至1991年間的總理。基廷是霍克手下的強勢財政部長，1991年底接任總理，領導國家直到1996年選舉失敗。霍克—基廷時代冒出來的一群顧問，在接下來的二十年間繼續控制中央政府機關，設定議題，培育了接班的那一代。他們說服了霍克及基廷，澳洲的未來就在亞洲，而且我們應該把國家向北轉。那種說法很有說服力，但是在2000年代，「就在亞洲」的觀點變形成了確信「中國主宰我們的命運」。

這些顧問到底是哪些人？

丹尼斯・理查遜是鮑勃・霍克的幕僚長，他繼續率領外交部、安全情報組織及國防部，直到2017年退休。阿蘭・金格爾是基廷的外交政策顧問，逐漸升到總理府、外交部及國家評估辦公室等高級職位，後來有點像是外交政策的幕後操盤者。基廷的經濟顧問肯・亨利升遷快速，從2001年起領導財政部達十年。馬丁・帕金遜是約翰・道金（在使澳洲大學企業化這件事情上，比誰做得都多的部長）的顧問，繼亨利之後擔任財政部長，接著主持總理府。澳洲國立大學經濟學家皮特・德萊斯代爾教授並未於政界任職，但是他的自由市場世界觀及北上亞洲的方針在1980年代非常有影響力，尤其是透過他的博士生羅斯・加諾特。

加諾特擔任霍克的首席經濟顧問，然後從1985到1988年擔任駐中國大使。他那堪稱里程碑的1989年報告《澳洲與東北亞的優勢地位》，就是中國俱樂部對澳洲未來的新思考所採取的藍圖。報告主張我們必須朝向東北亞，重新定位我國的經濟與思維，但字裡行間帶入一個更深的訊息，一個橫掃坎培拉的訊息，即經濟高於一切。當外交部與貿易部1987年合併成外交暨貿易部時，沒有人懷疑，在不同的世界觀之間，哪一個將會風行草偃。

一旦中國俱樂部的見解統治了坎培拉的中央機關，我國與中國的經濟關係就壓倒了國防部、情報部門所提出的其他考慮因素，非政府人權組織所提出的考量自然也是。到2013年，外交暨貿易部的中國戰略完全都是在談如何在所有層面「加深及擴展」我國與中國的合作，同時尊重兩者「不同的政治制度及價值

觀」。各種風險及危險並未納入考量；這樣的戰略也許是北京的
一個智庫起草的。對外交暨貿易部來說，最要緊的考量是：我們
決不應做任何可能使中國領導人不快的事。

2016年的德萊斯代爾報告（第七章已經討論過）純粹是中國
俱樂部的產品；或許可列為澳洲政府所收到的最危險建議。其主
要支持者因有所貢獻而在前言中得到致謝，這點名簿所羅列的中
國吹鼓手來自財政部（提供了現金）、總理府暨內閣府、外交暨
貿易部，及澳洲國立大學。阿蘭‧金格爾、馬丁‧帕金遜、丹尼
斯‧理查遜，以及第二代成員：孫芳安（外交暨貿易部）、芮捷
銳（前外交暨貿易部）及易安‧瓦特（前財政部），全都在此。
報告中每一條建議的作用，就是讓北京對坎培拉取得更大的經濟
及政治施力點，以換取一把澳幣的許諾；所有建議加在一起，等
於把限制中國對澳洲進行經濟滲透的措施全掃光。

至於霍克及基廷，當政治生涯結束後，成了中國可靠的朋
友，在兩國之間飛來飛去，與高官及大亨交往。霍克的中國聯繫
有利可圖，基廷則更在意名望。

前費爾法克斯駐北京記者約翰‧加諾特向我指出，「中國比
我們更清楚我們制度的弱點何在。」在我們開放的民主制度中，
不加限制的政治捐獻，是個明顯的弱點。另一個是我們的平等主
義文化。前總理們可以在機場遊逛，沒有任何人會太注意他們。
但是，讓我們為這些前總理們想一想，過去他們風光無限，如今
身處舊日選民之間，雖仍極度渴望關注，但他們的聲音卻已默不
可聞。霍克的司法部長葛瑞斯‧伊萬斯（現在的澳洲國立大學名

譽校長），把這種狀態命名為「人氣退燒症候群」。

北京理解我們的卸任總理、外長遊走在世界舞台，感到他們有重要的事情要說。於是當他們到中國旅行，就會受到宴請及討好。他們曾統治過的人民，可能不會給他們應得的東西；但是中共知道如何敬重這些有成就的人，知道如何幫他們恢復昔日尊榮。中共已發展出隱微的技巧可以撩撥人的自我，也有一整套機制用於擒人之術的實踐。與海外名人打造親密關係，以說服他們散布北京的立場，這就是所謂的「利用外力為我宣傳」。[1]

討好逢迎、皇家待遇，包括費用全包的中國之行、會見頂級領袖，透過這一套計畫，我國某些卸任總理、外長及各州州長，已經變成了「中國的朋友」。除了鮑勃‧霍克、保羅‧基廷，陸克文、鮑勃‧卡爾及約翰‧布拉姆拜也經常飛往北京。朱莉亞‧吉拉德倒是頂住了中國的魅惑，可能是因為她是一個比較謙虛的人，不為名利所動。

「關係」通常被理解為因商業目的而構建人脈的過程。但是，並不止於此。它是一門「如何管理人際關係的錯綜複雜的中國藝術」，西方人一不小心就會跌跌撞撞。[2]透過互換優惠的微妙過程（有時，也不那麼微妙），「把交易中的各方綁在一起，形成一種互有義務的關係」。西方人容易把商業關係中的牟利之術誤認為真正的「友誼」，隨著他們的戒心降低，就會變得容易操控。

並不是每一個澳洲的有力人士都是受到北京影響的。某些人僅僅是基於自己的判斷而形成某個觀點，正好與中共的敘事相符。（碰過這種情況的人可能會發現，有中華人民共和國的重要

人士對他們感興趣，進而邀請他們參加活動，或在《人民日報》
上引用他們的話。）但是，無論這些人被接觸的過程是什麼，我
們可以辨識出，在我們的菁英之內，有同情北京利益的立場；從
而北京也加以鼓勵。

天真無邪者

　　為回應2016年8月在澳洲爆發的政治獻金醜聞〔鄧森事件〕，
墨爾本大學法律學者譚朱程（音譯）寫了一篇文章，其中最重要
的論點是，外國人有合理的利害關係要獻金給澳洲政黨；質疑華
人捐贈的人士，弄不清楚「華人」的概念，以致落入黃禍論之類
的仇外意識形態情緒。[3]誠然，這一醜聞，有著玷污所有華人的
危險；但是，譚教授的反問顯示他漏掉了醜聞最重要的一點：「為
什麼祖先或出生國一事，在『華人』政治金主中是重要的；而其
他國家的金主卻不會這樣？」我希望現在讀者已經一清二楚了：
正是現代中國政權的性質，使得祖先變得很重要。中共明確地使
民族歸屬成為一項議題，這對澳洲是個危險。只有當澳洲的大量
「海外華人」對其祖源的在乎程度，不超過義大利、印尼或智利
移民對其祖源的在乎程度，我們才能鬆一口氣。

　　譚朱程只是我在研究中國時碰到的許多學者中的一位，他
們相信中國基本上和任何其他國家一樣，而若有任何人說其實不
然，那一定是被仇外情緒所驅動。就連中文流利、有豐富的中國
經歷及聯繫（時常是家族聯繫）的中華人民共和國批評者，也會

被私下說成仇外，因此其論據可棄之不顧。種族主義的指控，較難用來針對批評中華人民共和國的華人；於是，他們一般都被無視。但其實，引人注目的並不是批評者所謂的仇外情緒，而是同情者的天真及傻氣。

把政界老油條鮑勃・霍克算成天真無邪派，聽起來也許有點奇怪。金錢似乎已經把他成為「中國之友」的道路給鋪平了。十多年來，他的正職一直是促成澳洲與中國公司的商業交易，而且到2000年代中期，他已經變成「超有錢」，擁有約5000萬澳幣的財富。[4]2012年，性喜煽風點火的國家黨人巴納拜・喬伊斯譴責他（據稱）涉及「把澳洲地方上的大塊土地賣給中國」。[5]

提到中國的意圖如何如何時，這位前總理就會承擔起安撫澳洲人的任務。與中國的自由貿易交易，他是最勇於發言的支持者之一，這和領導過工黨的某些人士不同調，他們呼籲要更加保護澳洲人的工作。[6]在一篇頌揚天朝回歸及其和平崛起的評論中，霍克向讀者保證，中國的崛起「絕對毫無理由加以擔憂」。[7]他告訴神經緊張的美國朋友，當中國變成絕對優勢的經濟強國，它「將只會占據過去兩千五百年來大部分時期所占據的地位」。即使這種說法不是一種歷史修正主義（在那些宴會上，霍克肯定一次又一次地被這種說法給淹沒），但是說我們不應該擔心中國的主宰地位，因為兩千五百年來都是這個樣啊，這種說法並不令人感到安慰。

「現實主義者」

保羅‧基廷說他知道關於中國的一切,因為他可以和最高領導人說得上話。北京的一位老中國通撇著嘴跟我重複了這一段,臉上掛著一抹揶揄的微笑──說得像中共領導人真會把心裡的想法跟計畫告訴一個外國人似的。基廷是中國國家開發銀行的國際顧問委員會主席,委員會表面上是提供策略指導,但主要是為銀行提供報酬可觀的門神。可是這位卸任總理居然以為有管道可以知道中國領袖們的真實觀點。

基廷一直在教導澳洲人必須如何改變。我們必須告訴美國人,我們不再是他們的「僕從國」。我們不要再像「奴隸般地致力於美國需求」,而是打造一個獨立的外交政策。他說,美國身為統治強權的地位已經完了。他是一個現實主義者。「中國的崛起完全是正當的。這樣的正當性不能因為要讓美國的戰略規畫者稱心合意而遭到剝奪。」[8]

前總理相信中國人聽他的,但其實他是不知不覺地成了他們的傳聲筒。就像鮑勃‧霍克呼應黨的民族主義宣傳一樣,基廷告訴我們,「中國正在回到工業革命前的位置。它正在回到世界上主要經濟強國的地位。」即使中國曾是世界上主要的經濟國家(但從來都不是),為什麼基廷會接受漢人有權一統天下的這個說法,這是個謎。儘管如此,對基廷來說,這是一個新的現實,而澳洲的船舵必須轉向中國。因此,他直接附和《人民日報》的論調,說中國吞併南海不是我們要關注之事。我們絕不能觸怒中國。這

「不是我們的戰鬥」，如果美國人想派他們的海軍去伸張航行自由，那是他們的事。澳洲不應冒險捲入「另一場他們的小衝突」。

中國的評論家長平，描述1989年後的中國教育制度是「去正義化教育」。[9]他說，海外華人學生為保衛國內的極權主義所使用的理由是：「人權是西方價值觀」、「誰也不是好東西」及「各家有本難唸的經」。中共堅持所謂的普世價值觀（例如聯合國人權宣言所供奉的那些）是西方價值觀，不應該「取代社會主義核心價值觀」（套用共產黨臭名昭著的九號文件1用語）。[10]

從愛國的年輕中國留學生口中和鍵盤上冒出這些為專制政權捍衛的理由，一點也不令人感到驚訝。但是聽到西方有影響力的聲音也鸚鵡學舌，這就駭人聽聞了；其中最值得警覺的就是澳洲的卸任領導者。這裡是2017年4月基廷在拉特羅伯大學一場公開活動上的演講，他以一貫的虛張聲勢迅速地為北京進行五點宣傳。

> 在工業革命前，中國天下第一……如果有人認為，有了中國共產黨把中國這個國家給整合在一起，再加上中國本身的儒家思想，那麼應該有某些方法可與廣義的美國東海岸價值觀進行調合……那是過度天真地看待世界的運作。我們不認可踐踏人權〔但是〕……使六億人民脫貧，就需要一些中央政府及權威的手段……我們不能太死腦筋，只是執著於某

---

1 「九號文件」是簡稱，原文是「關於當前意識形態領域情況的通報」，由中共中央辦公廳印發的文件，要「確保新聞媒體的領導權，始終掌握在同以習近平同志為總書記的黨中央保持一致的人手中」。

些被拘押的人沒有得到適當的法律代表……在歐洲帝國主義
把中國搞得四分五裂、日本帝國主義又把它整得破碎不堪之
後,共產黨把國家凝聚在一起。近三十年來,他們的政府是
世界上最好的政府,無可置疑。[11]

我幾乎羞於重述基廷輕蔑的話語,特別是他鄙夷地把踐踏
人權的行徑輕描淡寫地說成,無非是一些被拘押的人沒有法律代
表而已。你去對劉曉波講這種話吧。即使是中共也沒有做到這個
地步,竟把聯合國宣言內含的權利說成只是「美國東海岸的價值
觀」。2016年,當一名加拿大記者問及中國的人權,中國外長王
毅大為光火。怒嗆記者,強調外國人無權問及人權。「妳知道中
國從一個一窮二白的面貌,把六億以上的人擺脫了貧困嗎?」[12]

使六億人擺說貧困的說法值得談一談,因為這已經變成為中
共暴行找藉口最常用的理由。共產黨並沒有使六億人民脫貧;它
曾使六億人陷入貧困。只有在中共把它的腳從中國人民脖子上抬
起之後,人民獲准擁有基本的經濟權利,包括財產權、興辦企業
權、自由遷徙權、選擇工作權,中國人民才能讓自己脫貧。

安一瑪麗·布雷迪是研究中國涉外策略的專家,她告訴我
們,二十年來中國海外宣傳的第一個目標,一直是突顯中國特別
高的GDP增長,還有政治穩定,來扭轉外人對酷刑及壓迫的批
評。[13]中共執行宣傳的手段之一,是通過迎合及金錢收買傑出
人物,來響應北京的路線。我們的前總理,就是這套為鎮壓開脫
的策略,所吸收到的最有影響力的澳紐人物。

　　雖然基廷流露出世故的精明，但他卻老老實實地為北京扮演著他的角色。他呼應中共黨內那些中國夢鷹派的口號，同意該黨近年出土的關於天朝歷史命運的概念。2016年，在一場與中國核心領袖的閉門會見中，他入迷得更深了。[14]他為了我們著想，複述習近平告訴他的話：「一個強國不需要尋求霸權。擴張及衝突，不在我們的DNA裡面。」這個國家，曾殖民其鄰國，且正在吞併它沒有合法權利的巨大海域，竟然有人能夠接受該國領袖如此改寫歷史，真是讓人迷惑。[15]然而，基廷被皇家待遇及「恩賜召見」所惑，成了中共捏在手中的黏土。

投降主義者

　　澳洲備受矚目的戰略分析家休‧懷特相信：關於現代中國這個國家的性質，我們不必知道得太多，也能夠決定我們應該採用的戰略立場。[16]當我們正在與強國打交道時，只需要明白權力的平衡，便可擬訂與該國交往的國家戰略。2017年，他用一整堂演講專談中國的崛起、其意圖及對澳洲的影響，而不提及中國共產黨，彷彿中國只是帶著他稱為「中國價值觀」的中國而已。[17]他聲稱，中國是被一個日益專制且具侵略性的一黨政府所統治的事實，跟澳洲應該如何思考及應對，沒有任何關係。

　　懷特的主張取決於幾個大的事實，即：我們一直「依賴中國致富」；「我們未來的繁榮有賴」中國；如果中國把投資轉向遠離澳洲，將使「我們的股票市場崩潰」。羅利‧麥德卡夫提出了一

些統計數據，對這種誇大其詞潑了冷水。[18] 強納森・芬比2017年的書《中國會統治21世紀嗎？》，是對書名所提出的問題進行一個微妙的評估。[19] 他的結論是否定的。芬比可能對也可能不對，但是有一件事情很清楚：懷特認定這個問題的答案必然是對的，這種假設值得仔細的審視，特別是如果要以此為基礎，主張澳洲必須退出美國同盟，且（後文將提到）擱置我們的民主價值觀。

對懷特來說，我們除了支持經濟上的贏家之外別無選擇，因為如果我們不這麼做，中國僅憑著巨大的經濟力量也會逼著我們這麼做。這就是為什麼他被列在投降主義陣營。懷特2010年的一篇文章中表達了同樣的看法，被當時批評他的人形容為「一篇絕佳範本，教你如何巧言討好這個挑戰我們的最新極權力量：中華人民共和國」。[20]

懷特不太關心另一種觀點：澳洲與美國及亞洲盟友可以做許多事情，去限制中國在他國的政治及戰略影響。他旨在說服我們這一選項並不可行，因為取代投降的唯一選項是戰爭。對他來說，大型的鬥爭可以簡化成各方參戰的意願。比較不願意冒險打仗的那一方就會失敗。澳洲是否必須向中國投降，取決於中國的決心是否比美國來得大；在這個問題上，懷特沒有疑問。美國會認輸，「我們若低估了中國的決心，我們真的非常不明智。」[21]

到了這裡你會認為，對中共的理解，包括在習近平治下中共的演變，是不可或缺的；但是，非也。不知怎地，身為「現實主義者」可以讓人免除知道任何細節的必要。我們只需知道經濟及

戰略上的權力平衡。如果澳洲為了抗拒改變而與美國站在一起，那我們將站在歷史錯誤的一邊，或許是將我國推入一場與中國的戰爭，十分可能是一場核大戰。

在這種觀點之下，對於世界的未來、對於澳洲應採取何種立場所做的戰略分析，就會是一盤由強權所下的棋賽，像澳洲這樣的小卒是可以被犧牲的。假定沒有人會傻到發動一場核大戰，那麼棋手的實力首先取決於其經濟力量；中國正在變得越來越強，美國正在變得越來越弱，於是形勢的邏輯導致一個不可避免的後果。這樣一來，為什麼我們要與輸家站在同一邊？懷特主張，世界就像一個雞舍，當所有的雞都接受了自己在「啄食順序」上的位置時，就一切和諧。[22] 忘記對「國際法晦澀難懂問題」的任何承諾吧；這一切都是關於「純粹的權力政治」。[23]

像基廷一樣，懷特相信，身為一個正在增長的霸權，中國需要呼吸的空間，而我們應該給它這個空間。但是，為了讓中國獲得空間，誰不得不喪失呼吸空間？當然是美國啊，還有東南亞國家，它們已經被欺凌到失去了傳統的漁場，它們的領土主張也遭到推翻。當中國實現主宰亞洲的野心而我們袖手旁觀時，是不是意味著菲律賓、馬來西亞甚至越南的自主權得要犧牲？冷靜務實的人說，可能是吧。那麼巴布亞紐幾內亞呢？如果中國將一個海軍基地設在緊靠摩士比港的地方，我們會感到舒服嗎？（他們已經在吉布地設了一個。）

在「現實主義者」覺得混亂得不能思考的真實世界，霸權明白，或不久就會學到，運用軍事優勢來臣服他國是呆瓜才幹的事

情。有許多更便宜、更有效的選項，那就是美國在拉丁美洲錘煉出來的做法。這牽涉到培育一個「買辦階級」（明白自己的利益與霸權同在的生意人），並在國內扶植一執政黨，執行霸權想要達成的事項。對這項戰略的長期成功至關重要的，就是要弱化民眾的力量，或改變他們的世界觀，讓他們逐漸接受自己遭到宰制既是不可避免，亦是他們想要的。為了做好這個工作，霸權會去吸收該國菁英，包括有號召力的知識分子。

所以世界不是一盤棋，澳洲也不是一個卒子。澳洲的選擇，不是投降主義或戰爭。弱國總是有戰略，以避免被強國所統治。它們有各種可以運用的「武器」。中共對此明白得很，身為弱國，它一直都在使用微妙的策略來對付美國。[24]

自從1951年形成澳美同盟以來，澳洲始終不真的需要美國的保護，因為一直沒有針對我們的直接威脅。現在有個威脅浮現出來了，以中華人民共和國的形式，清楚地要做亞洲的霸主。然而，在我們國家內卻有強大的聲音，呼籲我們要削弱與美國的同盟，並採取「獨立的外交政策」。但是，當一個侵略性十足的新強權決心控制我們所生活的這個地區，所謂獨立的外交政策意味著什麼？

休．懷特有三個清楚的結論講得很有道理。第一個是，「我們決不可低估中國的決心，它要做亞洲的超群強國」。[25]第二個是，「我們正在見證澳洲戰略環境從英國人墾殖以來的最根本改變」。第三個是，「澳洲的政治人物說，我們不必在中國與美國之間進行選擇。但是我們必須選。」

對他來說，我們必須選擇中國，因為不久之後，亞洲將「沒有美國了」。而如果像他認為不可避免的那樣，允許中國來主宰，那麼，我們要生活於斯的會是什麼樣的澳洲這個問題，對他來說太難堪了。於是，每當他碰到像民主、人權、法治這樣的問題，他都試圖貶低其重要性。他採用一種後現代的道德相對主義，主張每一套價值觀都同樣好。[26] 他相信，我們還不夠認真對待中國的「道德立場」。他的說法好像「中國價值」能在中共的宣傳中找到似的，忘了也許有人認為台灣人民的生活更符合正宗中國價值，而且他們正在盡其所能，去抵制強加給他們的中共價值。

然而他告訴我們，認真地告訴我們：或許對澳洲來說，中共價值觀並不那麼壞。他寫道，「中國的價值觀與我們的非常不同」，但有誰能說我們的價值觀更好？畢竟，我們的價值觀「難於界定」，我們「寧願保持模糊」。[27] 他告訴我們，道德選擇並不是黑與白。真的嗎？難道澳洲人會搞不清楚任意逮捕是對的還是錯的嗎？黨要法官怎麼做法官就怎麼做，對此我們又怎麼看呢？選出聯邦議會議員來制定法律到底是不是好事，難道我們也拿不準嗎？

懷特說，我們必須現實些：我們將不得不在價值觀上妥協，所以不要再道貌岸然了。他不點明的那些價值觀，包括言論自由、宗教自由、法治、民選政府，和防止隨意逮捕及酷刑。以休‧懷特的現實主義世界觀，其中有些是可以妥協的。他得出結論，唯一的問題「是我們要妥協哪一些」。[28] 世界就是這樣。要是有別種想法，那也只是「隨便喊喊口號」。

這難道不是哲學家的詭辯嗎，不相信自己會因為表達觀點而

被投獄，或使家人受害？懷特立場的邏輯是，澳洲別無選擇，只有生活在中國的陰影下，並向其勢力卑躬屈膝。但是，懷特並非帶著遺憾及不祥的預感得出這樣一個結論，而是為之辯護。他寫道，到目前為止我們夠幸運了，但現在，「歡迎來到現實世界」2。[29]如果我們「想得夠深」，也許這種狀態也不是那麼糟。畢竟，我們對中國的想像仍然「十分簡單」。[30]因此，讓我們順勢而行，看看中國的黨國統治是否像有些人害怕的那麼令人不舒服。

實用主義者

國家評估辦公室的前任情報分析家理查德・布利萬，針對外交暨貿易部發了一則挑釁的聲明。

中國情報部門在澳洲最有價值的資產，是外交暨貿易部及前外交官、情報分析家、學者、澳洲華人顧問所形成的不透明網絡；他們都反映出隱微但堅持的親中反美情緒。[31]

芮捷銳曾是澳洲駐北京大使。今天，他安頓在中國首都，做著賺錢的生意，充當顧問及中間人，為那些想要中國訊息及進

---

2 「歡迎來到現實世界。」（Welcome to the real world.）一語典出好萊塢電影《駭客任務》（Matrix），男主角尼歐決定吞食紅色藥丸以追求真相與自由。醒過來之後，他發現置身反抗軍基地，給他藥丸的反抗軍領袖摩菲斯看著他，說了這句影史上的經典台詞。

入中國網絡的公司服務。他和礦業大亨安德魯‧弗羅斯特走得很近，在弗羅斯特的福蒂斯丘金屬集團董事會有個位置。[32] 他在發起博鰲論壇這件事情上發揮了重要作用；會上，中國及澳洲的企業領袖和政治高層拉起了彼此的關係。

芮捷銳經常為報紙的評論版撰稿，闡述其「務實主義」立場。他熱衷於說服澳洲將北方發展計畫與一帶一路倡議掛鉤，強調習近平本人優先重視此一連結。[33] 他認為坎培拉如果相信一帶一路有不可告人的動機，「想給世界強加一個『以中國為中心』的秩序」，那就太糊塗了。[34] 他完全無法想像，如果有所謂「以中國為中心」的秩序，那會長成什麼樣，而且他也看不出習近平的宏大計畫對我國會有什麼風險。

有人視芮捷銳為「擁抱熊貓派」，但他遠不止於此。不像鮑勃‧卡爾——對中國知道得沒那麼多——芮捷銳對中國知道很多（要比他透露的多），並且了解制度如何運作（在任何外國人所能知道的範圍內）。他用一個表面上有說服力的敘事為自己的立場辯解。經過兩次在北京與他晚餐大酌後，我了解了。現在覆述如下。

中國就是這個樣子。我們必須務實。北京沒有未來的戰略或戰略目標。中共唯一的目標就是保持國家發展，這樣黨就可以繼續生存。看看所有這些中產階級的中國人〔指著其他用餐的客人〕——他們快樂，他們不抱怨。〔我問，被強行摘取器官的法輪功囚犯呢？〕有人說有這種事情，有人說沒

有。我不知道真相如何。

中國不想掌控澳洲。我們在澳洲所看到的，全都要歸咎於少數腐敗的生意人。我們只需要和中國好好相處，採取獨立的外交政策，別跟在美國後面跑。澳洲的制度足夠強大，能抵擋任何中國侵蝕或腐化的企圖。〔我問，在大學裡受到侵蝕或腐化的學術自由、言論自由呢？〕那只是一些大學；其他學校還是好好的，所以有什麼要緊？另外，問題冒出來時，我們還有獨立的媒體可以揭露。

南海已經丟掉了。抗議和反抗是沒有意義的。中國並不打算用它的軍事基地做任何事情。它比任何人都更想要貿易的自由流動。你真的認為他們打算中斷從澳洲出口鐵礦石到中國嗎？基地對任何人都不是軍事威脅。中國知道，任何時候美國都可以用一發飛彈就把這些基地給打掉。中國的武裝力量沒辦法跟美國比，北京知道這個。

澳洲應該與一帶一路倡議簽約。我們應該批准引渡條約。大家說一帶一路有戰略目的，這是完全錯了。出售達爾文港給一家中國公司，沒有問題，不過我們應該事先讓美國人知道。坎培拉對待中國的觀點變得日益鷹派，那是個大錯誤。

這位卸任大使（他的名字和肖像被用來在中國推銷澳洲紅酒[3]）對自己講的話深信不疑。對那些習慣在國際大都會生活的西方人來說，來到北京繁華的三里屯，坐在高檔的餐廳裡享用紅

酒，這一切實在太難以抗拒了。這種實用主義當然非常符合北京的利益。所以，當官方黨報需要來自澳洲的務實主義觀點時，芮捷銳就成了那個有用的人。在他這一連串論述的背後，隱含著一種情緒：中國大到無法抵抗，我們什麼也改變不了，既然如此，我們就隨波逐流吧，不要去想後果會怎樣啦。[35]

親愛的朋友

　　傑出漢學家暨格里菲斯大學孔子學院的創辦院長格林‧馬克拉斯，在出席2014年11月習近平主席在澳洲聯邦議會的演講後，說那是「我一生中最好及最有意義的體驗之一」。[36]他寫道，該次講演「在各方面都是大獲成功的」。馬克拉斯教授從1964年以來持續訪問中國；當習近平因其「努力不懈地呈現給澳大利亞一個真實的中國」而表揚他，他「深受感動」。習近平可能特別想到了教授在中國媒體上說的話，「某些西方觀察家所謂的，藏族及少數民族的文化正遭受破壞，或是中國打壓藏傳佛教，完全是無稽之談。」[37]來自共產黨領袖的表揚是「我職業生涯的巔峰」。

　　在官方宴會短暫會見主席後，馬克拉斯被這位領袖的個人魅力給迷住了。2014年習近平終於訪問了塔斯馬尼亞，就是說澳洲的每個州他都去過。馬克拉斯發現就在同一年，他自己也到訪

3　這款名為「大使」（Ambassador）的紅酒是澳洲天鵝釀酒集團（Auswan Creek）的產品。天鵝釀酒成立於2013年，是移民至澳洲的中國木業大亨李衛在收購了英斯派酒廠之後所打造的集團。

了最後一個他沒去過的中國省。這個驚人的巧合使馬克拉斯感到「與他有格外的緣分」。他離開宴會後決心要「在未來做多些，更多些」，來改善澳中關係。[38]

格林・馬克拉斯已經來到職業生涯的末期；高林卻正在職業生涯的開始。2017年，高林以澳洲國立大學畢業生的身分，前往湖南省社會科學院國際問題研究中心擔任特約研究員。費爾法克斯—澳洲廣播公司《四角方圓》節目的調查報導播出時，他正在上海。這位二十三歲的青年，為民族主義小報《環球時報》發了一篇評論，批評澳媒的「恐華症」以及《四角方圓》的「惡毒言論」。[39]就算中國政府了控制澳洲少數族裔的媒體，那又怎樣？費爾法克斯也「有自己的政治立場」。如果「理性的」澳洲人了解「中國這個國家的真實情況」，而不去聽費爾法克斯及澳廣這樣的「親美」媒體，我們就會看到「澳中關係的健康發展」。

如果這麼說聽起來太像標準的中華人民共和國宣傳，那麼後來高林還有繼續捍衛自己的觀點，攻擊費爾法克斯及澳廣「製造恐慌」。至於有錢的商人黃向墨及周澤榮利用獻金來影響我們的政黨一說；好吧，我們應該理解「建立積極的關係」是中國商界常用的手法。中國並沒有一個「陰險的、秘密的企圖」，他向我們保證，中國對澳政策沒有什麼不可告人的。

在高林前一篇為《環球時報》撰寫的文章中，他支持那些中國愛國者的憤怒，因為第七頻道在播送奧運開幕式時出了錯〔中國隊進場時進廣告〕，致使中國國家榮譽受損；高林暗示這是因為仇外情緒在澳洲興起，而有意羞辱中國人民的舉動。[40]（他要

是對第七頻道的老闆克瑞‧斯托克知道更多就好了，下面繼續討論。）他捍衛當時那些謾罵游泳選手麥克‧豪頓的愛國鄉民；他引用鮑勃‧卡爾的話，說卡爾是代表澳洲真正利益的權威聲音；他呼籲澳洲應該斷絕與美國的聯繫，自己變得「獨立」才行。2016年9月，當海牙法庭的裁決反對中國對南海的主張，高林馬上借用中宣部的話語，指控澳洲「厚顏無恥的偽善」，因為澳洲在面對東帝汶獨立的問題時也違反了國際法。高林的譴責，顯得好像這段可恥的插曲可以使中國的行動合法化似的。[41]

中國發現這位日漸重要的中國研究學者乃是一位親愛的朋友，而且可能在高林還住在中國時就表達了欣賞之情。當他返回澳洲之後，他與黨國機器的各地官員所建立起來的深厚私交，勢將使其事業有所提升。

綏靖主義者

當然，商業社群不乏某些人士，總能找到藉口，來掩飾中華人民共和國的不良行為，或告訴我們需要更細緻入微的理解。他們占據道德高地，著文寫書，攻擊那些屈服於仇外心理的人，包括那些質疑中國在澳洲投資以取得好處的人士。安德魯‧帕克是澳洲資誠大型會計師事務所（在財務上與祝敏申的成峰高教集團有關）亞洲分部負責人。他在極度讚頌外商投資的多種效益之前先抱怨，關於中國投資的公共辯論，已經變成「一個無事實區」。[42]那些擔心中國控制關鍵基礎設施的人士「躲藏在國防及安全的

帷幕後」。帕克把自己比作掌握「事實」的少數特別人士之一，而我們其他人則被「民粹主義的警報及誤報」所矇蔽。他是「中國事務」的主持人，該機構是琳達・雅各布森成立於雪梨的智庫，看來只有他們知道什麼是事實。

與另一位西澳洲富翁安德魯・弗羅斯特相同，克瑞・斯托克在公眾場合及在幕後，是個有力的親中聲音。他採用北京的道德相對主義，主張「必須透過中國的眼光去看人權，就像透過我們的眼光看一樣。」[43]他聲言，我們與美國的同盟破壞了我們與中國的關係；我們應該變成「亞太地區的瑞士」。斯托克有很多機會可以在關著的門後表達他的親北京觀點。他跟另一位西澳人走得很近：外長朱莉・畢紹普。陸克文及湯尼・艾伯特也是他的好兄弟。斯托克的大多數資本，不是投資在媒體資產上，而是投資於供應礦業設備。〔美國〕開拓重工授權他在西澳的經銷權（現已出售）一直非常賺錢，他在中國的經銷公司涵蓋華北各省，包括北京，也做得很好。

克瑞・斯托克與習近平主席走得很近。習近平多次在斯托克的雪梨住所進餐。[44]2000年代初，習近平在浙江當省長時，斯托克就認識了未來的國家主席。兩人的友誼開始穩固，是在2008年北京奧運之前，當時習負責監督申奧的晚期進程。第七頻道是澳洲的奧運會轉播者，於是斯托克既知道局勢的發展，又有全球聯繫。他幫助中國贏得奧運會的主辦權。

習近平2007年在上海短暫任過市委書記，同時期斯托克在上海經營傳媒，他與人合資辦了英文的《上海日報》，對一個外

國人來說這是一個非常不尋常的位置。根據新華通訊社所說，這位媒體大亨曾見過中共宣傳部長劉雲山，提出他的第七頻道要與中國國家媒體多加合作。[45]《上海日報》將忠實地追隨黨的路線，並由機構內的審查員監管，是可以預見的。但是這樣的承諾似乎往外蔓延到斯托克位於伯斯的《西澳洲人報》報紙。

當我在研究中國如何在澳洲傳播影響力時，有些記者尖銳地問我：「你看到《西澳洲人報》都在印些什麼嗎？」斯托克的報紙已經是北京可靠的啦啦隊啦。比如2015年11月，一篇社論批評美國的航行自由演習乃是「厚顏無恥的挑釁」。[46]該報呼應黨的路線，告訴讀者，南海的爭端「與澳洲沒有任何關係」。我們應該遠離爭論，專心一意地致力於建設我們與中國的貿易關係。

該報的一位前記者告訴我，斯托克一直「允許中國把我們《西澳洲人報》當作告示牌」。[47]報紙把「大幅版面」變成了北京的宣傳，例如中國駐伯斯總領事館的社論；更有一篇社論是來自中國大使成競業，他試圖說服讀者，其他國家應該要為南海的爭端受到責難，而且中國已經是以「最大的克制」來行事。[48]要是我們認為菲律賓、越南及馬來西亞是被欺負了，中華人民共和國的大使就會向我們保證，中國反對所有挑釁，只想要和平。

2017年6月澳洲廣播公司播放《四角方圓》電視節目，談及中國在澳洲機構中的滲透，過了一天，羅伊研究所東亞學程主任梅里登·瓦拉爾發表意見，說她沒有被說服。[49]她表明，該節目聲稱北京封殺異議並干涉我國政治，乃是杯弓蛇影。雖然她沒有時間去「反擊《四角方圓》節目中的每一個主張」，然而中共

黨國並不是一個「共產主義巨獸」。她暗示，雖然如此，中共封殺海外的批評者也是合法的：因為一朝中國人、一世中國人，而做中國人「意味著愛中國，就像一個人愛自己的父親」，也會避免任何公開的批評。中國人民（以她的觀點，全體像單一個人一樣地行事）所接受的「社會契約」是要遠離政治，以換得更高的生活水準。

對瓦拉爾博士來說，即使我們聽見澳洲的中國留學生向中國當局告發同學，因為他們聽到對方批評中共或捍衛人權，我們澳洲人也應該接受在中國「事情就是這樣運作的」。中國學生繼續在澳洲這樣做，是自然的。[50]至於政治獻金，億萬富翁黃向墨的過去不清不楚，他一直有共產黨的聯繫，也是真的；但是這並不意味著，他向我們政黨捐獻大筆獻金有什麼錯。當工黨影子部長發表對於中國在南海侵略的觀點，而此一觀點北京不喜歡，黃向墨就撤回答應給工黨的40萬澳幣，好吧，那又怎麼了？他只是決定不把金錢給一個反對他本身信仰的組織而已。

總的來說，節目中沒有什麼能說服瓦拉爾博士，讓她認為中國正在努力影響澳洲，或中共黨國正在我國做令人不愉快的事。如果我們「消息靈通」，「現實些」及「節制點」，就像她那樣，那麼我們也會得出同樣的結論。[51]

2017年底，社會大眾突然大為關注中華人民共和國的影響力行為，此時瓦拉爾覺得有義務給出中國人的觀點。[52]你們澳洲人忘恩負義。北京的出租車司機對澳洲人不那麼友好了。有人說要報復。我們的政治領袖批評中國影響力的方式「使人難堪」，

當他們暗示提出的新安全法是針對中國時，中共領袖很不開心。一句話，關係之所以緊張，不是因為中國在南海的侵略，也不是在澳洲的顛覆活動；是我們的錯，我們需要改變。現在這是羅伊研究所宣傳的觀點。

在西方，我們不常碰到如此明明白白為極權主義辯護的行為。然而，比起瓦拉爾的主張更細緻入微的版本，在澳洲學術界及政策界並非罕見，在這些領域，認可中華人民共和國企圖的合理性，而無視其追逐目的的方法，能讓人免於「仇外」的污點。學術界的主張有種誘人的魅力，這是鮑勃‧卡爾粗糙的「中國有理」主張所不具備的。卡爾自己對《四角方圓》節目的反駁，因陳述錯誤與論證低劣，徒然惹人訕笑，幾乎不值得回答。[53]儘管如此，澳廣記者克里斯‧烏爾曼仍挑起了這超簡單的任務，他指出，卡爾不好點名那兩位節目中提到的富翁，一位給了他工作，另一位則讓自己的女兒在卡爾當新南威爾斯州州長時，在卡爾的辦公室工作。[54]

反對民主的澳洲人

當我在研究各個「中國的朋友們」如何以他們的觀點引發澳洲社會的討論時，有件事情令我感到震驚：珍視民主的人何其少。在我們的政界、官僚界、媒體及學術界菁英中，許多有影響力的人物似乎相信，民主是一樣奢侈品，而且時常是一件麻煩。或他們把民主看成我們是在玩一場比手畫腳的遊戲，但心裡都很

明白經濟才真的重要（正如中國那樣）。而且，當澳洲公民要求
政府尊重人權、遵守法治，他們可能是在給自己找麻煩。當休・
懷特忠告「不要再針對異議人士、西藏及宗教自由去對中國說三
道四了」，[55]他的意思並不是說，對中國指點如何保護人權乃是
徒勞無益，而是在世界歷史的大戰略遊戲中，自由及權利都是瑣
碎小事。當芮捷銳抱怨說，澳洲採取「理想主義的看法」來對待
中國，是過於重視價值觀及人權，他告訴我們的其實是「以促進
經濟聯繫為目標的實用主義取徑」，才真的很重要。[56]

　　澳洲國立大學傑出的經濟學家皮特・德萊斯代爾，在與中共
指導的智庫合寫的報告中，以為極權主義做辯解來作結。

　　　　澳洲是一個多黨的自由主義民主國家。中國以一黨之國
　　來治理。澳洲有隨心所欲的媒體〔原文如此；不是「自由媒
　　體」〕。中國有更受控制的媒體環境〔不是「受控制的媒體」〕。
　　澳洲人民，通過定期的代議選舉，為自己的政治制度提供輸
　　入〔動能〕。中國人民，通過協商機制，為其政治制度提供
　　輸入〔動能〕。[57]

　　兩個制度誰也不比誰好；它們只是不同而已，而且，其間的
差別「不該是更深入的貿易或經濟交往的障礙」。[58]
　　現在，如果共產黨定義了「中國價值觀」，那麼，這只是德
萊斯代爾接受的刻意含糊之一。不久，他會告訴《澳洲金融評論
報》的讀者：自由民主制度與極權主義之間的對比，只是一個「虛

假的二分法」。事實上，中國「正在變成一個關鍵保衛者，保衛著建立在規則之上的秩序；而我們就是靠著這個秩序，來獲得經濟安全及政治安全」。[59]

我們澳洲人從來不必為保衛我們的民主而戰──不真的需要，儘管曾有日本的軍事野心，以及冷戰時期對滲透的恐懼。我們也從來不必抵制一個強大的威權主義鄰居迫在眉睫的威脅；就像戰後幾十年的波羅的海諸國，或今日的拉脫維亞及烏克蘭。然而，在澳洲社會內部，有許多人熱愛我們的民主制度，熱愛這套制度所允許的日常生活。最熱愛這些的，便是到這裡尋找自由、逃避中共鐵掌的澳洲華人。當他們聽到傑出的澳洲人士竟主張：中國的政治制度與我國之間沒有太多差別，或者我們的自由能夠以經濟利益來交換，或者中共代表了「中國價值觀」，他們打從心底想吐。

[13] 自由的代價
The price of freedom

香港大學卓越的中國歷史暨中共學者馮客所發給我一封電子郵件，信中簡潔地把握了本書的訊息。

有三件事情是關鍵。第一，結構上，中國共產黨仍然是列寧主義的一黨之國。第二，就像所有列寧主義的一黨之國，關於如何破壞海內外反對它的萬事萬物，中共有一個組織及一套哲學（宣傳），亦即統一戰線。最後，列寧主義的一黨之國總是作出種種承諾（或換個措辭，說出謊言），而一旦不再方便，就將其棄之一邊；也就是說，它所說的，極少能按其表面價值來當真。

對這三點，還應加上一個修飾語：永無休止。它永無休止地試圖毀掉海內外反對它的萬事萬物。其實對於中共所認定的中華人民共和國公民，並沒有什麼「海外」。所有這一切與自由民主國家的本質如此相悖，以至於外人難以理解。就像一個童子軍對付教父柯里昂先生¹那樣。[1]

　　我們澳洲人喜歡認定自己是「越級打拳」。這是因為，我們應該是中量級卻自認是雛量級拳擊手。想想俄國吧，它的量級肯定遠在澳洲之上。俄國在軍事上令人肅然起敬，在保護自己的利益上無所畏懼。它使歐洲戰戰兢兢。美國對它狂怒，因為俄國可能改變了美國總統選舉的結果。在全球戰略遊戲中，中國把俄國當作一個厲害的玩家。然而，想想下述事實。2016年，俄羅斯聯邦的GDP為1.28兆美元。澳洲為1.20兆美元。到2020年，我們的經濟將比俄國還強。所以為什麼在俄國熊面前，我們老覺得自己是無尾熊？

　　更切題的是，為什麼我們如此害怕惹到中國？為什麼我們允許這個日益好戰的強權，給我們蒙上陰影？正如本書所主張的：一個因素，壓倒了所有其他的因素。從1980年代起，我們把經濟置於一切之上，把權力放入那些人士手中；他們告訴我們，必須為經濟犧牲一切，包括作為一個自由國家的主權。

　　當我開始寫這本書時，我以為，雖然中國力圖促進自己在澳洲的地位，但他們的做法既笨拙又適得其反。其官方發言人及媒體的張揚跋扈，給人退回到冷戰的印象，應該更讓人避之唯恐不及。但是我慢慢地明白，中華人民共和國改造澳洲人觀念的運動極有成效。除了封殺大多數批評者、贏取或威嚇華人移民之外，

1　柯里昂先生（Don Corleone）是美國作家馬里奧‧普佐的犯罪小說《教父》（*The Godfather*）中，紐約黑手黨柯里昂家族的老大，在第一代維托死後，由他最小的兒子麥可繼承以賭場為主的犯罪事業。

Graham Tidy/Fairfax Syndication

1989年6月4日天安門廣場屠殺後，鮑勃·霍克總理宣布在澳中國留學生將獲准留在澳洲。結果其中只有極少數是民運人士，雖然許多人都假裝自己也是。

Jason South/Fairfax Syndication

Jason South/Fairfax Syndication

上｜2008年奧運聖火接力到坎培拉的聯邦議會大廈之外，中國大使館派車從澳洲
各地運來成千上萬憤怒的中生，西藏自治支持者人數不敵，在推擠中遭到肢體攻擊。
下｜北京的統戰策略，旨在封殺澳洲所有對中共的批評。民運人士、法輪功信眾
及西藏自治支持者都在封殺之列。今天，這些團體的聲音幾乎無法被聽到了。

James Alcock/Fairfax Syndication

「悉尼歌劇院披上了中國紅」，2016年《人民日報》如此自誇。新南威爾斯州政府批准了中共某個外圍組織的計畫，把雪梨歌劇院打上紅色燈光以宣傳中國春節。

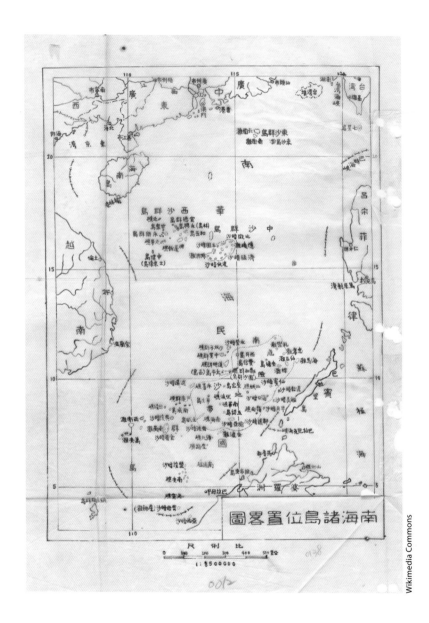

這是 1947 年顯示「九段線」的原始手繪地圖，兩年後中共才取得在中國的政權。本圖是中國占領南海諸島的根據。2016 年 7 月海牙國際法庭裁決，中國主張在該區域內所擁有的「歷史權利」並沒有法律依據。中國抨擊該裁決，並繼續在這些島嶼上修建海軍基地。

2016年慶祝中國春節的活動上，總理麥肯・滕博爾、商人黃向墨、自由黨議員克雷格・朗迪和他的「顧問」楊東東合影。楊東東被爆出與中共有密切聯繫。

Mick Tsikas/AAP Image

James Brickwood/Fairfax Syndication

上｜2017年，工黨黨魁比爾‧邵頓在聯邦議會譴責朱莉‧畢紹普與黃向墨有所往來；稍早，執政的自由黨才批評工黨參議員鄧森與這位富裕的金主有不正當的交易。鄧森後來被迫辭去參議員，因為有人指控他造訪黃向墨的莫斯曼宅邸時，對黃提出「反監控建議」。

下｜2016年9月第一次鄧森事件之前，比爾‧邵頓與黃向墨的合影。費爾法克斯與澳廣的聯合調查指出，澳洲安全情報組織建議兩個主要政黨不要接受黃向墨或周澤榮的捐款。因為兩人疑似中共干涉澳洲政治的管道。兩人都否認代表中共行動。

Dominic Lorrimer/Fairfax Syndication

Baidu Baike

上｜2016年，黃向墨與總理滕博爾及前總理陸克文合影。黃向墨遮住了站在他後面的克雷格‧朗迪。慶祝中國春節已經變成宣傳活動的演練，由中共指導的群體操作，經費來自北京。

下｜澳洲國立大學校長布萊恩‧施密特與該校博士生、中國共青團宣傳家雷希穎共舉一面中國國旗。雷在該校學習時，曾製作一部在中國瘋傳的超級民族主義影片，內含軍樂及踢正步的士兵。他在社群網站的個人頁面上寫到「傻X的土澳」。

上│2016年，人民解放軍的「澳洲八一軍團」（亦即澳洲華人退伍軍人協會）穿著解放軍軍服，在雪梨的赫斯維爾舉行一場文藝晚會。前中國士兵想要「回憶軍旅生活」。在2017年的中共代表大會上，中共重申黨對人民解放軍的「絕對領導」。

下│此一備註來自國防部報告，報告評估將達爾文港以99年為期租給一家有中國軍方色彩的公司可能造成的國安影響。備註上寫著，「克里斯，我與嵐橋公司執行長通訊過了（應他的要求，並由財政部推薦）。這是一家私人公司，澳洲人管理的，而且澳洲人擁有相當程度的自治權。你將會看到他們也打算為達爾文港聘一組澳洲管理團隊。」北京應付我們一直游刃有餘，連國防部也不例外。

中華人民共和國在這個國家的菁英及意見領袖之間，還培育了一隊非常有影響力的親北京聲音。在媒體界、企業領袖及政客之間，親北京或是提倡綏靖政策的聲音是最響亮的。我們大學學者之間盛行自我審查。至於在更廣闊的澳洲社會之間，中華人民共和國所行銷的中國好印象活動，則吸引了受到中國友誼及金錢誘惑的個人及組織。

我們之所以相信，我們無法抵禦中華人民共和國接管澳洲，主因在於我國菁英的屈從及自利。有一個普遍傳播的觀點是，中國的崛起是無法阻擋的，我們經濟的命運在北京手中，中國的規模代表它必須統治亞洲。因此，最好我們順著歷史的必然性來走，因為我們真的沒有任何選擇，而且無論如何，這都不是什麼壞事。於是，我們追求「友誼及合作」，接受金流滾滾而來，出賣我們的資產，中國外交官一叫、我們就跳，我們的技術被虹吸一空、卻裝作視而不見，把北京的特工吸收進我們的政治系統，對踐踏人權裝聾作啞，犧牲我們大學自由開放探索的基本價值觀。澳洲在墾殖時期結束後的歷史中，有哪一次比這一次更嚴重地遭到本國菁英的背叛？

保衛我們的自由免受中華人民共和國侵犯，是有代價的。我們已經看到，北京精於拉動經濟槓桿，以遂其政治及戰略目的。當我們開始抵抗，北京將首先回應以挑釁言語及威脅，好嚇倒我們。2018年1月，《環球時報》威脅說，如果我們繼續支持美國為保護航行自由的軍事演習，就要實行「強烈的反制措施」。[2]然後，它會在我們最脆弱之處施加經濟壓力，即我們社會中最易

受其威脅的那些部門，以及政治人物最敏感的部門。如果我們真正珍視自己的自由，澳洲人就必須堅決捍衛它，並甘願為此忍受痛苦。

雖然經驗表明，當其他人勇敢地站起來頂住北京的經濟欺凌，它就會退避。即使如此，明智之舉仍然是看透中國遊說集團分子那些自私或妄想的要求，持續努力讓我國經濟多元化，變得更不依賴中國。特別是要與亞洲另一位巨人、價值觀與我們大多重疊的民主國家印度，打造更強的貿易、投資、移民、留學生及旅客的聯繫，這樣一來，不僅使澳洲得以隔絕中華人民共和國的壓迫，也有助於印度崛起，以在戰略上與中國抗衡。

與此同時，我們可以凝聚印度、日本、南韓、印尼、紐西蘭及澳洲等民主國家，形成亞洲民主國家聯盟，以此來與美國構建一個更均衡的聯盟。該聯盟將致力於加強本地區民主治理的自由度，對抗中華人民共和國破壞主權的系統性計畫，而為此進行戰略及軍事合作。讓我們牢記，抵制中華人民共和國在澳洲的影響，只是民主國家與新極權主義正在進行的全球大戰中的許多戰鬥之一。2017年底，四邊安全對話重新出現——美國、印度、日本及澳洲之間的非正式安全夥伴關係——能夠變成一個至關重要的抗衡力，來對付中華人民共和國要在亞洲獲得戰略優勢地位的企圖，還可加強澳洲與印度及日本的經濟關係。[3]

一旦澳洲試圖抵禦上述威脅，中共不僅將從外部施加貿易及投資壓力，也將動員已經嵌入澳洲社會的力量。中華人民共和國的辯護士將會利用我們的「仇外恐懼症」，將中國共產黨與「中

國人民」混為一談。正是在這裡，擔心北京勢力增長的華裔澳人，對我們的任何抵禦，都是至關重要的。像「澳洲價值守護聯盟」這樣的組織所傳達的訊息是：許多華裔澳人乃是澳洲人，他們看到了這危險，想要保護他們之所以來這裡生活的自由。他們是最好的人選，可作為在澳洲海外華人的合法聲音，以對抗中華人民共和國推出統戰組織所操縱的傀儡此一相當成功的策略。經過那些傀儡的遊說及誘惑，政治人物、記者及全國各色組織的領導人都以為，他們是在回應「華裔澳人」的意願。事實上，他們是隨中共起舞。

擔心國家被中國漸進式控制的澳洲華人，正憂心忡忡地眼看著一個接一個的獨立機構落入忠於中共力量之手。他們在中共統治下生活過，了解其手段及其目的。他們也理解，一旦澳洲人開始抵制中共正在增長的勢力，澳洲華人也有可能遭受懷疑，但他們明白這是必須承受的風險。

我們不應該低估中國共產黨可以採取多少手段。中國大使館及領事館已經組織過街頭抗議，其中一些華裔澳人及在澳中國人舞動著中國國旗、高喊著親北京的口號。這應該讓人停下來想一想，尤其是澳洲的安全機構。在可以預見的未來，美國與中國之間產生軍事對峙或交手，是十分可能的。也許唯有這個方法能阻止中國吞併和控制整個南海，直到印尼海岸。在東海的一場衝突或許甚至更有可能；由於中國推進其領土主張，要吞併台灣並奪取日本主張擁有的島嶼。在這樣的情況下，澳洲有義務去支援美國。

不要忘記澳洲有一百多萬華裔人士，我們能夠預料，某些人
（公民和非公民都一樣）會上街去表達他們對北京的忠誠——換
句話說，對澳洲敵對勢力的忠誠。這可能會造成由中國駐坎培拉
大使館將所主導的持續、或許是嚴重的動盪。這種內部失序的前
景並不只是臆測。2016年7月，在一封由支持者連署的電子郵件
中，墨爾本親北京的抗議活動組織者就真的威脅說，如果澳洲繼
續反對中國擁有南海，「作為在澳大利亞的中國人，我們不想看
到澳大利亞陷入衝突及動亂。」[4]

內亂，只是中國在衝突的形勢下將施加給澳洲政府多種形式
的壓力之一。北京的同情者已經在主要機構中占據有影響力的位
置。一些人正在呼籲放棄與美國的聯盟，採用「獨立的」外交政
策，或甚至與中國站在一邊的政策。在媒體、智庫、大學、商界、
企業遊說集團、公共服務界，當然還有聯邦議會，都能找到他們。
當衝突發生，這些第五縱隊分子有許多人會呼籲「和平解決」，
不管中國是以多麼具有侵略性的行為來引爆衝突。

我問過在雪梨的一些華裔澳人朋友一個困難的問題：一百萬
華裔澳人中，優先效忠北京的會有多大比例，優先效忠澳洲的又
會有多大比例？然後有多少人會居於兩者之間？當然不可能準確
回答這個問題，但是我們確實需要一點概念。我立即得到的回答
是：「華人」是什麼意思？包括香港、新加坡、馬來西亞的華人
嗎？西藏人呢——他們是華人嗎？這樣說吧，讓我們僅限於在中
國大陸出生的漢人。

其中一人估計，強烈親北京的約20-30%；或許有40-50%

中立，因為「愛國主義」，所以他們不反北京，但他們寧願遠離政治；剩下的約20-30%，優先效忠澳洲，然而他們極少有人願意說出來，因為害怕遭到報復。

另一個人猜測的不一樣。他說，強烈「親共」的約占澳洲華人的10%，而強烈反共的也有同樣的比例。或許有20-30%是中共政權沉默的支持者。他們都同意，華人社區的絕大多數支持北京所稱中國在南海有主權。而且幾乎所有的漢人都認為西藏及台灣屬於中國。

我談過話的一些中國問題專家相信，現在為時已晚。在他們的評估中，中國共產黨及其分支已經深深植入澳洲機構的土壤中，我們不再能把他們連根拔出來。其他人則主張，我們做得到，但是這過程將需要十年。在我看來似乎是如此。但是，這首先取決於澳洲人是否想要從我們的社會中根除中共的影響。今天，只有極少人足夠了解此一危險，感到我們需要開始採取措施，去重獲我們的獨立，並且堅持下去，儘管必然會遭到報復。我們的天真及我們的自滿是北京最強大的資產。童子軍起而對抗黑手黨教父柯里昂先生。雖然如此，只要所有族群背景的澳洲人都了解到這個危險，我們就能夠開始保護自己的自由，免除新極權主義的威脅。

致謝

Acknowledgements

我感謝最深的是周安瀾（Alex Joske）在研究方面傑出的支援。他的工作開啟了一扇窗，讓我得以接觸許許多多無比珍貴的中文資料，有在澳洲的，更有在中國的。

自從我決定寫這本書，就有各種各樣的人們樂意出手相助，令我驚喜且欣慰。

我特別感激傑夫‧韋德（Geoff Wade），他不僅慷慨地提供了一連串的線索和意見，還建議我該如何詮釋大部分的資料，包括如何更深入地掌握中共的目標及其手段是什麼。

在北京的大衛‧凱利（David Kelly）和菲利帕‧瓊斯（Philippa Jones）格外幫忙，讓我建立人脈，並汲取他們對中國深刻的知識。

自始至終，約翰‧加諾特（John Garnaut）都給我強大的支持並提供極好的建議。費約翰（John Fitzgerald）是無與倫比的知識源泉，在本書出版遭遇挫折期間，他的支持不可或缺。胡煜明（John Hu）是無價的資訊來源，也是我與澳大利亞華人社會的聯繫。

葉飛（Ye Fei）這位卓越勇敢的北京政治分析家，在關於中國政治及北京的國際野心，他給了我非凡的洞察力。我可以寫出他

的名字，因為，他不幸在我們最後一次談話後的三個月去世了。

我有很多在中國及澳洲的受訪者不能把名字列出來。他們所面臨的風險只能增加我對他們的感激。在我能提及名字的人士中，我要向下列朋友表達謝意：James Leibold, Greg Austin, Peter Jennings, Stephen Joske, Rory Medcalf, Phil Dorling, Chris Uhlmann, 齊家貞（Qi Jiazhen）, 成進平（Jingping Cheng）, 張曉剛（Zhang Xiaogang）, Frank Dikötter, 陳用林（Chen Yonglin）, Nick McKenzie, Rowan Callick, Chris Buckley, Phil Wen, Greg McCarthy, Geoff Raby, Lucy Gao, Zhou Shixing, Feng Shuai, Angus Grigg, Bill Birtles, Zha Daojiong, Ma Tianjie, 陳方安生（Anson Chan）, Willy Lam, K.P. Chow, Hugh White, Børge Bakken, 馮崇義（Feng Chongyi）, Ying Yee, Kate Larsen, Jocelyn Chey, John Keane, Richard Baker, James Xiong, Kevin Jin, Anastasia Kapetas, Wu Lebao, 秦晉（Qin Jin）, Paul Macgregor, Anne-Marie Brady, Lisa Dempster, Fergus Hanson, Tim Stephens, Jen Tsen Kwok, Fergus Ryan, Primrose Riordan, Chowai Cheung, Maree Ma 和 Warren Sun。

當然，關於本書中討論的議題，他們的看法不盡相同；書中表達的觀點，他們不應負擔任何責任。

羅伯特・曼恩（Robert Manne）好意閱讀了手稿，提醒我一些潛在的問題，敦促我更仔細地思考一些戰略含義。

最後，我要感謝查爾斯・斯圖亞特大學給我個機會，完成本書的寫作。

注釋

Notes

以星號標注之參考資料為左岸編輯部所整理。

CHAPTER 1 ｜ 染紅澳洲

1　此處記述來自：2017/03/01作者訪談陳用林；《大紀元》所刊載他的訪談發言（〈RFA专访陈用林（下）：美澳联盟松动〉，2005/06/25）；以及陳用林一篇重要文章，〈澳大利亚正在沦为中国的后院〉，《纵览中国》，2016/08/31。

2　陈用林，〈澳大利亚正在沦为中国的后院〉。

CHAPTER 2 ｜ 中國如何看待自己在世界上的角色

1　Zheng Wang, *Never Forget National Humiliation: Historical memory in Chinese politics and foreign relations*, New York: Columbia University Press, 2012; Michael Pillsbury, *The Hundred-Year Marathon*, New York: St Martin's Griffin, 2016.（《2049百年馬拉松：中國稱霸全球的秘密戰略》，林添貴譯，麥田：2015。）

2　此處我大量參考Wang, *Never Forget National Humiliation*.

3　Wang, *Never Forget National Humiliation*, p. 104.

4　Geoffrey Crothall quoted by Wang, *Never Forget National Humiliation*, p. 116.

5　Wang, *Never Forget National Humiliation*, p. 116

6　'Chinese Education Minister: The Hostile Forces' First Choice for Penetration Is the Education System', originally published in *Sina*, 10 December 2016, <chinascope.org/archives/10801>.
＊陈宝生，〈敌对势力的渗透首先选定的是教育系统〉，《新浪新闻》，2016/12/10。

7　Wang, *Never Forget National Humiliation*, pp. 111–12.

8　Wang, *Never Forget National Humiliation*, p. 115.

9　Quoted by Wang, *Never Forget National Humiliation*, p. 114.

10　Wang, *Never Forget National Humiliation*, p. 227.

11　Rachel Liu, 'A new definition of Chinese patriotism', *Foreign Policy*, 11 September 2014.
＊陈先奎，〈爱国和爱党在中国是一致的〉，《环球时报》，2014/09/10。

12　Wang, *Never Forget National Humiliation*, p. 125.

13　Liu Xiaobo, in *No Enemies, No Hatred: Selected essays and poems*, Perry Link, Tienchi

Martin-Liao and Liu Xia (eds), Cambridge, Mass.: Belknap Press, 2012, p. 73.

＊劉曉波，〈愛國主義的好戰化流氓化──新世紀大陸愛國主義評析〉。

14 Liu, *No Enemies, No Hatred*, pp. 74–5.

＊劉曉波，〈愛國主義的好戰化流氓化〉。

15 Liu, 'The Communist Party's "Olympic Gold Medal Syndrome"', in *No Enemies, No Hatred*, p. 251.

＊劉曉波，〈中共奧運戰略的金牌綜合症〉。

16 Liu, 'The Communist Party's "Olympic Gold Medal Syndrome"', p. 255.

＊劉曉波，〈中共奧運戰略的金牌綜合症〉。

17 Wang, *Never Forget National Humiliation*, pp. 150–2.

18 Lotus Ruan, 'The new face of Chinese nationalism', *Foreign Policy*, 25 August 2016.

19 Anon., 'Smug Aussie swimmer won't cloud Rio', *Global Times*, 8 August 2016.

20 Jennine Khalik, 'Rio Olympics 2016: CFMEU protests Channel Seven's coverage of China', *The Australian*, 9 August 2016.

21 James Jiann Hua To, *Qiaowu: Extra-territorial policies for the overseas Chinese*, Leiden: Koninklijke Brill, 2014, p. 44.

22 Wang, *Never Forget National Humiliation*, p. 154.

23 Lucy Hornby, 'China battles to control growing online nationalism', *Financial Times*, 8 January 2017.

24 Li Jing and He Huifeng, 'Anti-Japan protests turn violent in Shenzhen, Guangzhou and Qingdao', *South China Morning Post*, 17 September 2012.

25 Anon., 'Chinese state media condemns protests at KFC restaurants in wake of South China Sea ruling', *South China Morning Post*, 20 July 2016.

26 Jun Mai, 'China vows to nip patriotic protests in the bud to maintain stability', *South China Morning Post*, 13 January 2017.

＊马玉生，〈打好新形势下维稳主动仗〉，《人民日报》，2017/01/13，07版。

27 Zheping Huang, 'Inside the Global Times, China's hawkish, belligerent state tabloid', *Quartz*, 9 August 2016.

28 Philip Wen, 'This is the deal: "In time, this world will be China's"', *The Sydney Morning Herald*, 10–11 September 2016.

29 Wang, *Never Forget National Humiliation*, pp. 129–32.

30 D.S. Rajan, 'China: Can Xi Jinping's "Chinese Dream" vision be realized?', *South Asia Analysis Group*, 3 January 2013.

31 Liu Mingfu, *The China Dream: Great power thinking and strategic posture in the post-*

American era, New York: CN Times Books, 2015, back cover.

32 Quoted by Michael Pillsbury, *The Hundred-Year Marathon*, New York: St Martin's Griffin, 2016, p. 28.（《2049百年馬拉松：中國稱霸全球的秘密戰略》，林添貴譯，麥田：2015。）

33 William A. Callahan, 'Chinese visions of world order: Post-hegemonic or a new hegemony?', *International Studies Review*, 2008, no. 10, p. 753.

34 Pillsbury, *The Hundred-Year Marathon*, pp. 28, 12.

35 Zheng Wang, 'Not rising, but rejuvenating: The "Chinese Dream"', *The Diplomat*, 5 February 2013.

36 要是有人記性不好，我提醒一下：2017年當局指示中國戲院要播放四分鐘的愛國宣傳片，其中幾部有成龍揮著拳頭盛讚習主席的中國夢和社會主義核心價值觀。
See Huang Wan, 'Chinese cinemas to show patriotic trailer ahead of screenings', *Sixth Tone*, 30 June 2017.

37 Pillsbury, *The Hundred-Year Marathon*, p. 235.

38 Pillsbury, *The Hundred-Year Marathon*, p. 230.

39 Liu, *The China Dream*, p. 29.

40 齐薇，〈何亚非：发挥华侨传播中华文化优势〉，中国国务院新闻办公室，2015/06/11。

41 何亞非講的話是接著2013年對外宣傳辦公室主任蔡名照之說，他談到「深化中國夢對外宣傳」，此一夢想不僅會造福中國人民，更因「中華民族的突出優勢」，將造福「世界人民」（Anon., 'China's foreign propaganda chief outlines external communication priorities', China Copyright and Media blog, 22 December 2014, translated from *People's Daily*）。
＊蔡名照，〈讲好中国故事　传播好中国声音〉，《人民日报》，2013/10/10。

42 Paul Keating, 'Australia must heed the shift in the US-China power balance', *The Australian*, 24 December 2016.

43 David Kelly, 'Winding back the China Solution', *The Interpreter*, Lowy Institute, 6 July 2017.

44 Liu, *The China Dream*, pp. 2, 4.

45 Jamil Anderlini, 'The dark side of China's national renewal', *Financial Times*, 21 June 2017.

46 Anon., 'Trump's Korea gaffe exposes hegemonic thinking in China', *Chosun*, 20 April 2017.

47 Bill Hayton, 'China's "historic rights" in the South China Sea: Made in America?',

The Diplomat, 21 June 2016.

48 <pca-cpa.org/wp-content/uploads/sites/175/2016/07/PH-CN-20160712-Award.pdf>.

49 John Fitzgerald, 'Handing the initiative to China', *Inside Story*, 19 January 2017.

50〈胡錦濤主席在澳大利亞國會發表演講（全文）〉，中國駐悉尼總領事館經商室，2003/10/27。

51 Geoff Wade, 'Popular History and Bunkum: The book "1421, The Year China Discovered America" is a fairytale & a fiction', posted at Maritime Asia <maritimeasia. ws/topic/1421bunkum.html>. See also <www.1421exposed.com/html/1421_and_ all_that_junk.html>.

52 Quentin McDermott, 'Junk History', *Four Corners*, ABC TV, 31 July 2006 <www.abc. net.au/4corners/content/2006/s1699373.htm>.

53 Geoff Wade, 'The "Liu/Menzies" world map: A critique', *e-Perimetron*, Autumn 2007, vol. 2, no. 4, pp. 273–80.

54 Timothy Kendall, *Within China's Orbit?: China through the eyes of the Australian parliament*, Canberra: Parliamentary Library, 2008.

55 Kendall, *Within China's Orbit?*.

56 Fu Ying, speech to the National Press Club of Australia, as quoted in Geoffrey Barker, 'Diplomacy personified', *Australian Financial Review*, 10 June 2005, p. 20.

57 朱鑒秋，〈鄭和航海最遠到哪里？－兼評"鄭和發現美洲"說〉，《中國網》，2005/06/05。

CHAPTER 3 │ 僑務與海外華人

1 齊薇，〈何亞非：發揮華僑傳播中華文化優勢〉，中國國務院新聞辦公室，2015/06/11。

2 Cheong Suk-Wai, 'Beijing's charm offensive: A challenge to test loyalty', *Straits Times*, 30 April 2017.

3 James Jiann Hua To, *Qiaowu: Extra-territorial policies for the overseas Chinese*, Leiden: Koninklijke Brill, 2014.

4 To, *Qiaowu*, p. 19.

5 To, *Qiaowu*, p. 47.

6 To, *Qiaowu*, p. 42.

7 To, *Qiaowu*, p. 254.

8 To, *Qiaowu*, p. 258.

9 To, *Qiaowu*, pp. 260, 261, 264.

10 To, *Qiaowu*, p. 257.

11 Hagar Cohen and Tiger Webb, 'Chinese nationals deported from Fiji were sex workers, not fraudsters: Source', *ABC News Online*, 6 October 2017.

12 Gabrielle Chan, 'Cabinet papers 1988-89: Bob Hawke acted alone in offering asylum to Chinese students', *The Guardian*, 1 January 2015.

13 To, *Qiaowu*, p. 27.

14 Quoted in Chan, 'Cabinet papers 1988-89'.

15 James To, 'Beijing's policies for managing Han and ethnic-minority Chinese communities abroad', *Journal of Current Chinese Affairs*, 2012, no. 4, p. 186.

16 To, *Qiaowu*, pp. 75, 78–9; To, 'Beijing's policies for managing Han', p. 186.

17 Anne-Marie Brady, 'China's foreign propaganda machine', *Journal of Democracy*, October 2015, vol. 26, no. 4, pp. 51–9.

18 杜建華說明了有五個主要僑務機構,兩個隸屬中央政府(國僑辦和中華全國歸國華僑聯合會),三個是黨的部門(中宣部、對外聯絡部、統戰部)(To, *Qiaowu*, pp. 73–80)。最新發展請見第二章隨頁注1。

19 Marcel Angliviel de la Beaumelle, 'The United Front Work Department: "Magic weapon" at home and abroad', The Jamestown Foundation, *China Brief*, 6 July 2017, vol. 17, no. 9. ＊學習路上,〈专设统战工作领导小组　中央"大统战"思维升级〉,《中国共产党新闻网》,2015/07/31。

20 Anne-Marie Brady, 'Magic Weapons: China's political influence activities under Xi Jinping', Wilson Center, Washington, D.C., September 2017.

21 To, *Qiaowu*, p. 74. 僑務機構由中共對外聯絡部掌理,而澳洲和統會等組織則是統戰部來管理。不過坎培拉的大使館居間協調,使兩者密切合作。最新發展請見第二章隨頁注1。

22 Rowan Callick, '"Non-profit" group linked to Chinese donors', *The Australian*, 5 September 2016.

23 To, *Qiaowu*, pp. 269–70.

24 范韩生,〈澳洲中国和统会创会会长邱维廉博士逝世〉,《人民网》,2015/05/27。

25 To, *Qiaowu*, p. 268.

26 To, 'Beijing's policies for managing Han', p. 189.

27 Dylan Welch, 'Ernest Wong: Labor's go-to man for access to Chinese community', *7.30*, ABC TV, 19 September 2016.

28 克里斯・鮑文及其妻2015年曾搭機至中國,中共及澳洲廣東商會支付了部分費用,澳洲廣東商會乃由黃向墨主導(Samantha Hutchinson and Ben Butler, 'Bowen

on the Yuhu register as China doles out MP largesse', *The Australian*, 7 September 2016）。鮑勃‧卡爾在回憶錄中談到某次中國新年節慶，鄧森辦了「成功耀眼的工黨募款會」，募集到20萬，分配給工黨總部與克里斯‧鮑文個人的宣傳活動（Rowan Callick and Sarah Martin, 'Dastyari's donor has party cell', *The Australian*, 7 September 2016）。鄧森風波期間，《澳洲人報》指明這位名聲掃地的參議員之「盟友與助手」乃是卡爾、黃向墨、艾瑞克‧魯森道爾、克里斯‧鮑文、祝敏申、韓以文。

29 〈悉尼华侨华人隆重纪念中国人民抗日战争暨世界反法西斯战争胜利70周年〉，澳洲中国和平统一促进会。

30 马小龙，〈澳大利亚悉尼歌剧院披上"中国红"〉，《人民网》，2016/02/07。

31 To, *Qiaowu*, p. 268.

32 Julie Makinen, 'Beijing uses Chinese New Year to push China's soft power', *Los Angeles Times*, 18 February 2015.

33 Philip Wen, 'China's patriots among us: Beijing pulls new lever of influence in Australia', *The Sydney Morning Herald*, 28 April 2016.

34 <www.chinesenewyear.com.au/index.html>.

35 John Power, 'Pro-Beijing activism by ethnic Chinese in Australia stirs unease', *Asia Times*, 12 May 2016.
   ＊李馨宇，〈悉尼华人举行"南海议题"研讨会〉，《澳洲新快网》，2016/04/14。

36 Rowan Callick, 'Australia's Chinese community: Inscrutable ties to another China', *The Australian*, 27 August 2016.

37 Wen, 'China's patriots among us'. Huang Xiangmo denied any connection between the group and the ACPPRC.

38 李馨宇，〈悉尼华人举行"南海议题"研讨会〉，《澳洲新快网》，2016/04/14。亦见〈澳和平与正义行动委员会召开"南海议题"研讨会〉，《今日悉尼》，2016/04/09，《人民日报》转发了该篇报导：雪萌，〈澳华侨华人在悉尼发声　维护中华民族南海主权权益〉，《人民网》，2016/04/11。

39 〈维省华联会简介〉，维省华联会，<www.bobning.com/fca/?page_id=37>。

40 〈维州华人纪念抗战胜利70周年茶话会〉，维省华联会，<www.bobning.com/fca/?p=21>。

41 <www.facebook.com/philclearymayor/videos/1048116948618517>.

42 May Hu，〈苏俊希将竞选墨尔本市副市长〉，*SBS*，2016/09/25。

43 盛楚宜、郭芊，〈澳大利亚华侨华人游行抗议南海非法仲裁〉，《人民网》，2016/07/23。

44 <english.cri.cn/12394/2016/07/23/4001s935326.htm>.

45 Philip Wen and Daniel Flitton, 'South China Sea protests to come to Melbourne', *The Age*, 21 July 2016.

46 Naaman Zhou, 'Chinese ballet draws protests for "glorifying Red Army"', *The Guardian*, 18 February 2017.

47 〈澳華人抵制中國芭蕾舞劇紅色娘子軍〉,《多維新聞》, 2017/02/05。

48 Rowan Callick, 'Rebel Chinese movement promotes "Australian values"', *The Australian*, 5 September 2016.

49 Anon., 'Beijing works to rally "sons and daughters" abroad to help create "Chinese Dream"', *ABC News Online*, 4 March 2018.

50 To, *Qiaowu*, p. 122.

51 To, *Qiaowu*, p. 281.

52 To, *Qiaowu*, pp. 114–15.

53 Jamil Anderlini, 'The dark side of China's national renewal', *Financial Times*, 21 June 2017.

54 Email to the author, 23 October 2017.

55 Daniel A. Bell, 'Why anyone can be Chinese', *Wall Street Journal*, 14 July 2017.

56 <languagelog.ldc.upenn.edu/nll/?p=33412>.
   ＊〈李克强会见世界华侨华人工商大会代表〉,《人民日报》, 2017/06/13 日, 02 版。

57 Frank Ching, 'Does Chinese blood really lack the DNA for aggression?', *South China Morning Post*, 2 July 2017.
   ＊乌元春,〈习近平：中国人血脉中没有称王称霸穷兵黩武基因〉,《新华网》, 2014/06/28。

58 白云怡,〈独家披露！肆无忌惮窃取中国情报，澳大利亚好意思"贼喊捉贼"？〉,《环球时报》, 2017/06/29。

59 To, *Qiaowu*, p. 116.

60 David Zweig and Stanley Rosen, 'How China trained a new generation abroad', *SciDev.Net*, 22 May 2013.

61 To, *Qiaowu*, pp. 123–4.

62 To, *Qiaowu*, p. 189.

63 <chinachange.org/2015/06/09/chinese-students-studying-abroad-a-new-focus-of-ccps-united-front-work/>. 法蘭西斯・福山在《歷史之終結》預測，中國留學生由海外歸國，將把具有轉化能力的民主規範帶回去，這個例子又顯示出或可稱為「福山法則」的情形，也就是福山預言的影響力，與其準確度成反比。
   ＊长平,〈长平观察：留学生不战而统〉,《德国之声》, 2015/05/22；〈习近平：巩

固发展最广泛的爱国统一战线〉,《新华网》, 2015/05/20。

64 To, *Qiaowu*, p. 130.

65 To, *Qiaowu*, p. 189.

66 To, *Qiaowu*, p. 28.

67 Koh Gui Qing and John Shiffman, 'China's covert global radio network', *Reuters*, 2 November 2015; John Fitzgerald, 'How the ABC sold out news values to get access to China' <www.abc.net.au/mediawatch/transcripts/1615_afr.pdf>.

68 To, *Qiaowu*, pp. 176–8.

69 <www.abc.net.au/mediawatch/transcripts/s4476824.htm>.

70 To, *Qiaowu*, pp. 179–80.

71 To, *Qiaowu*, p. 180.

72 Anon., 'Drive-by shooting won't stop Sunnybank-based Chinese-language newspaper Epoch Times, say staff', *Courier-Mail*, 3 November 2010; Kristian Silva, 'One Nation's Shan Ju Lin defends Pauline Hanson, says she fears Chinese Government will "take over"', *ABC News Online*, 21 December 2016.

73 Qing and Shiffman, 'China's covert global radio network'.

74 Anne-Marie Brady, 'Magic Weapons: China's political influence activities under Xi Jinping', Wilson Center, Washington, D.C., September 2017.

75 Rowan Callick, 'Voice of China hits the Aussie airwaves', *News.com.au*, 17 August 2009.

76 Callick, 'Voice of China hits the Aussie airwaves'; <www.multicultural.vic.gov.au/images/stories/documents/2013/2002-12%20recipients%20-%20people.pdf>;〈姜兆庆：打开澳大利亚华语广播的一片蓝天〉,《中国新闻网》, 2011/09/19。

77 See also Jia Gao, *Chinese Migrant Entrepreneurship in Australia from the 1990s*, Waltham, Mass.: Elsevier, 2015, Chapter 6.

78 <www.jl.xinhuanet.com/news/2004-07/16/content_2502263.htm>.

79 <en.people.cn/200503/14/eng20050314_176746.html>.
　＊〈海外华侨华人纪念《反分裂国家法》通过一周年〉,《新华网》, 2006/03/14。

80 <en.people.cn/200503/14/eng20050314_176746.html>.
　＊〈海外华侨华人纪念《反分裂国家法》通过一周年〉。

81 泽勤,〈"讲好中国故事、传播好中国声音"论坛北京举行〉,《欧洲时报网》, 2016/09/28。

82 John Fitzgerald, 'Beijing's guoqing versus Australia's way of life', *Inside Story*, 27 September 2016.

83 Fitzgerald, 'Beijing's guoqing versus Australia's way of life'.

84 Kelsey Munro and Philip Wen, 'Chinese language newspapers in Australia: Beijing controls messaging, propaganda in press', *The Sydney Morning Herald*, 10 July 2016.

85 Fitzgerald, 'Beijing's guoqing versus Australia's way of life'.

86 Munro and Wen, 'Chinese language newspapers in Australia'.

87 Wanning Sun, 'Chinese-language media in Australia: An opportunity for Australian soft power', *Australia-China Relations Institute*, 8 September 2016.

88 Fitzgerald, 'Beijing's guoqing versus Australia's way of life'.

89 <www.abc.net.au/mediawatch/transcripts/s4458872.htm>.

90 John Fitzgerald, 'How the ABC sold out news values to get access to China', <www.abc.net.au/mediawatch/transcripts/1615_afr.pdf>.

91 〈澳洲和统会青委会召开委员大会并组建第一届常务委员会〉，澳洲中国和平统一促进会。

92 〈澳洲和统会青委会召开委员大会并组建第一届常务委员会〉；<www.radioaustralia.net.au/chinese/our-people/1024564>.

93 Simon Denyer, 'The saga of Hong Kong's abducted booksellers takes a darker turn', *Washington Post*, 17 June 2016.

94 Will Koulouris, '20 years on, Hong Kong's return to China a resounding success: Former Aussie Victoria state premier', *Xinhuanet*, 18 July 2017.

95 Peter Hartcher, 'China's treatment of Hong Kong is a lesson for Australia', *The Sydney Morning Herald*, 11 October 2016.

96 Anon., 'New Zealand cancels meeting with Hong Kong pro-democracy advocates on "diplomatic" concerns', *ABC News Online*, 21 October 2016.

97 To, *Qiaowu*, p. 222.

98 Anne-Marie Brady, 'Magic Weapons: China's political influence activities under Xi Jinping', p. 13.

99 Philip Wen and John Garnaut, 'Chinese police chase corruption suspects in Australian suburbs', *The Sydney Morning Herald*, 15 April 2015.

100 To, *Qiaowu*, p. 193.

101 Anon, 'Businessman wrongly jailed pursues justice', *South China Morning Post*, 9 December 2004.

102 John Garnaut, 'China's rulers team up with notorious "White Wolf" of Taiwan', *The Sydney Morning Herald*, 11 July 2014; Anon., 'Triad member behind scuffles between pro-China and pro-independence protesters on Taiwan university campus', *Synglobe*, 25 September 2017; Anon., 'Zhang Anle, the Sunflower Movement and the China-

Taiwan issue', *Synglobe*, 1 April 2014.

103 To, *Qiaowu*, p. 260.

104 To, *Qiaowu*, p. 261.

105 Bethany Allen-Ebrahimian, 'Interpol is helping to enforce China's political purges', *Foreign Policy*, 21 April 2017.

106 Philip Wen, 'Operation Fox Hunt: Law council says extradition treaty with China is "a joke"', *The Sydney Morning Herald*, 2 May 2016.

107 Primrose Riordan, 'China extradition treaty fatal, says freed academic', *The Australian*, 3 April 2017.

108 <www.aic.gov.au/publications/current%20series/facts/1-20/2014/4_courts.html>.

109 Anon., 'China's top court rejects judicial independence as "erroneous thought"', *The Guardian*, 26 February 2015.

110 Megan Palin, 'The reality of human organ harvesting in China', *News.com.au*, 14 November 2016.

111 Anon., 'Hospitals ban Chinese surgeon training', *The Sydney Morning Herald*, 5 December 2006.

112 David Hutt, 'The trouble with John Pilger's The Coming War on China', *The Diplomat*, 23 December 2016.

113 Fleur Anderson, 'Abbot-Turnbull clash jeopardises China link', *Australian Financial Review*, 1–2 April 2017.

114 Greg Sheridan, 'Desperately seeking someone to blame after China fiasco', *Weekend Australian*, 1–2 April 2017.

115 Wen and Garnaut, 'Chinese police chase corruption suspects in Australian suburbs'.

116 Wen and Garnaut, 'Chinese police chase corruption suspects in Australian suburbs'.

117 Minxin Pei, *China's Crony Capitalism: The dynamics of regime decay*, Cambridge, Mass.: Harvard University Press, 2016, p. 226.（《出賣中國：權貴資本主義的起源與共產黨政權的潰敗》，梁文傑譯，八旗：2017。）

118 Philip Wen, 'Operation Fox Hunt: Melbourne grandmother Zhou Shiqin prosecuted after return to China', *The Sydney Morning Herald*, 26 October 2016.

119 Rowan Callick, 'China tipped to give its spooks a licence to haunt foreign lands', *The Australian*, 4 July 2017.

120 Nigel Inkster, 'China's draft intelligence law', 26 May 2017 <www.iiss.org>.

121 To, *Qiaowu*, pp. 218–19.
122 To, *Qiaowu*, p. 280.
123 To, *Qiaowu*, p. 280.
124 Nick O'Malley and Alex Joske, 'Mysterious Bennelong letter urges Chinese Australians to "take down" the Turnbull government', *The Sydney Morning Herald*, 13 December 2017; Alex Joske, 'Bennelong byelection: The influential network targeting the Turnbull government in Bennelong', *The Sydney Morning Herald*, 15 December 2017.
125 O'Malley and Joske, 'Mysterious Bennelong letter urges Chinese Australians to "take down" the Turnbull government'.
126 Anthony Klan, 'China scare Labor's only success', *The Australian*, 18 December 2017.
127 Fitzgerald, 'Beijing's guoqing versus Australia's way of life'.
128 Fitzgerald, 'Beijing's guoqing versus Australia's way of life'.

CHAPTER 4 | 黑錢

1 Primrose Riordan, 'China's local emperor Huang Xiangmo says politics just like sport', *Australian Financial Review*, 1 September 2016.
2 〈黄向墨暢名誉会长谈奉献艺术〉，深圳市潮汕商会，2013/03/29，<chaoshang.org/NewsView.asp?NewsID=327>。
3 Philip Wen and Lucy Macken, 'Chinese "King of the Mountain" brush with corruption scandal', *The Sydney Morning Herald*, 25 February 2016; Riordan, 'China's local emperor Huang Xiangmo says politics just like sport'.
4 〈2016年胡润百富榜〉，胡润百富，2016/10/13。
5 江滨、王小燕，〈黄向墨：让有限捐赠产生无限社会价值〉，《天下潮商》，2011/07/29。
6 〈黄向墨揭东走访慰问困难群众〉，深圳市潮汕商会，2011/03/04，<chaoshang.org/NewsView.asp?NewsID=340>；〈胡润发布2012慈善榜单　我会三位名誉会长上榜前百〉，深圳市潮汕商会，2011/05/25，<chaoshang.org/NewsView.asp?NewsID=870>。
7 王小燕、江滨，〈"揭阳楼效应"助新揭阳崛起〉，《天下潮商》，2011/04/01。
8 <www.txcs88.cn/Essay_10410.html>.
9 Wen and Macken, 'Chinese "King of the Mountain" brush with corruption scandal'.
　＊〈广东亿元书记曾用公款修阴宅　花几千万买泰山石〉，《北京晨报》，

2015/04/27。

10 刘帅，〈畸形官商圈〉，《齐鲁晚报》，2014/10/10，<epaper.qlwb.com.cn/qlwb/content/20141010/ArticelA06002FM.htm>。

11 〈万庆良官商圈：靠大项目出政绩与地产商共进退〉，《齐鲁晚报》，2014/10/10。

12 Michael Cole, 'Guangzhou party leader's fall tied to corrupt real estate deals', *Mingtiandi*, 15 July 2014.

13 Kirsty Needham, 'Chinese recipient of Huang Xiangmo political donation gets suspended death sentence', *The Sydney Morning Herald*, 7 June 2017.

14 Needham, 'Chinese recipient of Huang Xiangmo political donation gets suspended death sentence'.

15 Wen and Macken, 'Chinese "King of the Mountain" brush with corruption scandal'.

16 Minxin Pei, *China's Crony Capitalism: The dynamics of regime decay*, Cambridge, Mass.: Harvard University Press, 2016.（《出賣中國：權貴資本主義的起源與共產黨政權的潰敗》，梁文傑譯，八旗：2017。）

17 Pei, *China's Crony Capitalism*, pp. 1–2.

18 Pei, *China's Crony Capitalism*, pp. 2–3.

19 Pei, *China's Crony Capitalism*, p. 8.

20 Pei, *China's Crony Capitalism*, p. 243.

21 Pei, *China's Crony Capitalism*, pp. 247–8.

22 Pei, *China's Crony Capitalism*, p. 138.

23 Quoted by Pei, *China's Crony Capitalism*, p. 116.

24 Pei, *China's Crony Capitalism*, p. 117.

25 Pei, *China's Crony Capitalism*, p. 142.

26 Pei, *China's Crony Capitalism*, p. 133.

27 Pei, *China's Crony Capitalism*, p. 225.

28 Pei, *China's Crony Capitalism*, p. 226.

29 Joel Keep and Nila Liu, 'The defector', SBS Investigations, *SBS News Online*, 5 September 2016.
　　＊〈前中国官媒记者揭露人民网舆情监控内幕〉，*SBS*，2016/09/05。

30 Pei, *China's Crony Capitalism*, pp. 82, 262.

31 Anon., 'China voice: catching 14 military "tigers"', *Xinhuanet*, 2 March 2015.
　　＊王海亮，〈14名军级以上"老虎"被查〉，《北京晨报》，2015/03/03。

32 Pei, *China's Crony Capitalism*, pp. 6, 262.

33 Frank Fang, 'Former top Chinese military officer taken away for investigation', *The*

Epoch Times, 12 February 2015.

34 Kenneth Allen, 'China announces reform of military ranks', *China Brief*, 30 January 2017.

35 Tania Branigan, 'China blocks Bloomberg for exposing financial affairs of Xi Jinping's family', *The Guardian*, 29 June 2012.

36 Li Lingpu and Larry Ong, 'China's Xi set to oust corrupt officials in Hong Kong', *The Epoch Times*, 1–7 December 2016.

37 Li and Ong, 'China's Xi set to oust corrupt officials in Hong Kong'. 中國人民政治協商會議（政協）是個具有殊榮的團體，用來獎勵愛國行動者與商人。大老賈慶林稱之為「愛國統一戰線組織」（John Garnaut, 'Toeing the line', *The Sydney Morning Herald*, 13 April 2011）。

38 Li and Ong, 'China's Xi set to oust corrupt officials in Hong Kong'. See also Pei, *China's Crony Capitalism*, p. 147.

39 <www.chinadaily.com.cn/china/2017-01/09/content_27894610.htm>.

40 Jamil Anderlini, 'The political price of Xi Jinping's anti-corruption campaign', *Financial Times*, 4 January 2017.

41 Anderlini, 'The political price of Xi Jinping's anti-corruption campaign'.

42 Pei, China's Crony Capitalism, p. 149.

43 Martin Wolf, 'Too big, too Leninist—a China crisis is a matter of time', *Financial Times*, 13 December 2016.

44 Riordan, 'China's local emperor Huang Xiangmo says politics just like sport'.

45 Gabrielle Chan, 'Dastyari's donations reveal a bigger story of links and largesse', *The Guardian*, 7 September 2016.

46 <www.yuhugroup.com.au/aboutus>.

47 See, for example, Rowan Callick, 'Non-profit group linked to Chinese donors', *The Australian*, 5 September 2016.

48 黃氏否認他在澳大利亞的組織乃由北京出資（Primrose Riordan, 'Sam Dastyari linked political donor resigns from Bob Carr institute after major review', *Australian Financial Review*, 21 September 2016; see also Primrose Riordan and Lisa Murray, 'Sam Dastyari linked to Chinese patriotic force group', *Australian Financial Review*, 6 September 2016）。

49 〈澳洲广东侨团联合总会举行成立庆典　侨团领袖出席〉,《中国新闻网》, 2014/10/31。

50 〈我们的会长 - 黄向墨〉, 澳洲中国和平统一促进会, <www.acpprc.org.au/schinese/

huizhang/ourchairman14.html>。

51 Brad Norrington, 'ALP branch accepts Shorten edict on donations from Chinese businessmen', *The Australian*, 21 July 2017; Sean Nicholls and Kate McClymont, 'Former NSW treasurer Eric Roozendaal joins Chinese firm that was a big donor to NSW political parties', *The Sydney Morning Herald*, 4 February 2014.

52 Chris Uhlmann and Andrew Greene, 'Chinese donors to Australian political parties: Who gave how much?', *ABC News Online*, 21 August 2016.

53 Gina McColl and Philip Wen, 'Foreign Minister Julie Bishop's links to Chinese political donors', *The Sydney Morning Herald*, 23 August 2016.

54 <www.linkedin.com/in/meijuan-anna-wu-751bb43a/>.

55 <periodicdisclosures.aec.gov.au/Returns/55/SWEQ6.pdf>.

56 Gina McColl, 'Chinese interests play increasing role in Australian political donations', *The Sydney Morning Herald*, 21 May 2016.

57〈新洲议员莅临玉湖集团参观考察〉,玉湖集团,2013/03/11。

58 Nicholls and McClymont, 'Former NSW treasurer Eric Roozendaal joins Chinese firm'.

59 Nicholls and McClymont, 'Former NSW treasurer Eric Roozendaal joins Chinese firm'.

60 Dylan Welch, 'Ernest Wong: Labor's go-to man for access to Chinese community', *7.30*, ABC TV, 19 September 2016.

61 <big5.xinhuanet.com/gate/big5/www.henan.xinhua.org/xhzt/2007-04/14/content_9789459.htm>.

62〈澳洲福建会馆简介〉,澳洲福建会馆,<www.fjhk.org.au/cn/aboutus.html>;〈本会简介〉,澳洲中国和平统一促进会,<www.acpprc.org.au/schinese/ben.asp>。

63 <www.theaustralian.com.au/national-affairs/state-politics/labors-biggest-individual-donor-cant-recall-his-contribution/news-story/02d77420334a6db3987b91b923964bf9>.

64 <www.yuhugroup.com.au/aboutus>.

65〈玉湖集团（澳洲）公司领导拜会澳大利亚前总理〉,玉湖集团,2012/12/19。

66〈中共中央政治局委员刘延东接见澳洲侨领〉,玉湖集团,2012/12/19。

67〈澳大利亚华人华侨举行盛大元宵晚宴〉,玉湖集团,2013/03/04。黃氏亦於2014年10月創立澳洲廣東僑團總會並任董事會主席,該會結合了幾個既有的廣東協會（〈澳洲广东侨团联合总会举行成立庆典 侨团领袖出席〉）。

68 Rowan Callick, 'Australia's Chinese community: Inscrutable ties to another China', *The Australian*, 27 August 2016.

69 Pei, *China's Crony Capitalism*, p. 260; Bruce J. Dickson, Wealth into Power: The Communist Party's embrace of China's private sector, Washington, D.C.: George

Washington University, 2008.

70 〈玉湖集团捐资澳洲医学科教领域　促中澳关系更上层楼〉,玉湖集团,
2013/12/16。

71 〈悉尼歌剧院亮起中国红喜迎农历新年〉,玉湖集团,2014/02/08。

72 雪萌、鲍捷,〈澳大利亚新南威尔士州侨界欢迎中国驻澳大利亚大使成竞业履新〉,
《人民网》,2016/08/23。

73 〈黄向墨接受人民网采访　畅谈两会和中澳自由贸易〉,玉湖集团,2014/03/17。

74 Anne-Marie Brady, 'China's Foreign Propaganda Machine', Wilson Center,
Washington, D.C., 26 October 2015, <wilsoncenter.org/article/magic-weapons-
chinas-political-influence-activities-under-xi-jinping>, pp. 16–17. Huang has denied
his Australian organisation is funded by Beijing.

75 〈澳洲和统会代表出席第十四次海外统促会会长会议〉,澳洲中国和平统一促进会,
<www.acpprc.org.au/schinese/jinqi/2016/hzhSep16.html>；<www.acpprc.org.au/
english/7thtermlist.asp>.

76 〈中国统促会代表团访澳与新州侨界座谈　澳洲中国和统会会长黄向墨致欢迎辞〉,
玉湖集团,2017/03/31。

77 陶社兰,〈裴援平与悉尼侨界座谈　赞华侨华人贡献〉,中国国务院侨务办公室,
2017/03/24。

78 Kelsie Munro, 'Huang Xiangmo's pro-China group denies organising Premier Li
rent-a-crowd', The Sydney Morning Herald, 24 March 2017.

79 中国国务院侨务办公室,<www.gqb.gov.cn>。

80 Bob Carr, 'Seven steps to tame fears over China', The Australian, 12 December 2017.

81 Australian Electoral Commission returns, from March 2012 to September 2016.
Associates are William Chiu, Luo Chuangxiong, Eng Joo Ang and Peter Chen.

82 Sean Nicholls, 'Chinese property firm Yuhu hires ex-deputy premier Andrew Stoner',
The Sydney Morning Herald, 18 November 2015.

83 <www.globaltimes.cn/content/1003731.shtml>.

84 盛楚宜,〈澳学者："一带一路"为澳大利亚腾飞提供历史机遇〉,《人民网》,
2017/05/18。

85 McColl and Wen, 'Foreign Minister Julie Bishop's links to Chinese political donors'.

86 <foreignminister.gov.au/speeches/Pages/2014/jb_sp_140516.aspx?w=tb1CaGpkPX%
2FlS0K%2Bg9ZKEg%3D%3D>.

87 〈中国爱地集团公司〉,中国农业发展集团有限公司,2015/08/31,<www.cnadc.
com.cn/index.php?m=content&c=index&a=show&catid=65&id=656>.

88 <trademinister.gov.au/speeches/Pages/2014/ar_sp_140915.aspx?w=O%2F%2FeXE% 2BIYc3HpsIRhVl0XA%3D%3D>.

89〈澳貿易部长及驻港领事会见玉湖集团领导〉，玉湖集团，2014/04/02。

90 Michael Koziol, 'Union campaign against China FTA branded racist, shortsighted', *The Sydney Morning Herald*, 21 August 2015.

91 McColl and Wen, 'Foreign Minister Julie Bishop's links to Chinese political donors'.

92 Register of Members' Interests, 9 December 2013. See also Gina McColl, 'Chinese interests play increasing role in Australian political donations', *The Sydney Morning Herald*, 21 May 2016.

93 Dylan Welch, 'Political donations: Former NSW Labor powerbroker calls for an end to the funding arms race', *ABC News Online*, 19 September 2016.
   ＊〈澳最大年度马赛见证华人力量　黄向墨作为首位华人社团领袖获得为冠军颁奖殊荣〉，玉湖集团，2013/11/18。

94 Rowan Callick, 'Overseas Chinese political donors are mystery men in China', *The Australian*, 12 September 2016.
   ＊〈黄向墨："四个自信"是凝聚中华民族的精神纽带〉，《人民网》，2016/07/06。

95 Huang Xiangmo, 'South China Sea: Australia would be rash to confront China', *Australian Financial Review*, 7 June 2016.
   ＊〈黄向墨在《澳大利亚金融评论报》撰文：澳大利亚在南中国海问题上应三思而后行〉，澳洲中国和平统一促进会，2016/06/08。

96 Zhou Bo, 'Duterte's genial tone on the South China Sea is just one of many signs of warmer Sino-Asean ties', *South China Morning Post*, 14 November 2016.

97 <www.theaustralian.com.au/news/inquirer/huang-xiangmo-and-dastyari-more-than-a-soap-opera/news-story/5138ad656beb2fc34b0e91246f48764c>.

98 Primrose Riordan, 'Huang Xiangmo quits as head of pro-China advocacy group', *The Australian*, 27 November 2017.

99 <acetca.org.au/en/?dt_portfolio=04>. (Note the name in the title, Xue Shuihua, is incorrect. Shuihua is Shuihe's brother.)
   ＊〈薛水和〉，澳洲中华经贸文化交流促进会，<acetca.org.au/?dt_portfolio=04>。

100 華貿會與中國的往來密切。該會（在雪梨中國城設有辦事處）進行的種種活動當中，包括為西雪梨大學及麥覺理大學（Macquarie University）的學生支付前往中國旅行的費用。雪梨2017年的中國新年慶祝活動乃由該會主辦。

101〈薛水华〉，澳洲中华经贸文化交流促进会，<acetca.org.au/?dt_portfolio=06>。

102 <www.dedeceblog.com/2011/02/03/the-mysterious-dr-chau/>.

103 <periodicdisclosures.aec.gov.au/Donor.aspx?SubmissionId=60&ClientId=2062
8&utm_source=TractionNext&utm_medium=Email&utm_campaign=Insider-
Subscribe-010217>.

104 Uhlmann and Greene, 'Chinese donors to Australian political parties'.

105 <periodicdisclosures.aec.gov.au/Donor.aspx?SubmissionId=60&ClientId=2062
8&utm_source=TractionNext&utm_medium=Email&utm_campaign=Insider-
Subscribe-010217>.

106 澳門賭場大亨何鴻燊及其友人於2008–09年捐獻160萬澳幣給工黨,大部分捐給
新南威爾斯州黨支部,但工黨進行「盡責調查」後不得不將大部分的錢退回去。
工黨不願清楚說明原因,但有人認為何氏乃是盯上了雪梨星賭場的執照,當時
正要更新(Anon., 'Labor's mystery $200k donation', *New Matilda*, 12 April 2011;
Anon., 'Was Stanley Ho hedging his bets with the Australian Labor Party?', *South
China Morning Post*, 6 February 2009)。

107 John Garnaut, 'Behind the mysterious Dr Chau', *The Sydney Morning Herald*, 4 July
2009.

108 <www.files.ethz.ch/isn/144769/cds_0606.pdf>, p. 27.

109 Garnaut, 'Behind the mysterious Dr Chau'.

110 Deborah Snow, Nic Christensen and John Garnaut, 'Chinese billionaire funding
our MPs', *The Age*, 4 June 2009.

111 <list.juwai.com/news/2012/07/meet-the-chinese-billionaires-with-australia-in-
their-sights>.

112 Email correspondence with John Garnaut, 29 September 2017.

113〈名誉会长介绍〉,澳中友好交流协会,<web.archive.org/web/20071201202445/
www.aacfe.org:80/aboutus.aspx?id=99>.

114 暢銷的《羊城晚報》並不是正式官媒,但也受到密切監督(<contemporary_
chinese_culture.academic.ru/916/Yangcheng_Evening_News>)。

115 Garnaut, 'Behind the mysterious Dr Chau'.

116 John Garnaut, 'China spreads its watching web of surveillance across Australia', *The
Sydney Morning Herald*, 26 April 2014.
＊马小龙,〈本报千面国旗送抵留学生手中〉,《新快报》,2008/04/23。

117〈政协第四届广州市天河区委员会〉,天河政协,<zhengxie.thnet.gov.cn/thzx/zx
jg/200410/810fefa62cc24cb4b64f1526807da366.shtml>;John Garnaut, 'Toeing the
line', *The Sydney Morning Herald*, 13 April 2011.

118〈周泽荣〉,中共汕头市委统战部,2014/01/08,<sttzb.shantou.gov.cn/demeanor_

s.asp?ID=78>。

119 Gerry Groot, 'The expansion of the United Front under Xi Jinping', *The China Story*, Yearbook 2015, Australian Centre on China in the World.

120 Statement of Claim, Chau Chak Wing v The Australian Broadcasting Corporation and ORS, Federal Court of Australia (NSW Registry), 5 July 2017.

121 Simon Benson, 'Chinese billionaire hits back at ASIO: I'm not a communist agent', *The Australian*, 27 June 2017.

122 Nick McKenzie and Richard Baker, 'Wikileaked: Billionaire Australian donor's Beijing links detailed in "sensitive" diplomatic cable', *The Sydney Morning Herald*, 16 July 2015.

123 John Garnaut, 'Are Chau Chak Wing's circles of influence in Australia-China ties built on hot air?', *The Sydney Morning Herald*, 16 October 2015.

124 <www.proversepublishing.com/authors/uren_roger>.

125 Liang Zhen, 'UN bribery scandal implicates CCP's Jiang faction', *The Epoch Times*, 31 March 2016.

126 <www.justice.gov/usao-sdny/pr/former-head-foundation-sentenced-20-months-prison-bribing-then-ambassador-and-president>.

127 Garnaut, 'Are Chau Chak Wing's circles of influence in Australia-China ties built on hot air?'.

128 Kaja Whitehouse, 'Troubled ex-UN official dies after barbell falls on his neck', *New York Post*, 23 June 2016.

129 Defence document lodged by the ABC, Fairfax Media and Nick McKenzie in the Federal Court of Australia, NSW District, 29 September 2017.

130 Primrose Riordan, 'China backs Zhu's private Sydney college', *Australian Financial Review*, 15 April 2013.

131 <periodicdisclosures.aec.gov.au/Returns/60/VTEL6.pdf>.

132 Wendy Bacon、Ben Eltham寫到有其他捐款乃是用無需申報的方式支付（'A top education?', *New Matilda*, 2 September 2016）。工黨在2014–15年的申報單上原本成峰高教集團的地址為：Dr Minshen Zhu—CEO and Principal G01, 1 Central Ave, Australian Technology Park。後來做了修改，將祝氏之名抹去。

133 方怡、咏之，〈澳华儒商祝敏申〉，《中国侨网》，2001/05/17，<www.chinaqw.com/node2/node116/node122/node174/userobject6ai3564.html>。

134 方怡、咏之，〈澳华儒商祝敏申〉。

135 <www.citic.com/AboutUs/History>。

136 Gerry Groot, *Managing Transitions: The Chinese Communist Party, United Front Work, Corporatism and Hegemony*, Abingdon: Routledge, 2004, p. 108.

137 方怡、咏之,〈澳华儒商祝敏申〉。

138 <www.cpaml.org/posting1.php?id=414>.

139 Lisa Murray and Primrose Riordan, 'China singled out Sam Dastyari as one of the country's key international supporters', *Australian Financial Review*, September 2016.

140 祝敏申,〈澳大利亚新移民的成长和华文报业的发展〉,首届世界华文传媒论坛,2001/09,<www.fcm.chinanews.com.cn/2001-08-21/2/12.html>。

141 Madalina Hubert, 'Ex-envoy details Chinese regime's overseas scheme', *The Epoch Times*, 10 September 2015.

142 祝敏申,〈澳大利亚新移民的成长和华文报业的发展〉。

143 方怡、咏之,〈澳华儒商祝敏申〉。

144 祝敏申,〈澳大利亚新移民的成长和华文报业的发展〉。

145 <www.acpprc.org.au/english/2ndtermlist.asp>.

146 Eryk Bagshaw, 'Top Education: Company at centre of donations furore a beneficiary of streamlined visa program', *The Sydney Morning Herald*, 10 September 2016.

147 祝敏申,〈重新认识这一代人〉,中国论文网,<www.xzbu.com/7/view-2956207.htm>。

148 <en.people.cn/90001/90777/90856/6622207.html>.

149 祝敏申,〈重新认识这一代人〉。

150 <www.top.edu.au/news/dr-minshen-zhu-of-top-education-attended-the-2nd-meeting-of-chinese-ministerial-consultative-committee-at-the-parliament-house-in-canberra>.

151 Latika Bourke, 'Labor Senator Sam Dastyari had Chinese interests foot the bill for travel entitlement repayment', *The Sydney Morning Herald*, 30 August 2016.

152 James Massola, 'Chinese donor the Yuhu Group steps in to help Sam Dastyari', *The Sydney Morning Herald*, 27 March 2015; Kelsey Monroe, 'Sam Dastyari donor steps down from university's China centre over "supposed Chinese influence"', *The Sydney Morning Herald*, 22 September 2016; Peter Martin, 'China's gifts, research, "special bonds" and Sam Dastyari's ghost from his past', *The Sydney Morning Herald*, 7 September 2016.

153 某些工黨右翼並未揚棄反共主義。許多左翼則毫不同情任何形式的獨裁,他們對該黨受到外國金錢影響而動搖,深感憂慮。據說 Stephen Conroy、Kim Beazley、John Faulkner 便是其中幾位。

154 Primrose Riordan, 'Sam Dastyari pledges to support China on South China Sea

beside Labor donor', *Australian Financial Review*, 31 August 2016.

155 Riordan, 'Sam Dastyari pledges to support China on South China Sea beside Labor donor'.

156 Murray and Riordan, 'China singled out Sam Dastyari as one of the country's key international supporters'.

157 Sid Maher and Rosie Lewis, 'China sea conflict interested Labor senator Sam Dastyari', *The Australian*, 3 September 2016.

158 Quoted by Nick Bryant, 'Sam Dastyari tries to fix the ALP', *The Monthly*, July 2013.

159 Fergus Hunter, '"Cash for comment": Malcolm Turnbull questions Sam Dastyari over China money', *The Sydney Morning Herald*, 2 September 2016.

160 <www.abc.net.au/news/2017-06-05/asio-china-spy-raid/8589094>.

161 Rory Medcalf, 'Sam Dastyari's South China Sea support is a big deal and a timely warning', *Australian Financial Review*, 5 September 2016.

162 Nick McKenzie, James Massola and Richard Baker, 'Dastyari's bug warning', *The Age*, 29 November 2017.

163 Adam Gartrell, '"Whose side is he on?": Malcolm Turnbull says Sam Dastyari should be sacked', *The Sydney Morning Herald*, 29 November 2017.

164 Nick O'Malley, Philip Wen and Michael Koziol, 'Give and take', *The Sydney Morning Herald*, 10–11 September 2016.

165 Medcalf, 'Sam Dastyari's South China Sea support is a big deal and a timely warning'.

166 <www.globaltimes.cn/content/1004234.shtml>.
　＊〈澳大利亚莫追随美国来亚洲做"协警"〉,《环球时报》,2016/09/02。

167 <www.globaltimes.cn/content/997320.shtml>.
　＊〈澳大利亚,围绕南海猛审的"纸猫"〉,《环球时报》,2016/07/30。

168 本節的另一版本由周安瀾與作者合寫,曾發表為：'Political networking the Chinese way—a Sydney MP and his "community adviser"', *The Sydney Morning Herald*, 22 June 2017.

169 Primrose Riordan, 'NSW Labor leader echoes Chinese criticism of Australian media', *The Australian*, 27 September 2017.

170 Brad Norrington, 'NSW Labor rising star's wife, pro-Beijing staffer in China venture', *The Australian*, 15 June 2017.

171 Interview with Alex Joske, 19 June 2017.

172 〈上海市第六次新长征突击手（队）表彰〉,共青团上海市委员会,1988/05/02,<www.shyouth.net/html/zuzhibu/1_tjs_Lijie/2009-07-09/Detail_38416.htm>。

173 Interview with the author, 18 June 2017.

174〈董事长简介〉，上海澳念实业，<www.aucnlinks.com/chairman.asp>。

175 PDF of Yang Dongdong's CV from <aucnlinks.com/chairman_detail.asp>, saved 30 November 2016.

176 PDF of Yang Dongdong's CV.

177 楊東東在周安瀾去電詢問時拒絕回答問題，說他沒空講話。

178 PDF of Yang Dongdong's CV.

179 胡萌，〈谴责"藏独" 澳大利亚华人座谈支持奥运火炬传递〉，《中国侨网》，2008/04/11。

180〈悉尼统促会等澳洲华人社团抗议谴责达赖窜访澳洲〉，中国和平统一促进会，2015/06/09；〈悉尼华人华侨举行《反分裂大会－向达赖说不！》集会〉，澳洲中国和平统一促进会。

181〈华商代表杨东东喜获新州社区服务奖〉，《網上唐人街》，2015/02/23。

182 <localstats.com.au/demographics/federal-electorate/reid>.

183〈新南威尔士州自由党华人之友筹备会顺利召开〉，《今日悉尼》，2015/11/07；〈今年大选华人志愿者助选兴致高涨〉，SBS，2016/07/04。

184 Doug Hendrie, 'How a Chinese-language social media campaign hurt Labor's election chances', The Guardian, 9 July 2016.

185 澳视网，〈郎迪"税务门"事件 引悉尼众人争论〉，《澳中周末报》，2016/02/24，<achina.com.au/bencandy.php?fid=41&id=8431>。

186 澳中商业峰会，〈2016年澳中商业峰会组委会的足迹〉，《澳中周末报》，2017/01/10，<achina.com.au/bencandy.php?fid=41&id=8810>；驻悉尼总领馆经商室，〈顾小杰总领事会见澳大利亚工业、创新与科技助理部长克雷格·朗迪〉，中华人民共和国商务部，2016/10/10。

187 CraigLaundyMP，〈澳洲华人社区的好朋友 - 克瑞格.朗迪〉，微信專頁，<mp.weixin.qq.com/s/uW2PCNK0xdSraflvV0xo1w>.

188 李景卫，〈澳大利亚国会首次出现反对安倍参拜靖国神社声音〉，《人民网》，2014/03/07。

189 澳中商业峰会，〈澳中商业峰会及悉尼华商2015大事记〉，微信專頁，<mp.weixin.qq.com/s/o7Qy38MI1HApmSYBqKIEGg>。

190 Latika Bourke, 'Clive Palmer apologises for China comments in which he referred to Chinese "mongrels"', The Sydney Morning Herald, 26 August 2014.

191 赵闫、孟艾米，〈中国移民代表着澳洲梦：专访向反华人士说"不"的澳联邦议员朗迪〉，《BQ澳洲》，2015/06/30，<www.aoweibang.com/view/31188756/>。

192 Fergus Hunter, 'Sam Dastyari contradicted Labor policy, backed China's position in sea dispute at event with donor', *The Sydney Morning Herald*, 1 September 2016.

193 James Robertson and Lisa Visentin, '"Adviser" with ties to Chinese communist lobbyist drops out of council race', *The Sydney Morning Herald*, 24 June 2017.

CHAPTER 5 | 「北京的鮑勃」

1 黃向墨說他「親自任命」鮑勃‧卡爾到澳中關係研究院就職（Primrose Riordan, 'China's local emperor Huang Xiangmo says politics just like sport', *Australian Financial Review*, 1 September 2016）。2017年9月1日鮑勃‧卡爾回覆作者於電子郵件的幾項提問，說他乃是由校方選擇及任命。

2 〈玉湖集团助力澳中学术合作　澳外交部长宣布澳中关系研究院成立〉，玉湖集团，2014/05/21。

3 <tinyurl.com/y78mcqcw>.

4 Primrose Riordan, 'Bob Carr's China research used to justify FTA, AIIB membership', *Australian Financial Review*, 5 September 2016.

5 Anon., 'Xi's speech at Belt & Road forum wins broad approval overseas', *Pakistan Observer*, May 2016.

6 Nick O'Malley, Philip Wen and Michael Koziol, 'Give and take', *The Sydney Morning Herald*, 10–11 September 2016.

7 Tony Stephens, 'Rally speakers decry fascism', *The Sydney Morning Herald*, 7 June 1989.

8 Bob Carr, *Diary of a Foreign Minister*, Sydney: NewSouth Publishing, 2014, p. 140.

9 Bob Carr, 'Australia needs a think tank that sees hope in partnership with China', *The Sydney Morning Herald*, 11 September 2016.

10 Anon., 'The influence of the People's Republic of China on Australian universities', Parliament House research, September 2017, and author conversations.

11 <www.uts.edu.au/sites/default/files/gsu-aboututs-pdf-annualreport-15-roo.pdf>, p. 34.

12 <www.alumni.uts.edu.au/news/tower/issue-11/the-new-silk-road>.

13 「澳中關係研究院之得以成立，是由於華人慈善家暨企業家黃向墨與周澤榮的慷慨捐獻。」（www.alumni.uts.edu.au/news/tower/issue-11/the-new-silk-road）文章又寫道：「『我們有個共同的願景，要生產高品質的研究，在重要的商業與社會領域都為兩國關係帶來值得的結果。』黃先生說。」

14 Primrose Riordan, 'Sam Dastyari-linked political donor resigns from Bob Carr insti-

tute after major review', *Australian Financial Review*, 21 September 2016.

15 Riordan, 'China's local emperor Huang Xiangmo says politics just like sport'.

16 Louise Yaxley, 'Malcolm Turnbull questions Sam Dastyari's loyalty amid claims he passed security information to Chinese donor', *ABC News Online*, 29 November 2017.

17 Gerry Groot, 'The expansion of the United Front under Xi Jinping', *The China Story*, Yearbook 2015, Australian Centre on China in the World.

18 <www.australiachinarelations.org/about-us>.

19 卡爾給作者的回信說澳中關係研究院「就一間完全設置於大學內的機構而言，它所做的遠超過標準義務」。

20 Quoted by Matthew Knott and Heath Aston, 'Don't become "propaganda vehicles" for China: Universities warned over donations', *The Sydney Morning Herald*, 8 September 2016.

21 Riordan, 'Sam Dastyari-linked political donor resigns from Bob Carr institute after major review'.

22 <www.australiachinarelations.org/about-us>.

23 Email response to the author, 1 September 2017.

24 Philip Wen, 'Former foreign minister Bob Carr photograph "raised eyebrows"', *The Sydney Morning Herald*, 26 February 2016.

25 Stephen McDonnell, 'Carr's challenge on Tibet', The Drum, *ABC News Online*, 12 March 2012.

26 Email response to the author, 1 September 2017.

27 Email response to the author, 1 September 2017.

28 <www.uts.edu.au/sites/default/files/gsu-abouttuts-pdf-annualreport-14-roo.pdf>.

29 鮑勃‧卡爾在2016年9月的評論文章中提到黃氏與「十五間澳洲企業」，但並未提到他的第二大金主（Carr, 'Australia needs a think tank that sees hope in partnership with China'）。我問及此事時，他回覆道，周先生從未要求自己的名字不可以在媒體上曝光。

30 朱大强，〈悉尼科技大学澳中关系研究院成立〉，《中国新闻网》，2014/05/16。

31 Lucy Macken, 'Access all areas, bought via Beauty Point', *The Sydney Morning Herald*, 2 November 2013.

32 Philip Wen and Lucy Macken, 'Chinese "King of the Mountain" brush with corruption scandal', *The Sydney Morning Herald*, 25 February 2016.

33 Catherine Armitage, 'Falun Gong ban hits uni earnings', *The Australian*, 12 Septem-

ber 2005; Sarah Martin, 'Bob Carr's think tank "operating as Chinese propaganda arm'", *The Australian*, 9 September 2016.

34 Martin, 'Bob Carr's think tank "operating as Chinese propaganda arm'".

35 Knott and Aston, 'Don't become "propaganda vehicles" for China: Universities warned over donations'.

36 John Fitzgerald, 'Accommodating China's interests in Australia business as usual', *The Australian*, 2 September 2016.

37 Hagar Cohen, 'Australian universities the latest battleground in Chinese soft power offensive', *Background Briefing*, ABC Radio, 14 October 2016.

38 Quoted by Knott and Aston, 'Don't become "propaganda vehicles" for China'.

39 Anon., 'Dim Sam won't stop Wong show', The Australian, 9 September 2016.

40 Kelsey Monroe, 'Sam Dastyari donor steps down from university's China centre over "supposed Chinese influence'", *The Sydney Morning Herald*, 22 September 2016.

41 Riordan, 'Sam Dastyari-linked political donor resigns from Bob Carr institute after major review'.

42 <www.australiachinarelations.org/about-us>.

43 <www.uts.edu.au/staff/leo-mian.liu>.

44 〈澳洲和统会组织其青委会与澳大利亚政要座谈〉，澳洲中国和平统一促进会。這表示澳中關係研究院的管理方式或許像孔子學院一樣，有一位「外國院長」和一位「中國院長」。外國院長是對外的代表，中國院長則是地下掌權者（<english.hanban.org/node_7877.htm>）。

45 Interview with Alex Joske, 25 September 2017.

46 〈澳洲和统会组织其青委会与澳大利亚政要座谈〉。

47 〈澳洲和统会组织其青委会与澳大利亚政要座谈〉。

48 〈北外澳大利亚校友会在悉尼成立〉，《人民网》，2017/04/02。

49 林雪丹、刘军国、冯雪珺、索泓依、王天乐、李博雅、鲍捷、谢亚宏、韩晓明，〈中国阅兵赢得来自世界各个角落的点赞〉，《人民网》，2015/09/03。

50 Interview with Elena Collinson, senior project and research officer at ACRI, 17 July 2017.

51 Emailed response to questions from the author, 1 September 2017.

52 <www.alumni.uts.edu.au/news/tower/issue-11/the-new-silk-road>.

53 Emailed response to questions from the author, 1 September 2017.

54 Anon., 'Former Australian FM hails new level in Sino-Australian ties', *China Daily*, 19 November 2014.

55 Anon., 'China-Australia relations', *Global Times*, 10 December 2016.

56 马小龙，〈澳前外长鲍勃‧卡尔：澳中关系会越来越紧密〉，《人民网》，
2015/01/02。

57 马小龙，〈澳前外长鲍勃‧卡尔：澳中关系会越来越紧密〉。

58 马小龙，〈澳前外长鲍勃‧卡尔：澳中关系会越来越紧密〉。

59 Bob Carr, 'Why Australia is missing the strategic train in Asia', *Australian Financial Review*, 14 September 2017.

60 鲍捷，〈澳前外长鲍勃‧卡尔谈澳中关系【2】〉，《人民网》，2014/07/29。ml>.

61 Bob Carr, 'Australia, China, and the lunacy of Trump's talk of trade war', *The Guardian*, 26 November 2016.

62 James Laurenceson, 'China isn't Australia's biggest trade problem: It's the US', *The Sydney Morning Herald*, 30 November 2016.

63 Primrose Riordan, 'Australia "slaughtered" without Beijing links under Trump, Huang Xiangmo warns', *Australian Financial Review*, 12 December 2016.
＊黄向墨，〈澳大利亚不要成为特朗普的"肥羊"〉，玉湖集团，2016/12/12。

64 盛楚宜，〈澳大利亚政要高度评价中国阅兵：中国是捍卫世界和平的中坚力量〉，《人民网》，2015/09/03。

65 Carr, *Diary of a Foreign Minister*.

66 Dylan Welch, 'Ernest Wong: Labor's go-to man for access to Chinese community', *7.30*, ABC TV, 19 September 2016.

67 Jamie Smyth, 'China's $10bn propaganda push spreads Down Under', *Financial Times*, 9 June 2016.

68 Prashanth Parameswaran, 'Beware China's political warfare campaign against US, allies: Experts', *The Diplomat*, 10 October 2015. 劉奇葆曾說：「經驗表明，中國的文化產品『賣出去』比『送出去』效果更好」，這使得中國國有文化機構想要策略性地收購西方文化企業。See further at: Anne-Marie Brady, 'China's foreign propaganda machine', Wilson Center, Washington, D.C., 26 October 2015 <www.wilsoncenter.org/article/chinas-foreign-propaganda-machine#sthash.LM2r2qad.dpuf>.
＊劉奇葆，〈大力推動中華文化走向世界〉，《海外網》，2014/07/02。

69 John Fitzgerald and Wanning Sun, 'Australian media deals are a victory for Chinese propaganda', *The Interpreter*, Lowy Institute, 31 May 2016.

70 Brady, 'China's Foreign Propaganda Machine'.

71 John Fitzgerald quoted in Smith, 'China's $10bn propaganda push spreads Down Under'.

72 Philip Wen, 'China's propaganda arms push soft power in Australian media deals',

The Sydney Morning Herald, 31 May 2016.

73 Fitzgerald and Sun, 'Australian media deals are a victory for Chinese propaganda'.

74 <www.scio.gov.cn/zxbd/wz/Document/1456644/1456644.htm>.
   ＊〈孫志軍會見悉尼科大澳中關系研究院院長鮑勃・卡爾〉，《新華網》，
   2015/11/25。

75 Anon., 'China tells journalists to learn "Marxist news values"', *Reuters*, 30 August 2014.
   ＊〈中國記協章程〉，《中國記協網》，2007/01/17。

76 Ross Gittins, 'Australia and China, a partnership facing massive change', *The Sydney Morning Herald*, 20 August 2016; Ross Gittins, 'Australia not part of China's Silk Road expansion of trade, for now', *The Sydney Morning Herald*, 31 July 2016; <www.rossgittins.com/2016/08/fast-moving-china-is-big-and-bold-we.html>; Ross Gittins, 'China will keep doing its own thing', *The Sydney Morning Herald*, 30 July 2016.

77 Andrew Clark, 'China: It's got so big it changes everything', *Australian Financial Review*, 15 August 2016; Andrew Clark, 'Australia will be buffeted as China makes a priority of looking after its own', *Australian Financial Review*, 21 July 2016; Andrew Clark, 'China and Australia's complicated security arrangement', *Australian Financial Review*, 25 August 2016; Andrew Clark, 'Xi Jinping's balancing act between the old and the new economy', *Australian Financial Review*, 30 July 2016.

78 Simon Denyer, 'Money can't buy happiness: Why a massive rise in wealth left Chinese people less happy', *Washington Post*, 23 March 2017.

79 Brian Toohey, 'A better way of going to war', *Australian Financial Review*, 21 July 2016. See also: Brian Toohey, 'China's private sector investing heavily in R&D', *Australian Financial Review*, 1 August 2016; Brian Toohey, 'Xi's technocratic crackdown risks China's growth', *Australian Financial Review*, 8 August 2016; Brian Toohey, 'Why suddenly so anxious about foreign capital?', *Australian Financial Review*, 22 August 2016; Brian Toohey, 'Ignore all the fearmongering on Beijing ties', *Australian Financial Review*, 6 September 2016; Brian Toohey, 'Ausgrid denies provision of "critical" service', *Australian Financial Review*, 15 August 2016; Brian Toohey, 'Ausgrid rejection displays disturbing ignorance', *Australian Finaancial Review*, 15 August 2016.

80 Glenda Korporaal, 'China warns Australia not to join US patrols in South China Sea', *The Australian*, 19 July 2016; Glenda Korporaal, 'Let's tread carefully on South China Sea ruling', *The Australian*, 27 July 2016; Glenda Korporaal, 'Bob Carr warns on alienating China over South China Sea patrols', *The Australian*, 26 July 2016.

81 Shane Wright, 'China warms on islands row', *The West Australian*, 20 July 2016.

82 〈访华印象：澳大利亚记者为啥感慨"超乎想象"〉,《中国记协网》,2016/08/11。

83 John Wallace, 'What's good for Rupert Murdoch should be good for Chau Chak Wing', *Australian Financial Review*, 8 August 2017.

84 Malcolm Farr, 'Bob Carr's backroom manouevering ends Chinese nightmare for Sydney academic', *News.com.au*, 3 April 2017; Troy Bramston, 'Megaphone diplomacy with China will always fail: Bob Carr', *The Australian*, 7 April 2017.

85 <soundcloud.com/user-340830825/feng-chongyi-research-is-not-a-dinnerparty>.

86 一位澳廣記者在推特上發文講到馮崇義的訪談，讓卡爾憤憤不平，竟有人說他宣稱馮氏是因為他才獲釋。他不僅要求對方道歉，也向澳廣新聞部主任投訴。

CHAPTER 6 │ 貿易、投資、控制

1 Chinese political scientist Xie Guijua in 'THAAD can be halted under Moon govt', *Global Times*, 21 May 2017.

2 <data.worldbank.org/indicator/NE.EXP.GNFS.ZS>.

3 <fred.stlouisfed.org/series/B020RE1Q156NBEA>.

4 <TIN-How-dependent-are-Australian-exports-to-China.pdf>.

5 <TIN-How-dependent-are-Australian-exports-to-China.pdf>.

6 Rory Medcalf (ed.), 'China's economic leverage: Perception and reality', National Security College, ANU, Policy Options Paper no. 2, 2017.

7 <dfat.gov.au/trade/agreements/chafta/official-documents/documents/chafta-chapter-9-investment.pdf>.

8 <dfat.gov.au/trade/agreements/chafta/fact-sheets/pages/key-outcomes.aspx>.

9 KPMG, *Demystifying Chinese Investment in Australia*, report by KPMG and the University of Sydney, 2017.

10 KPMG, *Demystifying Chinese Investment in Australia*.

11 Australian Tax Office, 'Register of Foreign Ownership of Agricultural Land: Report of registrations as at 30 June 2017', Australian Tax Office, Canberra, 2017.

12 Anon., 'China's agricultural challenges: Roads to be travelled', PricewaterhouseCoopers, London, November 2015.

13 Brad Thompson, 'Chinese lining up for Australian agriculture businesses: HSBC', *Australian Financial Review*, 17 December 2017.

14 以2015–16年來看，約合71億美元到162億美元（以1元澳幣折合0.79元美元計算）。大中華地區包括香港、澳門、台灣。Source: Mergermarket Infographic.

15 Glenda Korporaal, 'Find an Aussie partner, Howard tells potential Chinese investors',

The Australian, 17 March 2017. 官媒新華社迅速地報導了霍華德的呼籲：<news.xinhuanet.com/english/2017-03/17/c_136135799.htm>.

16 Peter Drysdale, 'Chinese state-owned enterprise investment in Australia', *East Asia Forum*, 25 August 2014.

17 Linda Jakobson and Andrew Parker, 'High time for proper debate on Chinese investment', *The Australian*, 25 February 2016. 他們加上一句：「與黨有聯繫，就能整合成為中國社會運作方式的一部分。」

18 See <chinamatters.org.au/our-supporters/>.

19 Geoff Wade, 'Chinese investment in Australia needs closer scrutiny', *The Australian*, 9 March 2016.

20 Greg Levesque, 'China's evolving economic statecraft', *The Diplomat*, 12 April 2017.

21 即便如此，James Reilly 仍然試圖主張——在他舖陳一些細節，顯示中國如何具有獨一無二的能耐，可以利用任何其他國家都不具備的工具來施加經濟脅迫之後——中國政府的經濟手段缺乏連貫性，澳洲沒什麼好擔心（James Reilly, 'China's economic statecraft: Turning wealth into power', Lowy Institute, undated）。
＊国平，〈激发国企发展壮大的党建力量〉，《中国网》，2016/10/12。

22 Drysdale, 'Chinese state-owned enterprise investment in Australia'.

23 Yi-Zheng Lian, 'China, the party-corporate complex', *The New York Times*, 12 February 2017 (emphasis added).

24 Lu Bingyang and Teng Jing Xuan, 'Train manufacturer merges jobs of chairman, party secretary', *Caixin*, 28 November 2016.

25 Wei Yu, 'Party control in China's listed firms', School of Accountancy, The Chinese University of Hong Kong, January 2009 (unpublished) <admin.darden.virginia.edu/emUpload/uploaded2009/party_secretary(yuwei)(full_version).pdf>.

26 <www.globaltimes.cn/content/1024360.shtml>. See also Lu and Teng, 'Train manufacturer merges jobs of chairman, party secretary'.
＊〈楚序平：国企应建立统一高效纪律监督体制〉，《新浪财经》，2016/12/17。

27 Gwynne Guilford, 'Jack Ma: Mowing down demonstrators in Tiananmen Square was the "correct decision"', *Quartz*, 17 July 2013.
＊〈馬雲挺屠城　撰稿記者突辭〉，《蘋果日報》，2013/07/21　　　　。

28 保爾‧基廷相信中國沒有興趣挑戰美國霸權，但他對中國在經濟上「殖民」其西邊約五十個國家的計畫卻輕鬆看待。See Christian Edwards, 'Keating's China bank plans "economic colonisation"', *Australian Banking and Finance*, 2016.

29 John Garnaut, 'Chinese diplomats run rings around Australia', *The Sydney Morning*

Herald, 27 March 2015.

30 Quoted by Garnaut, 'Chinese diplomats run rings around Australia'.

31 John Garnaut, 'Chinese military woos big business', *The Sydney Morning Herald*, 25 May 2013.

32 Anon., 'Fact check: Does the China Free Trade Agreement threaten Australian jobs?', *ABC News Online*, 13 August 2015.

33 Primrose Riordan, 'Bob Carr's research used to justify FTA', *Australian Financial Review*, 5 September 2016.

34 Anon., 'Fact check'.

35 「澳洲一項了不起的成就」：ABC Radio National, *The World Today*, 10 November 2014. 壞主意：'Why an Australian FTA with China has never stacked up', *The Conversation*, 22 October 2013.

36 Geoff Wade, 'Visa and industrial sector traps lurk in the ChAFTA', The Drum, *ABC News Online*, 1 December 2015.

37 <dfat.gov.au/trade/agreements/chafta/official-documents/Pages/official-documents. aspx>.

38 Nick McKenzie, Richard Baker and Chris Uhlmann, 'Liberal Andrew Robb took $880k China job as soon as he left parliament', *The Age*, 6 June 2017.

39 Ian Verrender, 'Australia's FTA experience backs up Treasurer's Ausgrid decision', *ABC News Online*, 15 August 2016.

40 Peter Martin, 'Free trade agreements "preferential" and dangerous, says Productivity Commission', *The Sydney Morning Herald*, 24 June 2015.

41 Geoff Wade, 'Are we fully aware of China's ChAFTA aspirations?', The Drum, *ABC News Online*, 1 December 2015.

42 Zheping Huang, 'Chinese president Xi Jinping has vowed to lead the "new world order"', *Quartz*, 22 February 2017.
　　＊〈習近平首提"兩個引導"有深意〉,《学习中国》, 2017/02/20。

43 <www.globaltimes.cn/content/927245.shtml>.

44 Eric Lorber, 'Economic coercion, with a Chinese twist', *Foreign Policy*, 28 February 2017; Anon., 'Ralls Corp's Oregon wind farms blocked by President Obama', *Huffington Post*, 28 November 2012.

45 Sarah Danckert, 'FIRB chairman Brian Wilson suspends himself as adviser to Carlyle investment house', *The Sydney Morning Herald*, 5 October 2016.

46 中資在醫療保健的廣泛投資也值得注意。See, for example, <www.corrs.com.

au/thinking/insights/chinese-investment-in-australia-the-rooster-crows-before-sunrise-breaks-the-dawn/>.

47 Chris Uhlmann, 'Chinese investment in Australia's power grid explained', *ABC News Online*, 21 August 2016; Phillip Coorey, 'Scott Morrison says Ausgrid sale to Chinese contrary to the national interest', *Australian Financial Review*, 11 August 2016.

48 Brett Foley, Perry Williams and Prudence Ho, 'Chow Tai Fook adds Australia power firm to property, jewelry', *Bloomberg*, 16 March 2017.

49 Peter Jennings, 'Security crucial when leasing assets to foreign companies', *The Australian*, 20 October 2015.

50 Joe Kelly, 'Ausgrid: Economic "populism behind decision", says Bob Carr', *The Australian*, 12 August 2016.

51 <news.xinhuanet.com/english/2016-08/12/c_135590666.htm>.

52 Jessica Gardner, 'DUET backs $74b takeover bid from Li Ka-shing's Cheung Kong Infrastructure', *Australian Financial Review*, 16 January 2017; Eric Ng, 'Cheung Kong Infrastructure's bid for Duet faces tough scrutiny in Canberra, say analysts', *South China Morning Post*, 7 December 2016.

53 Australian Cyber Security Centre, *2017 Threat Report*, Australian Cyber Security Centre, Canberra, 2017, p. 48.

54 John Kerin, 'Chinese hackers could shut down Australian power grid, warns former spy boss David Irvine', *Australian Financial Review*, 9 March 2015.

55 <i-hls.com/archives/61652>.

56 <www.energynetworks.com.au/about-us/board-of-directors>.

57 <www.energynetworks.com.au/sites/default/files/key_concepts_report_2016.pdf>.

58 例如，招商銀行在2001–10年的董事長秦曉曾於北京任黨幹部，其姊妹並與太子黨聯姻。

59 <www.northqueenslandregister.com.au/story/3365767/nq-trade-with-china-moves-forward/>.

60 <www.tiq.qld.gov.au/chinese-delegation-explore-opportunities-with-townsville-and-north-queensland/>.

61 <rajcairnsreport.wordpress.com/2013/03/19/another-labor-mayor-causing-problems-cox-and-hill-in-tit-for-tat-spat-townsville-bulletin-news/>.

62 Lisa Murray, 'China eyes new Sydney airport as part of "belt and road" plan', *Australian Financial Review*, 28 May 2017.

63 「將為巴基斯坦建立全國的光纖主幹，不只用於網際網路的傳輸……也用來在平

地發射無線電視台訊號，電視台將與中國媒體合作『宏揚中國文化』。」
<indianexpress.com/article/india/china-pakistan-economic-corridor-politics-security-risk-amid-sweeping-china-influence-4657511/>.

64 Anon., 'Backing Big Brother: Chinese facial recognition firms appeal to funds', *Reuters*, 13 November 2017.

65 最值得參考的資料之一，是 Geoff Wade 聚焦於澳洲的 'China's "One Belt, One Road" initiative', Parliamentary Library briefing, Canberra, 2016, <www.aph.gov.au/About_Parliament/Parliamentary_Departments/Parliamentary_Library/pubs/BriefingBook45p/ChinasRoad>.

66 <www.youtube.com/watch?v=3W_vp3FKdIg>.

67 Ou Xiaoli, 'Laying the foundations for China's "One Belt, One Road"', *South China Morning Post*, 25 November 2015.

68 Wendy Wu, 'How the Communist Party controls China's state-owned industrial titans', *South China Morning Post*, 17 June 2017.
＊肖亚庆，〈深化国企国资改革　做强做优做大国有企业〉,《学习时报》，2017/06/16。

69 Christopher K. Johnson, 'President Xi Jinping's "Belt and Road" initiative: A practical assessment of the Chinese Communist Party's roadmap for China's global resurgence', Center for Strategic and International Studies, Washington, D.C., March 2016.

70 Anon., 'China offers wisdom in global governance', Xinhuanet, 6 October 2017.

71 Ben Blanchard and Elizabeth Piper, 'China invites Britain to attend new Silk Road summit: Sources', *Reuters*, 8 February 2017. 彭博社注意到亞投行「對習主席非常重要，因為他希望可以在全球事務上發出更有分量的聲音並強化與鄰國的經濟整合」（<www.bloomberg.com/news/articles/2016-06-24/china-led-aiib-announces-first-loans-in-xi-push-for-influence>）。

72 Wade, 'China's "One Belt, One Road" initiative'.

73 Wade Shepard, 'China's "New Silk Road" is derailed in Sri Lanka by political chaos and violent protests', *Forbes*, 21 February 2017.

74 Jessica Meyers, 'Sri Lankans who once embraced Chinese investment are now wary of Chinese domination', *Los Angeles Times*, 25 February 2017.

75 Bharatha Mallawarachi, 'Sri Lanka, China sign long-delayed $1.5 billion port deal', *Washington Post*, 29 July 2017.

76 Brahma Chellaney in <www.japantimes.co.jp/opinion/2015/03/09/commentary/

·world-commentary/the-silk-glove-for-chinas-iron-fist/#.WK0icBF0VhA>.

77 Michael Fumento, 'As the U.S. sleeps, China conquers Latin America', *Forbes*, 15 October 2015.

78 Andrea Ghiselli, 'The Belt, the Road and the PLA', *China Brief*, The Jamestown Foundation, vol. 15, no. 20, 19 October 2015.

79 Ghiselli, 'The Belt, the Road and the PLA'.

80 Andrew Erickson and Conor Kennedy, 'China's maritime militia', CNA Corporation, 7 March 2016.

81 Anon., 'Pentagon says China's PLA expanding its global footprint', *The Economic Times*, 13 June 2017 <economictimes.indiatimes.com/news/international/world-news/pentagon-says-chinas-pla-expanding-its-global-footprint/articleshow/59119655.cms>.

82 Geoff Wade, 'Landbridge, Darwin and the PRC', *The Strategist*, Australian Strategic Policy Institute, 9 November 2015.

83 Ghiselli, 'The Belt, the Road and the PLA'.

84 Michael Sainsbury, 'Australia stuck in the middle of China's latest attempt at "empire-building"', *Crikey*, 15 May 2017.

85 〈習近平在澳聯邦議會演講：携手追尋中澳發展夢想　并肩實現地區繁榮穩定〉，《新華網》，2014/11/17。

86 <news.xinhuanet.com/english/2015-11/16/c_134822370.htm>.
   ＊李建敏，〈習近平會見澳大利亞總理特恩布爾〉，《新華網》，2015/11/16。

87 趙博、徐海靜，〈第二次中澳戰略經濟對話在澳舉行〉，《新華社》，2015/08/13。

88 <au.china-embassy.org/eng/gdxw/t1289130.htm>.
   ＊〈駐澳大利亞大使馬朝旭在"一帶一路"學術論壇上的致辭〉，中華人民共和國駐澳大利亞聯邦大使館，2015/08/16。

89 Rowan Callick, 'One Belt, One Road China advisory group launches in Melbourne', *The Australian*, 27 May 2017.

90 Callick, 'One Belt, One Road China advisory group launches in Melbourne'.

91 <ciw.anu.edu.au/events/event_details.php?id=16356>.

92 <www.china-un.ch/eng/wjyw/t1437164.htm>.

93 Rowan Callick, 'Investor certainty pledge to China', *The Australian*, 21 February 2017.

94 Primrose Riordan, 'Andrew Robb under fire for pushing China's One Belt One Road policy', *Australian Financial Review*, 31 October 2016.

95 <www.australiachinaobor.org.au>.

96 Anne-Marie Brady, 'China's foreign propaganda machine', *Journal of Democracy*, vol. 26, no. 4, October 2015, pp. 39–40.

97 Henry Cook, 'Winston Peters says western world is too hard on China over freedom issues', *Stuff*, 5 December 2017; Fran O'Sullivan, 'Winston Peters works to keep China sweet', *New Zealand Herald*, 10 December 2017.

98 <english.cntv.cn/2015/07/07/ARTI1436223299326525.shtml>.
＊〈李克強会见首届世界华侨华人工商大会全体代表〉,《人民日报》,2015/07/07。

99 岳冉冉、姚兵,〈孔子学院助推“一带一路”建设大有可为〉,《新华社》,2016/12/11。

100 鲍捷,〈澳“北部大开发”对接“一带一路”〉,《人民日报》,2016/01/10。該報導多處引述蔡源（Peter Cai）之語,此君以前任職於羅伊研究所,現在則是維珍澳洲航空執行長的顧問。目前維珍澳洲的部分股權由中國的海南航空所持有。

101 Ana Swanson, 'Chinese propagandists are using adorable kids to take on Donald Trump', *Washington Post*, 18 May 2017.

102 Zheping Huang, 'China's craziest English-language propaganda videos are made by one mysterious studio', *Quartz*, 27 October 2015.
＊柴逸扉,〈“十三五之歌”引海內外關注──走進“復興路上工作室”〉,《人民日報海外版》,2015/11/05。

103 Nadia Daly, 'One Belt One Road: NT businesses welcome Chinese investment despite reluctance over "new Silk Road"', *ABC News Online*, 8 August 2017.

104 Jamie Smyth, 'Australia rejects China push on Silk Road strategy', *Financial Times*, 22 March 2017.

CHAPTER 7 ｜ 利誘與脅迫

1 Tom Allard and John Garnaut, 'Gas boom as China signs $25bn deal', *The Sydney Morning Herald*, 9 August 2002, p. 5.

2 Anon., 'Gas contract avails ties with Australia', *People's Daily*, 17 September 2002.

3 〈RFA 专访陈用林（下）：美澳联盟松动〉,《大纪元》,2005/06/25。

4 Kelly Burke, 'Howard stands firm on Dalai Lama meeting', *The Age*, 17 May 2002.

5 Anon., 'Gas contract avails ties with Australia'.

6 John Garnaut, 'Are Chau Chak Wing's circles of influence in Australia-China ties built on hot air?', *The Sydney Morning Herald*, 16 October 2015.

7 Rory Medcalf (ed.), 'China's economic leverage: Perception and reality', Policy Options Paper no. 2, National Security College, ANU, March 2017.

8　Linda Jakobson and Andrew Parker, 'High time for a proper debate on Chinese investments', *The Australian*, 25 February 2016.

9　Geoff Wade, 'Chinese investment in Australia needs closer scrutiny', *The Australian*, 9 March 2016.

10　Linda Jakobson and Bates Gill, *China Matters: Getting it right for Australia*, Melbourne: Black Inc., 2017.

11　Stephen FitzGerald, 'Managing Australian foreign policy in a Chinese world', *The Conversation*, 17 March 2017.

12　FitzGerald, 'Managing Australian foreign policy in a Chinese world'.

13　Paul Kelly, 'Friend or foe? Our China dilemma is our biggest test', *The Australian*, 17 August 2016. Kelly 一貫以來總能第一個指出澳洲、亞洲及世界歷史上的危機、里程碑及轉捩點，他因此稱德萊斯代爾報告乃是「大膽」、「令人震驚的一擊」、「令人不安的妄想」、「需要正視」、「分水嶺」。它是完全的失敗。

14　East Asian Bureau of Economic Research and China Center for International Economic Exchanges, *Partnership for Change*, Australia–China Joint Economic Report, Canberra: ANU Press, 2016, p. 14.

15　*Partnership for Change*, p. 14.

16　*Partnership for Change*, p. 19.

17　Peter Drysdale, 'Chinese state-owned enterprise investment in Australia', *East Asia Forum*, 25 August 2014.

18　陈用林，〈澳大利亚正在沦为中国的后院〉，《纵览中国》，2016/08/31。

19　Peter Drysdale, 'Australian needs to get its act together on China, and fast', *East Asia Forum*, 7 June 2009.

20　Peter Drysdale and John Denton, 'China's influence and how to use it to Australia's advantage', *Australian Financial Review*, 3 October 2017.

21　<www.china-un.org/eng/gyzg/t555926.htm>.
　　＊叶一剑，〈前副总理曾培炎领衔成立中国高级智库〉，中华人民共和国常驻联合国代表团，2009/04/03。

22　Cheng Li and Lucy Xu, 'Chinese thinks tanks: A new "revolving door" for elite recruitment', *Brookings*, 10 February 2017.

23　Anon., 'China to introduce dual-management on think tanks', Xinhuanet, 4 May 2017.
　　＊〈关于社会智库健康发展的若干意见〉，《新华社》，2017/05/04。

24　Li and Xu, 'Chinese think tanks'.

25　*Partnership for Change*, p. 19.

26 本節得益於以下作品：Robert Blackwill and Jennifer Harris, *War by Other Means: Geoeconomics and statecraft*, Cambridge, Mass.: Belknap Press, 2016, and of William Norris, *Chinese Economic Statecraft: Commercial actors, grand strategy, and state control*, Ithaca: Cornell University Press, 2016.

27 Blackwill and Harris, *War by Other Means*, p. 129; Tone Sutterud and Elisabeth Ulven, 'Norway criticised over snub to Dalai Lama during Nobel committee visit', *The Guardian*, 7 May 2014.

28 Quoted by Blackwill and Harris, *War by Other Means*, p. 129.

29 Sewell Chan, 'Norway and China restore ties, 6 years after Nobel prize dispute', *The New York Times*, 19 December 2016.

30 Blackwill and Harris, *War by Other Means*, p. 130.

31 Grant Holloway, 'Australia snubs Dalai Lama', *CNN.com*, 16 May 2002; Daniel Flitton, 'Praise for Dalai Lama snub', *The Sydney Morning Herald*, 29 June 2012. ＊刘华新，〈促进中澳全面关系议题发言提纲〉，中华人民共和国国务院新闻办公室，2012/06/28。

32 Andrew Marszal, 'Dalai Lama criticises David Cameron for "money over morality" snub', *The Telegraph*, 23 September 2015.

33 Anon., 'Dalai Lama's visit: Botswana's President Dr Ian Khama tells China, "We are not your colony"', *The aPolitical*, 19 August 2017.

34 Quoted by Anon., 'Beijing's new weapon in economic war: Chinese tourists', *Inquirer.net*, 26 June 2017.

35 Blackwill and Harris, *War by Other Means*, p. 10.

36 James Reilly, 'China's economic statecraft: Turning wealth into power', Lowy Institute, 2013.

37 Stephen FitzGerald, 'Managing Australian foreign policy in a Chinese world', *The Conversation*, 17 March 2017.

38 Blackwill and Harris, *War by Other Means*, p. 3.

39 Quoted by Blackwill and Harris, *War by Other Means*, p. 129.

40 <www.globaltimes.cn/content/1035359.shtml>; <www.globaltimes.cn/content/1037529.shtml>.

41 與此事相關的文獻：David Josef Volodzko, 'What a jet-lagged football team says about China-Korea relations', *South China Morning Post*, 2 April 2017; Cary Huang, 'Opinion: Why China's shadow boycott of South Korea is self-defeating', *South China Morning Post*, 2 April 2017; Peter Rutherford, 'Chinese women golfers may

shun LPGA event amid China-South Korea tensions', *Reuters*, 30 March 2017.

42 Michael Holtz, 'China gets testier as South Korea advances its missile defense plans', *Christian Science Monitor*, 8 February 2017.

43 Brenda Goh and Muyu Zu, 'Playing favourites? Chinese tourism under scrutiny as Lunar New Year nears', *The Sydney Morning Herald*, 25 January, 2017.

44 Goh and Zu, 'Playing favourites?'.

45 Blackwill and Harris, *War by Other Means*, p. 109.

46 Michael Komesaroff, 'Make the foreign serve China', Center for Strategic and International Studies, paper no. 2, March 2017.

47 Blackwill and Harris, *War by Other Means*, p. 108.

48 Anders Corr and Priscilla Tacujan, 'Chinese political and economic influence in the Philippines: Implications for alliances and the South China Sea dispute', *Journal of Political Risk*, vol. 1, no. 3, July 2013.

49 Blackwill and Harris, *War by Other Means*, p. 113.

50 Corr and Tacujan, 'Chinese political and economic influence in the Philippines'.

51 Blackwill and Harris, *War by Other Means*, p. 116.

52 Martin Fackler, 'Virus infects computers in Japan's parliament', *The New York Times*, 25 October 2011; Blackwill and Harris, *War by Other Means*, p. 109.

53 Blackwill and Harris, *War by Other Means*, p. 101.

54 Goh and Zu, 'Playing favourites?'.

55 Chris Horton, 'China's attempt to punish Taiwan by throttling tourism has seriously backfired', *South China Morning Post*, 9 February 2017.

56 Horton, 'China's attempt to punish Taiwan by throttling tourism has seriously backfired'.

57 Blackwill and Harris, *War by Other Means*, p. 108.

58 Helena Smith, 'Greece blocks EU's criticism at UN of China's human rights record', *The Guardian*, 19 June 2017.

59 Nick Cumming-Bruce and Somini Senguptajune, 'In Greece, China finds an ally against human rights criticism', *The New York Times*, 19 June 2017.

60 <www.seatrade-maritime.com/news/europe/china-cosco-shipping-finally-gets-piraeus-port-majority-stake.html>.

61 Roie Yellinek, 'How can Greece pay back China?', BESA Center Perspectives Paper no. 523, 9 July 2017.

62 Anon., 'Turkey promises to eliminate anti-China media reports', *Reuters*, 3 August 2017.

63 Lindsay Murdoch, 'Beijing article warns Australia over South China Sea', *The Sydney*

Morning Herald, 2 January 2018.

64 Bob Carr, *Diary of a Foreign Minister*, Sydney: NewSouth Publishing, 2014, p. 331.

65 Patrick Hatch, 'Who really owns this 19 per cent stake in Virgin Australia?', *The Sydney Morning Herald*, 7 August 2017; David Barboza, 'A Chinese giant is on a buying spree. Who is behind it?', *The New York Times*, 9 May 2017.

66 Eryk Bagshaw and Peter Hannam, 'Pilot shortage: Chinese-owned airport in Australia looks to increase its flights by 1000%', *The Sydney Morning Herald*, 27 December 2017.

67 <www.tiq.qld.gov.au/download/business-interest/invest/trade-investment-strategy-TIQ.pdf>.

68 Sue Williams, 'Chinese dominate in tourism investment', *The Sydney Morning Herald*, 27 January 2017.

69 Karen Wales, 'Chinese dominate in tourism investment', *Colliers Radar*, Colliers International, February 2017.

CHAPTER 8 ｜ 間諜活動今昔

1 Brian Toohey, 'Enemies old and new', *Inside Story*, 2 November 2016.

2 Anon., 'China blamed after ASIO blueprints stolen in major cyber attack on Canberra HQ', *ABC News Online*, 28 May 2013.

3 Jonathan Kaiman, 'China calls Australian spy HQ plans hacking claims "groundless"', *The Guardian*, 29 May 2013.

4 Primrose Riordan and Markus Mannheim, 'ASIO's new neighbours' links to China's government', *Australian Financial Review*, 2 November 2015.

5 Kirsten Lawson, 'Failed bidders raise eyebrows at high price for Currong and Allawah flats', *Canberra Times*, 12 February 2016.

6 John Thistleton, 'Chief Minister Andrew Barr and developer Terry Shaw launch Campbell 5 units', *Canberra Times*, 21 September 2015.

7 Riordan and Mannheim, 'ASIO's new neighbours' links to China's government'.

8 Jewel Topsfield, 'Australia grants asylum to Chinese diplomat', *The Age*, 9 July 2005.
　＊陈用林，〈澳大利亚正在沦为中国的后院〉，《纵览中国》，2016/08/31。

9 Aaron Patrick, 'Australia is losing the battle against China's "citizen spies"', *Australian Financial Review*, 3–4 September 2016.

10 Bill Gertz, 'China's intelligence networks in United States include 25,000 spies', *Washington Free Beacon*, 11 July 2017.

11 Patrick, 'Australia is losing the battle against China's "citizen spies"'.

12 Patrick, 'Australia is losing the battle against China's "citizen spies"'.

13 Paul Monk, 'Chinese spies and our national interest', *Quadrant Online*, June 2012, <quadrant.org.au/magazine/2012/06/chinese-espionage-and-australia-s-national-interest/>.

14 James Jiann Hua To, *Qiaowu: Extra-territorial policies for the overseas Chinese*, Leiden: Koninklijke Brill, 2014, p. 44.

15 Andrew Greene, 'Chinese spies "very active" in Australia, departing defence secretary warns', *ABC News Online*, 12 May 2017.

16 Andrew Greene, 'Chinese spies in Australia on the rise, former diplomat Chen Yonglin says', *ABC News Online*, 20 November 2016.

17 Christopher Joye, 'Spy wars fuelled by territorial claims', *Australian Financial Review*, 28 April 2014.

18 <edition.cnn.com/2014/05/20/world/asia/china-unit-61398/>.

19 Paul Maley and Mitchell Bingemann, 'Spies feared China was hacking the NBN', *The Australian*, 28 March 2012.

20 US House of Representatives Permanent Select Committee of Intelligence, 'Investigative report on the US national security issues posed by Chinese telecommunications companies Huawei and ZTE', 8 October 2012 <intelligence. house.gov/sites/intelligence.house.gov/files/documents/huawei-zte%20 investigative%20report%20(final).pdf>.

21 布拉姆拜以維多利亞州州長的身分與華為合作，協助皇家墨爾本理工大學設立一 訓練中心。(Michael Sainsbury, 'Huawei names John Brumby, Alexander Downer board members', *The Australian*, 6 June 2011). See also Maley and Bingemann, 'Spies feared China was hacking the NBN'.

22 Sainsbury, 'Huawei names John Brumby, Alexander Downer board members'.

23 'Investigative report on the US national security issues posed by Chinese telecommunications companies Huawei and ZTE'.

24 Anon., 'The company that spooked the world', *The Economist*, 4 August 2012.

25 'Investigative report on the US national security issues posed by Chinese telecommunications companies Huawei and ZTE', pp. 13–14.

26 Evan S. Medeiros, Roger Cliff, Keith Crane and James C. Mulvenon, 'A new direction for China's defense industry', RAND Corporation, 2005 <www.rand.org/content/ dam/rand/pubs/monographs/2005/RAND_MG334.pdf>, p. 218.

27 Bill Gertz, 'Chinese telecom firm tied to spy ministry', *Washington Times*, 11 October

2011.

28 Phillip Coorey, 'ASIO not the target of my outburst, Robb explains', *The Sydney Morning Herald*, 28 March 2012.

29 Paul Osborne, 'Opposition slams NBN exclusion of Huawei', *The Australian*, 26 March 2012.

30 James Chessell, 'Kerry Stokes: Secrets to my China success', *Australian Financial Review*, 3 November 2012.

31 Maley and Bingemann, 'Spies feared China was hacking the NBN'.

32 Hamish McDonald and Mark Forbes, 'Downer flags China shift', *The Age*, 18 August 2004.

33 Chen Yonglin, at a press conference in a Chatswood club on the afternoon of 22 June 2005 and confirmed in correspondence with the author on 8 January 2018.

34 Peter Cai, 'Huawei "extremely disappointed" with NBN ban', *The Sydney Morning Herald*, 1 November 2013.

35 'Investigative report on the US national security issues posed by Chinese telecommunications companies Huawei and ZTE', pp. 34–5.

36 Paul Wiseman and Sadie Gurmin, 'Chinese cellphone giant ZTE to pay US almost $900M for breaking Iran sanctions', *The Mercury News*, 7 March 2017.

37 <www.zte.com.cn/global/about/press-center/news/201703ma/0307ma>.
    ＊〈中兴通讯与美国政府达成和解〉，中兴通讯，2017/03/07。

38 Allie Coyne, 'Australian MPs still scared of Huawei', *iTnews*, 17 October 2016.

39 Christopher Joye and Aaron Patrick, 'Chinese spies may have read all MPs emails for a year', *Australian Financial Review*, 28 April 2014.

40 Chris Johnson and Chris Wilson, 'Ex-ASIO director helped Raiders', *The Canberra Times*, 31 March 2012.

41 Chris Wilson, 'Huawei is the real deal for Raiders', *The Sydney Morning Herald*, 31 March 2012. 華為亦曾與首都特區的野馬隊商談。記者問橄欖球聯盟執行長：「突襲者隊是不是華為在政治上的棋子，藉以遊說聯邦政府？」他強調：「當然不是。」他對華為的動機非常了解，所以又加上一句：「以他（理查遜）的安全情報組織背景而言，這和是否拉到贊助商完全全沒有關係。我可以理解有人會這樣問，但當然不是。」

42 Ray Shaw, 'Huawei and Canberra Raiders winning partnership', *iTWire Newsletter*, 29 March 2017.

43 'Investigative report on the US national security issues posed by Chinese

telecommunications companies Huawei and ZTE', p. 2.

44 Ben Grubb, 'Telcos could face Huawei ban, Malcolm Turnbull confirms', *The Sydney Morning Herald*, 27 July 2015.

45 See anon., 'The company that spooked the world', and Medeiros, Cliff, Crane and Mulvenon, 'A new direction for China's defense industry', p. 218.

46 Peter Simpson, 'Huawei devices dropped amid security concerns', *South China Morning Post*, 14 January 2014. 本消息原載於英國某週日報紙。不過，英國仍允許華為給英國電信提供設備。

47 <e.huawei.com/mediafiles/MediaFiles/5/E/7/%7B5E763722-D55C-4813-A6A7-58079BC5C82A%7DState%20Grid%20of%20China%20Powers%20Up%20with%20Huawei%20Storage%20Solution.pdf>.

48 'Investigative report on the US national security issues posed by Chinese telecommunications companies Huawei and ZTE', p. 3.

49 Geoff Wade, 'The State Grid Corporation of China: Its Australian engagement and military links', *The Interpreter*, Lowy Institute, 17 December 2015 <www.lowyinstitute.org/the-interpreter/state-grid-corporation-chinaits-australian-engagement-and-military-links>.

50 Greg Sheridan, 'A questionable risk to security—Huawei an extraordinary creation', *The Australian*, 18 May 2013.

51 Greg Sheridan, 'Turnbull government carefully tackles Chinese interference', *The Australian*, 17 June 2017.

52 Juro Osawa, 'AT&T deal collapse forces Huawei to rethink global plans', *The Information*, 9 January 2018.

53 As told to the author by one who heard it from Credlin.

54 Simon Benson, 'Tony Abbott says China visit is most important trip by Australian Prime Minister', *News.com.au*, 10 April 2014.

55 Nigel Inkster, 'China's draft intelligence law', International Institute for Strategic Studies, blog, 26 May 2017 <www.iiss.org/en/iiss%20voices/blogsections/iiss-voices-2017-adeb/may-8636/chinas-draft-intelligence-law-5b2e>.

56 John Schindler, 'The unpleasant truth about Chinese espionage', *The Observer*, 22 April 2016.

57 Nate Thayer, 'How the Chinese recruit American journalists as spies', *Asia Sentinel*, 4 July 2017.

58 Brandi Buchman, 'Bond revoked for ex-CIA agent charged with spying for China',

Courthouse News, 10 July 2017.

59 Philip Dorling, 'China spies on top ALP figures', *The Canberra Times*, 11 July 2008.

60 Richard Baker, Philip Dorling and Nick McKenzie, 'Defence leaks dirt file on own minister', *The Sydney Morning Herald*, 26 March 2009. Liu was also a member of the ACPPRC.

61 Richard Baker and Philip Dorling, 'Defence "rejected" minister spy link concerns', *The Sydney Morning Herald*, 7 May 2009.

62 Richard Baker and Philip Dorling, 'Minister snared in row', *The Sydney Morning Herald*, 27 March 2009.

63 Richard Baker, Philip Dorling and Nick McKenzie, 'ALP donor Helen Liu had close ties with a senior Chinese military intelligence operative', *The Sydney Morning Herald*, 12 June 2017.

64 Baker and Dorling, 'Defence "rejected" minister spy link concerns'.

65 Richard Baker, Philip Dorling and Nick McKenzie, 'Secrets and lies', *The Sydney Morning Herald*, 20 April 2013.

66 Baker and Dorling, 'Minister snared in row'.

67 Richard Baker, Philip Dorling and Nick McKenzie, 'Secret payments to Labor MP listed in Liu files', *The Sydney Morning Herald*, 3 February 2010.

68 Richard Baker, Philip Dorling and Nick McKenzie, 'Immigration probes Helen Liu marriage', *The Sydney Morning Herald*, 18 September 2013.

69 Baker, Dorling and McKenzie, 'Immigration probes Helen Liu marriage'.

70 Baker, Dorling and McKenzie, 'Secrets and lies'.

71 Baker, Dorling and McKenzie, 'Secrets and lies'.

72 Alexi Mostrous and Billy Kenber, 'Fears over rise of Chinese CCTV', *The Times*, 16 September 2016.

73 <ipvm.com/reports/heres-what-really-sets-hikvision-apart>.

74 Xioa Yu, 'Is the world's biggest surveillance camera maker sending footage to China?', *VOA*, 21 November 2016; John Honovich, 'Hikvision CEO admits Hikvision China state-owned company', *IPVM*, 6 October 2016; John Honovich, 'Hikvision and the Chinese government', *IPVM*, 7 December 2016.

75 John Honovich, 'Hikvision exec simultaneously Chinese government security leader', *IPVM*, 27 April 2015; John Honovich, 'Hikvision and the China Communist Party', *IPVM*, 12 January 2016.
 ＊〈中電海康党委与海康威视党支部举办面对面谈话交流活动〉，海康威视，

2015/07/13。

76 <ipvm.com/reports/hikvision-cetc-mps>.

77 Yu, 'Is the world's biggest surveillance camera maker sending footage to China?'.

78 Interview with the author, 6 March 2017.

79 Its cameras have been hacked (<ipvm.com/reports/the-hikvision-hacking-scandal-returns>).

80 齐航，〈海康威视的出海"生意经"〉，《杭州网》，2016/01/11。

81 <ipvm.com/reports/hik-oems-dir>.

82 Interview with the author, 3 August 2017.

83 <ipvm.com/reports/hik-backdoor>.

84 <ics-cert.us-cert.gov/advisories/ICSA-17-124-01>.

85 Honovich, 'Hikvision and the China Communist Party'.

86 Chris Uhlmann, 'China blamed for "massive" cyber attack on Bureau of Meteorology', *ABC News Online*, 2 December 2015; Andrew Greene, 'Bureau of Meteorology hacked by foreign spies in massive attack, report shows', *ABC News Online*, 12 October 2016.

87 Hamish Boland-Rudder, 'Capital the top spot for weather man', *The Canberra Times*, 30 August 2013.

88 Uhlmann, 'China blamed for "massive" cyber attack on Bureau of Meteorology'.

89 Andrew Greene, 'Chinese technology on Australian supercomputer sparks security concerns', *ABC News Online*, 19 November 2016.

90 Bill Gertz, 'Military warns Chinese computer gear poses cyber spy threat', *Washington Free Beacon*, 24 October 2016.

91 Interview with the author, 15 March 2017.

92 John Lee, 'Innovation in China: More than a fast follower?', *The Diplomat*, 9 June 2016.

93 James Scott and Drew Spaniel, *China's Espionage Dynasty*, Institute for Critical Infrastructure Technology, 2016, pp. 10–11.

94 Quoted by William Hannas, James Mulvenon and Anna Puglisi, *Chinese Industrial Espionage*, London: Routledge, 2013, p. 126.
    ＊遠藤誉，《中国がシリコンバレーとつながるとき》，日経BP社：2001。

95 Richard A. Clarke, 'How China steals our secrets', *The New York Times*, 2 April 2012.

96 Erin Ailworth, 'Trial over theft of wind technology spotlights U.S.-China Tensions', *The Wall Street Journal*, 6 January 2018.

97 Scott and Spaniel, *China's Espionage Dynasty*, p. 15.

98 Scott and Spaniel, *China's Espionage Dynasty*, p. 18.

99 Andrew Fowler and Peter Cronau, 'Hacked!', *Four Corners*, ABC TV, online transcript, 29 May 2013; Anon., '"You're on your own": Codan fights back after Chinese hacking attack', *The Sydney Morning Herald*, 25 June 2015.

100 Anon., '"You're on your own": Codan fights back after Chinese hacking attack'.

101 Isaac Leung, 'Codan network hacked by Chinese', *Electronics News*, 29 May 2013.

102 Des Ball speaking to Fowler and Cronau, 'Hacked!', *Four Corners*.

103 John Schindler, 'The unpleasant truth about Chinese espionage', *The Observer*, 22 April 2016.

104 Josh Kenworthy, 'In a Midwestern cornfield, a scene of Chinese theft and espionage', *Christian Science Monitor*, 11 April 2016.

105 Schindler, 'The unpleasant truth about Chinese espionage'.

106 Schindler, 'The unpleasant truth about Chinese espionage'.

107 Anon., 'China warns women off handsome foreign spies in "Dangerous Love" comic', *ABC News Online*, 21 April 2016.

108 Alex Joske, 'Incident at university pharmacy highlights a divided Chinese community, *Woroni*, 28 August 2016.

109 Pavel Polityuk and Eric Auchard, 'Petya attack "likely cover" for malware installation in Ukraine', *iTnews*, 30 June 2017.

110 Allie Coyne, 'Australia has created a cyber warfare unit', *iTnews*, 30 June 2017.

111 <www.deakin.edu.au/research/research-news/articles/boost-for-cyber-security-collaboration>.

112 Chris Uhlmann, 'China blamed for "massive" cyber attack on Bureau of Meteorology computer', *ABC News Online*, 2 December 2015.

113 <nsclab.org/nsclab/collaboration.html>.

114 <www.deakin.edu.au/research/research-news/articles/boost-for-cyber-security-collaboration>.

115 <sinosphere.blogs.nytimes.com/2015/01/06/university-in-xian-opens-school-of-cyberengineering/>.

116 陳曉峰，〈澳大利亞迪肯大學項陽教授訪問西電〉，《西電新聞網》，2015/07/27。

117 〈熱烈祝賀我校校友、中國人民解放軍總參謀部第六十一研究所總工程師于全當選中國工程院院士〉，西安電子科技大學校友總會，2009/12/02，<xyh.xidian.edu.cn/info/1020/1890.htm>。

118 <escholarship.org/uc/item/6f26w11m#page-4>.

119 〈于全〉，北京理工大学人力资源部，<renshichu.bit.edu.cn/mxms/lyys/89142. htm>。

120 〈高新波教授〉，西安电子科技大学，<www.xidian.edu.cn/info/1020/3374.htm>。

121 许权利，〈西安电子科技大学两项成果获2016年度国家科技奖〉，《西电新闻网》，2017/01/09。

122 〈工信部威海电子信息技术综合研究中心特聘沈昌祥院士为荣誉主任、首席科学家〉，威海政府网，2016/11/10，<www.weihai.gov.cn/art/2016/11/10/art_16616_785996.html>。

123 〈"海军模范科技工作者"沈昌祥〉，《中国军网》，2016/04/21。

124 〈沈昌祥教授〉，西安电子科技大学移动互联网安全创新引智基地，<mis.xidian. edu.cn/html/team/domestic/2017/0306/20.html>。

125 杜小刚，〈迪肯大学项阳教授受聘西电长江学者讲座教授〉，《西电新闻网》，2017/04/01。

126 <www.edu-australia.org/publish/portal72/tab5536/info116240.htm>.

127 <ieeexplore.ieee.org/document/7116415/>; <ieeexplore.ieee.org/ document/7802648/>.

128 Stephen Chen, 'Top 5 most secretive and mysterious research universities in China', *South China Morning Post*, 19 April 2015.

129 Anders Corr, 'Ban official Chinese student organizations abroad', *Forbes*, 4 June 2017.

130 Scott and Spaniel, *China's Espionage Dynasty*, p. 34.

131 US Department of Justice, Federal Bureau of Investigation, 'Higher education and national security: The targeting of sensitive, proprietary and classified information on campuses of higher education', April 2011, p. 9 <www.fbi.gov/file-repository/ higher-education-national-security.pdf/view>.

132 Scott and Spaniel, *China's Espionage Dynasty*, p. 37.

CHAPTER 9 │ 「惡意內線」及科學組織

1 James Jiann Hua To, *Qiaowu: Extra-territorial policies for the overseas Chinese*, Leiden: Koninklijke Brill, 2014, p. 73ff.

2 ASIO, *ASIO Annual Report 2016–17*, ASIO, 2017.

3 ASIO, *ASIO Annual Report 2015–16*, ASIO, 2016.

4 前外交官陳用林2007年揭露，中國政府的目的經常在華人專業社團成立時扮演主導地位，以期利用這些團體來影響主流觀點。See Madalina Hubert, 'Ex-envoy details Chinese regime's overseas scheme', *The Epoch Times*, 7 June 2007 <www.theepochtimes.

com/n3/1749162-ex-envoy-details-chinese-regimes-overseas-scheme/>.

5 陶社兰，〈裴援平与悉尼侨界座谈　赞华侨华人贡献〉，中国国务院侨务办公室，
2017/03/24。

6 北笑笑，〈国侨办裴援平主任与悉尼华人专家学者座谈会在悉尼成功举办──祖
国正在用"妈妈式服务"欢迎你们〉，《塔州中文网》，2017/03/24。

7 张建，〈国侨办主任：五大方面推动"万侨创新行动"〉，《新华社》，2016/09/05。

8 Scott Harold, 'The U.S.-China cyber agreement: A good first step', *The Cypher Brief*,
31 July 2016.

9 To, *Qiaowu*, p. 43.

10 To, *Qiaowu*, pp. 43–4.

11 James Scott and Drew Spaniel, *China's Espionage Dynasty*, Institute for Critical
Infrastructure Technology, 2016, pp. 10–11.

12 Joshua Philipp, 'Rash of Chinese spy cases shows a silent national emergency', *The
Epoch Times*, 25 April 2016.

13 ASIO, *ASIO Annual Report 2016–17*, ASIO, 2017, p. 5. See also ASIO, *ASIO Annual
Report 2015–16*, ASIO, 2016, pp. 25–6.

14 單是2016年4月就有四起案例曝光。See Philipp, 'Rash of Chinese spy cases shows
a silent national emergency'.

15 Michael Riley and Ashlee Vance, 'Inside the Chinese boom in corporate espionage',
Bloomberg, 16 March 2012.

16 US Department of Justice, 'Michigan man sentenced 48 months for attempting to
spy for the People's Republic of China', media release, 21 January 2011.

17 Anon., 'China tops spy list: CSIS', *The Star*, 30 April 2007.

18 Anon., 'China tops spy list'.

19 Anon., 'Beijing rejects claims Canadian engineer is Chinese spy', *ABC News Online*,
2 December 2013.

20 Haiyan Dong, Yu Gao, Patrick J. Sinko, Zaisheng Wu, Jianguo Xu and Lee Jia, 'The
nanotechnology race between China and USA', *Materials Today*, 12 April 2016.

21 Jason Pan, 'Prosecutors charge five with nanotechnology theft', *Taipei Times*, 28 July
2016.
＊黃建華，〈叛將竊密赴中　新芳奈米遭侵權26億〉，《自由時報》，2016/07/28。

22 Daniel Golden, *Spy Schools: How the CIA, FBI, and Foreign Intelligence secretly exploit
America's universities*, New York: Henry Holt, 2017, p. 17.

23 William Hannas, James Mulvenon and Anna Puglisi, *Chinese Industrial Espionage*,

London: Routledge, 2013, Chapter 5.

24 Hannas, Mulvenon and Puglisi, *Chinese Industrial Espionage*, pp. 122–3.

25 2017年2月1日與陳用林訪談。陳氏說，有些科學家將資料送給中華人民共和國之後，得到極高獎金（而澳洲稅務局並不知情）。

26 To, *Qiaowu*, pp. 45–6.

27 Interview with Chen Yonglin, 1 February 2017.

28 澳中國際人才交流協會的董事總經理是高桂霞（Guixia Gao）女士。

29 Hannas, Mulvenon and Puglisi, *Chinese Industrial Espionage*, pp. 78–80.

30 Hannas, Mulvenon and Puglisi, *Chinese Industrial Espionage*, p. 96.

31 For the case of Noshir Gowadia see <web.archive.org/web/20070523175209/>; <honolulu.fbi.gov/dojpressrel/pressrel06/defensesecrets110906.htm>; and <www.justice.gov/opa/pr/hawaii-man-sentenced-32-years-prison-providing-defense-information-and-services-people-s>.

32 Hannas, Mulvenon and Puglisi, *Chinese Industrial Espionage*, pp. 79–80.

33 〈外专局局长张建国一行访问新西兰和澳大利亚〉，中国政府网，2016/12/01。

34 Hannas, Mulvenon and Puglisi, *Chinese Industrial Espionage*, p. 110.

35 Hannas, Mulvenon and Puglisi, *Chinese Industrial Espionage*, p. 114.

36 <www.focsa.org.au/aboutus.html>.

37 李景卫，〈全澳华人专家学者联合会成立〉，《人民网》，2004/10/11。

38 张彦春，〈搭建中澳教育科技交流的桥梁——记全澳华人专家学者联合会〉，《神州学人》，2009年第10期。

39 <www1.rmit.edu.au/staff/xinghuo-yu>.

40 Stephen Chen, 'Top 5 most secretive and mysterious research universities in China', *South China Morning Post*, 19 April 2015.

41 <www.wacsa.com/conference-zh/welcome/>.

42 〈黄亲国总领事出席西澳华人科学家协会2015春季讲座并做"一带一路"专题讲座〉，中华人民共和国驻珀斯总领事馆，2015/09/16。

43 <www.qcase.org.au/en/>;〈驻布里斯班总领事赵永琛出席中澳科技创新和产业化论坛〉，中华人民共和国外交部，2016/11/29;〈孙大立总领事出席昆士兰华人科学家与工程师协会年会〉，中华人民共和国驻布里斯班总领事馆，2013/02/18;<www.cnzsyz.com/aozhou/359263.html>.

44 〈孙大立总领事出席昆士兰华人科学家与工程师协会年会〉。

45 〈2011年度中华人民共和国国际科学技术合作奖〉，中华人民共和国科学技术部，2012/02/14。

46 <www.gg.gov.au/sites/default/files/files/honours/ad/ad2017/slkh83xzcb/AOFinal Media Notes.pdf>.

47〈中国侨联特聘专家逯高清：华人任英国名校校长第一人〉，中国侨联，2015/02/14，<www.chinaql.org/c/2015-12-14/485805.shtml>。

48 <news.xinhuanet.com/fortune/2010-09/14/c_12551099.htm>.

49 <www.qcase.org.au/en/professor-max-lu-was-appointed-as-president-and-vice-chancellor-of-the-university-of-surrey-the-united-kingdom-uk/>.

50〈2016–2018理事会及执委会第一次工作会议〉，堪培拉中华学社，<www.cscs.org.au/wp-content/uploads/2016/12/2016-2018-Council-Meeting-Agenda.pdf>.

51〈2016–2018理事会名单、2016–2018执委会名单〉，堪培拉中华学社，<www.cscs.org.au/wp-content/uploads/2016/12/2016-2018-Council-Name-List1.pdf>；〈Council 2002-2004〉，堪培拉中华学社，<www.cscs.org.au/?page_id=10>。

52〈堪培拉中华学社邀请参加座谈会人员名单〉，堪培拉中华学社，<www.cscs.org.au/wp-content/uploads/2017/03/CSCS_Attendee_List.pdf>.

53 Hannas, Mulvenon and Puglisi, *Chinese Industrial Espionage*, pp. 116–17.

54 李芯蕊，〈2016深圳（澳）海外高层次人才座谈会悉尼召开〉，《今日悉尼》，2016/11/14。

55〈2016深圳（澳大利亚）海外高层次人才座谈会在悉尼举行〉，《人民网》，2016/11/15。

56 <acetca.org.au/en/?dt_portfolio=professor-yi-chen-lan>.

57 <www.acpprc.org.au/english/7thtermlist.asp>.

58 Interview with the author, 3 August 2017.

59 Richard Baker and Nick McKenzie, 'Chinese's [sic] scientist absence exposed alleged spying activities at CSIRO', *The Sydney Morning Herald*, 5 December 2013.

60 Unnamed journalist quoted by AFP in email dated 10 September 2015 released under freedom of information.

61 Documents released under freedom of information.

62 <www.csiro.au/china/>; <www.csiro.au/en/About/We-are-CSIRO>.

63 <www.lksf.org/the-5th-cheung-kong-scholars-award-ceremony-held-in-beijing/>.
  ＊〈肩承科研發展重任　開啟民族智慧源泉〉，李嘉誠基金會，2003/02/20。

64 Paul Mozur and Jane Perlez, 'China bets on sensitive US start-ups, worrying the Pentagon', *The New York Times*, 22 March 2017.

65 Paul Mozur, 'Beijing wants AI to be made in China by 2030', *The New York Times*, 20 July 2017.

66 <www.csiro.au/en/News/News-releases/2017/CSIROs-Data61-strengthening-Australias-cyber-security>.

67 <people.csiro.au/w/c/Chen-Wang>.

68〈2015年湖南省优秀博士学位论文名单〉，湖南学位与研究生教育网，<xwb.hnedu.cn/chuangxin/UploadFiles_1600/201507/2015070717485119.xls>；〈"银河"之父黄柯棣：压担子、指路子、搭梯子〉，《中国广播网》，2013/09/26。

69〈当代将军　黄柯棣少将〉，黄姓之源-河南黄氏文化研究会，2011/05/26，<www.huang123.cn/show.php?pid=1010>。

70 黄柯棣、刘宝宏、黄健、曹星平、尹全军、郭刚、张琦、张传富、刘云生，2004,〈作战仿真技术综述〉，《系统仿真学报》2004(16)；〈中国系统建模与仿真技术高层论坛圆满召开〉，《全球防务网站》，2006/12/14。

71 彭春光、刘晓铖、张柯、邱晓刚，〈分布仿真实验方案的形式化描述〉，2011，《系统仿真学报》2011(5)。

72〈刘晓铖〉，百度学术，<xueshu.baidu.com/scholarID/CN-BS74SKWJ>。

73 敖富江、戚宗锋、陈彬、黄柯棣，2009,〈数据流挖掘技术及其在仿真中的应用〉，《计算机科学》36(3): 116–118；陳彬、鞠儒生、蔣召錦、黃柯棣，2009,〈一種基於Web的作戰模擬態勢顯示方法〉，《系統仿真學報》24: 7934–7938；杨伦、陈彬、黄健、黄柯棣，2007,〈作战仿真中通用二维态势显示系统研究〉，《兵工自动化》26(12): 37–38；张鹏、陈彬、孟荣清、张烙兵、邱晓刚，2015,〈面向应急管理计算实验的模型构建和模型管理〉，《国防科技大学学报》37(3): 173–178。

74 郭刚、陈彬、邱晓刚，2011,〈平行系统的人工环境构建技术〉，《系統仿真學報》2011(8): 1686–1690；杨伦、陈彬、黄健、黄柯棣，〈作战仿真中通用二维态势显示系统研究〉。

75 陈彬、邱晓刚、郭刚，2011,〈多范式人工社会建模与多智能体仿真平台框架〉，《系統仿真學報》2011(8): 1702–1707。

76 邱晓刚、胡艮胜，2016,〈面向辅助决策的平行系统思考〉，《指挥与控制学报》2(3): 230–233。

77 胡鹏、邱晓刚、孟荣清，2011,〈遥感卫星仿真综合集成环境中资源的描述〉，《计算机仿真》28(7): 4–7。

78〈历史沿革〉，中国科学院沈阳自动化研究所，<www.sia.cn/gkjj/lsyg/>。

79 <www.militarytimes.com/news/pentagon-congress/2017/06/23/scientist-gets-time-served-for-theft-of-military-documents/>.

80 檢察官稱，亟欲回去中國的龍氏答應瀋陽自動化研究所以及中國科學院，若這些機構聘用他，他就會提供偷來的飛機科技。這些機構於是聘了他，他便帶著「大

量」機密文件回到中國。龍氏在一封電子郵件中羅列在美工作經驗，最後說：「我相信我的貢獻會幫助中國將自己的飛機引擎發展得更成熟。」（<www.justice.gov/usao-ct/pr/chinese-national-admits-stealing-sensitive-military-program-documents-united-technologies>）

81 他亦於雪梨大學擔任兼任教授（<people.csiro.au/C/S/Shiping-Chen>）。

82 他在2017年6月前往中國石油大學，就區塊鏈科技進行演講（〈学术报告——区块链技术：机遇与挑战〉，中國石油大学计算机与通信工程学院，2017/06/19，<computer.upc.edu.cn/s/120/t/572/20/dc/info139484.htm>）。另外他曾參訪哈爾濱工業大學威海校區，與校長以及計算機科學與技術學院院長討論科研合作（隗海燕，〈澳大利亚CSIRO首席科学家陈世平教授来访〉，哈尔滨工业大学（威海）宣传部新闻中心，2017/06/15，<today.hitwh.edu.cn/news_show.asp?id=27444>）。

83 <ieeexplore.ieee.org.virtual.anu.edu.au/document/7983451/>; <ieeexplore.ieee.org.virtual.anu.edu.au/document/7207357/>; <ieeexplore.ieee.org.virtual.anu.edu.au/document/7557479/>.

84 〈网络与交换技术国家重点实验室学术委员会〉，北京邮电大学网络与交换技术国家重点实验室，<sklnst.bupt.edu.cn/content/content.php?p=2_8_4>。

85 〈1999年度获奖科技成果〉，北京邮电大学科学技术研究院，<kyy.bupt.edu.cn/w10013/download.download?id=413>。

86 江泓，〈陈俊亮：让信息起飞〉，<www.ixueshu.com/document/f6efe1550ca0d51e318947a18e7f9386.html>。

87 <www.csiro.au/en/News/News-releases/2016/Data61-and-Treasury-to-examine-blockchain-technology-potential>.

88 另一位共同作者是中國人民解放軍理工大學的傅穎進（Fu Yinjin）。

89 〈卢凯　国防科技大学计算机学院〉，中國計算機學會，2017/05/11，<www.ccf.org.cn/c/2017-05-11/594599.shtml>。

90 黄丹羽，〈编织科研强军梦〉，《中国青年报》，2013/08/30，06版。

CHAPTER 10 ｜ 澳洲大學裡的「思想工作」

1 John Fitzgerald, 'Academic freedom and the contemporary university: Lessons from China', *Humanities Australia*, 2017, 8, pp. 8–22.

2 John Fitzgerald, 'Academic freedom and the contemporary university'.
　＊吴晶、胡浩，〈习近平：把思想政治工作贯穿教育教学全过程〉，新华社，2016/12/08。

3 Quoted by Fitzgerald, 'Academic freedom and the contemporary university'.

4 Perry Link, testimony to Committee on Foreign Affairs, House of Representatives, 'Is academic freedom threatened by China's influence on US universities?', Washington, D.C.: US Government Printing Office, 4 December 2014, p. 3.
　　＊陳健民，〈高瑜揭穿甚麼是七不講的中國〉，《立場新聞》，2015/04/19。

5 Interview with the author, 10 May 2017.

6 Perry Link, testimony to Committee on Foreign Affairs, House of Representatives, 'Is academic freedom threatened by China's influence on US universities?', p. 11.

7 Interview with the author, 10 May 2017.

8 Rowan Callick, 'Traps for old players, the People's Republic of China way', *The Australian*, 9 September 2016.

9 楊絮飛，〈澳名校試題竟這样说中國！校方：毫无保留地道歉〉，《环球网》，2017/05/20。

10 Kirsty Needham, 'China's internet erupts over Monash University's drunk officials quiz question', *The Sydney Morning Herald*, 22 May 2017.

11 Primrose Riordan, 'Monash University suspends lecturer over quiz question', *The Australian*, 22 May 2017.

12 Primrose Riordan, 'Monash throws out the textbook over Chinese student complaints', *The Australian*, 30 May 2017; Riordan, 'Monash University suspends lecturer over quiz question'.

13 〈澳洲名校考題涉辱華：中國官员只有喝醉时才说真話〉，《网易新闻》，2017/05/20。

14 〈怒！Monash大学測試公然辱華！"在中国，政府官员喝醉了才会说真話！"〉，《今日悉尼》，2017/05/16。

15 <www.universitiesaustralia.edu.au/global-engagement/international-collaboration/international-links/Link-Maps/Australian-universities-formal-agreements-by-country>.

16 John Garnaut, 'Our universities are a frontline in China's ideological wars', *Australian Financial Review*, 30 August 2017.

17 Emma Reynolds, 'Tensions rise as Chinese government's influence infiltrates Aussie universities', *News.com.au*, 1 September 2017.

18 <en.people.cn/n3/2017/0811/c90000-9254290.html>.

19 Andrea Booth, 'Chinese students left fuming after Sydney uni lecturer uses contested map of China-India border', *SBS News Online*, 22 August 2017.
　　＊悉尼留学生互助会，〈气愤！悉尼大学一印度老师PPT课件竟现"分裂中国"地

　　圖！〉，《今日悉尼》，2017/08/16。

20 Rowan Callick, 'Chinese students taught to "snitch" on politically incorrect lecturers', *The Australian*, 1 September 2017.
　　＊高崧，〈中印边界争端在澳大利亚校园内爆发，中国胜！〉，《环球时报》，2017/08/22。

21 Primrose Riordan, 'Top unis admit China influence, Go8 fears backlash', *The Australian*, 23 September 2017; <sydney.edu.au/news-opinion/news/2017/09/25/university-of-sydney-engagement-with-china--statement.html>.

22 杰夫，〈""香港台湾是国家！"无视中国学生集体抗议，澳大学印裔讲师强调："我还会说1000多次"〉，《今日悉尼》，2017/08/23。

23 Primrose Riordan and Rowan Callick, 'China consulate involved in Newcastle Uni Taiwan row', *The Australian*, 28 August 2017.

24 Thomas Cushman, testimony to Committee on Foreign Affairs, House of Representatives, 'Is academic freedom threatened by China's influence on US universities?', p. 16.

25 Maev Kennedy and Tom Phillips, 'Cambridge University Press backs down over China censorship', *The Guardian*, 22 August 2017.

26 關於雪梨科技大學及中國電子科技集團的材料，我十分感謝傑夫·韋德大力相助，以及周安瀾對中文資料的詳細調查。

27 John Fitzgerald, 'China's scientists trapped', *Australian Financial Review*, 3 October 2013.

28 <rms.arc.gov.au/RMS/Report/Download/Report/a3f6be6e-33f7-4fb5-98a6-7526aaa184cf/70>.

29 <www.forbes.com/sites/anderscorr/2016/06/22/chinas-aerospace-defense-industry-sacks-us-military-technology/#49a64c595aae>.

30 <www.scmp.com/news/china/diplomacy-defence/article/2058888/j-15-fighter-jets-chinas-liaoning-aircraft-carrier-make>;〈习主席亲自体验尝试各种军事装备：登上歼15轰6K〉，《新华网》，2016/11/29。

31 〈总体介绍〉，中国航发北京航空材料研究院，<www.biam.ac.cn/tabid/87/Default.aspx>。

32 <www.bloomberg.com/research/stocks/private/person.asp?personId=273713617&privcapId=273591866>.

33 Chris Uhlmann, 'Australian Defence files to be moved out of privately owned data hub after Chinese buy-in', *ABC News Online*, 20 June 2017.

34 <www.adelaide.edu.au/directory/s.qiao>;〈我校聘任澳大利亚阿德莱德大学乔世璋教授为客座教授〉，北京化工大学党委宣传部，2014/10/20，<news.buct.edu.cn/kxyj/49393.htm>；〈科研成果〉，有机无机复合材料国家重点实验室，<www.oic.buct.edu.cn/sysgk/index.htm>。

35 <chemeng.adelaide.edu.au/qiao/members/tianyi-ma/>.

36 〈中国航空研究院授予何利民、苏正涛博导资格〉，中国航发北京航空材料研究院，2013/08/23，<www.biam.ac.cn/tabid/86/InfoID/3168/frtid/209/Default.aspx>。

37 William Hannas, James Mulvenon and Anna Puglisi, *Chinese Industrial Espionage*, London: Routledge, 2013, p. 259.

38 <www.uschamber.com/report/china's-drive-indigenous-innovation-web-industrial-policies>.

39 <tinyurl.com/y9per3ct>.

40 Fitzgerald, 'China's scientists trapped'.

41 Matthew Luce, 'A model company: CETC celebrates 10 years of civil-military integration', *China Brief*, The Jamestown Foundation, vol. 12, no. 4, 2012.

42 Danielle Cave and Brendan Thomas-Noone, 'CSIRO cooperation with Chinese defence contractor should raise questions', *The Guardian*, 3 June 2017.

43 〈集团介绍〉，中国电子科技集团公司，<web.archive.org/web/20101029184346/www.cetc.com.cn:80/Article_List.aspx?columnID=1>。

44 <jamestown.org/program/a-model-company-cetc-celebrates-10-years-of-civil-military-integration/>.

45 Luce, 'A model company'.

46 Cave and Thomas-Noone, 'CSIRO cooperation with Chinese defence contractor should raise questions'.

47 Hannas, Mulvenon and Puglisi, *Chinese Industrial Espionage*, p. 259.

48 Hannas, Mulvenon and Puglisi, *Chinese Industrial Espionage*, pp. 259–60.

49 <www.uts.edu.au/about/faculty-engineering-and-information-technology/news/joint-iet-research-centre-china>.

50 <en.yibada.com/articles/55692/20150820/chinese-researchers-hopeful-metamaterials-key-unlocking-invisible-planes.htm>.

51 Cave and Thomas-Noone, 'CSIRO cooperation with Chinese defence contractor should raise questions'.

52 Tom Igguldon, 'Australian universities accused of sharing military technology with China', *ABC News Online*, 15 December 2017.

53 <newsroom.uts.edu.au/news/2016/12/uts-launch-centre-china-promote-research-and-commercialisation>.

54 〈中国电科：举旗新型智慧城市建设〉,《中国经济网》,2016/11/17。

55 中电科新型智慧城市研究院有限公司,<www.cetccity.com/home>。

56 <www.uts.edu.au/about/faculty-engineering-and-information-technology/news/new-uts-centre-driving-big-data>.

57 <www.uts.edu.au/about/faculty-engineering-and-information-technology/news/joint-iet-research-centre-china>.

58 <www.uts.edu.au/research-and-teaching/our-research/global-big-data-technologies-centre>.

59 费士廷,〈军队人大代表：加速推进军事大数据建设发展〉,《解放军报》,2017/03/15；<ndupress.ndu.edu/Media/News/News-Article-View/Article/621113/defense-intelligence-analysis-in-the-age-of-big-data/>.

60 <web.archive.org/web/20160530101219/www.uts.edu.au/researchand-teaching/our-research/global-big-data-technologies-centre/working-us/our-partners>.

61 Aaron Patrick, 'China's citizen spies', *Australian Financial Review*, 3–4 September 2016.

62 Interview with senior officer managing university engagement, DST Group, 3 August 2017.

63 Daniel Golden, *Spy Schools: How the CIA, FBI, and Foreign Intelligence secretly exploit America's universities*, New York: Henry Holt, 2017, p. 7.

64 〈学校简介〉,西安电子科技大学,<www.xidian.edu.cn/xxgk/xxjj.htm>。

65 Edward Wong, 'University in Xi'an opens school of cyberengineering', *The New York Times*, 7 January 2015.
 ＊史俊斌,〈西安电子科技大学　开设网络与信息学院〉,《科技日报》,2015/01/05。

66 习近平,〈为建设世界科技强国而奋斗──在全国科技创新大会、两院院士大会、中国科协第九次全国代表大会上的讲话〉,新华社,2016/05/31。

67 本節其餘部分與周安瀾合寫,本節大部分研究亦是他所做的。

68 Minnie Chan, 'Xi Jinping tells Chinese defence firms to aim higher and catch up on weapons technology', *South China Morning Post*, 4 October 2017; Charlotte Gao, '3 Major Takeaways from Xi Jinping's Speech at the 19th Party Congress', *The Diplomat*, 18 October 2017.
 ＊李宣良,〈习近平：为实现党在新时代的强军目标　把人民军队全面建成世界一流军队而奋斗〉,《新华网》,2017/10/26。

69 David Lague, 'In satellite tech race, China hitched a ride from Europe', *Reuters*, 23 December 2013.

70 <link.springer.com/article/10.1007/s10291-010-0165-9>.

71 張為華與新州大學研究人員：<www.sciencedirect.com/science/article/pii/ S1874490714000020>；張為華是少將：<www.gzht.casic.cn/n1377750/n1377781/ c1802727/content.html>。

72 <eng.chinamil.com.cn/news-channels/china-military-news/2015-06/26/ content_6556886.htm>；王楠楠、王经国、张术华，〈一名国防科技工作者的赤胆 忠诚——大家眼中的王飞雪〉,《新华网》，2015/06/25。

73 <www.uscc.gov/sites/default/files/Research/Staff%20Report_China%27s%20 Alternative%20to%20GPS%20and%20Implications%20for%20the%20United%20 States.pdf>.

74 <www.sciencedirect.com/science/article/pii/S0273117712005777>; <ieeexplore.ieee. org/document/7809968/>.

75 <citeseerx.ist.psu.edu/viewdoc/download?doi=10.1.1.156.9303&rep=rep1&type=p df>; 李敏、曾祥华、聂俊伟、王飞雪，〈卫星导航系统天线阵接收机波束指向误 差分析〉,《航天电子对抗》，2013，27(5)。

76 李敏，〈卫星导航接收机数字波束形成关键技术研究〉，国防科学技术大学博士论 文，2011。

77 Clive Hamilton and Alex Joske, 'Australian universities are helping China's military surpass the United States', *The Sydney Morning Herald*, 28 October 2017.

78 〈王飞雪：科技是核心战斗力〉,《新华网》，2017/10/22。

79 Emailed responses to the author, 14 November 2017.

80 Email to the author, 25 July 2017.

81 Emailed responses to the author, 27 October 2017.

82 Conversation with Alex Joske, 8 November 2017.

83 科学技术部火炬高技术产业开发中心，<www.ctp.gov.cn/hjjh/index.shtml>；张小 军、宋聊，〈中澳科技创新合作正当其时〉，中国政府网，2017/03/24，<www.gov. cn/xinwen/2017-03/24/content_5180907.htm>。

84 Hannas, Mulvenon and Puglisi, *Chinese Industrial Espionage*.

85 Anon., 'Chinese scientist Huang Kexue jailed for trade theft', *BBC News*, 22 December 2011.

86 <www.freerepublic.com/focus/news/3229656/posts>.

87 <newsroom.unsw.edu.au/news/general/unsw-partners-china-100-million-

innovation-precinct>.

88 <www.president.unsw.edu.au/speeches/torch-gala-dinner-speech-address-professor-ian-jacobs-unsw-sydney-16-august-2016>.

89 <newsroom.unsw.edu.au/news/general/unsw-partners-china-100-million-innovation-precinct>.

90 Quoted by Hannas, Mulvenon and Puglisi, *Chinese Industrial Espionage*, p. 63.
＊中华人民共和国国务院，《国家中长期科技发展规划纲要（2006–2020年）》，
<www.most.gov.cn/kjgh/>。

91 宋聃，〈综述：中澳科技创新合作正当其时〉，新华社，2017/03/24。

92 John Ross, 'Torch precinct lights the way for UNSW innovators', *The Australian*, 7 May 2016.

93 Anders Furze and Louisa Lim, '"Faustian bargain": Defence fears over Australian university's $100m China partnership', *The Guardian*, 19 September 2017; Brian Boyle, 'Chinese partnerships are vital for universities and global research', *Australian Financial Review*, 30 October 2017.

94 Ross, 'Torch precinct lights the way for UNSW innovators'.

95 Interview with Laurie Pearcey, 2 August 2017.

96 「……我們對未來的夥伴均進行仔細的盡職調查，由專業的獨立第三方進行。調查的內容包括針對各種標準進行考量，涵蓋了企業實質受益人相關資訊，以及裁罰／管制／排除的名單，程序十分徹底，我們一定會將軍方背景納入考量。」2017年10月5日作者收到的電子郵件。10月17日，皮爾西來信稱：「本校與海外合作對象的所有研究合約均經過嚴謹的盡職調查程序，包括確保一切合約均符合《國防貿易管制法》。」

97 勞瑞‧皮爾西似乎對共產黨政權的目標抱以同情，他曾數度主張：一旦香港菁英要求民主的力道消褪，香港人便會領悟到他們的命運一直是成為中國的一部分（'Beyond the fog of tear gas, Hong Kong's future remains with China', *The Conversation*, 2 October 2014）；一帶一路倡議會挽救澳大利亞，使其免於「耀眼的孤立」（'China's Belt and Road initiative counters isolationist sentiment: Australian academics', *Xinhuanet*, 23 November 2016）；澳洲各大學必須放下小鼻子小眼睛的態度，「沿著新絲路」踏出「勇敢的第一步」（'Scholar urges bold step for Australia's higher education along new Silk Road', *Global Times*, 26 May 2015）。中國官方媒體常常宣揚他的觀點。他是新州大學孔子學院的院長。

98 這是個敏感話題，沒有人作過研究。某些大學系所及研究中心的教職員名單當中，可以輕易看出族群飛地是存在的。此處所列對學術文化可能造成的衝擊，是基於

軼事所揣測。

99 阿德雷得大學：<www.adelaide.edu.au/directory/peng.shi>；維多利亞大學：
   <www.vu.edu.au/contact-us/peng-shi>。

100〈石礎〉，福建工程学院，2016/11/02，<www.fjut.edu.cn/e3/56/c467a58198/page.
   htm>。

101〈副校长武俊峰会见著名学者石礎教授〉，哈尔滨理工大学自动化学院，<www1.
   hrbust.edu.cn/xueyuan/zidonghua/shownews.asp?id=97>。

102〈石礎〉，哈尔滨工程大学自动化学院，2016/05/30，<heuac.hrbeu.edu.
   cn/2016/0530/c1467a34057/page.htm>；〈海洋所：学术研究方向〉，哈尔滨工程大
   学自动化学院，<heuac.hrbeu.edu.cn/1540/list.htm>.

103〈海洋所：简介〉，哈尔滨工程大学自动化学院，<heuac.hrbeu.edu.cn/1478/list.
   htm>.

104〈中国成功研发DP3船舶动力定位系统　打破国外垄断〉，《科技日报》，
   2014/10/20。

105〈石礎〉，福建工程学院；<www.vu.edu.au/contact-us/peng-shi>.

106 <www.eleceng.adelaide.edu.au/Personal/cclim/research/pgstudents.html>.

107 Anon., 'A message from Confucius', The Economist, 22 October 2009.
   ＊〈扎实做好汉语国际推广工作　增进中国人民同世界人民的了解和友谊〉，《人
   民日报》，2007/04/25，第02版。

108 Omid Ghoreishi, 'Beijing uses Confucius Institutes for espionage, says Canadian
   intelligence veteran', The Epoch Times, 14 October 2014.
   ＊〈胡锦涛内部座谈会部分谈话　今天有不等于永远有〉，《阿波罗新闻网》，
   2010/02/18。

109 <english.hanban.org/node_10971.htm>.

110 David Shambaugh, 'China's propaganda system: Institutions, processes and
   efficacy', The China Journal, no. 57, January 2007.

111 James Jiann Hua To, Qiaowu: Extra-territorial policies for the overseas Chinese,
   Leiden: Koninklijke Brill, 2014, p. 146.

112 Rachelle Petersen, Outsourced to China: Confucius Institutes and soft power in
   American higher education, New York: National Association of Scholars, 2017, p. 80.

113 Anon., 'Sydney University criticised for blocking Dalai Lama visit', The Guardian,
   18 April 2013.

114 Adam Harvey, 'Uni under fire for pulling pin on Dalai Lama event', ABC News
   Online, 18 April 2013.

115 Petersen, *Outsourced to China*, p. 83.

116 Hagar Cohen, 'Australian universities the latest battleground in Chinese soft power offensive', *ABC News Online*, 14 October 2016.

117 Zhiqun Zhu, 'The undoing of China's soft power', *The Diplomat*, 8 August 2014.
＊〈第二十屆「歐洲漢學學會」雙年會事件〉，蔣經國國際學術交流基金會，2014/07/30，<www.cckf.org/zh/news/2014073001>。

118 Petersen, *Outsourced to China*.

119 Petersen, *Outsourced to China*, p. 88.

120 Ghoreishi, 'Beijing uses Confucius Institutes for espionage, says Canadian intelligence veteran'.

121 Raffy Boudjikanian, 'Local Chinese school visited by CSIS, director says', *CBC News*, 8 September 2014.

122 <pkuasc.fasic.org.au/australian-minister-of-education-the-hon-christopherpyne-visits-peking-university/>.

123 Geoff Wade, 'Confucius Institutes and Chinese soft power in Australia', Canberra: Parliamentary Library, 24 November 2014.

124 <sydney.edu.au/confucius_institute/about/profiles.shtml>.

125 <web.archive.org/web/20140301220106/confuciusinstitute.unsw.edu.au/about-us/our-people/>.

126 Wade, 'Confucius Institutes and Chinese soft power in Australia'.

127 John Fitzgerald, 'Academic freedom and the contemporary university—lessons from China', *Humanities Australia*, 2017.

128 <www.uq.edu.au/news/article/2015/12/uq-vice-chancellor-receives-confucian-award-china's-vice-premier>.

129 <english.hanban.org/node_10971.htm>.

130 <schoolsequella.det.nsw.edu.au/file/33b88803-c07c-46dc-8c43-eccfbae5f80c/1/mcc-nsw.pdf>.

131 Justin Norrie, 'Confucius says school's in, but don't mention democracy', *The Sydney Morning Herald*, 20 February 2011.

132 Michael Churchman, 'Confucius Institutes and controlling Chinese languages', *China Heritage Quarterly*, ANU, no. 26, June 2011.

133 云杉，〈文化自覚　文化自信　文化自强——对繁荣发展中国特色社会主义文化的思考（下）〉，《人民网》，2010/09/07。
＊刘云山，〈中国特色社会主义文化建设的实践探索和理论思考——在第六次中

越两党理论研讨会上的主旨报告〉,《求是》, 2010年第20期。

134 Norrie, 'Confucius says school's in, but don't mention democracy'.

135 Louisa Lim, *The People's Republic of Amnesia: Tiananmen revisited*, Oxford: Oxford University Press, 2014.

136 <www.parliament.nsw.gov.au/la/papers/DBAssets/tabledpaper/ webAttachments/27820/10,000%20%2B%20petition%20on%20Confucius%20 Classrooms.pdf>.

137 Tom Cowie, 'Theatre group raises questions about Chinese Consulate intimidating schools', *Crikey*, 23 February 2011.

138 Kelsie Munro and Hannah Francis, 'Confucius Classrooms: Chinese government agency teaching Victorian kids', *The Age*, 29 May 2016.

139 Alex Joske and Philip Wen, 'The "patriotic education" of Chinese students at Australian universities', *The Sydney Morning Herald*, 7 October 2016.

140 Angus Grigg, Lisa Murray and Primrose Riordan, 'Canberra pharmacy at front line of China's push for global influence', *Australian Financial Review*, 1 September 2016. 注：報上的文章不小心漏掉了「權力的」一詞。

141 Open letter from Geremie Barmé to ANU vice-chancellor Brian Schmidt and chancellor Gareth Evans, 15 August 2016. 注：2017年5月，William Maley教授向我證實雷希穎仍繼續在澳大讀博士。

142 Philip Wen, 'The Australian connection behind China's ultra-nationalist viral video', *The Sydney Morning Herald*, 4 August 2016.

143 Andrew Chubb, 'Are China's most extreme nationalists actually foreign stooges?', *Foreign Policy*, 26 July 2016.
　＊闫东洁,〈中国留澳博士生被评为"正能量青年"〉,《中国日报》, 2016/05/19。

144 <weibo.com/1634365454/DEOLuCkNR?from=page_1005051634365454_ profile&wvr=6>.

145 Open letter from Barmé to Schmidt and Evans.

146 Alex W. Palmer, 'The lonely crusade of China's human rights lawyers', *The New York Times Magazine*, 25 July 2017.

147 To, *Qiaowu*, p. 31.

148 To, *Qiaowu*, pp. 32–4.

149 <internationaleducation.gov.au/research/International-Student-Data/Pages/ InternationalStudentData2017.aspx>.

150 Ross Peake, 'Overseas students are good for Canberra – and vice versa', *Canberra*

注釋
Notes

Times, 4 September 2015.

151 Anon., 'Protect uni students from foreign spies, says Gareth Evans', *The Australian*, 4 October 2017.

152 Alexander Joske, Kelsey Munro and Philip Wen, 'Australia's top-ranked global university moves to lower share of Chinese students', *The Sydney Morning Herald*, 5 October 2017.

153 James To, 'Beijing's policies for managing Han and ethnic-minority Chinese communities abroad', *Journal of Current Chinese Affairs*, no. 4, 2012, pp. 183–221, 205–6.

154 To, *Qiaowu*, p. 29.

155 To, *Qiaowu*, p. 218.

156 Chang Ping, 'Chinese students studying abroad a new focus of CCP's "United Front work"', *China Change*, 9 June 2015.
＊长平，〈留学生不战而统〉，《德国之声中文网》，2015/05/20。

157 Gerry Groot, 'The expansion of the United Front under Xi Jinping', *China Story Yearbook*, Canberra: Australian Centre for China in the World, 2015.

158 James Scott and Drew Spaniel, *China's Espionage Dynasty*, Institute for Critical Infrastructure Technology, 2016, p. 34.

159 Madalina Hubert, 'Ex-envoy details Chinese regime's overseas scheme', *The Epoch Times*, 10 September 2015.

160 Hubert, 'Ex-envoy details Chinese regime's overseas scheme'.

161 Joske and Wen, 'The "patriotic education" of Chinese students at Australian universities'.

162 Guo Xiaohang於2017年一場未宣傳的會議上，「無異議」當選澳大／首都特區之學聯會長（<hmp.weixin.qq.com/s/7wYwZYtpM2X9pVTXT7GCfQ>）。

163 Matthew Robertson, 'Columbia University closes Chinese students group', *The Epoch Times*, 24 March 2015.

164 Nick McKenzie, Sashka Koloff and Anne Davies, 'Power and influence', *Four Corners*, ABC TV, 6 June 2017.

165 John Garnaut, 'Chinese spies at Sydney University', *The Sydney Morning Herald*, 21 April 2014.

166 McKenzie, Koloff and Davies, 'Power and influence', *Four Corners*. 暫居澳洲的年輕學子盧露頻在維多利亞州最高法院控告澳廣及費爾法克斯媒體，稱該集節目暗指她是——除了其他事項——中國共產黨在澳洲的間諜或代理人，該節目及後續報

419

導使得她的名譽嚴重受損。盧氏對被告提出賠償損害、賠償加重損害、禁制其繼續發表此事、損害的利息賠償、支付法律費用，以及「此類或其他庭上認為恰當的補救措施。」（Ping (Lupin) Lu Statement of Claim lodged at the Supreme Court of Victoria on 29 November 2017.）

167 McKenzie, Koloff and Davies, 'Power and influence', *Four Corners*.

168 Grigg, Murray and Riordan, 'Canberra pharmacy at front line of China's push for global influence'.

169 Chang Ping, 'Chinese students studying abroad a new focus of CCP's "United Front work"', *China Change*, 9 June 2015.

170 Central Intelligence Agency, 'China: Student informant system to expand, limiting school autonomy, free expression', Washington, D.C.: Directorate of Intelligence, 23 November 2010, <fas.org/irp/world/china/docs/cia-sis.pdf>.

171 Garnaut, 'Chinese spies at Sydney University'.

172 Alex Joske, personal communication, 30 March 2017.

173 John Horwitz, 'Chinese students in the US are using "inclusion" and "diversity" to oppose a Dalai Lama graduation speech', *Quartz*, 15 February 2017.
＊留学在UCSD，〈中国学生学者联合会关于达赖喇嘛演讲事件的声明〉，微信頁面，<t.cn/RxgNPnM>。

174 Zhang Xunchao (CSSA member and Ostar employee), 'Open letter to Woroni regarding the ANU Chinese student community', *Facebook* post, 1 September 2016.

175 Chenchen Zhang, 'The curious rise of the "white left" as a Chinese internet insult', *Open Democracy*, 11 May 2017.

176 Jim Waterson, 'The Chinese Embassy told Durham University's debating society not to let this former Miss World contestant to speak at a debate', *Buzzfeed*, 11 February 2017 <www.buzzfeed.com/jimwaterson/the-chinese-embassy-told-durham-universitys-debating-society>.

177 Committee on Foreign Affairs, House of Representatives, 'Is academic freedom threatened by China's influence on US universities?', Washington, D.C.: US Government Printing Office, 4 December 2014.

178 Chris Uhlmann, 'ASIO warned ANU of donor links to Chinese Communist party, Opposition ramps up inquiry call', *ABC News Online*, 13 June 2017.

CHAPTER 11 | 文化戰爭

1 Sue Neales, 'China's Ningbo Dairy Group looks to greener Australian pastures', *The*

Australian, 4 April 2015.

2 何蔣勇、林波，〈宁波牛奶集团一年内事故频发　法律惩罚不痛不痒〉,《中国新闻网》,2013/05/04；韩宇挺、夏裕、艾华丽,〈宁波牛奶集团鲜奶合格率仅为六成多　家庭订奶箱牛奶一半不合格牛奶中检出国家明令禁止的抗生素分解剂〉,《都市快报》,2013/02/27；张明明、韩宇挺、夏裕,〈宁波牛奶集团终于道歉了〉,《都市快报》,2013/03/01。

3 Powell Tate, 'The licence that matters: Beyond Foreign Investment Review Board approval', report by Powell Tate, 2017, p. 46.

4 Sue Neales, 'Dreams blocked as council cries over milk spilling to China', *The Australian*, 5 September 2015.

5 Sue Neales and Primrose Riordan, 'Avoid Aussie icons: FIRB boss's tips for China on investment', *The Australian*, 1 March 2017.

6 Glenda Korporaal, 'Find an Aussie partner, Howard tells potential Chinese investors', *The Australian*, 17 March 2017.

7 Powell Tate, 'The licence that matters', p. 30.

8 Powell Tate, 'The licence that matters', p. 48.

9 Dominique Schwartz, Anna Vidot and Clint Jasper, 'S Kidman and Co: Scott Morrison approves sale of cattle empire to Gina Rinehart, Chinese company', *ABC News Online*, 10 December 2016.

10 Cameron England and Tory Shepherd, 'Chinese mining magnate Sally Zou is SA Libs' largest donor as PM Malcolm Turnbull reveals his $1.75m donation', *Adelaide Now*, 2 February 2017.

11 Winmas Yu,〈中國人雪梨跑車慢駛　遊行抗議印度越境〉,*SBS*,2017/08/15；〈华人超跑车队悉尼大游行，抗议印度非法过界中国　"理性吸睛，捍卫主权，不为炫富"〉,《今日悉尼》,2017/08/15。

12 <scholarships.adelaide.edu.au/scholarship/ug/ecms/ausgold-mining-engineering-scholarship>.

13 <www.portadelaidefc.com.au/news/2016-10-26/ausgold-joins-port-as-world-program-backer>. 不僅如此，鄒莎還贊助阿德雷得聯足球俱樂部（<www.adelaideunited.com.au/article/adelaide-united-and-ausgold-join-forces-for-afc-champions-league/1r7qsivp77mwe1wowegfucy87u>）。上海中房置業的老闆，也是吉娜‧萊恩哈特的商業夥伴桂國杰，是阿德雷得港口足球俱樂部的主要贊助人（Brad Thompson, 'Kidman owner wins with AFL in Shanghai', *Australian Financial Review*, 25 October 2017）。

14 熊建,〈邹莎：在异乡为祖国奉献智慧〉,《人民日报海外版》,2011/01/28。

15 姚文,〈大中华人才发展基金在香港成功注册〉,《中国青年报》,2006/10/19。

16〈澳大利亚黄金矿业集团开矿　中澳企业合作金矿开发〉,《人民网》,2017/03/22。

17 Primrose Riordan, 'Sally Zou denies billion-dollar deal with Chinese stateowned company', *The Australian*, 17 May 2017.

18〈澳大利亚黄金矿业集团开矿　中澳企业合作金矿开发〉。

19 Anon., 'Tips and rumours: Who is Gloria and why did she take out a full page ad in The Oz?', *Crikey*, 19 March 2015.

20 <en.people.cn/n/2015/1027/c90000-8967567.html>.
＊盛楚宜,〈澳中友谊小天使演讲：期待澳中构建黄金"海上丝路"〉,《人民网》,2015/10/26。

21〈中国女孩邹帼出席澳政界活动宣讲"中澳一家亲"〉,《人民网》,2015/11/24。

22 2017年6月,工黨打算讓畢紹普漏氣,於是在聯邦議會中質詢朱莉,畢紹普榮耀基金會的事,而政府則反擊,指責工黨收受可疑的黃金貿易商周碩之金錢,甚至將他列為參議員候選人。工黨還以顏色,提出安德魯‧羅伯與中國的交易,政府則回敬以抨擊「上海山姆」鄧森以及喬爾‧菲茨吉朋。雙方猛烈交火,正顯示出兩大黨是如何受中國錢腐蝕,又為何兩黨都覺得於心有愧,因此不願嚴格約束這種情形。可以說一直到滕博爾總理在2017年12月引入新版國家安全法案這項重大措施之前,情況皆如此。(聯邦議會中的交火,見Louise Yaxley, 'Julie Bishop denies knowledge of Chinese donor setting up company bearing her name', *ABC News Online*, 14 June 2017.)

23 Sally Rose, 'FIRB Chinese real estate buyer crackdown called "racist" as Ray White urges calm', *The Sydney Morning Herald*, 26 March 2015.

24 Lucy Macken, 'Cashed-up Chinese find the sweet spot', *The Sydney Morning Herald*, 23–24 August 2014.

25 Elizabeth Redman, 'Foreigners spending $8bn a year on new housing in NSW and Victoria', *The Australian*, 24 March 2017.

26 Jackson Gothe-Snape, 'Property sector scrambling to recruit Chinese real estate agents on 457 visas', *SBS Online*, 10 April 2017.

27 Property Council of Australia, 'New report demonstrates value to the Australian economy from foreign investment in real estate', media release, 30 May 2017.

28 Sarah Martin, '"Migrant millionaires" fuel property boom', *The Australian*, 26 April 2017.

29 Martin, '"Migrant millionaires" fuel property boom'.

30 Kirsty Needham, 'Chinese police chief Wang Jun Ren jailed for buying Australian real estate with corrupt money', *The Sydney Morning Herald*, 18 March 2017; Angus

Grigg and Lisa Murray, 'Corrupt Chinese payments fund education, housing and holidays in Australia', *Australian Financial Review*, 2 March 2016.

31 Paul Maley, 'China's dodgy $1bn in property', *The Australian*, 30 January 2017.

32 Miles Godfrey, 'Foreign buyers cash out', *Daily Telegraph*, 6 February 2017.

33 Larry Schlesinger, 'Foreign investor crackdown dismissed as "farce"', *Australian Financial Review*, 11 August 2015.

34 David Pierson, 'Mega-mansions in this LA suburb used to sell to Chinese buyers in days. Now they're sitting empty for months', *Los Angeles Times*, 23 February 2017.

35 Larry Schlesinger, 'Chinese developers surge back into Melbourne', *Australian Financial Review*, 18 January 2017.

36 Anon., 'World's biggest real estate frenzy is coming to a city near you', *Bloomberg News*, 15 November 2016.

37 <writersvictoria.org.au/civicrm/event/info?id=120&reset=1>.

38 協會網站上有九篇楊東東的文章，主題為〈我在澳洲国会听习主席演讲〉等，網站說他是新州部長顧問委員會委員。楊東東其人在本書第四章討論過。
 ＊黃小虹，〈澳洲華人作家協会十年碩果耀文坛〉，澳华文学网，2016/04/25。

39 <chinavitae.com/biography/Tie_Ning%7C3506>; <en.wikipedia.org/wiki/19th_Central_Committee_of_the_Communist_Party_of_China>.

40 Yaxue Cao, 'Mo Yan, according to you—part two', *China Change*, October 2012, <chinachange.org/2012/10/23/mo-yan-according-to-you-part-two/>.

41 <www.sbs.com.au/news/article/2017/06/12/sbs-mandarin-broadcaster-may-hu-honoured-order-australia-medal>.

42 <www.aucnln.com/article_12782.htm>.
 ＊黃潮平，〈我所認識的洪紹平先生〉，澳华文学网，2010/04/08。

43 〈《墨尔本日报》黄惠元副社长拜访广州市侨办〉，广州市人民政府侨务办公室，2012/10/23，<www.gzqw.gov.cn/site6/sqqw/10/57335.shtml>；黃潮平，〈我所認識的洪紹平先生〉。

44 〈"中澳作家节"将在墨尔本举行　探讨多种文学风格〉，《中国侨网》，2016/08/11。

45 〈雷涛〉，中国作家网：中国作协会员辞典，<www.chinawriter.com.cn/zxhy/member/1907.shtml>。

46 何双，〈中澳作家节将在墨尔本举行　陕西著名作家雷涛应邀出席〉，新华社，2016/08/24。

47 李锋，〈澳大利亚举行"中澳作家节"：让文学拉近两国距离〉，《人民网》，2016/08/30。

48 李锋，〈澳大利亚举行"中澳作家节"：让文学拉近两国距离〉。

49 James Jiann Hua To, *Qiaowu: Extra-territorial policies for the overseas Chinese*, Leiden: Koninklijke Brill, 2014, p. 150.

50 <www.cccowe.org/content_pub.php?id=catw200507-8>.

51 <web.archive.org-Presbyterian Church of Aotearoa New Zealand (1).pdf>.

52 <www.achina.com.au> (screenshot saved).
  ＊张晓燕，〈中国国家主席习近平是上帝兴起的一代明君：基督教如何看待习近平主席和当今中国〉，《澳中周末报》。

53 张晓燕，〈复兴澳洲是神自己的心意〉，《国度信息日志》，<blog.ccmchurch.com.au/archives/18913/>。

54 Interview with author, 6 June 2017.

55 Hong Liu and Els van Dongen, 'China's Diaspora policies as a new mode of transnational governance', *Journal of Contemporary China*, vol. 25, no. 102, 2016.

56 Anne-Marie Brady, 'China's foreign propaganda machine', *Journal of Democracy*, vol. 26, no. 4, October 2015, pp. 51–9.

57 Email to the author from Greg Kimball, media relations manager, Australian War Memorial, 10 July 2017.

58 <news.xinhuanet.com/english/photo/2015-09/17/c_134633608_5.htm>; 徐海静、赵博，〈特写：澳大利亚首次高规格纪念华裔军人〉，《新华网》，2015/09/17。

59 <news.xinhuanet.com/english/photo/2015-09/17/c_134633608_5.htm>; 徐海静、赵博，〈特写：澳大利亚首次高规格纪念华裔军人〉。

60 Email to the author from Greg Kimball, media relations manager, Australian War Memorial, 18 July 2017.

61 Sheng Fei (ed.), *Quiet and Loyal Spirit: Commemorating Chinese Australian military service*, New Century Publications Fund, 2015.

62 感謝研究第一艦隊的歷史學家Cathy Dunn確認此事。歷史學家Shirley Fitzgerald說：「記錄中最早的華人移民是麥世英，他於1818年抵澳，在帕拉馬塔購地（<dictionaryofsydney.org/entry/chinese>）。不過，她也重複了錯誤的主張，稱「華人與澳洲東岸的接觸，幾乎可斷定是在漢朝（西元前202年—西元後220年），也可能是在尚無文字史料的更久遠之前。」

63 Howard French, 'China's textbooks twist and omit history', *The New York Times*, 6 December 2004.

64 Ian Johnson, 'China's memory manipulators', *The Guardian*, 8 June 2016.

65 中共主張擊敗日本侵略者的是解放軍，但事實上中共當年退縮不前，將絕大部分

的戰鬥留給其對手去打，即中國國民黨。

66 按David L. Levy所言，美國的科氏工業用的便是此計（'It's the real thing', *ClimateInc*, 8 September 2010）。

67 Karl Wilson, 'Exploring a shared history', *China Daily*, 11–17 December 2017. See Robert Macklin, *Dragon & Kangaroo: Australia and China's shared history from the goldfields to the present day*, Sydney: Hachette, 2017.

68 〈军歌嘹亮！澳洲华人退伍军人协会成立〉，《亿忆网》，2016/08/25；林允儿，〈"军歌嘹亮"大型文艺晚会圆满落幕〉，《东南网》，2016/08/25。

69 〈澳洲有这么一个团体他们英姿飒爽—澳洲华人退伍军人协会〉，《金海岸传媒》，2017/01/29。

70 Mao Tse-tung, 'Talks at the Yenan Forum on Literature and Art' (May 1942) in *Selected Works of Mao Tse-tung*, Peking: Foreign Languages Press, 1967.
＊毛澤東，〈在延安文藝座談會上的講話〉。

71 成威，〈澳華簡訊〉，《澳門日報》，2015/08/10。

72 Charlieli，〈克强总理，老兵向你敬礼。澳洲华人退伍军人协会〉，美篇文章，2017/04/05，<www.meipian.cn/gkpajr3>。

73 Amy Hawkins, 'KFC China is using facial recognition tech to serve customers—but are they buying it?', *The Guardian*, 11 January 2017.
＊朱文倩，〈肯德基在北京推出首家人工智能点餐厅〉，《中国日报》，2017/01/22。

74 James T. Areddy, 'One legacy of Tiananmen: China's 100 million surveillance cameras', *Wall Street Journal*, 5 June 2104.

75 Nathan Vanderklippe, 'Chinese blacklist an early glimpse of sweeping new social credit control', *The Globe and Mail*, 3 January 2018.

76 Anon., 'China invents the digital totalitarian state', *The Economist*, 17 December 2016.

77 Nathan Vanderklippe, 'Chinese blacklist an early glimpse of sweeping new social credit control', *The Globe and Mail*, 3 January 2018.
＊文濤，〈「犯罪嫌疑人」終證清白：記者劉虎的346天〉，《端傳媒》，2015/09/14。

78 <en.oxforddictionaries.com/definition/big_data>.

79 美國的科技研究人員現正發展可以保護自己的臉孔免受記錄的方式。其中一項前景看好的做法是戴上搞怪鏡框的眼鏡，用來干擾影像捕捉程式（www.theguardian.com/technology/2016/nov/03/how-funky-tortoiseshell-glasses-can-beat-facial-recognition）。

80 〈中国电科：举旗新型智慧城市建设〉，《中国经济网》，2016/11/17。

81 <en.cetc.com.cn/enzgdzkj/news/408468/index.html>.
82 <newsroom.uts.edu.au/news/2016/12/uts-launch-centre-china-promoteresearch-and-commercialisation>.
83 Sam Levin, 'Half of US adults are recorded in police facial recognition databases, study says', *The Guardian*, 18 October 2016.
84 Geoff Wade, 'Beidou: China's new satellite navigation system', post on website of the Parliamentary Library, Canberra, 26 February 2015 <www.aph.gov.au/About_Parliament/Parliamentary_Departments/Parliamentary_Library/FlagPost/2015/February/Beidou_China_new_satellite_navigation_system>.
85 Anne-Marie Brady, 'China's expanding Antarctic interests: Implications for Australia', Australian Strategic Policy Institute, Canberra, August 2017; Anne-Marie Brady, 'China's expanding Antarctic interests: Implications for New Zealand', paper presented at the conference Small States and the Changing Global Order: New Zealand Faces the Future, University of Canterbury, Christchurch, New Zealand, June 2017 <www.arts.canterbury.ac.nz/political/documents/ssanse2017_documents/Anne-Marie_Brady_policybrief.pdf>.
86 Nicola Davison, 'China eyes Antarctica's resource bounty', *China Dialogue*, 19 November 2013; Jo Chandler, 'Chinese resources chief eyes Antarctica minerals', *The Sydney Morning Herald*, 7 January 2010.
87 Brady, 'China's expanding Antarctic interests'.
88 <www.fmprc.gov.cn/mfa_eng/topics_665678/xjpzxcxesgjtldrdjcfhdadlyxxlfjjxgsfwbttpyjjdgldrhw/t1212943.shtml>.
＊〈習近平慰問中澳南極科考人員并考察中国"雪龙"号科考船〉，中华人民共和国外交部，2014/11/18。
89 感謝雪梨大學法學院的 Tim Stephens 提出這一點。
90 Brady, 'China's expanding Antarctic interests: Implications for Australia', Table 1.
91 Will Koulouris, 'Interview: Australia-China collaboration in Antarctica a shining example of great relationship', *Xinhuanet*, 15 September 2017.
92 Nengye Liu, 'How China came in from the cold to help set up Antarctica's vast new marine park', *The Conversation*, 1 November 2016 <theconversation.com/how-china-came-in-from-the-cold-to-help-set-up-antarcticas-vastnew-marine-park-67911>.
93 Nengye Liu, 'Demystifying China in Antarctica', *The Diplomat*, 9 June 2017 <thediplomat.com/2017/06/demystifying-china-in-antarctica/>.

94 David Leary, 'The future of Antarctica: Conflict or consensus?', blog post, 14 January 2016 <www.uts.edu.au/about/faculty-law/news/future-antarctica-conflict-or-consensus>.

95 曾主持澳洲南極局多年、目前仍是要角的普雷斯博士（Dr. Tony Press），他也相信中國既然是簽訂條約的一方，就必定會堅持遵守採礦的禁令（Nick Rowley, 'In Conversation on Antarctic sovereignty: full discussion', *The Conversation*, 3 July 2014 <theconversation.com/in-conversation-on-antarctic-sovereignty-full-discussion-28600>）。

96 <blogs.adelaide.edu.au/confucius/2016/10/05/china-joining-the-polar-club/>.

97 Thomas Kellogg, 'The South China Sea ruling: China's international law dilemma', *The Diplomat*, 14 July 2016 <thediplomat.com/2016/07/the-south-china-sea-ruling-chinas-international-law-dilemma/>.

98 Anon., 'China's international law problem is as wide as the sea', *The Globe and Mail*, 12 July 2016.

CHAPTER 12 │ 中國的朋友

1 Anne-Marie Brady, 'China's foreign propaganda machine', in Larry Diamond, Marc Plattner and Christopher Walker (eds), *Authoritarianism Goes Global*, Baltimore: Johns Hopkins University Press, 2016, p. 190.

2 Jiayang Fan, 'Trump, Confucius, and China's vision', *The New Yorker*, 19 May 2017.

3 Joo-Cheong Tham, 'Of aliens, money and politics: Should foreign political donations be banned?', *King's Law Journal*, 2017, vol. 28, no. 2, pp. 1–17.

4 <www.newworldencyclopedia.org/entry/Bob_Hawke>.

5 Sue Neales, 'Labor backing China bid for Kimberley land, says Barnaby Joyce', *The Australian*, 1 June 2012.

6 Anon., 'Tony Abbott says Labor "should listen to Bob Hawke" over China trade deal', *The Guardian*, 28 August 2015.

7 Bob Hawke, 'Forging an iron bond of friendship with China', *Australian Financial Review*, 19 December 2012.

8 Paul Kelly, 'Australia must heed the shift in the US-China power balance: Keating', *The Australian*, 24 December 2016.

9 Chang Ping, 'Chinese students studying abroad a new focus of CCP's "United Front work"', *China Change*, 9 June 2015.
　　＊长平，〈长平观察：留学生不战而统〉，《德国之声》，2015/05/22。

10 <www.chinafile.com/document-9-chinafile-translation#start>.
　＊〈《明鏡月刊》獨家全文刊發中共9號文件〉,《中国数字时代》,2013/09/08。

11 <www.latrobe.edu.au/news/ideas-and-society/the-hon.-paul-keating-on-our-role-in-asia-in-the-trump-era>. From minute 33.00 to minute 36.35.

12 Philip Wen, 'Chinese foreign minister Wang Yi flies off the handle on video', *The Sydney Morning Herald*, 2 June 2016.
　＊〈出訪被問人權　王毅怒颷：你沒資格〉,《蘋果日報》,2016/06/02。

13 Brady, 'China's foreign propaganda machine', p. 189.

14 Kelly, 'Australia must heed the shift in the US-China power balance'.

15 在別的場合,基廷並不會附和中共的荒唐主張,反而加以批評。然而他在談到中華人民共和國的殖民主義時,彷彿那是中性的。他說,中國以一帶一路倡議,計畫要「在中國西界到至少西歐的範圍內,經濟殖民約莫五十國。」(<www.rfigroup.com/australian-banking-and-finance/news/keatings-china-bank-plans-economic-colonisation>.)

16 Hugh White, 'China's power and the future of Australia', Annual lecture, Centre on China in the World, Australian National University, 11 April 2017 <ciw.anu.edu.au/lectures_seminars/2017.php>. 本節大部份來自：Clive Hamilton, 'China capitulationism: What's missing from Hugh White's China calculus', *policyforum.net*, 28 April 2017 <www.policyforum.net/china-capitulationism/>. 休‧懷特的回應：'We need to talk about China', *policyforum.net*, 4 May 2017 <www.policyforum.net/need-talk-china/>.

17 White, 'China's Power and the Future of Australia'.

18 Rory Medcalf (ed.), 'China's economic leverage: Perception and reality', National Security College, ANU, Policy Options Paper no. 2, 2017.

19 Jonathan Fenby, *Will China Dominate the 21st Century?*, Cambridge, U.K.: Polity Press, 2017.

20 Michael Danby, Carl Ungerer and Peter Khalil, 'No winners by appeasing China', *The Australian*, 16 September 2010.

21 White, 'China's power and the future of Australia'. See also Hugh White, *Without America: Australia in the New Asia*, Quarterly Essay, issue 68, 2017, Melbourne: Black Inc. Books. 雖然在懷特看來只有選擇中國或走向戰爭這兩種選項,卻有兩位美國戰略分析家探討了各種回應中國侵略式擴張的不同方式——見Hal Brands and Zack Cooper, 'Getting serious about strategy in the South China Sea', *Naval War College Review*, Winter 2018, vol. 71, no. 1.

22 White, *Without America*, p. 9.

23 White, *Without America*, pp. 11, 12.

24 Michael Pillsbury, *The Hundred-Year Marathon*, New York: St Martin's Griffin, 2016, Chapter 7. (《2049百年馬拉松：中國稱霸全球的秘密戰略》，林添貴譯，麥田：2015。)

25 Speaking at a forum hosted by the Australia-China Relations Institute, 'South China Sea: What next?', held at the National Library of Australia, 23 November 2016.

26 White, 'China's power and the future of Australia'.

27 White, 'China's power and the future of Australia'.

28 White, 'China's power and the future of Australia'.

29 White, *Without America*, p. 69.

30 White, 'China's power and the future of Australia'.

31 Richard Bullivant, 'Chinese defectors reveal Chinese strategy and agents in Australia', *National Observer*, Spring 2005, no. 66, pp. 43–8.

32 鮑勃‧卡爾在回憶錄中提到安德魯‧弗羅斯特這樣說中國人：「我想他們是要我們心懷謙卑。」(Bob Carr, *Diary of a Foreign Minister*, Sydney: NewSouth Publishing, 2014.)

33 Geoff Raby, 'Northern Australia takes its place on Xi Jinping's new silk road map', *Australian Financial Review*, 11 May 2016.

34 Geoff Raby, 'Xi Jinping's One Belt, One Road triumph and Australia's Sino confusion', *The Australian*, 17 May 2017.

35 2017年坎培拉的風向變了。政府開始抵抗中華人民共和國對澳洲政治及社會的干預，至少是在言辭上抵抗。芮捷銳好像也轉了方向，他在10月寫到習近平主席將權力過度集中於一身。如此過度，將使中國更不穩定，也增加了西方國家的經濟風險。Geoff Raby, 'A stronger Xi Jingping (sic) means a more brittle Chinese state', *Australian Financial Review*, 30 October 2017.

36 <www.griffith.edu.au/__data/assets/word_doc/.../Xi-JinpingMackerras-1.docx>.

37 张晓曦，〈澳大利亚学者马克林的西藏经历：那里有鲜活的文化体验〉，《中国新闻网》，2016/08/04。

38 <www.griffith.edu.au/__data/assets/word_doc/.../Xi-JinpingMackerras-1.docx>.

39 Callum Smith, 'Fears of Chinese infiltration of Australia overblown', *Global Times*, 8 June 2017.
＊高林，〈澳媒"恐华症"为何反复发作〉，《环球时报》，2017/06/05。

40 Callum Smith, 'No room for fear, greed in Sino-Australian ties', *Global Times*, 11 Au-

gust 2016.

41 Callum Smith, 'Australian hypocrisy on full view in UNCLOS case', *Global Times*, 7 September 2016.

42 Andrew Parker, 'Populist alarm skews Chinese investment debate', *The Australian*, 1 May 2017.

43 <resources.news.com.au/files/2012/09/18/1226476/658338-full-transcript-australia-in-chinas-century-conference.pdf>.

44 Interview with former associate, 4 May 2017.

45 Ben Butler, 'Seven in China media ties', *Herald Sun*, 6 May 2010.

46 Editorial, 'Australia must not get sucked into dangerous US power play', *The West Australian*, 5 November 2015.

47 Interview with former journalist, 4 May 2017.

48 Cheng Jingye, 'China seeks peaceful solution to sea dispute', *The West Australian*, 17 June 2016.

49 Merriden Varrall, 'Four Corners sees the Party-state in all the shadows', *The Reporter*, Lowy Institute, 6 June 2017.

50 2017年6月6日至7月31日，瓦拉爾博士的口氣（暫時）改變，她在《紐約時報》撰文指出，澳洲的中生不應閉門造車，校方必須處理此一「對討論與開放性的威脅」（Merriden Varrall, 'A Chinese threat to Australian openness', *The New York Times*, 31 July 2017）。

51 被囚禁的作家劉曉波亡故之後一週，梅里登·瓦拉爾卻是滿懷同情地報導了中國民族主義者的反應，他們為劉氏之死譴責西方，不怪關他的中國獄吏。她寫文章批判了西方傾瀉而出的哀思，包括華人作家與異議人士的悼念（Merriden Varrall, 'China sees the West behind Liu Xiaobo', *The Interpreter*, Lowy Institute, 18 August 2017）。瓦拉爾在另一篇文章中對羅伊研究所的某次民調做出錯誤解釋，指稱澳洲人「搞不清楚」，因為民眾在調查中表示對中國形成的軍事威脅日益感到緊張，也相信中國在經濟上對我國越來越重要，而瓦拉爾卻認為這兩者是互相矛盾的。該文旨在闡明，若是澳洲人得到更多相關資訊，他們就會對中國較不擔憂並與其親善。

52 Merriden Varrall, 'Why Australia needs a smarter China policy', *South China Morning Post*, 17 December 2017.

53 Bob Carr, 'One Chinese political donation does not a scandal make', *The Australian*, 10 June 2017.

54 Chris Uhlmann, 'Bob Carr fascinates with sins of omission on Chinese influence', *The Australian*, 12 June 2017.

55 Michael Danby, Carl Ungerer and Peter Khalil, 'No winners by appeasing China', *The Australian*, 16 September 2010.

56 Jamie Smyth, 'Australia rejects China push on Silk Road strategy', *Financial Times*, 22 March 2017.

57 East Asian Bureau of Economic Research and China Center for International Economic Exchanges, *Partnership for Change*, Australia-China Joint Economic Report, Canberra: ANU Press, 2016, p. 181.

58 *Partnership for Change*, p. 183.

59 Peter Drysdale and John Denton, 'Chinese influence and how to use it to Australia's advantage', *Australian Financial Review*, 3 October 2017.

CHAPTER 13 │ 自由的代價

1 Email correspondence, 17 April 2017.

2 Lindsay Murdoch, 'Beijing article warns Australia over South China Sea', *The Sydney Morning Herald*, 1 January 2018.
   ＊張烨，〈搅局南海加剧大利亚战略困境〉，《环球时报》，2017/12/28。

3 Grant Wyeth, 'Why has Australia shifted back to the Quad?', *The Diplomat*, 16 November 2017.

4 Philip Wen and Daniel Flitton, 'South China Sea protests to come to Melbourne', *The Age*, 21 July 2016.

譯名對照

ABC

ACIL艾倫諮詢公司 ACIL Allen Consulting

BQ澳洲 BQ Weekly

ISN國家重點實驗室（西安電子科技大學）
State Key Laboratory of Integrated
Services Networks

《2049百年馬拉松》 The Hundred-Year
Marathon: China's Secret Strategy to
Replace America as the Global Superpower

一劃

《一四二一：中國發現世界》 1421: The Year
China Discovered the World

二劃

丁海玉 Ding Haiyu

八校聯盟 Group of Eight

力拓 Rio Tinto

三劃

上海中房置業 Shanghai CRED

《上海日報》 Shanghai Daily

上海市納米科技與產業發展促進中
心 Shanghai Nanotechnology and
Promotion Center

上海社會科學院 Shanghai Academy of
Social Sciences

上海海外交流協會 Shanghai Federation of

Returned Overseas Chinese

上海國安局 Shanghai State Security Bureau

上海鵬欣集團 Shanghai Pengxin

千人計畫 Thousand Talents Plan

土登克珠 Tudeng Kezhu

大連重工集團 Dalian Heavy Industry
Group

川普，唐納 Donald Trump

四劃

中共中央宣傳部 Propaganda Department
of the Communist Party of China

中共中央統一戰線工作部 United Front
Work Department

中投海外 CIC Capital

中信集團 China International Trust
Investment Corporation

中華全國新聞工作者協會 All-China
Journalists Association

中華全國歸國華僑聯合會（僑聯） All-China
Federation of Returned Overseas Chinese

中華全球研究中心（澳洲國立大學）
Australian Centre on China in the World

中華電力 China Light and Power

中國人民政治協商會議 Chinese People's
Political Consultative Conference

中國人民解放軍國防科技大學 People's
Liberation Army National University of

Defense Science and Technology
中國人民對外友好協會（對外友協）
Chinese People's Association for
Friendship with Foreign Countries
《中國日報》China Daily
中國本色 Chineseness
中國作家協會 Chinese Writers Association
中國和平統一促進會（和統會）
China Council for the Promotion of
Peaceful National Reunification
《中國的間諜王朝》China's Espionage
Dynasty
中國科學院 Chinese Academy of Sciences
中國科學院海外創新團隊——瀋陽界面
材料研究中心 Chinese Academy of
Sciences (CAS) Overseas Innovators
Team—Shenyang Interface Materials
Research Centre
中國航空工業集團 Aviation Industry
Corporation of China (AVIC)
中國國防科技大學 National University of
Defense Technology
中國國務院僑務辦公室（國僑辦）
Overseas Chinese Affairs Office
《中國國家中長期科學和技術發展規劃綱
要（2006-2020年）》China's Medium and
Long-Term Plan for S&T Development
(2006-20)
中國國家安全部 Ministry of State Security
中國國家留學基金管理委員會 China
Scholarship Council
中國國家教育委員會 PRC National
Education Council
中國國家開發銀行 China Development

Bank
中國國家漢語國際推廣領導小組辦公室
（漢辦）PRC's Office of Chinese
Language Council International
中國國際人才交流協會 Chinese
Association for International Exchange
of Personnel
中國國際經濟交流中心 China Centre for
International Economic Exchanges
中國國際廣播電台 China Radio
International
《中國產業間諜活動》Chinese Industrial
Espionage
中國極地研究中心 Polar Research Institute
of China
中國黃金集團 China Gold Group
《中國夢：後美國時代的大國思維與戰略
定位》The China Dream: Great Power
Thinking and Strategic Posture in the Post-
American Era
中國愛地集團 China Aidi Group
《中國會統治21世紀嗎？》Will China
Dominate the 21st Century?
中國農業發展集團 China National
Agricultural Development Group
中國遠洋海運集團 China COSCO Shipping
中國電子科技集團 China Electronics
Technology Group Corporation (CETC)
中國電科新型智慧城市研究院 CETC
Research Institute on Smart Cities
中國僑網 chinaqw.com
中國鋁業 Chinalco
中國事務 China Matters
中國學生學者聯誼會 Chinese Students and

無聲的入侵：中國因素在澳洲
Silent Invasion: China's Influence in Australia

Chinese Scholars in Australia, FOCSA
吉拉德，朱莉亞 Julia Gillard
吉隆 Geelong
吉普斯蘭 Gippsland
吉滕斯，羅斯 Ross Gittons
因克斯特爾，尼格爾 Nigel Inkster
多令，菲利普 Philip Dorling
多倫多教育局 Toronto district school board
多蘭，肯 Ken Doolan
安侯建業會計師事務所 KPMG
安德利尼，傑米爾 Jamil Anderlini
安德遜，弗萊爾 Fleur Anderson
成峰高教集團 Top Education Institute
成進平（音譯）Jingping Cheng
成競業 Cheng Jingye
托馬斯—努恩，布蘭丹 Brendan Thomas-
　　Noone
朱建國 Zhu Jianguo
朱維群 Zhu Weiqun
朱黎明（音譯）Liming Zhu
朱莉・畢紹普榮耀基金會 Julie Bishop
　　Glorious Foundation
百德格瑞灣 Badgerys Creek
米恩斯，克里斯 Chris Minns
考珀羅爾，格琳達 Glenda Korporaal
芒克，保羅 Paul Monk
艾倫及安文出版社 Allen & Unwin
西太平洋銀行 Westpac
西多提，約翰 John Sidoti
西安電子科技大學 Xidian University
西草地醫院 Westmead Hospital
西雪梨大學 Western Sydney University
西澳大學 University of Western Australia
《西澳洲人報》The West Australian

西澳華人工程師協會 Western Australia
　　Chinese Engineers Association
西澳華人石油協會 Western Australia
　　Chinese Petroleum Association
西澳華人科學家協會 Western Australia
　　Chinese Scientists Association

七劃
邢運明 Xing Yunming
亨利，肯 Ken Henry
亨特山 Hunters Hill
伯伍德 Burwood
伯明翰，西蒙 Simon Birmingham
伯瑞基科連，格蕾迪絲 Gladys Berejiklian
余星火 Xinghuo Yu
克利爾瑞，菲爾 Phil Cleary
克茲，邁克爾 Machael Koziol
克萊德琳，佩塔 Peta Credlin
克爾曼，大衛 David Coleman
吳君梅 Jun Mei Wu
吳美娟（音譯）Meijuan Anna Wu
吳振洲 Wu Zhen Zhou
坎貝爾 Campbell
坎珀當 Camperdown
坎培拉突襲者 Canberra Raiders
希奧伯，斯提夫 Steve Ciobo
希爾，卡梅倫 Cameron Hill
希爾，詹妮 Jenny Hill
希爾頓 Hilton
志威集團 Zhiwei Group
《我們需要什麼：在澳大利亞抗議的故事》
　　What Do We Want: The Story of Protest in
　　Australia
杜建華 James Jiann Hua To

436

杜倫大學 Durham University
汪錚 Zheng Wang
沃克魯斯 Vaucluse
沃達豐 Vodafone
沃爾夫，馬丁 Martin Wolf
《沃羅尼》 Woroni
社會許可 social licence to operate
肖亞慶 Xiao Yaqing
芬拜，強納森 Jonathan Fenby
芮捷銳 Geoff Raby
貝克爾，理查 Richard Baker
貝格曼，梅瑞迪斯 Meredith Burgmann
貝納迪，科瑞 Cory Bernardi
貝淡寧 Daniel Bell
辛格，彼得 Peter Singer
邱維廉 William Chiu
邵頓，比爾 Bill Shorten
阿林塔能源 Alinta Energy
阿德雷得 Adelaide
阿德雷得大學 University of Adelaide
阿德雷得港口足球俱樂部 Port Adelaide
　　Football Club
沈大偉 David Shambaugh
沈昌祥 Shen Changxiang
李長春 Li Changchun
李若谷 Li Ruogu
李敏 Li Min
李肇星 Li Zhaoxing
李衛國 Li Weiguo
里瑞，大衛 David Leary
里德 Reid

八劃
亞丁灣 Gulf of Aden

亞洲太平洋新聞中心 Asia Pacific
　　Journalism Centre
亞歷山大，約翰 John Alexander
佩拉瑪塔市 City of Parramatta
冼明 Simon Henry
周安瀾 Alex Joske
周大福企業 Chow Tai Fook Enterprises
周世勤 Zhou Shiqin
周光明 Zhou Guangming
周宇雷（音譯）Yu Lei Zhou
周建 James Zhou
周溫琪（音譯）Winky Chau
周楚龍 Zhou Chulong
周碩 Simon Zhou
周澤榮 Chau Chak Wing
孟席斯，加文 Gavin Menzies
季北慈 Bates Gill
官佰全 James Kwang
宜必思 Ibis
居外網 Juwai
帕克，安德魯 Andrew Parker
帕克，詹姆斯 James Packer
帕垂克，阿龍 Aaron Patrick
帕肯遜，馬丁 Martin Parkinson
帕爾默，克里夫 Clive Palmer
建築、林業、礦業及能源工會
　　Construction, Forestry, Mining and
　　Energy Union
房地產委員會 Property Council
招商銀行 China Merchants
昆士蘭大學 University of Queensland
昆士蘭華人科學家與工程師協會
　　Queensland Chinese Association of
　　Scientists and Engineers

Key Laboratory of Cryptology
密爾本，羅斯 Ross Milbourne
張成奇 Zhang Chengqi
張為華 Zhang Weihua
張遠（音譯）York Yuan Chang
張曉宏 Zhang Xiaohong
張曉剛 John Zhang Xiaogang
張曉燕 Zhang Xiaoyan
張樹人 Anthony Chang
悉尼中國和平統一促進會 Sydney Council for the Promotion of Peaceful Reunification of China
曼恩，羅伯特 Robert Manne
曼海姆，馬庫斯 Markus Mannheim
梅卓琳 Jocelyn Chey
梅鐸，魯珀特 Rupert Murdoch
深圳（澳大利亞）海外高層次人才座談會 Shenzhen (Australia) Overseas High-Level Talent Forum
深圳華強 Shenzhen Huaqiang
深圳潮汕商會 Shenzhen Chaoshan Chamber of Commerce
移民暨國境保護部 Department of Immigration and Border Protection
移動互聯網安全111基地 National 111 Project for Mobile Internet Security
移動互聯網安全創新引智基地 Mobile Internet Security Innovation Talent Recruitment Base
《第七頻道》 Channel Seven
菲茨吉朋，喬爾 Joel Fitzgibbon
菲茨傑拉德，斯提芬 Stephen FitzGerald
萊恩哈特，吉娜 Gina Rinehart
萊特，山恩 Shane Wright

許琳 Xu Lin
逯高清 Max Lu; Lu Gaoqing
雪梨大學 University of Sydney
雪梨科技大學 University of Technology Sydney
《雪梨晨鋒報》 Sydney Morning Herald
雪梨邁爾基金會 Sidney Myer Fund
麥克斯·布倫納巧克力棒 Max Brenner chocolate
麥肯茲，尼克 Nick McKenzie
麥迪遜，薩拉 Sarah Maddison
麥健陸 James McGregor
麥德卡夫，羅利 Rory Medcalf
梁光偉 Liang Guangwei
理查遜，丹尼斯 Dennis Richardson

十二劃

溫友正 Philip Wen
傅瑩 Fu Ying
凱夫，丹尼爾 Danielle Cave
凱利，大衛 David Kelly
凱恩斯 Cairns
凱勒，克萊斯亭 Christine Keeler
凱德曼地產 Kidman estate
喜來登 Sheraton
喬世璋 Qiao Shizhang
喬伊斯，巴納拜 Barnaby Joyce
喬奇曼，邁克爾 Michael Churchman
堪培拉中華學社 Canberra Society of Chinese Scholars
塔斯馬尼亞大學 University of Tasmania
塔斯曼，阿伯爾 Abel Tasman
塔斯曼海 Tasman
彭建東 James Peng Jiandong

彭剛定 Peng Gang-Ding
彭澤忠 Jack Peng
敦特倫 Duntroon
斯托克，克瑞 Kerry Stokes
斯托納，安德魯 Andrew Stoner
斯考特，詹姆斯 James Scott
斯汪，韋恩 Wayne Swan
斯坦斯特德 Stansted
斯特瑞斯菲爾德 Strathfield
斯潘尼爾，德魯 Drew Spaniel
普利博斯克，塔妮婭 Tanya Plibersek
普格里斯，安娜 Anna Puglisi
普塞爾，比爾 Bill Purcell
普羅富莫，約翰 John Profumo
曾培炎 Zeng Peiyan
《朝鮮日報》Chosun
湖南省社會科學院國際問題研究中心
　　Hunan Academy of Social Sciences
　　International Relations Institute
湯斯維爾 Townsville
《無聲的忠魂：紀念澳洲華裔軍人》Quiet
　　and Loyal Spirit: Commemorating Chinese
　　Australian Military Service
《萬世魔星》Monty Python's Life of Brian
萬慶良 Wan Qingliang
董峰（音譯）Dong Feng
費約翰（費茨傑拉德，約翰）
　　John Fitzgerald
費晟 Sheng Fei
費爾法克斯媒體 Fairfax
道金斯，約翰 John Dawkins
達爾文港 Port of Darwin
鄒莎 Sally Zou
鄒幗 Gloria Zou

開放 glasnost
《間諜學校》Spy Schools
雅各斯，易安 Ian Jacobs
雅各布森，琳達 Linda Jakobson
雲南師範大學 Yunnan Normal University
項陽 Yang Xiang
馮客 Frank Dikötter
馮崇義 Feng Chongyi
黃，卡瑞娜 Carina Huang
黃向墨 Huang Xiangmo
黃英賢 Penny Wong
黃金海岸 Gold Coast
黃柯棣 Huang Kedi
黃國斌 Huang Guobin
黃清 Qing Quentin Huang
黃錚洪 Holly Huang
黃樂平 Leping Huang
黃鴻明 Huang Hongming
嵐橋集團 Landbridge Group
勞倫斯遜，詹姆斯 James Laurenceson
復興路上工作室 Fuxing Road Studio
葉林 Lin Ye
葉飛（音譯）Ye Fei

十三劃

傳輸電網公司 TransGrid
奧布萊恩，馬克 Mark O'brien
奧貝德，艾迪 Eddie Obeid
奧克蘭大學 University of Auckland
奧克蘭國際機場 Auckland International
　　Airport
奧利森 Aurizon
奧法雷爾，巴里 Barry O'Farrell
奧普特斯 Optus

奧瑞卡 Orica
奧德懷爾，凱麗 Kelly O'Dwyer
愛國主義教育活動 Patriotic Education
　　Campaign
愛瑪，莫里斯 Morris Iemma
新世紀出版社 New Century Publications
　　Fund
新英格蘭大學 University of New England
新南威爾斯大學 University of New South
　　Wales
新聞團 News Corp
楊東東 Yang Dongdong
楊學軍 Yang Xuejun
溫雲松 Wen Yunsong
瑞爾丹，普瑞姆羅斯 Primrose Riordan
經濟研究東亞局（澳大）East Asian Bureau
　　of Economic Research
《與時俱進的夥伴關係》*Partnership for*
　　Change
蒙納士大學 Monash University
蓋特納，伽利略 Carrillo Gantner
蓋瑞，法蘭克 Frank Gehry
裴援平 Qiu Yuanping
解放軍空軍第一航空學院 PLA Air Force
　　1st Aeronautics Institute
解放軍信息工程學院 PLA's Information
　　Engineering Academy
解放軍軍事科學院 PLA Academy of
　　Military Science
解放軍軍事電信工程學院 PLA's Military
　　Electronic Engineering Institute
解放軍海軍裝備研究院 PLA Navy
　　Armaments Academy
解放軍海軍艦艇機要技術研究所 PLAN

Classified Warship Technology Research
　　Institute
資安研究創新中心（迪肯大學）Centre for
　　Cyber Security Research and Innovation
資誠 PwC
賈波爾，朱莉亞 Julia Jabour
賈普，詹姆斯 James Jupp
路易斯，敦坎 Duncan Lewis
雷小山 Shaun Rein
雷希穎 Lei Xiying
雷柏德，詹姆斯 James Leibold
雷濤 Lei Tao
廉政公署 Independent Commission Against
　　Corruption
福建工程學院 Fujian University of
　　Technology
福蒂斯丘金屬集團 Fortescue Metals
福爾澤，安德斯 Anders Furze

十四劃

僑鑫教育與媒體中心 Kingold Media Centre
圖海，布萊恩 Brian Toohey
廣州市僑商會 Guangzhou Chamber
　　of Commerce for Overseas Chinese
　　Enterprises
漢納斯，威廉 William Hannas
漢庫克勘探公司 Hancock Prospecting
漢班托塔港 port of Hambantota
漢密爾頓，克萊夫 Clive Hamilton
漢辦 Hanban
種族定性 racial profiling
綜合業務網理論及關鍵技術國家重點
　　實驗室（西安電子科技大學）State
　　Key Laboratory of Integrated Services

Networks
維多利亞大學（墨爾本）Victoria University
維多利亞作家協會 Writers Victoria
維州華文作家協會 Chinese Poets and
　　Authors Society of Victoria
維州華聯會 Federation of Chinese
　　Associations (Victoria)
維珍澳洲航空 Virgin Australia
維傑雷特涅，阿龍 Aaron Wijeratne
網絡與交換技術國家重點實驗室 State
　　Key Lab of Networking and Switching
　　Technology
網絡與信息安全學院（西安電子科技大學）
　　School of Cyber Engineering
網路安全及計算實驗室（迪肯大學）
　　Network Security and Computing
　　Laboratory
網路安全實驗室 Cybersecurity Lab
網戰司令部 Cyber Command
裴敏欣 Minxin Pei
豪頓，馬克 Mark Horton
赫斯維爾 Hurstville
趙先明 Zhao Xianming
鄭松標 Zheng Songbiao
銀河超級電腦 Yinhe supercomputer
齊家貞 Qi Jiazhen
齊普拉斯，亞歷克西斯 Alexis Tsipras
領英 LinkedIn

十五劃
鄧森 Sam Dastyari
噶里斯，尼克 Nick Gales
《增長迷信，封殺異議》Growth Fetish,
　　Silencing Dissent

墨爾本大學 Melbourne University
《墨爾本日報》Melbourne Daily
墨爾本作家節 Melbourne Writers Festival
墨爾本華文作家聯誼會 Melbourne
　　Chinese Writers Friendship Association;
　　Melbourne Chinese Writers Association
墨爾本港 Port of Melbourne
德萊斯代爾，皮特 Peter Drysdale
德勤經濟研究所 Deloitte Access Economics
德魯莫因 Drummoyne
摩士比港 Port Moresby
歐文，大衛 David Irvine
歐馬利，尼克 Nick O'Mally
歐馬里 O'Malley
滕博爾，麥肯 Malcolm Turnbull
澳洲人文科學院 Australian Academy of the
　　Humanities
《澳洲故事》Australian Story
澳洲工會委員會 Australian Council of
　　Trade Unions
澳大利亞內陸牛肉 Australian Outback Beef
澳洲地球科學中心 Geoscience Australia
澳洲官佐勳章 Officer of the Order of
　　Australia
澳洲皇家部隊 Australian Imperial Force
澳洲研究所 The Australia Institute
澳洲研究理事會 Australian Research
　　Council
澳洲秘密情報局 Australian Secret
　　Intelligence Service
澳洲律師公會 Law Council of Australia
澳洲華人退伍軍人協會 Australian Chinese
　　Ex-Services Association
澳洲華人專業人士俱樂部 Chinese

Professionals Club of Australia

澳洲通訊局 Australian Signals Directorate

澳洲國立大學 Australian National
University

澳洲國防軍 Australian Defence Force

澳洲國防軍事學院 Australian Defence
Force Academy

澳大利亞深圳社團總會 Shenzhen Australia
Community Association

澳大利亞黃金礦業集團 Aus Gold Mining
Group

《澳洲與東北亞優勢地位》 Australia and the
Northeast Asian Ascendency

澳洲資安中心 Australian Centre for Cyber
Security

澳洲電信 Telstra

澳洲電網 Ausgrid

澳大利亞維護和平與正義行動委員會
Australian Action Committee for
Protecting Peace and Justice

澳洲網路安全中心 Australian Cyber
Security Centre

澳洲澳式足球聯盟 Australian Football
League, AFL

澳洲戰爭紀念館 Australian War Memorial

澳中一帶一路產業合作中心 Australia-
China Belt & Road Initiative

澳中友好交流協會 Association of Australia
China Friendship and Exchange

澳中商會 Australia China Business Council

澳中商業峰會 Australia China Business
Summit

澳中國際人才交流協會 Australia-China
Association for International Exchange

of Personnel

澳中藝術與文化研究院 Australia-China
Institute for Arts and Culture

澳中關係研究院 Australia-China Relations
Institute

《澳洲人報》 The Australian

澳洲中華經貿文化交流促進會 Australia
China Economics, Trade and Culture
Association (ACETCA)

澳洲中國和平統一促進會 Australian
Council for the Promotion of Peaceful
Reunification of China

澳洲公平競爭和消費者委員會 Australian
Competition and Consumer
Commission

澳洲安全情報組織 Australian Security
Intelligence Organisation

《澳洲金融評論報》 Australian Financial
Review

澳洲南極局 Australian Antarctic Division

澳洲能源網路 Energy Networks Australia

澳洲能源 EnergyAustralia

澳洲氣象局 Australian Bureau of
Meteorology

澳洲華人作家協會 Australian-Chinese
Writers Association

《澳洲新快報》 Australian New Express Daily

澳洲福建會館 Hokkien Huay Kuan
Association

澳洲廣東商會 Australian Guangdong
Chamber of Commerce

澳洲廣東僑團總會 Australia Fellowship of
China Guangdong Associations

澳洲廣播公司 Australian Broadcasting

聯邦調查局華盛頓調查處 FBI Washington
　　Field Office
聯結計畫 Linkage Program
龍尾 Dragon Tails
《龍與袋鼠》Dragon & Kangaroo

十八劃
瀋陽自動化研究所 Shenyang Institute of
　　Automation

十九劃
瓊斯，菲利帕 Philippa Jones
懷特，休 Hugh White
蘇正濤 Zhengtao Su
蘇俊希 Su Junxi
蘇昭楷（音譯）Su Zhaokai
蘇瑟克斯街 Sussex Street
譚朱程（音譯）Joo-cheong Tham
關鍵基礎設施中心 Critical Infrastructure
　　Centre
羅伊研究所 Lowy Institute
羅伯，安德魯 Andrew Robb
羅歐 Luo Ou

二十劃
嚴雪瑞 Sheri Yan

二十一劃
鐵凝 Tie Ning
顧小杰 Gu Xiaojie

二十五劃
《觀察媒體》Media Watch

左岸政治　283

無聲的入侵 中國因素在澳洲
Silent Invasion: China's Influence in Australia

作　　　者　克萊夫‧漢密爾頓（Clive Hamilton）
譯　　　者　江南英
總 編 輯　黃秀如
特約編輯　王湘瑋
行銷企劃　蔡竣宇
美術設計　黃暐鵬

出　　　版　左岸文化／遠足文化事業股份有限公司
發　　　行　遠足文化事業股份有限公司（讀書共和國出版集團）
　　　　　　231新北市新店區民權路108-2號9樓
　　　　　　電話 02-2218-1417　傳真 02-2218-8057
　　　　　　客服專線 0800-221-029
E - M a i l　rivegauche2002@gmail.com
臉書專頁　https://facebook.com/RiveGauchePublishingHouse/
團購專線　讀書共和國業務部02-22181417分機1124
法律顧問　華洋法律事務所　蘇文生律師
印　　　刷　成陽印刷股份有限公司
初版一刷　2019年3月
初版五刷　2024年5月
定　　　價　500元
I S B N　978-986-5727-83-3

有著作權　侵害必究（缺頁或破損請寄回更換）
本書僅代表作者言論，不代表本社立場

無聲的入侵：中國因素在澳洲／
克萊夫‧漢密爾頓（Clive Hamilton）著；江南英譯
.－初版.－新北市：左岸文化出版；遠足文化發行，2019.3
　面；　公分.－（左岸政治；283）
譯自：Silent invasion : China's influence in Australia
ISBN 978-986-5727-83-3（平裝）
1.中國外交 2.澳大利亞
574.1871　　　　　　　　　　　107020797